本书获2014年度
河南省社会科学普及规划项目优秀成果
特等奖

洛龙区历史文化丛书

洛阳战争史话

洛龙区档案史志局编

中州古籍出版社

图书在版编目（CIP）数据

　　洛阳战争史话 / 洛龙区档案史志局编. —— 郑州：中州古籍出版社，2016.6
　　ISBN 978-7-5348-6399-8

　　Ⅰ. ①洛… Ⅱ. ①洛… Ⅲ. ①战争史-史料-洛阳市 Ⅳ. ①E29

　　中国版本图书馆 CIP 数据核字(2016)第 125054 号

责任编辑：吕兵伟
出　版　社：中州古籍出版社
　　　　　　（地址：郑州市经五路 66 号　　邮政编码：450002）
发行单位：新华书店
承印单位：洛阳和众印刷有限公司
开　　本：787mm×1092mm　　1/16
印　　张：31.5
字　　数：490 千字
版　　次：2016 年 6 月第 1 版
印　　次：2016 年 6 月第 1 次印刷

定价：168.00 元
本书如有印装质量问题，由承印厂负责调换。

《洛阳战争史话》编纂委员会

主　任：孙延文

副主任：孙建钦　李永强

委　员：管玉山　汪成海　马正标
　　　　周红卫　杨　平　张　斌

主　编：张宪通　马正标

副主编：宁敬立　吕九卿　孙慧宝

编　辑：郑学通　康中约　安治平
　　　　杨运江　秦献乐　刘　霞
　　　　张相钦　周敬轩

编　务：史雅娜　吕文辉　尹国奇
　　　　孙明玉　米　乐　郭向阁
　　　　牛从文　崔文荣　刘元娃

序 言

我国自古就是兵学盛国。

洛阳自古就是兵家必争之地。

于是，便有了《洛阳战争史话》这本书。

从战争的角度审视脚下这块热土以及发生的巨大变迁，无疑是个有益的尝试。或许通过这个独特的视觉，可以掀开"十三朝古都"神秘的面纱，进而感知洛阳不被所知的另一个侧面，深度体会这个"天下之中"所赋予的独特魅力及无尽悲怆。

战争，有人说是"政治的继续"，其实就是政治集团之间、民族（部落）之间、国家之间矛盾斗争的最高表现形式，是解决纠纷的一种最高、最暴力的手段，通常也是最快捷、最有效的解决办法。它是一种特殊的社会现象，随着社会的发展而发展。战争史就是记述这种特殊社会现象的专史，是人类社会发展史的一个主体组成部分。洛阳，作为全国历史文化名城，是华夏文明的发源地之一、中华民族的发祥地之一，有着5000多年文明史、4000多年的建城史和1500多年的建都史，先后有105位帝王在此定鼎九州。区域内山川纵横，西依秦岭，东临嵩岳，北靠太行且有黄河之险，南望伏牛，"河山拱戴，形胜甲于天下"。这一切，决定它在历史上演绎出了一幅幅波澜壮阔的战争场景。自然，它的战争史也是洛阳历史的一个主体组成部分，在悠久的历史长河中闪烁着灿烂夺目的光辉。而且，与全国其他几千个城市相比，洛阳的战争史在我国战争史中具有无可比拟的特殊地位和意义，成为中华民族发展史及其战争史中的精彩华章。

洛阳，是用战争方式开启中国文明时代历史的地方。我们现在生活在文明时代，但战争的历史比文明时代的历史要久远得多。自从有了人类，就有了战争，或者说，战争的历史与人类的历史一样长。而文明时代，则是在人类经历了蒙昧时代、野蛮时代的极其漫长的发展过程之后才形成的，或者说，文明时代是人类社会的进步状态。一般来说，世界各个国家和地区的文明时代是从出现了家庭、私有制和国家的时候开始的。在中国，这种现象出现于夏朝初期。也就是说，中国的文明时代是从夏朝开始的。中国此前的历史称为史前时期。史前时期即有正式历史记载之前中国境内人的发展史，包括早期猿人、晚期猿人、母系氏族，以及有关三皇五帝的传说史，直到最后建立夏朝。这时期时间的跨度最大，从约170万年前到公元前21世纪。公元前2070年，夏朝建立，为国家的出现提供了前提条件，标志史前时期结束，向文明时代过渡。然而，这一过渡时期并不是一个自然而然的过程，而是充满了矛盾斗争、暴力冲突乃至激烈战争的过程。这一过程通过夏朝的第二位帝王夏启与有扈氏之间的甘之战而画上了句号。从而，《甘之战》构成了本书的第一篇。甘之战的发生地当在今河南省洛阳市西南郊洛龙区丰李乡甘水河之畔。《尚书·甘誓》为我们提供了足以想像的战争空间。

洛阳，是用战争方式见证中国所有朝代更替的地方。在文明时代的漫长中国历史中，凡是正统王朝的更替过程，无一例外地在洛阳地区进行过战争行动。这一点，全国其他任何城市无可比拟，可以说是唯一的。具体说来，夏朝结束原始社会，有甘之战。商朝取代夏朝，有成汤灭夏鸣条之战。周朝取代商朝，有八百诸侯会盟津的武王灭商之战。秦朝取代周朝，有秦军消灭西周国、东周国之战。汉朝取代秦朝，有刘邦绝河亡秦、楚汉成皋之战。晋朝取代汉朝，中经曹魏政权，有高平陵事变和司马氏篡魏。南北朝时期，处于"五胡十六国"乱局之中，洛阳地区先后发生了30多次战争。隋朝有杨玄感兵变围攻洛阳。唐朝取代隋朝，有李世民与王世充洛阳鏖战。五代时期洛阳发生过5次战争行动。宋朝抗金七战洛阳。元朝取代宋朝，有蒙古汉国五攻洛阳。明朝取代元朝，有徐达、常遇春攻取洛阳。清朝取代明朝，有豫亲王多铎攻占洛阳。中华民国取代清朝，有辛亥革命义军两攻洛阳。中华人民共和国取代中华民国，有中国人民解放军两克洛阳。这些战争行动，有的是一战而奠定了朝代更替的大局，有的是朝代更替系列战争中的一次战争，有的是某次战争中的一个战役，有的是某次战役的一部分，有的是战争一方的统帅部在洛阳调兵遣将。但不管怎样，这些战争行动都见证和丰富了中国历史朝代的更替过程，以战争这种特有的方式体现了中国历史发展的脉络和主线。因此可以说，中国所有朝代的更替过程，除在其他地域存在过的割据政权而外，无不是与洛阳战争密切相关的。

　　洛阳作为十三朝古都的历史地位，也是与战争密切不可分的。十三朝之所以定都洛阳，除了自然地理条件和政治因素之外，无例外地与战争有关，或者是战争的直接结果，或者是由战争的影响所决定。具体来说，夏朝都于洛阳斟鄩，是因其四方有险阻要隘，便于军事防守，抵御强敌攻掠。甘之战奠定了国都地位。商朝都洛阳的西亳，是因为成汤灭夏后想继续占据夏都之地，所以其国都距离夏都斟鄩只有6公里。西周之所以建都洛阳，是因为周武王在大会诸侯于盟津并灭商过程中，看到洛邑的山川形胜"毋远天室"，欲建都于此，却又舍不得离开陕西的祖居之地，壮志未酬而死。周公继承其志，在此设立了东都王城、成周洛邑，不仅建立了东方前哨，同时也是为了就近集中看守在灭商战争中俘虏的商朝权贵与战俘，从而成就一个伟大的时代。东周之所以建都洛阳，是因为镐京的周幽王被犬戎攻灭，继任者周平王因惧怕而东迁至另一个国都成周洛邑；东周与郑国的繻葛之战成为东周王朝的奠基之战。东汉之所以建都洛阳，是因为光武帝刘秀在洛阳及周边地区战胜了绿林军、赤眉军，并通过关东之战稳定了政权。曹魏、西晋之所以建都洛阳，是其承袭了东汉国都，与魏、蜀、吴三国争雄的战争形势大有关系，且其过程经历了一系列军事行动。北魏之所以都洛阳，是因为孝文帝带领大军以南下伐齐为借口才得以成功，并随之开展了伐齐战争。隋朝之所以建都洛阳，是因其脱胎于北周，而北周与北齐在洛阳两次大战并取得最终胜利。唐朝之所以建都洛阳，是因李世民与王世充大战洛阳并取得胜利。后梁之所以建都洛阳，是因朱温剿灭黄巢起义有功，建都开封又遭兵败。后唐之所以建都洛阳，是因李存勖在河北大败梁军，移都洛阳有利于进占河南、山东之地。后晋之所以建都洛阳，是因为石敬瑭倚契丹攻占洛阳。这些过程，均成为本书相关篇目的内容。

同时战争又是把"双刃剑"。战争在给洛阳带来无比辉煌的同时，也给洛阳带来了深重的灾难。如果说战争带来了历史的翻新更替足以让人荡气回肠的话，那么战争带给洛阳的人间苦难足以让人扼腕叹息，悲怆欲绝。这里不妨举如下几例：

公元189年，东汉并州刺史董卓带军开进国都洛阳，纵容士兵大肆掳掠，烧杀奸淫，甚至掘开汉灵帝陵墓，窃取陪葬珍宝。关东联军为此举兵讨伐董卓。董卓慑于各路诸侯的兵威，于公元190年二月胁迫汉献帝及洛阳数百万人口西迁长安。军队像押送犯人一样，夹驰道旁，奔腾鞭策，由于饥饿、疾病与马蹄践踏，一路上百姓死亡相继，以致长安与洛阳之间"积尸盈路"。为防止老百姓逃回，董卓下令纵火焚烧洛阳城，一时间，火蛇蔓延，宫庙、官府、民房顿成一片瓦砾焦土，"二百里内无复孑遗"，不闻鸡犬之声。他还派兵遍行捉拿洛阳富豪，加以乱臣逆子的罪名，尽行杀戮，没收全部家产。他还指示吕布发掘诸帝陵及后妃公卿陵寝，抢劫其中珍宝。"白骨露于野，千里无鸡鸣"，是一代枭雄曹操对董卓之乱的真实记录。

始于公元291年的西晋"八王之乱"，是一场历史上罕见的内乱，历经16年。诸王为了争权夺利，亲骨肉之间在洛阳城内外反复自相残杀，刀枪如林，箭矢如雨，火光冲天，直接死于战乱的达20多万人。兵燹过后，田野荒芜，民不聊生，对洛阳城及其周边地区造成了严重的破坏。

公元311年，匈奴汉国军队2.7万人攻打西晋国都洛阳，在12次的拉锯战中，西晋守军屡战屡败，战死3万余人。六月十一日，汉军攻陷洛阳宣阳门，入城后纵兵烧杀抢掠，抢夺宫女、珍宝，发掘帝王陵寝，焚烧洛阳宫殿、宗庙及官府，百官士庶死于祸乱者3万余人。

公元538年七月，东魏、西魏发生河阴大战，为了扫清战争障碍，东魏将领侯景竟下令焚烧洛阳皇宫内外的官署及民宅，洛阳城几乎成了一片废墟。

唐末的公元885年，秦宗权派遣将领孙儒攻打东都洛阳，唐军与敌军对垒几个月，后因兵少军备不足，弃城而向西逃往渑池自保。孙儒军占据东都城月余，焚烧宫殿，掠夺居民，把东都抢劫一空。孙儒军离开后，到处都是焚烧后的灰烬，四周寂寥全无鸡犬之声。唐军回来后，看到城内一片凄凉，几乎无人居住，感到恐怖，便在城西建军营、筑堡垒。

公元912年六月，后梁兵变，朱友珪杀死了荒淫无耻的其父朱温。

第二年二月，朱友珪又被其弟朱友贞起兵推翻。当朱友贞率军数千人入宫时，朱友珪知其死不可免，便先杀妻，后杀己，百官逃散。此时，失去控制的十几万驻军无所顾忌，在洛阳城内进行了疯狂的抢掠。

公元1128年，金军洛阳守将宗翰在翟进义军的打击下，始终处于恐慌之中，只得逃离洛阳。临走时，金兵大肆抢掠百姓及各种财物，使洛阳变成了一座空城，然后又一把大火，将西京洛阳变成一片火海，最后成为一片灰烬废墟。

1232年三月，蒙古军第一次攻入洛阳城时，残酷地进行"屠城"，以报复洛阳人的"拒命"，死伤无数，城毁不堪。旋即，蒙古军也不敢在洛阳久留，弃城而走。

1641年，李自成起义军攻克洛阳后，焚毁了福王府。

1938年开始，日本侵略军飞机对洛阳反复狂轰滥炸。1944年，日军攻克洛阳后大肆抢掠、强奸、烧杀……

为此，我们有充分的理由痛恨战争，反对战争。如今我们进入到社会主义建设的和平发展时期，痛定思痛，对于战争的思索与研究，应当回归理性与科学。不知过往，无以图将来，战争的历史当为前车之鉴，也必然成为后来者认知历史之师。

掩卷深思，在这片土地上究竟发生过多少次战争？这是许多人最为关注的问题。因此，此次研究的洛阳战争，其发生地域范围不仅仅局限于现行洛阳市行政区域，而是根据洛阳在历史上的地位和作用，确定其区域范围：东至开封，西至潼关，南至禹州，北至孟州、修武、温县。之所以这样确定，稍有洛阳历史常识的人不难理解。洛阳不仅是帝都，而且是河南府所在地。河南府所辖最多时达23个县之多。据此，本书记述围绕洛阳发生的战争达到132次，其中至后晋时恰好为100次。当然，由于战争本身的复杂性，对战争次数的计算可能有不同的标准和不同认识，所以这个数字还有待进一步商榷。

编　者

2016年2月于洛阳

目录

◎ 先秦时期洛阳战争

- 甘之战 ……………………………………… 2
- 后羿攻斟鄩 太康失国 ……………………… 6
- 仲康伐羲和 后羿代夏政 …………………… 9
- 寒浞灭夏之战 ……………………………… 13
- 少康复国之战 ……………………………… 15
- 成汤灭夏鸣条之战 ………………………… 18
- 八百诸侯会盟津与武王灭商 ……………… 22
- 周公东征 …………………………………… 26
- 周康王征讨鬼方之战 ……………………… 33
- 周厉王伐噩之战 …………………………… 35
- 周厉王征伐淮夷 …………………………… 37
- 东周郑繻葛之战 …………………………… 38
- 东周王子克之乱 …………………………… 45
- 东周王子颓之乱 …………………………… 47
- 东周王子带之乱 …………………………… 49
- 秦军袭郑灭滑之战 ………………………… 51
- 秦晋崤山之战 ……………………………… 55
- 楚庄王伐陆浑戎问鼎中原 ………………… 59
- 晋楚邲之战 ………………………………… 62
- 晋灭陆浑戎 ………………………………… 67
- 东周王子朝之乱 …………………………… 69
- 秦韩三战宜阳城 …………………………… 71
- 秦王兵临王城索九鼎 ……………………… 74

秦与韩魏伊阙之战..................77
秦军攻占缑氏与长平之战..............81
秦灭西周国之战....................87
秦灭东周国之战....................90
张楚伐秦渑池之战..................92
张楚伐秦荥阳之战..................97
刘邦绝河亡秦.....................101
项羽克洛阳坑秦卒..................104

◎ 两汉时期洛阳战争

楚汉成皋之战.....................108
西汉平定七国之乱..................115
绿林、赤眉军与王莽军洛阳之战.........121
刘秀与绿林军洛阳之战...............126
赤眉军攻灭绿林军..................129
刘秀与赤眉军洛阳之战...............131
刘秀统一关东之战..................134
黄巾起义与洛阳...................138
董卓纵兵焚洛阳...................144
关东联军讨伐董卓..................147

◎ 魏晋南北朝时期洛阳战争

高平陵事变......................150
司马氏篡魏......................156
西晋"八王之乱"..................162
王弥攻打洛阳之战..................170
匈奴汉国四攻洛阳..................173
前赵后赵四战洛阳..................178
后赵石虎攻打洛阳之战...............185
梁犊起义战洛阳...................190
东晋桓温北伐收复洛阳...............193

前燕东晋两战洛阳................................199
前秦灭前燕洛阳之战............................204
前燕慕容垂复国转战洛阳........................209
东晋据洛阳　群雄八争夺........................214
东晋灭后秦洛阳之战............................216
魏宋争河南　两战洛阳城........................222
北魏孝文帝迁都洛阳南下伐齐....................230
北魏河阴之变..................................237
梁伐北魏洛阳之战..............................241
北魏尔朱荣兵陷洛阳............................246
北魏高欢平灭尔朱荣............................250
北魏孝武帝与高欢洛阳之战......................254
东西魏河阴大战................................258
东西魏邙山大战................................266
北周、北齐大战洛阳............................272
北周、北齐再战洛阳............................276

◎隋代时期洛阳战争

隋朝杨玄感兵变攻洛阳..........................282
瓦岗军与隋军六战洛阳..........................291

◎唐代时期洛阳战争

李世民与王世充洛阳鏖战........................300
唐平"安史之乱"东京之战（上）................309
唐平"安史之乱"东京之战（下）................317
黄巢起义军逼取东京............................323
唐末秦宗权军攻占洛阳..........................331
唐末刘经、李罕之洛阳混战......................333

◎五代时期洛阳战争

后梁洛阳兵变..................................336

后唐洛阳兵变……340
后唐潞王夺嗣攻占洛阳……345
后晋石敬瑭倚契丹攻占洛阳……350
后汉刘知远攻取洛阳……358

◎两宋时期洛阳战争

北宋抗金洛阳之战……364
南宋抗金七战洛阳……370
南宋收复三京之战……379

◎元代洛阳战争

蒙古汗国五攻中京洛阳之战……386
元朝与红巾军洛阳之战……394

◎明代洛阳战争

明初徐达、常遇春攻取洛阳……402
明末高迎祥、李自成三战洛阳……408
李自成汝州之战灭明军于孟津……416

◎清代洛阳战争

清初豫亲王多铎攻占洛阳……420
捻军三战洛阳城……426
辛亥革命义军两攻洛阳（上）……431
辛亥革命义军两攻洛阳（下）……438

◎民国时期洛阳战争

民国胡景翼、憨玉琨洛阳混战……444
民国冯玉祥攻占洛阳……448
民国蒋介石军队攻占洛阳……455
抗日战争洛阳保卫战……462
中国人民解放军攻克洛阳……470
中国人民解放军再克洛阳……482

先秦时期洛阳战争

甘之战

洛阳地处"天下之中","河山拱戴,形胜甲于天下",自古为兵家必争之地。早在公元前21世纪,当中国社会刚刚开始向文明时代过渡时,一场大规模的战争便在洛阳一带展开了,这就是历史上有名的甘之战,即夏朝初年夏启与有扈氏之间的一场鏖战。

战争爆发的原因还得从大禹说起。大禹这个历史人物可谓家喻户晓,他是我国原始社会以民主禅让形式(即通过民主议商形式将权位传贤不传子的权力传承制度)产生的最后一个部落联盟的首领,也是我国第一个国家政权——夏王朝的创建者。他因为治水有功,被舜帝推荐为自己的继承人。17年后,舜帝逝世,四方按照舜帝之意,推选大禹继承帝位。3年服丧完毕,大禹推辞帝位,让给舜帝的儿子商均。商均在阳翟(今河南禹州境),大禹自己退到阳城(今河南登封境)。但由于商均没什么大的功劳,只知道吃喝玩乐,各部落首领不服,便纷纷跑到阳城朝拜大禹。大禹这才按照大家意愿,在阳城登上天子之位,联合各首领共同建立国家,号夏。夏王朝的建立,将我国的历史推向了一个全新的时代,标志着原始社会开始解体,河洛地区率先地、全方位地进入文明时代。中华文明的曙光从这里升起,照亮了世界的东方!

禹在位时,按照传统的民主禅让制,曾推荐伯益做自己的继承人。因为伯益是个很能干的人,又善于出主意想办法,所以禹就让伯益主持部落联盟的事

大禹

务。禹临死时，将权位传给了伯益。3年服丧完毕，伯益认为禹的儿子启有贤能，便学着大禹的做法，将王位让给了大禹的儿子启，而他自己则退到箕山（今河南登封境）的南面去了。也有另一种说法，认为禹虽然将王位传给了伯益，但由于伯益辅佐禹时间不长，没有取得天下的信任，而禹的儿子启则因有贤能而令天下人信服，因此禹死后大家都归服于启。不管具体原因如何，最终的结果是夏启继承了大禹的帝位。从此

夏启

以后，我国社会政治权力传承制度发生了根本性变化，形成了"父传子、家天下"的局面和传统，并由此延续数千年，直至大清王朝被辛亥革命推翻。

夏启即位后，以暴力胁迫各部落承认其领导地位，彻底打破原始社会部落联盟的民主禅让制。因为民主禅让制在我国原始社会有着悠久的历史传统和深厚的社会基础，所以在人们心目中形成了比较固定的传统观念，这就导致许多部族对夏启的所作所为非常不满。然而，这些部族却苦于势单力薄，无法与夏王朝抗衡，虽然很不情愿但也只能臣服。当然，也有一些较大的部族对夏启以暴力夺取政权不予承认，继而反抗夏启的专政，有扈氏部落便是其中之一。

有扈氏与夏同源，皆为姒(sì)姓部族。《史记·夏本纪》说："禹为姒姓，其后分封，用国为姓，故有有穷氏、夏后氏、有扈氏……"关于有扈氏部落的居地，目前史学界说法不一，大致有三：一曰在今河南原阳境内；二曰在今陕西户县境内；三曰其为东夷少昊族的九扈部落。

有扈氏以"尧舜举贤，禹独与之"，即以启破坏民主禅让制为由，起兵反抗夏王朝的独裁专制。

有扈氏的起兵反抗，对建立不久的夏王朝来说，是一个关系到生死存亡的重大事件。夏启清醒地认识到，若不采取坚决有力的镇压措施并确保战争的胜利，夏朝奴隶制政权就有被颠覆的危险。实行奴隶制，就当时的社会发

甘之战（侯震绘）

展阶段来看，有利于生产力的发展，是社会的一大进步。但历史的发展过程表明，任何新的社会制度的建立都是要通过社会冲突来实现的，奴隶制当然也不例外。

面对有扈氏的反抗和进攻，夏启发兵讨伐，但被有扈氏打败了。为了赢得民心，壮大力量，夏启更加严于律己，过着与百姓一样的生活，尊老爱幼，任用贤能，国力逐步强大。在人民的支持下，夏启再次发兵讨伐有扈氏。双方大军在甘水流域的甘地遭遇，随即展开了大决战。

至于甘地的大体位置，据专家学者论证，当在今河南省洛阳市西南郊洛龙区丰李镇甘水河之畔。

对于这次军事行动，夏启事先做了充分的准备。据《尚书·甘誓》和《史记·夏本纪》等有关文献记载，在大决战前夕，为了鼓舞士气，师出有名，夏启召开了誓师大会，进行战争总动员。他在会上发表檄文，列举有扈氏"威侮五行、怠弃三正"这两大罪状，所以"天用剿绝其命"。同时他颁布了严厉的战场纪律。由于夏启赏罚分明，组织得力，夏朝的军队斗志旺盛，士气高昂。战端一开，经过激烈的较量，最终有扈氏军队战败，有扈氏部落不得不归服于夏朝。

夏启征伐有扈氏所进行的战争——甘之战，不仅是洛阳历史上有记载的第一次战争，也是中国历史进入文明时代和阶级社会的第一次战争，具有重大而深远的历史意义。它标志着中原地区部落之间纷争局面的终结，标志着中国由原始社会向阶级社会过渡的终结，标志着世界东方第一个国家政权最终得以确立并得到巩固，标志着政权传承制度的民主禅让制复辟与世袭制反复辟长期斗争的终结，标志着中国历史从此确立了文明时代的发展方向。经过这场战争，代表新兴奴隶主阶级利益的夏王朝巩固和发展了奴隶制专制政权，使中国步入了阶级社会的发展轨道，揭开了中国社会阶级斗争史的序幕。它促进了中原地区各部族之间的大融合和华夏民族的早日形成，为中华民族的形成和发展奠定了基础。

后羿攻斟鄩　太康失国

夏启对有扈氏的战争——甘之战的胜利，巩固了奴隶主专政的国家政权。但当他的统治基本稳定后，便肆意奴役剥削广大民众，且生活放纵，不理政事。于是，在夏朝统治集团内部便发生了启之子武观的武装叛乱。这场内乱虽然被镇压下去，但国内的阶级矛盾却进一步加剧，也使夏王朝的国力大为削弱。

夏启死后，其子太康继位，将都城由阳翟(今河南禹州境)迁至斟鄩(今洛阳偃师二里头村)。太康迁都后，觉得这里地形优越，环境优美，物产丰富，交通方便，"形胜甲于天下"，于是，完全忘记了祖辈大禹的训诫，终日享受，饮酒游

太康墓碑

猎，荒淫无度，不理政事，致使国家百事废弛，民怨沸腾。

当时，夏族的血缘部落有：有穷氏、夏后氏、有扈氏、有男氏、斟鄩氏、彤城氏、褒氏、杞氏、缯氏、辛氏、冥后氏、斟戈氏、有鬲氏、昆吾氏、有虞氏等。这些夏族的血缘部落共同构成了夏王朝的统治基础。夏启在世时，为了巩固统治基础，对这些部族礼仪有加，酒食款待，并当众宣布，我们有共同的祖宗，都要服从上天的旨意，服从天子，违者必将受到惩罚。他对有扈氏的征伐便是一例。

后羿，是有穷氏(居地在今山东半岛)的部落首领。他素以勇武善射闻

名,"后羿射日"的故事就是人们对他形象的艺术演绎。他野心很大,早就觊觎夏朝的王位,暗中不断蓄积力量,随时准备以武力取代夏政。

可是太康对已经面临的现实威胁毫无察觉,只顾做自己喜欢做的事。他尤其喜欢打猎,而且走得很远,经常几十天也不回宫。一次,太康带着自己的随从,到洛水以南狩猎,越走越远,100多天也没回来。关于此事,后代各种书籍皆从个人道德方面对太康进行贬斥,说其打猎只是为了个人游玩享受,其实并不完全如此。要知道,在生产力极其低下、经济发展水平十分落后的当时,物质资料特别是生活资料极其缺乏,获取食物仍然是保持个体生命和部族生存的第一要务。当时,农业还没有完全形成,获取食物的主要手段仍然是打猎和采集野果。一切从事公职的人员,包括帝王在内,还没有经济条件完全脱离生产劳动(即现代人说的"脱产"),因此,太康的这种行为,既是个人道德所致,更是当时他带领大家进行生产劳动的表现。况且可以想象的是,河洛地区作为国都之地,人口越来越多,对猎物和野果的需求量也越来越大,从而导致近处的猎物和野果越来越少,要获得足够的猎物和野果以满足基本的生存需要,就要到更远的地方,从而也更费时费力。

不管怎样,后羿得知太康久出不归的消息后,觉得机会终于来了。于是,他立即带兵来到河洛地区,包围了夏都斟鄩,并派兵堵截在洛水北岸。当太康兴致勃勃地满载而归,带着猎物回到洛水南岸边时,只见对面有重兵把守,不知道发生了什么事,难以过河,便慌忙派人过河探问。后羿说:"太康一向游玩,不理国政,已经失去了当天子的资格。我奉上天之命,来惩罚他,他不能再回宫当国王了。"去人回来后,如

太康出游

实相告，太康吓得目瞪口呆，说不出话来。无奈之下，他向其他部落求助。但是，这些部落早就对太康的所作所为不满了，之前只是碍于禹和启的威信而不便反抗，现在对太康的境遇肯定是求之不得的事，哪里还肯出手相助。

太康有国不能回，其他部落也不愿挽留，真的是众叛亲离，无奈惶惶然带着随从向东漂泊至阳夏(今河南太康)，筑室居住。

后羿乘夏王朝无国主而混乱之时，率军攻入斟鄩。他尽管手握重兵，驱逐太康也如其他部落所愿，但威信还远远不足以让其他部落信服，所以还不敢悍然自立为王，便将太康之弟仲康立为夏王，作为傀儡，而真正执掌国柄的却是他自己。

后羿攻灭太康

太康被放逐之后，他的母亲和5个弟弟十分想念他，天天到洛水边眺望，却总也看不到他回来，感伤不已，为此作歌而唱，这就是《尚书》中著名的《五子之歌》。歌词的大意是：我们的祖先大禹曾教训子孙说，百姓是国家的根本，为君要亲近百姓，关心百姓。只有根本稳固了，国家才能安宁。君主应当勤于政事，治理好天下，倘若贪酒色、好游猎，或者大兴土木，建造亭台宫室，那么，只要有一件，就会失去民心，导致国亡。祖先大禹在世时，身为万国之君，将天下治理得井井有条，百姓安居乐业，他是一位多么伟大的君主啊！今天，太康不遵祖训，荒废政事，弄得百姓仇视我们，使祖宗创建的基业被人颠覆，陷我们于凄苦的境地。太康啊，你铸下了大错，我们心中是多么痛苦啊！

27年后，太康病死于阳夏。

仲康伐羲和　后羿代夏政

太康失国之后，后羿虽然夺取了最高权力，但当时的天下，交通不便，信息不畅，社会变化极其缓慢，难以接受太激烈的变化。同时，夏启的余威依然存在，天下的人还实在难以承认后羿的地位和权力，所以后羿就在太康的弟弟中选择了比较温顺的仲康做夏王。这位仲康，史书上也称为中康，是大夏王朝的第四任帝王，仍然居住在斟鄩。

后羿依仗武力，强迫仲康接受不合理条件。他与仲康约定，有穷氏从此不再向夏王进贡，而夏王则必须向有穷氏进贡，等等。然后，后羿带着自己的人马，心满意足地回有穷氏老家去了。

其实，仲康表面上看起来很温顺，但内心却有一番抱负。特别是他受了后羿的窝囊气后，更想恢复夏王朝的雄风。正好，有穷氏也给了仲康机会。后羿自从攻打斟鄩并驱逐了太康、立仲康为王并得到进贡之后，便再也不专心治理政事，而只顾自己到处游逛打猎。他的所作所为引起了他的兄弟们的担忧，轮番向他好言相劝。但是，后羿根本听不进去。时间一长，搞得后羿心烦意乱，竟将与自己一同打天下的武罗、伯姻、熊髡、龙圉等人弃之不用，而是将大事小事全都交给自己的手下寒浞管理，即便出现了叛乱和纷争也不管不问。仲康看到后羿如此，便觉得自己的机会来了。他认为，想要重振夏朝雄风，必须从两个方面着手，一是强化武力，二是强化德行，以树立威信。为此，他在武力方面指派心腹之人胤侯（也称胤后，胤部落的首领）统帅夏朝六军，牢牢掌握军权，并加紧军事训练和战争准备；在德行方面，他严厉整肃父兄时代遗留下来的沉湎酒色的腐败风气，以图重新树立大禹时代的德政。

但是，仲康要实现自己的雄心，谈何容易。毕竟，夏朝的统治已经很久了，夏族的各部落也跟着享受养尊处优的日子也太久了，腐化堕落已经如病毒一样蔓延开来，成为一种风气。比如，夏族的一支中坚力量羲和氏就不买账，依然照旧沉湎于酒色和猎玩。因此，仲康就想好好教训一下羲和氏，以便克服阻力，推行新政。仲康时刻寻找着机会和借口。

恰在此时，发生了一次日食，大白天在突然间变成黑夜，而负责天象职责但却整天耽于酒色作乐的羲和氏却没有及时预报到这一天象。

太阳没有了，世界末日来了！上至天子，下至老百姓，都因为没有得到这一天象的预报而大惊失色，慌乱中四散逃命，处于一片混乱之中。日食过去，惊恐之后，所有人都认为，应当有人为此次事件承担责任，而负责天象预报职责的羲和氏自然首当其冲。仲康借此机会，决定诛杀羲和氏，一者以息民愤，二者打击腐败之风，可得一石二鸟之功。

但是，要想诛杀羲和氏也并非易事。羲和氏从尧舜时代就开始掌管天象大权。经尧、舜、禹、启、太康到仲康，已有一二百年的历史。这一氏族不仅拥有自己的封邑，而且势力很大，根基很深，凭此，羲和氏拒绝承担责任。为此，仲康命令胤侯领兵攻伐羲和氏。胤侯领兵前往征伐并将此事记录在史，这便是《尚书》中的《胤征》一文。一场有史记载的因日食而发动的

后羿射日

战争便爆发了。

由于羲和氏世代从事观测天象的特殊职业，在普通老百姓中有着神秘的角色和"神仆"的形象，所以士兵们对于攻伐羲和氏仍然心怀忌惮。为此，胤侯觉得有必要进行战前动员，以讲清道理，鼓舞士气。

胤侯不愧是位卓越的演讲家，他慷慨激昂地对其将领和士兵们说："夏帝仲康开始治理四海，胤侯奉命掌管六师。羲和放弃他的职守，在他的私邑里嗜酒荒乱。胤侯接受王命，去惩罚羲和。

"啊！我的众位官长，圣人有谟有训，明白指明了定国安邦的事。先王能谨慎对待上天的警戒，大臣能遵守常法，百官修治职事辅佐君主，君主就明而又明。每年孟春之月，宣令官员用木铎在路上宣布教令，官长互相规劝，百工依据他们从事的技艺进行谏说。他们有不奉行的，国家将有常刑。

"这个羲和颠倒他的行为，沉醉在他的美酒之中，背弃了他的职位，开始搞乱了日月星辰的运行历程，远远放弃了他所司之职事。前些时候，秋九月出现日食，日月不合于房，乐官进鼓而击，啬夫奔驰取币以礼敬神明，众人跑着供役。羲和主管其官却不知道此事，对天象昏迷无知，因此触犯了先王的诛罚。先王的《政典》上说，历法出现先于天时的事，杀掉无赦；历法出现后于天时的事，杀掉无赦。

"现在我率领你们众长，奉行上天的惩罚。你等众士要与王室同心协力，辅助我认真奉行天子的庄严命令！火烧昆山，玉和石同样要焚烧。天王的官吏如有过恶行为，害处将比猛火更甚。应当消灭为恶的大首领，胁从的人不要惩罚。旧时有污秽行为的人，都要允许更新。

"啊！严明胜过慈爱，就真能成功；慈爱胜过严明，就真会无功。你等众士要努力戒慎呀！"

这篇演讲，摆出了事实，说清了道理，分明了罪责，划定了政策，且文采飞扬，实乃经典。特别是其中所讲的"首恶必惩，胁从不问"政策，应该是最早的发明。

讨伐羲和氏的战争发生于仲康五年，应该说是取得了胜利，羲和氏得到了应有的惩罚（可能是被处死了）。

经此一战，仲康在诸侯中的威信建立起来了，社会腐败之风得到了有效遏制。不久，仲康封颛顼之后己樊为诸侯，作为自己的同盟力量。己樊的封地在昆吾（今河南濮阳），因此他的部落就被称为昆吾氏。昆吾氏在当时和后来都是一支强大的军事力量。这样经过几年发展，仲康认为夏朝的力量已经强大了，便不再向有穷氏进贡了。

仲康的不再进贡，立即激怒了后羿，他即刻率领军队再次向夏都斟鄩猛烈进攻。面对有穷氏的羽箭这种在当时最厉害的武器，夏军简直不堪一击，纷纷被射中倒地，死伤不少。有穷氏的大军很快又攻占了斟鄩。仲康眼看局面无法收拾，只好放弃国都，出城逃走，在昆吾氏的帮助下，以帝丘（今河南濮阳西南）为新都（一说仲康在失败之后被后羿软禁了起来）。

仲康与哥哥太康一样，都被后羿攻破了都城，但他与哥哥又有很大不同。他一心想要恢复夏王朝的昔日辉煌与荣光，但事与愿违，结果适得其反，不但都城丢掉了，还差点儿亡国灭种。

这一次，后羿吸取了上次攻占斟鄩后又撤退回去导致仲康违约不再进贡的教训，干脆住下来不走了，并且亲自执政。不过，后羿的做法与后世改朝换代的做法不同，他虽然攻取了夏朝国都并夺取了夏朝的大权，却没有改变国号，仍然沿袭夏朝国号，仍然以斟鄩为国都。史称后羿的这种做法为"因夏民以代夏政"。至于仲康，则因失败而终日郁郁寡欢，身体健康自然也每况愈下，不久便在继任夏王之后的第十三年郁闷地死去了。

值得补充说明的是，上述日食的准确时间，古往今来有不少学者，如唐代的僧一行、元代的郭守敬、明清时期的阎若璩，以及西方的一些科学家都进行过推算，得出了不同的结论，但都不能令人信服。直到20世纪末，中国"夏商周断代工程"正式启动。在这个伟大的工程中，设置了"《尚书》仲康日食再研究"专题。经深入研究确定：第一，日食发生在洛阳；第二，日食发生的时间，应该是在公元前2019年12月6日，或者公元前1970年11月5日。在没有更加权威的的发现之前，暂以公元前1970年11月5日作为这次日食的发生时间。这比世界各国有史记载和考古发现的最早日食记录都要早几百年至上千年。

寒浞灭夏之战

后羿夺取夏朝政权后，自恃强悍善射，荒淫放纵，同样不修民事，整日以游猎自娱。他还变更夏道，抛弃对自己忠心耿耿的武罗等贤臣，而重用奸佞小人寒浞。

后羿和寒浞同属于东夷族，但后羿来自东夷族的有穷氏，是本部落的英雄和首领，而寒浞来自东夷族的伯明氏，是本部落的一个败类。伯明氏，又称寒氏，寒浞名字中的寒字即源于此。其生活的区域，大致在今天的山东省潍坊市。史书记载，寒浞自小便是其部落的一个不良少年，心术不正，四处造谣生事，惹下不少祸端，激起民众愤怒。大概其部落首领拿他也没有什么好办法，最后只得将其开除出籍，驱逐出境。在当时的条件下，一个少年若离开部落，独自外出，不是饿死便是被野兽吃掉。然而，其部落竟然用此种极端的方式处理一个少年，可见寒浞邪恶之极，其部落绝无容留其可能，但又鉴于其仍处少年，不便将其直接杀死，而是采取了这种流放的方式。

寒浞的命运也还不错，他在流浪中不但没有死掉，而且有幸遇到了后羿，在为后羿做事过程中得到后羿的信任和器重。当时后羿已击败仲康，自为天子，心满意足，开始追求享乐，整日酒肉游猎，懒于处理政事，将一切事务交给他完全信任的寒浞处理，并升任寒浞为相。寒浞趁机对后羿极尽谄媚之事，一方面尽力做好应尽之事，另一方面又到处搜罗美女和美酒，供后羿享用。但后羿哪里知道，寒浞在背后采取拉拢、收买等手段，培植亲信，扩大自己的势力，甚至收买了后羿的徒弟同时也是贴身卫士逢蒙。一天，后羿整日游猎之后大酒而醉，逢蒙便乘机用桃木大棒打死了后羿。

后羿已死，寒浞便独揽大权。他接收了后羿的一切，包括政权、军队，甚至还有后羿的妻子，但却将后羿的孩子全部杀死。这很像动物世界中的自然法则，一个新的雄性野兽打败了原来的雄性野兽，总要霸占其雌性野兽而咬死其子女。从此事中不难看出，当时的社会虽然已经进入文明社会，但却是刚刚从野蛮社会中脱胎而来，仍然保留着此前野蛮社会的浓重痕迹。不过，就像后羿夺取夏政而不改变夏朝国号一样，寒浞也仍然"袭有穷氏之号"。

寒浞也像后羿一样，不敢自立为王，而使仲康之子相继立为夏王。可以想象，年幼继任的夏王实际上也只能是个傀儡王。

然而，姒相少有壮志，曾试图恢复王权，待机剪除夷族势力。但是，他面对寒浞的强权，无计可施，于是逃出宫廷，前去投靠同姓的斟鄩氏和斟灌氏。据古本《竹书纪年》记载，相在斟灌氏及斟鄩氏的支持下，在帝丘（今河南濮阳一带）居住下来，重新建立了夏国（显然，这里有一个悬案未决，究竟是仲康还是姒相在帝丘建立了新的国都？这有待于历史和考古新的发现）。国事一定，相便开始征伐淮夷及风夷、黄夷各族，并积极向东夷扩展势力，声势越来越大。为此，以政变手段夺得夏朝权政的寒浞深感恐惧，在他稍微稳定统治后，迅速派其和后羿原妻（传说就是嫦娥）所生之子浇和豷率兵进剿。

寒浞先命长子浇率领主力部队攻打斟灌氏的戈邑（今河南太康与杞县之间），寒浞和次子豷则各率领一部虚张声势分别佯攻帝丘和斟鄩氏，使其不敢增援斟灌氏。结果，斟灌氏孤军作战，很快被强大的寒浞军打败，戈邑陷落。不久，寒浞又出兵攻打斟鄩氏，双方在潍河展开水战。寒浞派人潜入水下，凿穿了夏军的船底，夏军纷纷落水而大败。至此，夏族的两大部落都被寒浞击败，姒相所在的帝丘已经成为孤岛。寒浞乘胜进击，以三路大军包围了帝丘。姒相亲自率领军队拼死抵抗，终于不敌兵败。姒相不愿被擒受辱，自刎而死。寒浞攻破帝丘，在城中进行了灭绝性的大屠杀。至此，以姒相为王的夏国灭亡，中国历史上的第一个国家政权夏朝中断。

尔后，寒浞又下令浇居于过、豷驻于戈，以镇守东方，故史书后来就把浇、豷叫作过浇、戈豷。尽管当时形势非常严峻，但是夏之老臣靡还是暗中积极收集斟鄩、斟灌二部的残余力量，最终协助相之子少康攻灭了寒浞，驱逐了夷族势力，完成了光复夏朝的重任。

少康复国之战

关于少康复国，史书记载得十分清楚。夏王相在国都帝丘被寒浞攻破自刎而死时，其妻已有身孕，她从墙洞里爬出来，去投靠娘家有仍氏(居地在今山东济宁一带)，方躲过寒浞的追杀，后在那里生子少康。少康自幼聪慧，明晓事理，颇受其母爱怜。长大后，母亲便将先祖禹、启创立之业绩，以及祖辈太康失国、仲康受制忧愤而死、其父相被追杀的惨痛事实，一一告知少康，并千叮咛万嘱咐，要他发奋图强，立志报仇复国，少康均牢记在心。

少康先依附外祖公有仍氏，被任为牧正（负责畜牧的官职），手下拥有500余人，辖地方圆10里。他一方面畜牧耕织、发展生产，一方面练兵习武、修德聚民，以防备寒浞的搜捕杀戮，伺机复夏。后来过浇侦察到少康的下落，即派椒率军前往有仍氏部族。所幸少康事先得知消息，逃奔至有虞氏(居地在今河南虞城)，方躲过一劫。有虞氏为虞舜的后代，同情少康的遭遇。其首领虞思爱惜人才，让少康在部落里做庖正，管理膳食，以便学习理财的本领；又将女儿下嫁于他，并赏赐一块地方，统辖几百号人马。这样，少康便有了复兴的基地和部分武装力量。

少康杀寒浇

少康在其姻亲部落有虞氏和夏之旧臣靡的帮助扶持下，卧薪尝胆，发奋图强。他关心百姓疾苦，与部下一起耕耘、狩猎、练武，深受部众的爱戴。同时，他还经常向百姓宣示先祖夏禹的功德，以鼓舞士气，争取人们对其复国的支持。他把那些流浪在外的夏朝旧属官吏，以及被后羿、寒浞赶出家园的夏族部众召集、收拢在自己麾下，加强组织训练，逐步建立起一支精锐的复国大军。准备就绪后，少康便着手部署攻灭寒浞的战争。

首先，他派女艾暗中潜入过浇的内部刺探军情，接着又派儿子季杼率兵攻打戈豷。季杼以疑兵诱戈豷出战，然后寻机发动强攻，直捣他的营地，一举俘获戈豷并斩首示众。这次胜利，剪除了过浇的侧翼，为最终灭掉寒浞集团开辟了有利的局面。于是，少康亲率大军从根据地纶(今河南虞城东北)出发，对寒浞发动大举进攻。战前，少康召开庄严的誓师大会，发布讨伐檄文，历数后羿、寒浞、过浇篡国祸民的罪行，激励将士一往无前，奋勇杀敌。复国军沿黄河南岸，一路浩浩荡荡，进抵河洛大地，兵锋直指夏故都斟鄩，杀入夷贼巢穴。此时，寒浞已死，过浇执政，他虽然意欲顽抗，但众叛亲离，孤军无依，终被少康杀死。接着，少康在老臣靡的协助下，乘胜追击，横扫寒浞残余势力，灭掉

《春秋左传》关于夏军编制的记载

夏代军制简表

兵役制度	民军制、世袭兵制
最大编制单位	田1成（方圆10里），建1旅，约500人
战车乘制	车左1人，车右1人，御手1人居中

有穷氏，收复斟鄩，从而完成了光复夏王朝的大任。

夏朝从太康失国到少康复国，约40年。前8年为后羿掌权，但还未夺取王位；后三十几年是寒浞专政，且自立为王，更改国号。少康复国之战，彻底消灭了后羿和寒浞集团，使我国第一个奴隶制政权夏朝得以恢复和继续发展。

成汤灭夏鸣条之战

据《史记》《帝王世纪》等文献记载,生活在伊洛盆之地一带的帝喾,本为黄帝曾孙。他娶有4妻,生有4个儿子,后皆为天下之主。他的第二位妻子,名曰简狄。有一天,简狄和她的姐妹们正在洗浴,突然一只燕子飞过,掉下一枚五色卵,十分好看,简狄拾起含入口中,不小心咽入腹内,随即感到怀孕了,后来便生下了契。契就是商族的祖先。故《诗经》说"天命玄鸟,降而生商"。这里说的玄鸟就是燕子。

相传契在尧舜时期曾做"司徒",掌管百姓教化。契之后,商族的势力一步步发展壮大。他的孙子相土、第六代孙冥、冥子王亥、王亥弟王恒、王亥子上甲微等,都是商族历史上著名的人物。由上甲微下传6代到商汤,正处夏代末年。

夏代最后一王桀继位后,骄奢淫逸,不修国政,广大百姓无法忍受,纷

成汤

伊尹

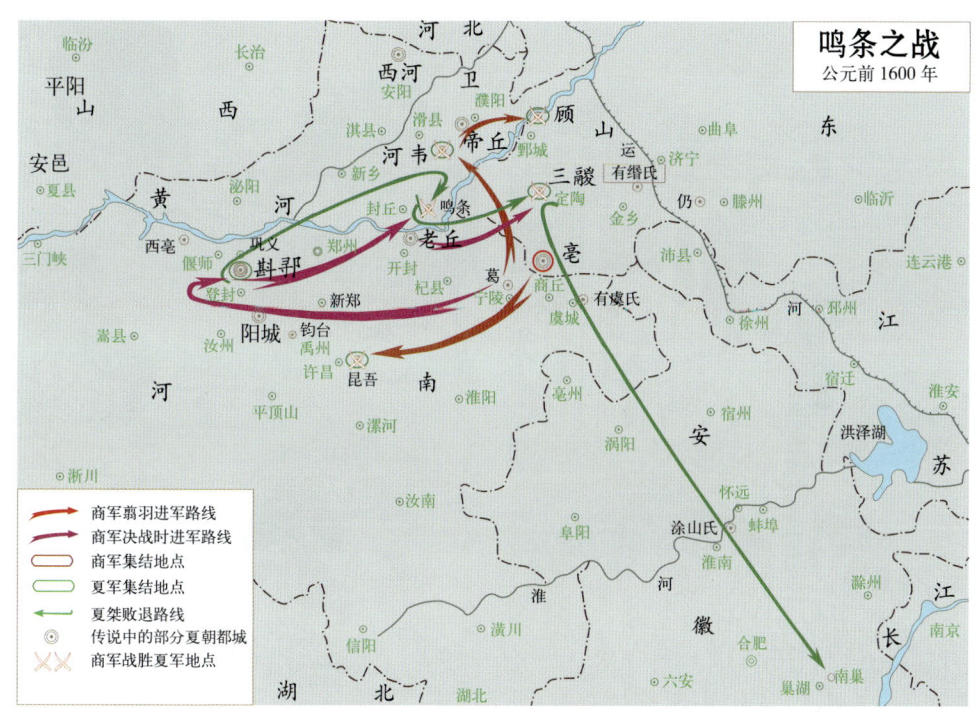

鸣条之战（源自《中国战争史地图集》）

纷咒骂他：你什么时候死啊！我们情愿和你同归于尽！这时统治集团内部分崩离析，臣服于夏王朝的诸族多也离心离德，商族则趁机迅速崛起。

为了完成灭夏立商的大业，成汤针对夏桀的暴政，采取"以宽治民"的政策。他一方面争取民心，扩大影响，遇到哪个邻国有灾有难，就主动救济，得到了那些苦于夏桀暴政的小国的拥护；另一方面他还广罗人才，以薛国的仲虺为左相，并在其极力推荐下，前后数次派使者赴有莘国（在今河南伊川境内），千方百计招纳出身微贱的奴隶伊尹为右相。为了查明夏桀的内部情况，伊尹居夏3年后回到商都，向成汤报告了夏王朝内部"上下相疾，民心积怨"的混乱状况以及"上天弗恤，夏命其卒"的民谣。伊尹向成汤建议，先逐个剪除夏桀的羽翼，消灭与之关系密切的属国，孤立夏后氏，最后一举攻克夏都斟鄩。成汤采纳了伊尹的意见，迅速派兵攻击夏外围诸国。葛国距商部最近，汤先派人送给葛国牲畜，又派人帮助葛国耕田，而葛国却杀了给其耕田的那些人和送饭的小童。成汤以此为借口，出兵灭了葛国。成汤接着又消灭了韦、顾、昆吾等夏的属国，并召集反夏的各国会盟，组成反夏联

酒池肉林（出自清刊本《钦定书经图说》）　　放桀南巢（出自清刊本《钦定书经图说》）

盟，停止向夏桀缴纳贡赋。夏桀很快调集九夷之师讨伐商，成汤见九夷还服从夏的命令，知道攻夏的时机尚未成熟，遂按下兵力，"谢罪请服，多入职贡"，假意表示臣服，以待战机。

为了进一步打探夏王朝虚实，成汤再次派伊尹赴夏。这时，夏桀不断兴兵对外征伐，夺取珍宝美女。为了免于灭国，西方一个称岷的小国国君向夏桀献上琬、琰两个美女。夏桀自得了琬、琰，就把过去宠爱的妹喜抛到脑后。伊尹遂结交失宠的桀妃妹喜，从中了解到夏桀因为残暴地诛杀忠臣，导致众叛亲离，他也因此惶惶不可终日，充满恐惧心理，以致梦见"两日相与斗，西方日胜，东方日不胜"的可怕一幕。

得知伊尹情报后，成汤于是又停止向夏王纳贡。桀又想召集九夷之师伐汤，遭到抵制，且九夷中的有缗氏带头叛乱。成汤认为伐桀灭夏的时机已经成熟，遂决心兴师出战。伊尹又为汤制定出迂回进军的战略：由商都出发绕到夏都以西，并由西而东进攻夏都斟鄩(今洛阳偃师二里头遗址)，以出其不意，暗应"西方日胜"的梦中之景。

商汤出师前，先举行了誓师动员，说明自己出师是替天行道，并宣布服从者重赏，违令者贬为奴隶，以正军纪。于是商军士气高昂，浩浩荡荡地向夏都进发，并很快逼近斟鄩。夏桀这时连夜调集军队，设下几道防线，保卫都城。商军连战连捷，迅速攻入夏都。夏桀见大势已去，就带着残兵败将和婉、琰二姬，逃出斟鄩，来到鸣条(关于鸣条的确切位置，说法不一，或说在今山西西南部，或说在开封附近，或说在洛阳附近)。

商代铜战鼓

成汤随即率领大军追至鸣条。经过一场搏杀，桀带着几个护从逃至南巢(南巢的确切位置，说法不一，一说在今山西中条山，一说在今安徽巢县)。据《淮南子》一书记载：桀被商汤打败后，与妹喜同乘一船过江，"奔南巢之山而死"。

鸣条之战后，成汤消灭了夏王朝，建立起我国历史上第二个奴隶制强大王国——商朝。

汤建都西亳，地在今洛阳城东约30公里、偃师西南部。1983年，考古工作者发现了该城遗址。30多年来的考古发掘证明，这是一座规模宏大、布局严谨、内涵丰富的都城遗址。在该城东北邙山上，今偃师市山化乡蔺窑村北，有商汤陵，城西的新寨村曾名阿衡镇(伊尹字阿衡)，附近有伊尹墓。而在今伊川县境内也有伊尹墓，栾川县墁子头村有伊尹耕莘古地，嵩县纸房乡有伊尹祠。

八百诸侯会盟津与武王灭商

商朝是中国历史上第二个奴隶制王朝。商朝的开创者成汤攻灭夏桀后,在夏之旧都斟鄩附近另筑一新城,定为国都,史称西亳(今偃师商城遗址)。他文治武功,以德治国,民心归依,使国力日益增强。后历经太丁、外丙、中壬、太甲等18位商王,其中仲丁之后的百余年间数次迁都,至盘庚时始定居殷(今河南安阳殷墟)。因此,历史上又把商朝称为"殷朝""殷商"。

盘庚迁殷是我国上古时期的重大事件和商朝历史上的转折点。在这之后的200多年间,历任国王再无迁徙他处,国家安定,百姓乐业,特别是武丁时期,国力达于鼎盛。但是,到了商朝末年,纣王帝辛暴虐无道,终日沉湎于酒色之中,拒纳忠谏,重用奸佞,残设酷刑,并自恃大国而发动了旷日持久的征伐东夷的战争。"得道多助,失道寡助",纣王的倒行逆施,导致众叛亲离,民怨沸腾,国势衰微,内外交困,使本已十分尖锐的各种社会矛盾和统治阶级内部的斗争进一步加剧,从而为周族的崛起提供了良机。

周本为殷商之"西土"附属小国,发迹于岐周(今陕西岐山),后势力向东扩展至渭水支流沣水一带。周文王姬昌时,定都丰京(在沣水西岸),到周武王姬发时,将都城迁至镐京(在沣水东岸,今陕西西安西南)。经过文王和武王父子两代的苦心经营,国力日渐强盛起来,众多诸侯前来归附。为报杀父之仇,文王曾暗下决心,意

周武王画像

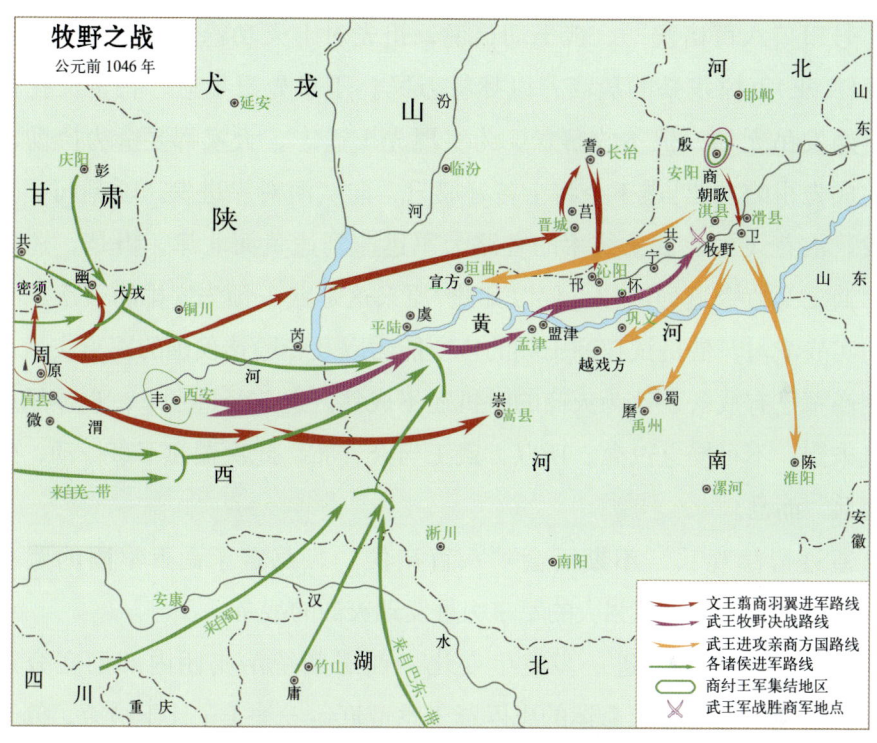

牧野之战（源自《中国战争史地图集》）

商代军制简表	
兵役制度	固定军籍的民军制，世袭兵制
常备军总兵力	3师，约30,000人
步兵编制单位	什 10人
	行 100人
	大行 300人
	旅 3,000人
	师 10,000人
其他兵种	车兵、骑兵

商代战车

欲武力攻灭殷商，但鉴于殷商已有600余年的统治根基，仍有相对强大的势力，未敢发动战略决战，只是不断蓄积力量，采取一些实际步骤，如西击犬戎、密须，消除后顾之忧；东攻邗、黎、崇诸国，以创造有利条件，扫除伐纣灭商道路上的障碍。

周文王姬昌去世后，子武王姬发继位。公元前1048年，武王率大军自镐京出发东进，不日来到黄河南岸的盟津（今河南孟津东北），邻近部落方国的诸侯也都率军从各地赶来，参加会盟助威,号曰"八百诸侯"。武王动员说,祖先对上天功德无量,因此上天命先王(文王)灭掉残暴的殷商,以拯救万民。不幸先王早逝,将重任托付于我,姬发虽无知,但不敢懈怠。为实现先王遗志,大家都要全力协助,共同完成先祖的功业!遂下令将士备好船只,向黄河对岸进发。顷刻间,千舟竞发,浪花飞溅,武王统率的各路大军迅速到达黄河北岸。但是,还未登岸,武王又急令返回南岸。何以如此?原来这是武王预先安排的一次重大的渡河实战演习,借机试探商王朝的应变能力以及检验诸侯国的军事实力。他看到商军已有戒备,认为灭商的时机还不成熟。之前经过占卜,也显示灭商时机未到,不可操之过急。所以,武王当众宣布,此次盟津军事行动,仅为"观兵"而已。

通过盟津观兵,不期而会"八百诸侯",奠定了武王牢固的盟主地位,说明周有能力组织强大的军事力量发动灭商的战争。

两年以后,形势进一步发生变化,商王朝统治集团内部彻底分崩离析,曾想挽回殷商覆灭命运的忠臣贤王悉遭厄运——王子比干被杀,箕子被囚,微子逃亡,少师、太师奔周,纣王身边只剩下一些奸佞小人。王室内人心惶惶,无人再敢出来规劝纣王。同时,周的力量又有所加强,也做了更加充分的灭商准备。周武王认为伐纣的时机已经到来了。

公元前1046年,武王亲自"率戎车三百乘,虎贲三千人,甲士四万五千人,以东伐纣"。出发前遍告诸侯重新会师于盟津,共同与商军进行决战。从镐京出发的大军,一路沿渭河和黄河南岸,浩浩荡荡,顺利抵达盟津渡口。是年十二月戊午,武王再次大会诸侯于盟津。这次会合后的联军,既有同姓诸侯的军

孟津会盟(出自清刊本《钦定书经图说》)

队,也有西方和南方的羌、卢、彭、髳、微、濮、庸、蜀这8个部落方国的军队。武王召开誓师大会,向联军发布了誓师令(即《尚书》之《泰誓》篇),历数纣王"自绝于天"的种种罪行,宣布执行上天的旨意惩罚纣王。伐纣大军士气旺盛,同仇敌忾,自盟津渡河后,乘势前进,直奔殷之别都朝歌(今河南淇县)。

盟津会师渡河,揭开了武王伐纣克殷的序幕。之后,经过决定性的战役——牧野之战,纣王组织的抵抗力量阵前倒戈,联军很快打垮了殷商军队,攻入了朝歌,纣王走投无路,火焚自尽。商朝灭亡,周朝确立,史称西周。

会盟台遗址,位于孟津县扣马村

周公东征

牧野之战周灭商后,周武王采纳商朝遗老(首先降服于周的商朝人)的意见,"复盘庚之政",以商治商,分而治之,把原商都城朝歌(今河南淇县)封给纣王的儿子武庚(又名禄父)掌管。同时,将其他商之领地分为3个部分,分别封给武王的弟弟管叔姬鲜、蔡叔姬度、霍叔姬处掌管,共同监视武庚,史称"三监"。这是周武王为巩固新兴的西周王朝所采取的一项带有战略意义的布局。然而,武庚在表面上臣服于周,却在内心时刻图谋复辟商朝。

周灭商两年后,周武王病逝,其子姬诵即位,是为周成王。成王年幼,由武王之弟周公姬旦摄政,代成王行事。尽管这是周武王的临终安排,但是素有野心、企图执掌王权的武王三弟管叔(即周成王的叔父)对周公摄政极为不满,四处散布流言,说"周公将不利于孺子"(指成王),并煽动蔡叔、霍叔,怂恿武庚及东方诸方国作乱。这就是史籍中所说的"管、蔡启商,惎间王室","天下闻武王崩而叛"。以武庚率领的商之旧部为主,联合管叔、蔡叔、霍叔以及前商的属国和非属国,如奄、蒲姑、楚、秦、徐、淮夷等方国,一同叛周。其阵营可谓声势浩大,顷刻之间,整个西周王朝已塌了半边天。新生的西周王朝处于风雨飘摇之中,形势非常危急。周公见叛乱扩大,情势严峻,深

周公雕像,位于洛阳市东周王城广场

感"邦之安危,惟兹东土"。为挽救危局,巩固新生的周王朝,周公决定兴师东征。

为了组织东征军平定叛乱,周公做了多方面的准备。首先,周公说服了对此事多有忧虑的太公望和召公姬奭。他说:"我之所以不回避困难形势而主持政务,是担心天下背叛周朝,否则我无颜回报太王、季王、文王。三王忧劳天下已经很久了,而今才有所成就。武王过早地离开了我们,成王又如此年幼,我是为了成就周王朝才这么做的。"经多次推心置腹的交谈,得到了太公和召公的理解和支持。其次,为了统一王室内部和其他诸侯的思想,顺利进行东征,周公发布文告《大诰》,说明平叛的必要性和重大意义。在文告中,周公分析了当前的形势,认为周武王死后,国内不太平,殷王遗族利用周内部的动乱发动叛乱,周王朝正面临大祸。在此危急时刻,他

周公东征(源自《中国战争史地图集》)

用大龟占卜，得到上帝旨意：用武力平叛是吉利的。他告诫周人及拥戴周室的诸侯，文王、武王创立的大业，必须继续下去，叛乱必须用武力平定。他已决心执行上帝的旨意，用兵东征，希望各诸侯及其臣属们，听从自己的领导，一起投入到东征平叛大业中来。他向天下宣告："我是文王的儿子，我不敢废弃上天的命令！"经过如此一番煞费苦心的"内弥父兄，外抚诸侯"的努力，周公终于统一了王室内部和诸侯们的思想，消除了因管叔、蔡叔制造的流言给自己带来的不利影响，重新赢得了信任。

为了取得东征的胜利，周公认真分析了战争态势。总的来说，是敌强我弱。此时叛军所占据的地盘是很大的，实际上已遍及今河南、陕西、山东、湖北、安徽、江苏、河北、山西等省，可谓幅员辽阔，人口众多。并且敌方军事力量包括一部分西周军队、前殷商军队和过去殷商军队从未征服过的东方诸国军队。这些军事力量联合起来，已大大超过了武王伐纣时的商朝军队。而此时的周军，已不是几年前伐纣时的那支周军了。那时足智多谋的统帅武王已经去世，那时智勇双全的师尚父姜太公此时已不可能再冲锋陷阵，那时共同对敌的同胞兄弟中已有几人与自己反目成仇，并与敌方结成同盟。这样一来，原本属于"邦国"的规模并不算大的王室军队，由于自身原因遭到了进一步的削弱，显得更为弱小了。但是，敌方联盟也有致命之处。管叔、蔡叔和武庚联合起兵叛周，其意图显然是不同的：前者是同胞兄弟之间的王权之争，后者则是为了复辟旧王朝，而其他诸侯国只不过是见风使舵罢了。他们之间的联合充其量不过是为了暂时的利益而互相利用。由于目的各异，他们的关系注定不会十分紧密，步伐必然不一，因而力量也不会集中。因此，要达到胜利，必须采取各个击破、分而歼之的战略战术。

为此，在正式东征讨伐之前，周

周公辅政成王（出自《承华事略补图》）

公就开始对敌方阵营进行分化瓦解，并成功地争取到了敌方的部分力量。为了分化敌方阵营，周公曾亲赴楚国，说服楚人不要参加叛乱。同时，敌方阵营也开始出现分化。史载，"民献有十夫予翼，以于敉宁、武（文王、武王）图功"。原来，这"十夫"就是商方的叛徒、周方的降臣。这"十夫"当然不是一般的人物，而是大奴隶主，拥有一定数量的军队。可不要小看这"十夫"在当时的作用。因为，在周王室及诸侯们对是否东征尚迟疑不决的时候，在反周阵营的呼声甚嚣尘上的关键时刻，从反周阵营中忽然分化出这样一股重要力量来为周服务，使周军与反周军之间的军事力量发生了重要改变。显

周公平乱（出自清刊本《钦定书经图说》）

然，"十夫"的出现增强了周王室及诸侯们取胜的信心，同时也动摇了叛乱者的信心。

在各方面都做了较为充分的准备之后，周公于周成王二年（前1041）亲率大军从洛邑（今河南洛阳）出征，历时3年的东征平叛之战拉开了序幕。

周公东征作战可以分为3个阶段。

第一个阶段，是消灭武庚和"三监"，重点打击目标是叛乱的策源地——原商朝的王畿地区。其中，管叔是主谋，因此周公采取了先惩首恶的对策。这是一次真正的手足相残。

周公统率东征大军出动后，立即遇到了向西进军的反周联军，双方爆发了一场大战。双方将士原本为一家人，彼此知根知底，全无秘密可言，取胜的关键在于士气和谋略。联军由于师出无名，不得人心，没战几个回合便全线溃败。周军大胜，军心大振，便分兵一路继续向东进击，直捣管（今河南郑州），占领城邑，取得完全胜利。同时，周公亲自率领大军主力渡过黄河，向东北方向进击，兵锋直指鄘（今河南焦作东）、沬（今河南淇县）、东（今河南濮阳西南）一线。

周公集中全部兵力，首先攻取鄘。叛军看到周军到来，负隅顽抗，然而不啻以卵击石，在周军摧枯拉朽之势的攻击面前，很快被消灭，蔡叔也被活捉。兵贵神速，周公立即命令兵分两路，一路向鄘之北方的武庚的盘踞之地沫进击，一路向东北方向的霍叔领地东进击。周军士气正盛，马不停蹄地向武庚的叛军猛扑过去，一下子就把叛军打得落花流水。武庚一看大势不妙，仓皇弃城而逃，但他最终仍被截获并处死，落得个身首异处的可悲下场（一说败逃，不知所终）。而居住在东的霍叔，本来就对反对周公不积极，见周军到来，也就不战而败了。

这次战役在时间上是非常紧凑的，都发生在周公摄政二年的上半年。在半年时间内就一鼓作气把"三监"和武庚所率两大叛军都解决了，可见周公用兵之神速。周公对"三监"作出了不同程度的处罚。管叔由于是首恶而被杀，蔡叔被囚于郭凌（一作郭邻，今地未详，或为都城之郭城之侧）。而霍叔因只是胁从，其处罚应该更轻一些，被降为庶人放逐。

第二阶段是消灭徐和淮夷小国。

击败武庚及"三监"之后，周公意欲扩大东征战果，一举消灭其他反叛力量。周公原计划先向东伐奄国（又称商盖，今山东曲阜旧城东），因为奄国为东部主要反叛势力所在，即"大国"所居之地。但辛公甲提出建议："大难攻，小易服，不如先服众小以劫大。"周公考虑，奄曾是商的三朝古都，经济较为发达，城堡也较坚固，在东夷诸国中堪称首屈一指的强国。特别是商朝后期，东夷势力大大增强，商纣王曾花费大量人力、物力对其进行征讨，结果非但没有灭之，反而加速了自身的灭亡。于是，周公采纳了辛公甲的意见，改变计划，先选择实力较弱的南夷作为攻伐对象。

周公的这一决策无疑是正确的。从当时的实际情况来看，东征军队在经过接连不断的战斗后，消耗很大，需要一段时间休整和补充。同时，向周军投降的原属武庚、管、蔡的军队亟待改编。改编后的周军由西六师和殷八师两大部分组成。西六师主要是周朝原有的军队，殷八师则由原武庚、管、蔡的投降部队易其将帅和基层骨干重新组建而成。很显然，新编的部队不宜马上与强大的东夷军队交战，因为阵前哗变的可能性不能说没有。因此，周公在"救乱、克殷"之后选择"避东夷、征南夷"的方案，实为明智之举。

在部队整顿改编、调整部署完成之后，周公率领大军从今河南长垣附近南渡黄河，向东南方向进击，经商丘、宿州一线直奔蚌埠以东的淮河流域下游。这里是徐、熊、盈等许多叛周的淮夷方国比较集中的区域。周军由于长途劳师、水土不服、疾病缠身，加之当地地形复杂，湖泊、沼泽众多，周军最有战斗力的兵车很少能派上用场，所以周军在这一带是极其艰苦的，作战的残酷程度也是令人难以想象的。《诗经》中的《破斧》一诗曾对此有生动描述，大意是：

  我的圆孔斧战破，我的方孔斧缺损。
  周公率师去东征，四国叛乱被匡正。
  可怜我们从军者，能够生还是幸运。
  我的圆孔斧战破，我的凿已经残缺。
  周公率师去东征，四国臣民被感化。
  可怜我们从军者，能够生还是喜事。
  我的圆孔斧战破，我的凿已经残缺。
  周公率师去东征，四国局势已安定。
  可怜我们从军者，能够生还是美事。

另外，《诗经》中《东山》一诗也表达了将士们强烈的思乡之情。

不管怎样，周军毕竟是王者之师，英勇顽强，克服了种种困难，发动了一次次进攻，并不断获得胜利。经过两年艰苦卓绝的战斗，基本上征服了徐和淮夷诸方国。这一阶段，"凡所征熊盈族十有七国"。就是说，这一次南征消灭的方国有17国之多。

第三阶段是消灭实力最强的奄和蒲姑（又作薄姑、敷古，在今山东博兴东南）。

东夷诸国是武庚、"三监"叛乱的积极支持者，其中奄和蒲姑是两个势力较大的国家。消灭武庚、"三监"和平定南方淮夷之后，事实上已经形成了对东夷诸国的包围态势。于是，周公便率军由淮河下游直接北上，对东夷诸国实施征伐。根据西周青铜器铭文的记载，周公进军途中还捎带着征伐了曾国（今山东枣庄东）。

经一路奔袭，当周军迫近奄都时，奄君在强大的军事威胁和政治攻势下，被迫投降。尽管如此，周军还是杀了他们的人，毁掉了他们的宫室，并把宫殿的地基挖成大坑，注水而为池塘。获胜后的周军如此残酷地处罚失败者，足见周人对奄的仇恨之深及除恶务尽之心切。

"践奄"之后，东征军迅即北上攻蒲姑。蒲姑都城和奄隔着一座泰山，奄在南，蒲姑在北。蒲姑势力也十分强大，一度使东征军望而却步，不敢贸然进攻。但当奄国被灭掉之后，蒲姑君见大势已去，再也无力回天，被迫投降。

至此，历时3年之久、"灭国者五十"的周公东征宣告胜利结束。此举实为周武王灭商战争的继续，摧毁了商在东部的残余势力，使周的疆域扩大至东海之滨。

为巩固胜利成果，周成王进行了分封：武王幼弟康叔封于沫，国号卫；周公封于奄，国号鲁，由其子伯禽前往；姜尚之子丁公封于蒲姑，国号齐；殷商之降臣微子启封于商丘，国号宋；等等。当时共封了71个诸侯国，其中姬姓有53个。同时着手营建东都洛邑——成周（周朝大功告成之意），史称"周公营洛"。周公还将殷贵族和遗民西迁至成周附近集中起来，驻屯八师军队，一方面对殷贵族和遗民进行监视，一方面将其作为控制中原及东方的大本营。这些措施，对于巩固周王朝的统治具有重大意义，为延续800多年的周朝奠定了良好基础。

周康王征讨鬼方之战

周成王在周公的辅佐下，使周朝国力逐渐强盛起来。周成王在位22年而崩。在他临终之前，担心太子钊胜任不了国事，就命令召公、毕公两人辅佐太子登位。周成王逝世之后，召公、毕公两人带着太子钊到先王的宗庙拜谒，用文王、武王开创伟业的艰难告诫太子，要他一定厉行节约，戒除贪欲，专心办理国事，同时要求大臣们辅佐关照太子。于是太子钊继位，是为周康王（前？—前996）。

周康王继位之后，鉴于东方虽然经周公东征打败了反叛势力，但仍然并不稳定，便来到成周洛邑，长期住在洛邑宫中处理国事。他在洛阳时，因为洛阳的人口特别是商族遗民有了很大发展，所以对洛阳的人口进行了普查。这是有史可查的对洛阳人口破天荒的第一次普查。由于他勤于政事，天下安宁，百姓安居乐业，致使一切刑罚都放在了一边，40多年不曾使用。同时，他命令毕公写作了策书，公告天下，让民众分村落居住，划定周都郊外的区域，以作为周都的屏障。为此写下了《毕命》一文，记录了毕公受命这一件事。一时间，不管是成周洛邑，还是大周疆域，国家事务井井有条，经济、文化事业都得到了很好的发展，天下诸侯

周康王至洛邑（出自清刊本《钦定书经图说》）

大盂鼎

也都知道周康王在内政方面是一个有作为的君王。

周康王虽然在内政方面取得了不凡的成绩，但是在周朝的周围却有一些异族建立的小邦国（部落），时时困扰着大周的发展，特别是西北方面的鬼方经常侵扰周朝疆域。为了先祖的伟业得到发扬光大，周康王决定主动出击，剪除这一力量。

鬼方，是古代北方游牧族之一，位于今陕西西北部、山西北部和内蒙古西部，经常侵扰中原地区。西周初年，周武王灭商后，曾将其放逐至泾、洛（今陕西泾河、洛河）以北，令其按时进贡。后因周军东征平叛，镇压"三监"之乱，进攻东南部的淮夷等而放松了对西北方面的控制，因而鬼方部落便乘机袭扰周的西北边境。

周康王二十五年，周康王命令将军盂率领周朝大军主动进攻鬼方。鬼方见周军前来，便急忙出兵迎战。双方共进行了两次大的战役，周军都获得了胜利。周军先后斩杀鬼方4800多人，俘虏鬼方4名首领和13000多名士兵。此外，还缴获车马、牛羊无数。要知道，在那个人口稀少、劳动力资源极其缺乏的年代，获得如此多的俘虏，是多么重大的胜利，堪称军事和经济双丰收。周康王大为高兴，为了庆祝胜利和表彰有功将士，便大赏诸侯，其中奖赏给将军盂作为奴隶的俘虏达1726名。

不仅如此，周康王在事后还让人铸造了一尊大鼎，将此事记录于大鼎之上，这就是如今收藏在中国历史博物馆的镇国之宝大盂鼎。如果有机会，我们可以到北京看到这一宝物，同时感受在那个遥远年代所发生的震撼人心的战场情景。

周厉王伐噩之战

周朝是中国历史上第三个奴隶制王朝。因其前期首都在镐京,镐京居西,史称"西周"。

西周实行两京制,即西都镐京(宗周)和东都洛邑(成周)。由此我们不难看出当时统治者的心态,他们既不愿放弃祖宗的创业之地,也认识到洛邑地位的特别重要性,故而采取聪明的办法——创立两京制。

当周武王攻入朝歌灭掉殷商班师西归途中,将象征国家政权的重器——九鼎,由朝歌迁至郏鄏(今河南洛阳),并意欲在河洛地区建立新都,但武王在回到镐京后因很快死去而未能如愿。为实现武王的遗愿,成王继位后即命周公营筑了洛邑,并亲临新都"成周"举行定鼎大典。这就是历史上著名的"武王迁鼎""成王定鼎"。今洛阳市有定鼎路,即为纪念这一历史事件。

武王以后,西周经过成王、康王、昭王、穆王等几代天子的治理,国力大增,远近部落方国相继归附,称臣纳贡。但到了后期,国力日渐衰弱,四周方国部落交相发动对周的进攻和侵扰。周厉王姬胡统治时期,原臣属于周的噩国(今河南南阳东北一带),看到周的势力衰弱,便乘机叛周,并企图侵占其疆土。噩侯联合南淮夷及东夷部落,出兵进攻周的东部和南部国土,声势浩大,来势凶猛,一直打到成周洛邑一带。

洛邑为西周东都,其地理位置的重要性可想而知。它的得失,将直接影响到周朝的安危。为了保卫京都及国家不受侵犯,周厉王从宗周调来西六师,又从北部调来殷八师,自西、北两个方向向河洛地区集结,以图形成夹击之势,一举歼灭噩夷联军。但是,由于周之西六师毫无斗志,殷八师为奴隶兵,又不愿卖命,畏惧不前,形势对周十分不利。在此情况下,厉王只得依靠贵族大臣的亲兵来抵御敌军的进攻。周将禹率大臣武公的私家战车百乘、厮御200人、徒兵千人参战，经过激烈的拼杀，终于打败了噩侯。

周厉王伐噩战争的胜利，保卫了成周的安全，国家局面也得到了一定程度的稳定。

周厉王征伐淮夷

周厉王征噩之后，居住在淮河流域的淮夷，再次发兵进攻周地。厉王命虢仲率军反击，未能取胜。于是淮夷气焰更为嚣张，发动了更加猛烈的进攻。淮夷军队自东向西，长驱直入周的中心地带河洛地区，所到之处，掠杀平民，抢劫财物。周厉王再次亲临洛邑成周坐镇指挥，命令周将敔率精兵反击。敔率军从洛水上游连续发动数次反攻，使淮夷军队难以招架，纷纷败逃。周军乘胜追击，最终彻底打败了淮夷，斩俘140余人，夺回了被淮夷兵虏去的周民400人。

经过伐噩、击败淮夷这两次战争的全胜，使周军声威大振，军力有所增强。

此后，厉王又亲自率军反击南方濮的侵扰，一直攻至其都邑，濮子急忙派人朝见周王。其影响波及东夷、淮夷等26个小国，他们均被迫臣服于周。接着，周军又击败西北方面猃狁部落的侵扰，三战三捷。

周厉王一系列战争的胜利，使西周王朝得到了稳定，国威逐渐得到恢复。厉王以后，经过了共和行政及宣王、幽王计70余年的统治，直到周平王放弃镐京东迁洛邑(前770)，西周时期宣告结束。

西周铜戈

东周郑繻葛之战

公元前770年，周平王自镐京东迁洛邑，史称"平王东迁"。东迁后的周王朝，史称"东周"。此时，周王朝国力日渐衰微，诸侯纷争的局面已开始显现。在诸侯国中，东面的郑国（今河南新郑）日益强盛，郑庄公更是气焰嚣张，咄咄逼人，根本不把周王室放在眼里。这令周天子忍无可忍，决心动员全部兵力，联合部分诸侯国，共同讨伐郑国。

周桓王十三年(前707)，周桓王(姬林)率领周及卫、陈、蔡三国联军，浩浩荡荡，于洛邑开赴繻葛(今河南长葛北)。周军出动兵车4000辆，分右、左、中三军。右军由卿士虢公林父指挥，附属为蔡、卫两国军队；左军由卿士周公黑肩指挥，附属为陈国军队；中军由桓王直接指挥，且呼应左右二军。一场大战拉开了序幕。

郑国本为周王朝所属的诸侯国，为什么双方要大动干戈呢？说来话长。

本来，郑国的开国国君郑桓公姬友是周厉王的儿子，周宣王的庶兄，对周王室十分忠诚。姬友在犬戎进攻镐京时独立支撑局面，被犬戎乱

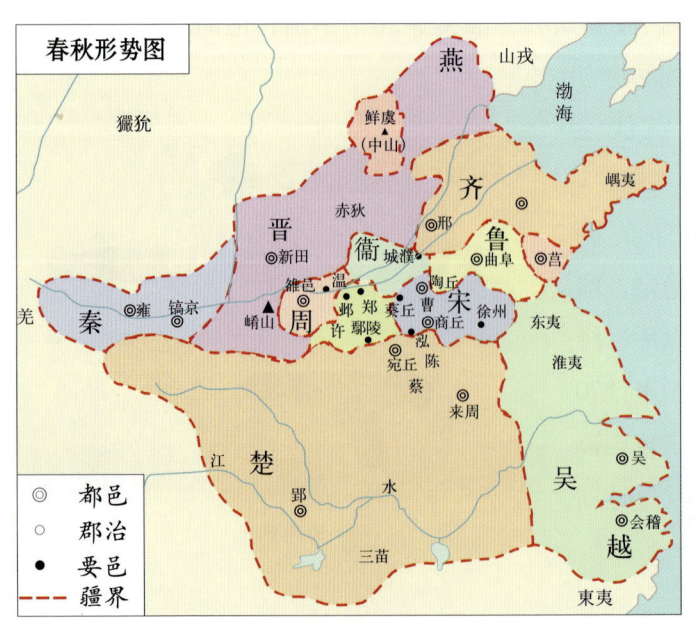

春秋形势图

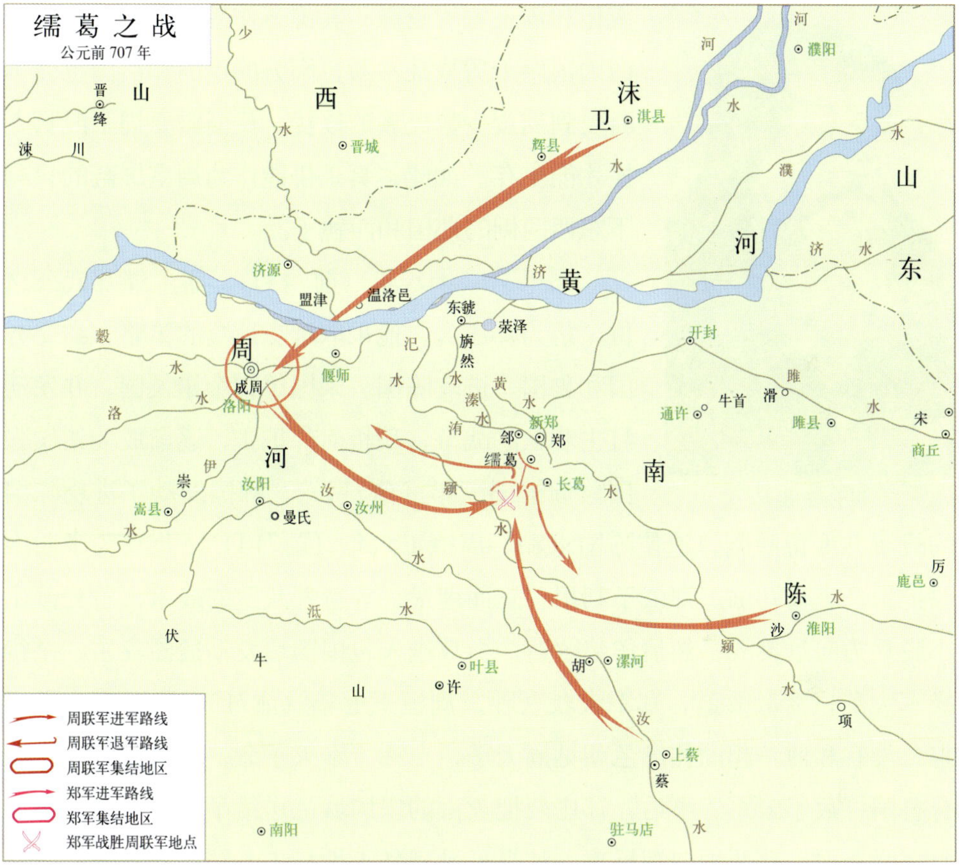

繻葛之战（源自《中国战争史地图集》）

箭射死于战阵。随后，郑世子掘突（郑武公）在收复镐京战斗中，又一马当先，立下战功。周平王东迁后，掘突仍继任他父亲的司徒六卿之要职，并以才干和忠诚而备受器重。为此，郑国在各诸侯国中声望日高，社会安定，经济发展，国势日盛。

周室东迁后，作为王室屏藩的有5个：黄河以北的晋国，京城以东的郑国，新建于崤函险要之地的西虢，以及在南方防备荆蛮的申国和吕国。这些诸侯国起初对东周王室确实起到了一定的屏蔽作用，但随着其国内形势的

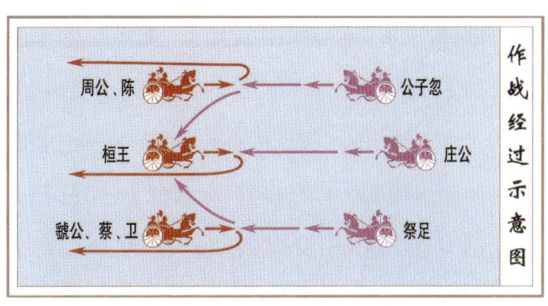

作战经过示意图

周桓王姬林

变化和周王室的衰微,其屏藩作用也越来越小。晋国因国内矛盾战乱不断,南方的申国和吕国也因不断受到荆蛮少数民族的侵扰,反而需要周王派兵支援才能生存。如此,真正仍能作为周室屏蔽的只剩下东西两侧的郑国和西虢了。

周平王二十八年(前743),寤生继郑武公之位,是为郑庄公。他采取远交近攻的策略,结交齐国和鲁国,进攻陈国、宋国等14个诸侯国,并发动打击北狄的战争,积极对外扩张,逐渐成为诸侯强国。周桓王三年(前717),郑国发动了进攻陈国的战争并取得胜利,迫使陈国求和。周桓王六年(前714),北戎为了向中原扩张,进攻郑国。郑公子利用"三面埋伏,等待歼敌"的战术,首先派出小股兵力向敌挑战,然后佯装败退,引敌进入包围圈后发动猛烈攻击,杀得戎军大乱,溃散败退,郑军大获全胜。周桓王七年(前713),郑庄公借口宋公没有和他一起同往洛邑朝见周天子,自称"奉天子命,进兵伐宋",联合鲁国打败了宋军。事后,郑庄公把攻占的宋国城邑送给了鲁国。宋国不甘心,联合卫、蔡两国向郑反攻,结果反受到歼灭性打击。郑庄公不断取得胜利,国势如日中天,野心不断膨胀起来,气焰更加嚣张,也不把周天子放在眼里。

郑国的日益强大和不断向外扩张,引起周平王的忧虑。周平王苦思冥想对付的办法,然而唯一能做的也只有削弱郑庄公承袭其前辈在朝为卿主持国政的权力。因此,他准备把卿的一半权力交给虢国公林父。谁知事不机密,泄露了风声,郑庄公便怒气冲冲地来到周平王面前质问,吓得周平王赶紧矢口否认有此事。尽管如此,郑庄公仍然怒气不消。为了表明双方的信任关系,只好采取"周郑交质"的办法,也就是周平王的儿子狐作为人质到郑国去,郑国的公子忽也作为人质到周都洛邑。周平王真是弄巧成拙,堂堂天子竟然与诸侯互相交换人质,让天下人笑话,更让各诸侯看不起。

周平王五十一年(前720),周平王去世,但质于郑的王子狐还没来得及继承大统便死去,只得由狐之子姬林继位,是为周桓王。周桓王因父亲死于郑国，因而对郑深恶痛绝，正式任命虢国公林父为卿士（这样事实上就有了两个卿士），主持全部政事，削弱了郑庄公的权力。这一下又激怒了郑庄公，他公开表示不满和反抗，一怒之下派人强行收割了周王畿内温地（今河南温县城西南）的麦子，又派人抢收了王城洛邑周围特别是今白马寺以东田里的农作物，以致周桓王当年没有吃的而不得不向诸侯借粮度日。宋、卫、鲁等国可怜周天子，都借给了粮食。由此，进一步激化了周郑之间的矛盾。

周桓王三年（前717），郑庄公带着一些新郑大枣亲自到洛邑朝觐周天子，以图缓和郑与周之间日益恶化的局势。但周桓王深患郑庄公的飞扬跋扈，余恨未消，没有接受周公黑肩善待郑庄公的建议，拒绝以礼相待，避而不见。鉴于郑庄公带来了礼品，周桓王只是命人给郑庄公回赠一些秕糠，意思是我的粮食都让人给抢光了，没有粮食只有秕糠。郑庄公很不高兴，悻悻地回郑国去了。

接着，周郑之间又发生了换田事件。周桓王八年（前712），周王室提出要用苏忿生所占据的温、原（今河南济源西北）等4块地方换取郑国的邬（今洛阳偃师西南）、苏（今洛阳孟津东北）等4块地方。这在表面上看起来是同等交换，但是要知道，苏忿生已经背叛周室，温、原等地已不属周桓王所有。所以，此种换地方案，实际上是周要强取郑国土地，而给郑的却是一句空话，因为郑国要取得周室所谓换给的4块地方还得从苏忿生手中去夺取。郑庄公也不是傻子，自然是不能接受此种方案。此举进一步加剧了周郑之间的关系恶化，矛盾尖锐到白热化程度。

不过，面对郑庄公的强势，周桓王也只能忍气吞声。因为从周朝的制度上来说，天子拥有六军，诸侯大者拥有三军，小者只有两军或者一军。自从东迁洛邑后，天子虽有六军之名，实际上充其量也只有三军，而当时的郑国也有三军，天子在军事实力上并不占优势，而

郑庄公

在经济实力上还不如郑国。因此周桓王只好憋着一口气,暗中联络诸侯,积蓄力量,等待机会。

周桓王自从继位之后,亲眼看着原本就强大的郑国进一步强大起来,但他同时也一直在想着如何征服郑国。在等待了13年之后,周桓王已是忍无可忍了。正当此时,郑庄公没经周天子的同意,在私下里与许国(今许昌)交换土地。这在桓王看来,是大逆不道的擅自越权行为,因为"普天之下,莫非王土",各诸侯国的土地原本都是由周天子封给的,现在有人竟敢不经周天子同意,私下授受,这还了得?于是他下定决心,一定要狠狠惩罚郑国,立即决定撤销郑庄王的卿士职务,并动员全部兵力,联合还能听命于周的诸侯国,共同讨伐郑国,于是就出现了本文开头的一幕。

再说郑庄公这边,面对大军压境,他立即召集部将商讨对策。公子姬元仔细分析周、卫、陈、蔡联军的情况后,认为陈国内部动乱,军心不稳,士无斗志,他们若受重创,联军必一触即溃。因此,他建议首先攻击联军的左、右两翼,然后再集中优势兵力进攻由桓王直接指挥的中军,这样郑军必将大获全胜。郑国大夫高渠弥根据以往的战争经验,提出以"鱼丽阵"战胜联军的战术。所谓"鱼丽阵",即以战车为中心,疏散配备步卒的作战阵势。车与车弥缝之间是步卒,形似鱼鳞,故名"鱼丽"。这种战术,密切了车步协同,把战车的运用向前推进了一步。按照高渠弥的战术思想,把战车分为队,一队分为两偏。若兵车50乘,则25乘为一偏;若兵车30乘,则15乘为一偏。然后将步卒编成伍,5人为一伍,以此弥补偏与偏之间的缝隙。作战时,将战车摆于前面,伍分散配置其左右及后面,使偏伍协同作战;车上的甲士一旦有伤亡,步卒立即补充上去,继续战斗。这便是"先偏后伍、伍承弥缝"的

周郑交质图(出自清刊本《绣像东周列国志》)

战术。郑庄公采纳了公子元和大夫高渠弥的意见，把郑军编成"鱼丽阵"，使战车步卒互相交织，协调呼应。任命正卿祭仲为左拒指挥，进攻周联军之右军，首先攻击附属的蔡、卫军；大夫曼伯为右拒指挥，进攻周联军之左军，首先攻击附属的陈军；大夫原繁为中拒指

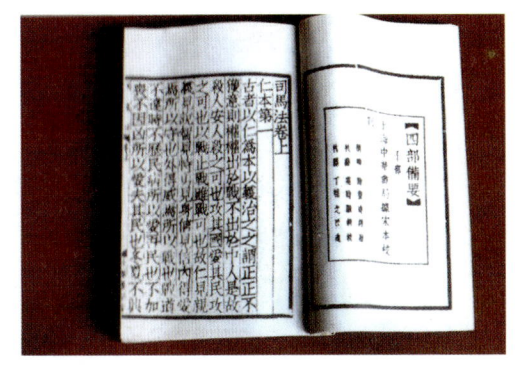

春秋《司马法》，即军官教程

挥。其他尚有高渠弥、祝聃等参与作战指挥。郑庄公则统率全军作战。

战争一开始，桓王看到郑军阵容严整，不敢主动出击，周军进攻迟缓。正当周军犹豫之际，郑庄公则果断挥动旗帜，发出攻击的命令。曼伯指挥右拒，首先向周的左军进攻，而附属之陈军又首当其冲。陈军缺乏斗志，一触即退，溃散而逃。郑军士气高昂，穷追不舍。周左军指挥周公黑肩在郑军凶猛的攻击下，神不守舍，指挥混乱，被郑军击破战阵，败了下来。此时，祭仲指挥郑军左拒，猛攻周右军，其附属的蔡、卫军不堪一击，迅速溃败。周右军将领虢公林父处乱不惊，沉着指挥，奋勇力战，使得战局有所好转。郑军被阻，周右军阵势稳定，有力地掩护了中军主力免遭更大的损失。于是，战局暂时稳定下来，双方处于对峙状态。

在第一阶段的战斗中，郑国左、右两军皆获得了大小不等的胜利。郑庄公乘机发动新的攻势，矛头直指周的中军。他首先命原繁的中拒向周的中军进攻，又命曼伯的右拒向周的中军侧面进攻，使周中军处于两面夹击的危险境地。此时，周右军将领虢公林父在击溃郑军对其进攻后，刚站稳脚跟，还未喘过气来，见此情景，为稳定整个局势，不得不以一部分兵力对付郑军左拒，而以主力参加中军方面的战斗。虢公林父的军队勇猛善战，迅速击退了郑军的进攻，扭转了战局，使周军再次稳定下来，但整个形势对周军仍然十分不利。桓王情急之下，亲自参加战斗，却不幸被郑将祝聃射中左肩，致使周军士气大伤。桓王认为，周公黑肩的左军既然已经失败，仅凭中、右两军，很难战胜郑军，遂下令中、右两军且战且退，作有序的脱离战斗。

郑军获得局部胜利后，将士斗志旺盛，祝聃等人建议乘胜追击，以获

全胜。此时，郑庄公头脑清醒，他首先仔细观察了周军的行迹，发现周军撤退时秩序井然，仍有较强的战斗力，郑军若追击，未必能够获得更大的战果，没有必胜的把握；同时他也认为："君子不欲多上人，况敢凌天子乎！"顾忌到这样做名不正言不顺，有损于郑国及个人在诸侯国中的政治影响和地位，故未能下令追击。

繻葛之战，虽然郑国战胜了，但是由于当时周天子的威望尚存，郑庄公害怕因此而引起其他诸侯的不满和敌视，便采取了胜中求和的方针。战争结束的当天，他派正卿祭仲为代表，带着礼物前往周营，向周天子赔礼道歉，对大臣们进行拜访，借以缓和由于这场战争而引起的更大矛盾，平息周王室因战败而产生的复仇心理，避免引发第二次战争。实际上，周军也无力再战，桓王也就下了台阶，乐于就此不分胜负地结束这场战争。

周郑繻葛之战，是周室东迁洛邑之后征讨诸侯国的第一次战役，也可以说是东周王朝的奠基之战。由于战争失利，周朝遭受重大打击，天子地位一落千丈。从此，王室更加衰微，周天子仅为名义上的"天下共主"，愈为众诸侯所轻视，从而也导致了春秋中后期诸侯争霸以及战国时期大国争雄局面的形成。

东周王子克之乱

西周后期，王室势力已开始呈现出衰弱的迹象。平王东迁以后的东周时期，分为春秋和战国两个时期。春秋初期，周王室还拥有今河南北部、西部及陕西东部。但到了后来，这些土地或为维护王室利益而赐予诸侯，或被秦、晋、郑、楚等国及戎族相继侵夺，自己可控制的地盘就越来越小了。春秋中期以后，周王室实际拥有的土地及人口则更少，势力更弱，所能掌控的范围仅有洛邑四周方圆不足300里的狭小地域，同一些弱小的诸侯国相差无几，政治、经济、周边防御皆有赖于强大的诸侯。在此情况下，周天子的地位可想而知，他时常受到一些诸侯的戏弄凌辱，但也无可奈何，只有忍气吞声。所谓"天下共主"，仅具有名义及象征意义，实际上是"空架子"。特别是桓王时周郑繻葛之战的失利，使国势愈加衰微。周天子的命运实在不佳，他对外窝囊受气不算，王室内部也不争气，内讧不止，王子们不断发生争夺王位继承权的斗争。春秋时期的数起内乱，因均系庶子所为，故称"东周王室庶孽之乱"。它使内外矛盾重重、危机四伏的东周王朝雪上加霜，继而加剧了社会的动荡，加速了王室的衰败。在这一系列的内讧乱政当中，影响较大的就有4次，分别是王子克之乱、王子颓之乱、王子带之乱和王子朝之乱。

东周王室庶孽之乱始于王子克之乱。

姬克为周桓王姬林之子。桓王对其宠爱有加，一心思谋着让他继承王位。不过，根据周室"嫡长子继承制"这一传统礼法，桓王在位时没有办法立子克为太子。桓王为此忧心忡忡。在他临终前，把大臣周公黑肩叫到床前，特别嘱咐："立子以嫡，礼也，然而次子克，朕所钟爱，异日兄终弟及，赖卿大力成全。"桓王的这种临终安排，为庶嫡之争埋下了祸根。

桓王二十三年(前697)，桓王死去，太子姬佗承袭周天子位，是为周庄王。但是，王子克和周公黑肩等人争夺王位心切，暗中积蓄力量，勾结有势力的诸侯国，伺机行动，夺取王位。庄王四年（前693）大臣周公黑肩(即繻葛之战中战败的东周左军将领)私下与王子克密谋，企图发动政变，一举杀掉庄王，另立王子克为王。消息被泄漏出去，大臣辛伯得知情况后，力劝周公黑肩："并后匹嫡，两政耦国，乱之本也。"但周公黑肩一意孤行，不听劝阻。于是，辛伯便将情况立即报告给庄王。庄王立即采取行动，以迅雷不及掩耳之势，捕杀了周公黑肩。王子克听到这一情况，自知阴谋败露，只身逃离王城(今洛阳王城公园一带)，渡过黄河，投奔燕国而去。

　　这场由王子克发动的妄图篡夺天子地位的内乱，虽然以失败告终，但也由此拉开了东周王室庶孽之乱的序幕。

东周王子颓之乱

姬颓是周庄王姬佗的庶子,为王姚所生。庄王宠爱王姚,欲立子颓为太子,但未能遂愿。

庄王十五年(前682),庄王病死,传位于嫡长子姬胡齐,是为周釐王。釐王五年(前677),釐王在位时身亡,太子姬阆继位,即周惠王。姬颓是惠王的皇叔,早就有篡权之野心,况且有周庄王姬佗的遗愿在先,于是,他时刻在寻找机会夺取王权。周惠王即位后,占取了大夫芮国的菜园子作为饲养野兽的地方。大夫边伯的房子在王宫附近,也被惠王占去了。同时惠王又夺去了大夫子禽、祝跪、詹父的土地,还收回了膳夫的俸禄。这引起了五大夫的不满,寻机作乱。于是,姬颓便勾结边伯、子禽、祝跪、詹父、芮国等五大夫,恣意横行作恶。惠王二年(前675)秋,五大夫共奉王子颓之命率兵攻打王城,没有成功。慌乱之中,姬颓随苏氏逃跑到温邑(今河南温县西南)。苏氏又奉姬颓之命跑到支持姬颓的卫国通风报信。卫、燕两国立即发兵攻打成周洛邑。惠王听说来势不可挡,遂在周公忌父和召伯廖等大臣的护卫下,逃出王城。边伯等人于是在王城立姬颓为王。

周惠王请求郑厉公出兵帮助其肃清姬颓及其党羽的叛乱,但郑厉公觉得还是以调停为好。惠王三年(前674)春,郑厉公出面调停周王室纷争,没有成功。当年夏,郑厉公接周惠王来到周郑交界地栎邑(今河南禹州)。他还将周王城内的器皿用具搬到栎邑供惠王享用。

惠王四年(前673)春,郑厉公接受了惠王的请求,在护送他回京的同时,西结虢公相约共伐姬颓。

郑虢联军会师于王城外。郑厉公率本国军队攻打王城南门,虢公则率军主攻王城北门。王城内,拥护惠王的公卿大夫也纷纷汇集家兵,做郑虢联军的内应。五大夫急请姬颓出面抚军督战，以挽回败局，岂料他却置之不理。次日，虢军、郑军相继攻入城内，芮国自刎亡命，子禽、祝跪死于乱军之中，边伯、詹父为郑军所俘。姬颓闻讯城破，急忙从西门逃出，也为追兵俘获，他与边伯、詹父一起被押赴市曹斩首示众，落了个暴尸闹市的可耻可悲的下场。接着，惠王入居王城，恢复了王位。然后，惠王利用齐侯的军队打败了支持姬颓的卫国，又借助狄戎的力量灭掉了温邑(今河南温县西南)。至此，持续达3年之久的"子颓之乱"基本被平息下来。

东周王子带之乱

王子带系周惠王庶子，长相端庄而品行不端，善于阿谀逢迎，深得惠王的宠爱，惠王欲立姬带而废太子姬郑。

惠王二十五年（前652），惠王病危，太子姬郑暗中派遣王子姬虎到齐国，请求齐桓公帮助其打击姬带的篡位阴谋。齐桓公答应下来，即集合各诸侯国的军队，一面屯守于洮（今山东鄄城西南）待命，一面又令各诸侯派遣使臣入京城看望惠王。此时恰逢周惠王去世，于是各诸侯大夫便乘机拥立太子姬郑即位，是为周襄王。

襄王即位后，不计前嫌，册封姬带为甘公，以示同胞之情。姬带非但知恩不报，反而暗中勾结伊洛之戎一同攻打王城。他自己在王城作为内应，放火焚毁了东门城楼。因大夫周公孔全力防守，姬带无机可乘，不敢妄动；戎族军队也无法攻入城内，一路抢掠退了回去。姬带觉察阴谋败露，乘机逃出京城，投奔到了齐国。后来，襄王又一次宽恕了他，将其召回王城。然而姬带恶习不改，回京不久，却与襄王隗后勾搭成奸，被襄王发现后，再次畏罪出逃至翟（即阳翟，今河南禹州）。

襄王十六年（前636），姬带又勾结翟军偷袭王城。襄王在富辰等人的护卫下，杀出王城，一路前往郑国。姬带入城之后，假借太后的遗命自立为王，并立隗后为王后。京城上下对其篡位及立嫂为后的卑劣行径极为不满，曾编歌谣到处传唱："暮丧母，旦娶妇，妇得嫂，臣娶后。为不惭，言可丑！谁其逐之，我为尔左右。"姬带与隗后闻言，胆战心惊，觉得京城之内处处都是陷阱，随时都有被人杀掉的危险，于是双双逃往温邑（今河南温县西南）。同其一起逃离的还有参与作乱的颓叔桃子。

周襄王在前往郑国的途中，于氾水（今河南荥阳西）作书命简师父向晋国求援。晋文公命右将军却溱率军进攻温邑，派左将军赵衰到汜水接回襄王。襄王十九年(前633)三月，晋军兵分两路，右师北围温邑，左师直指王城。左将军赵衰拥襄王直取洛邑，于四月兵临王城，周、召二公开城门迎接，襄王复位。右将军却溱兵至温邑，温人聚众袭杀颓叔桃子，开门迎晋军入城。姬带被晋大将魏犨杀死，隗后被缚于树上，以乱箭射死。晋文公闻讯，急忙策马赶赴王城，向襄王报捷。襄王在王宫大设宴席以飨晋文公，并将王畿内温、原、阳樊、攒茅四邑(均在黄河以北、太行山以南)割与晋侯，晋文公谢恩返师回晋，"子带之乱"结束。

秦军袭郑灭滑之战

秦国原为周王朝在西方的一个附庸小国。周平王东迁洛邑时，秦襄公因护送王室有功，被封为诸侯。直到秦穆公时，秦国领土才扩大到黄河岸边，逐渐接受中原文化，慢慢发展起来。之后，秦国对周边国家不断发动兼并战争，开疆辟地，先后灭掉10余个国家，势力大增，成为西戎霸主，系"春秋五霸"之一。

周襄王二十四年(前628)，郑文公、晋文公相继去世，秦穆公得到消息，认为消灭郑国、打击晋国从而建立霸业的机会终于来了，随即打算乘两国发丧之际，兴兵袭击郑国，与留守郑国的秦兵一起来个里应外合，灭掉郑国，乘机进入中原，从而为实现霸业奠定基础。秦穆公越想越高兴，立即召集群臣商议出兵攻打郑国之事。然而，却遭到蹇叔和百里奚的竭力反对，他们说："郑国和晋国都刚刚死了国君，我们不去吊祭，反而趁火打劫是不合

秦晋人物图

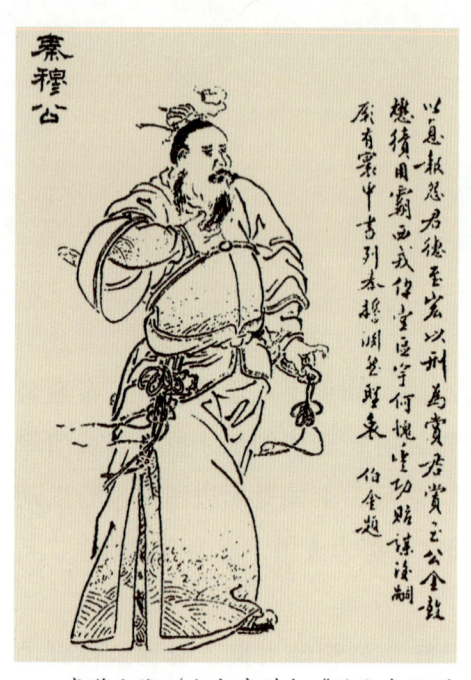

秦穆公像（出自清刊本《绣像东周列国志》）

适的。再说，我们距郑国有1000多里远，尽管偷偷行军，但时间一长，能不让人知道吗？即使侥幸打了胜仗，我们又不能千里迢迢去占领郑国的土地。此举利少弊多，还是不干为好。"特别是蹇叔激烈反对，说若真的硬要出兵袭击郑国，那么必经之路是崤山（今河南陕州、洛宁一带），秦军"必死其间"。但秦穆公战意已决，不为所动，反而质问说："难道你们就永远这么不声不响地呆在偏僻的西方吗？"随之，他任命百里奚之子孟明视为大将，任命蹇叔的两个儿子西乞术和白乙丙为副将，率领兵车300乘前往攻打郑国。

秦穆公为什么不顾老将们的劝说而决意要消灭郑国、打击晋国呢？这还得从两年前说起。

郑国地处中原腹地，交通便利，农业、商业都极为发达，是谋霸中原必须控制的战略要地。周襄王二十二年(前630)，郑国为了自身利益，表面上加入了中原联盟，但暗中却和南方的楚国串通一气，这引起了北方的晋国的不满。于是，晋国联合西方的秦国，共同讨伐郑国。晋文公和秦穆公分别带领各自大军，陈兵于郑国的东西两侧，声势浩大，兵锋直指郑国国都（今河南新郑）。郑文公见晋军和秦军来势汹汹，郑国已危在旦夕，急得抓耳挠腮，一时不知如何是好，但有一点他是肯定的——硬拼只会家破国亡，必须另谋他图。终于，他想出了妙计。他向大臣烛之武面授机宜、如此这般之后，为了避人耳目，命烛之武乘着夜色，从城墙上用绳子系到城外，去面见秦穆公。经过烛之武一番能言善辩，直说得秦穆公点头称是，立即决定撇开晋国与郑国私自结盟，但条件是由秦国的杞子、逢孙、杨孙三位大夫留守郑国，自己则率军返回秦国。对此，郑文公当然是乐意接受。然而秦穆公的这一举动激怒了晋军将士,都主张立即攻击秦军,但晋文公顾及秦穆公过去对自己有相待之恩,并且考虑到晋国初立、霸业不久,不愿与秦军兵戎相见,也只好与郑国言和后回晋国去了。事情虽然已经过去,但在秦晋之间的关系上却蒙上了一层阴影。况且,秦穆公虽然回到秦国,但他时刻在想着如何进占中原、争做霸主,因此双方的争斗是迟早的事。如今,郑文公、晋文公两人相继去世,这不是天赐良机吗?

于是,领命的孟明视大将和西乞术、白乙丙两位副将三人,于当年即公元前628年十二月率兵东向。临行前,蹇叔和百里奚边哭边送行,感叹地说:"我们好心疼啊!看着你们出去,恐怕是再也看不到你们回来了。"一再嘱咐自己的儿子不但要为国尽力,还要注意安全,并特别提醒说往返必经之地的崤山一带地势险要,须格外小心。就这样,秦军浩浩荡荡一路向东,出潼关,过崤山,于第二年二月抵达洛邑(今河南洛阳)。本来,洛邑为周都,还住着名义上的周天子呢,但秦军此时哪里还把他放在眼里,加上是秘密行军,便悄无声息地经过洛邑王城的北门,继续向东进入滑国(今洛阳偃师东南)境内。这时,前面有军士前来通报说:"有郑国使臣求见!" 孟明视一听,大为吃惊——我们秘密行军数月到此,是为了消灭郑国,而郑国人怎么会在此时来到军前呢?为了探明究竟,忙接见使臣。来者说道:"我叫弦高。郑国国君听说贵军前来,特派我来慰问,送上12头肥牛犒赏。不成敬意,还请笑纳。"孟明视见郑国有人前来慰问,自然是爽快地接受了肥牛,但转念一想,此事说明郑国早已得知消息,并且也一定有所准

	春秋军制简表			
编制单位	军	乘(卒)		两	伍
兵力、车辆	无定制,约百乘(万人)以上;据《周礼》,王6军,大国3军,次国2军,小国1军	4两		5伍	
		攻车1辆	车上3人 75人(3两)		5人
		守车1辆	25人(1两)	25人	
指挥官	将帅	卒长		两司马	伍长
兵役制度	主要为民军制,辅以世袭兵制				

战国铜戈

备,如果继续前往袭击郑国,完全没有成功把握,况且自己兵力孤单,没有后援之兵,只得下令停止前进,驻军于滑国境内。

岂不知,这里另有玄机——堂堂的秦国大将上了牛贩子的当。原来,弦高是郑国的一个商人,在去洛阳做贩牛生意的途中获知秦军将要偷袭郑国的消息,便一面急派心腹速报郑国国君,做好迎战的准备;另一方面自己则冒充郑国的使臣犒劳秦军。弦高随机应变、沉着应对,以一个商人的机智和勇敢,骗过了秦将孟明视,挽救了郑国,体现出高度的爱国主义精神!

这样,郑国转危为安了,此前留守郑国的秦大夫杞子、逢孙、杨孙等人闻讯也慌忙逃到齐国、宋国。可是秦军千里奔袭到此,怎能空手而归、无功而返?孟明视灵机一动,为了不虚此行,便决定夜袭滑国。主将孟明视的这一决定,令西乞术和白乙丙两位副将莫明其妙。孟明视向他们作了一番解释,这才统一了认识。于是,秦军在孟明视指挥下,于弦高犒劳秦军的当夜,以迅雷不及掩耳之势,兵分三路,由孟明视、西乞术、白乙丙各自率领一路,合力袭破滑费城(今河南偃师府店东北)。一个小小的滑国哪里是秦军的对手,一夜之间便被消灭了。滑国君逃奔翟(今洛阳白马寺北翟泉)。秦军如入无人之境,大肆掳掠,将滑国的粮食、财宝洗劫一空,装满兵车,大摇大摆地踏上了回国之路。然而,他们哪里知道,灭顶之灾正在前面等待着他们。

秦晋崤山之战

周襄王二十四年（前628）十二月，秦穆公派秦军300乘东进袭击郑国。次年，也就是周襄王二十五年（前627）二月，秦军在袭击郑国未遂并"顺手牵羊"消灭滑国（今洛阳偃师府店东北）后，载着满车的战利品一路向西返回，于五月初到达晋国属地崤山（今河南洛宁、陕州一带）。

眼看崤山就要到了，秦军副将白乙丙对主将孟明视说，前面就是崤山了，临行前家父曾经一再嘱咐我们说，崤山地势险要，"晋人御师必于崤"，我们得多加小心啊！然而孟明视却把这些话当作耳旁风，大大咧咧地说："有什么可怕的，过了崤山就是我们的地盘了！"话虽这么说，但孟明视毕竟是一员大将，为稳妥起见也作了一番安排。他把大军分作四队：小将褒蛮子率领第一队，自己率领第二队，西乞术率领第三队，白乙丙率领第四队。每队相隔一二里，互相照应着，慢慢进了崤山。孟明视见第一队进展顺利，没什么事儿，便命各队一同过山。山道越来越狭窄，加上兵车上载着大量掠夺来的财物，致使行动速度十分缓慢。

突然，前面传来战鼓的声音，秦军不明就里，一个个吓得哆嗦成一团儿。孟明视厉声喝道："怕什么？胆小鬼！道儿这么难走，即便有晋军，他们追上来也不是那么容易的事儿，快点走！"他令白乙丙先上去，自己在后面压阵，督促全军继续沿着崎岖山路磕磕碰碰向前走去。走着走着，队伍不动了。孟明视挤到前头一看，原来是横七竖八的树木垛堵住了去路，中间最高的地方有四五丈之高，一面写

晋襄公画像

崤之战（源自《中国战争史地图集》）

着"晋"字的大旗竖在顶端。孟明视不禁打了个冷颤——莫非是中了晋军的埋伏？但事已至此，且有我秦国大军在此，还怕他不成？他当即命人拔掉晋旗，把树木搬开一条小道，继续前进。

不出孟明视所料，这正是晋军的埋伏之地。原来，晋国在为晋文公办理丧事期间，便得到秦军经过晋国之桃林、崤山函谷关地区进攻郑国的消息，随之又得知秦军灭了滑国。滑国乃晋之盟国。晋大夫先轸等人视秦军袭郑、灭滑是对晋国霸权的挑战，向新袭王位的晋襄公建议说，秦军兴师伐郑，又灭滑国，这是上天给我们的机会，"天之所予不可失，贪婪之敌不可纵，违天不祥，纵生敌患，必击秦军"。但大臣栾枝认为，秦穆公曾有恩于晋文公，如今出兵袭攻秦军，对不起刚去世的晋文公，所以主张不攻。先轸说，秦国在我们国丧之际，讨伐与我们同姓的郑国，是先无礼于我国，我们怎么还能顾及秦国的过去？"一日纵敌，数世之患"，我们为子孙后代着想，也是无愧于先君的。晋襄公与大臣们经过商议，最终决定发兵崤山，以教训秦军。晋襄公亲率大军，并调集居于晋南境的姜戎（今河南洛宁南），于四月底在秦军往返必经之地崤山设伏截击。

先轸派先且居领兵5000人，伏于崤山之左；派胥婴领兵5000人，伏于崤山之右，待秦军到来，左右夹击。又派狐射领兵5000人伏于西崤山，并预先砍伐树木，设置路障，以阻断秦军归路；派梁弘领兵5000人伏于东崤山，单等秦兵全部进入伏击范围，断秦军退路。先轸同赵衰、栾枝、胥臣、阳处父、先蔑一班宿将，跟随晋襄公，距崤山约20里安营，准备接应各路队伍。这么一来，真乃布下天罗地网等候秦军的到来，秦军焉能不吃大亏？

再说秦军灭滑之后，乘兴满载而归。只为袭郑未遂，指望以财物将功赎罪，岂料晋军设伏，而那面"晋"字旗便是信号旗。随着旗子倒下，四方战鼓之声响彻山谷，秦军不明到底周围有多少晋军，顿时乱了阵脚。慌乱中，孟明视领兵急速西冲，欲摆脱困境，突出重围，但见山岗上一队晋军挡住了去路，为首的狐射大喊："快快投降，还有活命！"见有晋军阻兵，孟明视估计肯定是冲不过去了，忙命军队东撤，然而没走多远，却遇梁弘率领晋军从东面铺天盖地掩杀过来，只好又原路退回。如此，秦军四面被围，东逃西窜，急得团团转。有的秦兵想爬山逃命，却被先且居一声大吼"哪里逃"，吓得两手一松，掉入山涧。混乱中，秦军又大多集中到了那些乱七八糟的树木垛周围。谁知晋军早有准备，在树木垛里放了不少柴草之类的易燃物，此时只见四周火箭齐发，树木立刻被点燃，大火迅速蔓延，秦军死的死、伤的伤，哭号声一片。三员大将使尽浑身解数冲出火场，总算死里逃

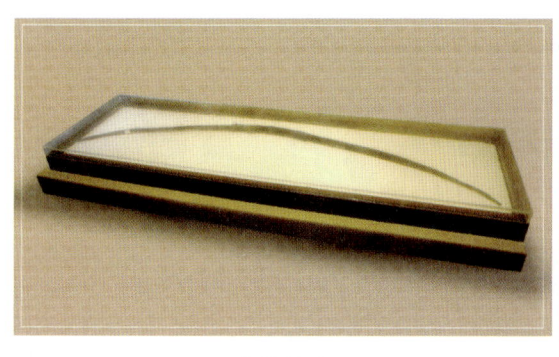

春秋竹弓

春秋铜镞

生，但还是被束手就擒，押到晋襄公大营。最终，秦军落了个一员骁将被杀、三员大将被俘、全军覆没之下场。晋襄公本欲将孟明视、西乞术、白乙丙这三个败将当作祭品杀掉，但在母亲的劝说下，又将他们释放。

此后，秦国数次出击晋国，以报崤山围歼战之仇，可一直没能占到便宜。因秦军东进的企图受阻，遂转而向西发展，"益国十二，开地千里"，取得了独霸西戎的地位，使之成为"春秋五霸"及后来的"战国七雄"之一。

楚庄王伐陆浑戎问鼎中原

东周时，晋国和楚国为了争霸中原，于周襄王二十年（前632）在城濮（今山东鄄城西南）进行了一次大战，楚军大败。之后，楚国不得已转而向东发展。6年后，也就是周襄王二十六年（前626），楚太子商臣逼死在位46年的楚成王而即位，是为楚穆王。12年后，也就是周顷王六年（前613），穆王卒，其子旅即位，是为楚庄王。楚庄王即位后，楚国再次强盛，又开始了与晋国的中原争霸。

楚国的王族来自中原，世世代代楚人梦想着回到祖居地。西周前期，居于汉水南边的楚国甚弱，连一个诸侯国也算不上。到了西周后期，楚国逐渐强大起来。周王在楚国北部汉水之阳设立了一些姬姓诸侯国，以遏制楚国向北发展。到了东周春秋时期，王室衰微，楚国开始开疆拓土。周平王三十一年（前740），楚君熊通自立为武王，并断绝与周王室的朝贡关系。接着历代楚王经100多年励精图治，疆域逐渐向长江流域扩张，汉阳诸姬姓国或降或灭，荆蛮之地尽为楚有，国都也北迁至郢（今湖北荆州西北）。

至楚庄王时，他对于爷爷楚成王争霸中原失败于城濮之战始终不甘心，日思夜想如何继承前辈的事业，继续争霸中原。突然有一天，他心生一计，既然前辈在周王室之东地区不能得手，何不直接到周王室所在地洛邑（今河南洛阳）探个究竟，或许有意外收获？况且，洛邑南部还有听命于晋国的陆浑(今河南嵩县北)之戎，若能带兵前往，顺势征服陆浑戎，便能达到打击晋国、削弱依附于晋国力量的目的。

于是，周定王元年（前606），也就是楚庄王八年，楚庄王亲自率领大军讨伐陆浑戎。

陆浑戎是姜戎的一支，属不同于华夏族的少数民族。陆浑戎原住在西北的瓜州（今属甘肃），由于不肯臣服于秦国，秦国出兵驱逐之。晋献公认为，姜戎是炎帝后裔，应与华夏族同等待之，就把伊水（今伊河）中上游的山地封赐给姜戎。于是姜戎东迁立国于伊水，熊耳山区（今河南洛宁、嵩县一带）尽为戎地。陆浑戎得益于晋国，所以紧紧依附晋国，成为楚国北扩的重大障碍。因此，楚庄王决定武力征伐。

陆浑戎生性彪悍，习于骑战，但不习于战阵兵法。面对实力强大的楚军，陆浑戎哪里是对手。只见楚军长驱直入，陆浑戎不敌，迅即溃散。但楚庄王不依不饶，穷追猛打，一直打到陆浑戎投降，表示愿意臣服于楚国。

楚军轻易取胜，楚庄王趾高气扬，一路北上，他要到周王室面前炫耀自己的实力和威风。到达洛水（今洛河）南岸，楚庄王便举行了盛大的阅兵仪式，彰显楚威。此举不为别的，只为扩大楚军声威，威吓居于洛水北岸的周天子，试图与周分割天下。如果能与周天子达成协议，分得半壁江山，其他各诸侯也只有眼红的份儿了，还省得为争夺霸权而大动干戈。

不出楚庄王所料，楚军阅兵于周疆的消息传到洛邑王城内，周王室极为恐慌。正当周天子无计可施之时，王室中站出来一位雄才大略之人——周大夫王孙满，请求慰劳楚王，以观其动静，摸清其意图，周定王准许。

王孙满素有贤德，是一位杰出的政治家。他到达洛水之南，见楚军营帐相连，甲胄鲜明，其威自显。在这种场合，身为诸侯的楚庄王竟然不顾礼仪，也不出来迎接王室使臣，而是摆开了架子居于中帐。王孙满并不介意，登阶进入帐中，见过楚王，致天子劳师之意。楚王问："九鼎在周，其大小轻重如

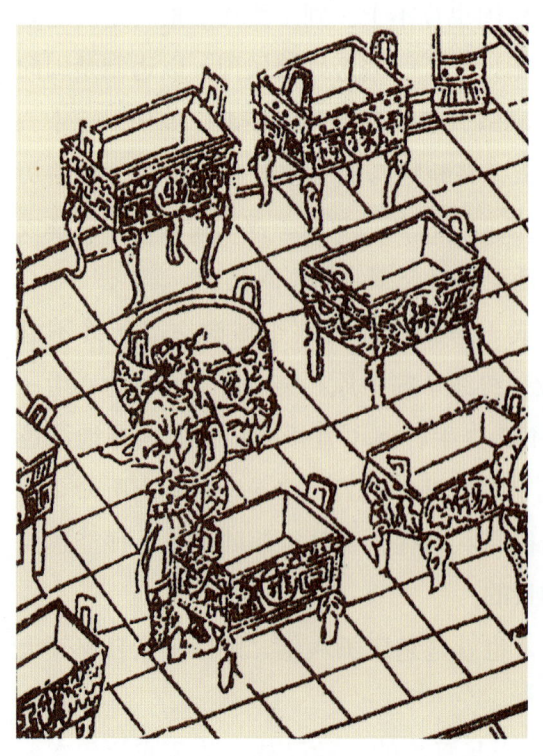

楚庄王问鼎中原（出自明刊本《东周列国志》）

何？"这一问可是非同小可，因为在周代，以所用鼎的大小及多少代表贵族的身份等级，"天子九鼎，诸侯七，大夫五，元士三"。九鼎，代表着王室及王权。"问鼎"实际上就是有觊觎、篡夺之意。

王孙满见楚王问鼎，知其有灭周之心，遂从容答道："欲一统天下，在德不在鼎。昔大禹有德，各方朝贡，献金九牧，以铸九鼎。（夏）桀有昏德，鼎迁于商。商纣暴虐，鼎迁于周。（周）成王定鼎于郏鄏（洛邑），卜世三十，卜年七百，受命于天。周德虽衰，天命未改，鼎之轻重，未可问也！"

楚庄王见王孙满智慧勇敢，底气十足，回答得不慌不忙，有理有节，确有王家之气，知道与周王室分治天下甚至取代周王室权力的时机还不成熟，于是整顿军队之后便退回楚国去了。但是，楚国北上争霸的野心和行为并未中止。

此事在史籍《左传·宣公三年》《史记·楚世家》等书中均有记载。同时，当今学术界对"楚王问鼎"一事存有争议。

楚王问鼎也叫楚子问鼎。由楚王问鼎也引申出一些词汇，如"问鼎中原"等等。

晋楚邲之战

春秋时期，周王室日渐式微，逐渐强大起来的诸侯国"挟天子以令诸侯"，积极发展自己的势力，从而形成了大国争霸的局面。其中，争霸时间最长、斗争最激烈的当属晋楚两国，竟然达百年之久。周定王十年（前597）发生的晋楚邲（今洛阳东北）之战，就是晋楚两国为争夺郑国而发生的一场激战。

晋楚两国一南一北，并不直接接壤，处在他们两国之间的郑国、宋国、陈国和蔡国是双方争夺的对象。特别是郑国位于中原腹地，是双方必争的战略要地，由此可北上又可南下，还便于对东西两侧诸侯国的控制，所以成为两国争夺的重点。

自从秦晋之间发生崤之战后，两国关系破裂，晋陷于西对秦、南对楚两面作战的不利局面。这一期间，楚国内外也发生了一系列变故，无暇顾及中原，从而晋楚间没有发生大的战争。到楚庄王继位后，逐渐解决了内部矛盾，发展生产，整顿政治，厉军备战，势力又趋强大，再次推进争霸中原的战略意图。晋为了维持霸主地位，在国力日渐衰落的情势下，也不得不起而与楚国抗争，从而形成了晋楚两霸的重新竞争对抗。楚国联合陈国攻郑，而晋国援助郑国攻陈，你来我往，战事不断。期间，晋楚两国之间还发生了两次不大的战争，算是摩擦吧。

同时，从周匡王五年（前608）到周定王元年（前606）的3年中，晋4次伐郑，郑服于晋。而从周定王元年（前606）到周定王九年（前598）的8年中，楚7次伐郑，郑又转而服于楚。之所以如此反复无常，是因为郑国认为："晋、楚无信，我焉得有信？"所以采取了"居大国之间而从于强令"的策略，楚强服楚，晋强服晋。对郑国的这种两面倒政策，晋国予以认可，而楚国却对此大感恼火，遂于周定王十年（前597）出兵包围了郑国都城（今河南新郑），而晋国出兵援救郑国，导致晋、楚两个大国之间直接交锋，从而引发了晋、楚为争夺郑国而爆发的邲之战。

当年春天，楚庄王以郑国通晋叛楚为罪名，大举讨伐郑国。经过17天的紧张激烈战斗，郑国势力严重削弱，都城几乎不保，守城的男女士卒嚎啕痛哭。看到此状况，楚军以为郑国无力再战，便稍微向后撤退——因为楚军本来就是为了教训郑国而不是为了消灭郑国。趁此机会，郑襄公加紧修缮城墙，组织男女一起登城防守，共同战斗。楚国军队见状，便再次向郑国展开进攻，郑国则奋力抵抗。战至四月，郑军终于支持不住，都城被攻破，郑襄公无奈只得袒肉牵羊向楚庄王谢罪，两国讲和，楚国军队退后30里驻扎于郯（今郑州北），"欲饮马于（黄）河"，以扬楚威。

晋国得知郑国被围困的消息，怎能允许楚国控制这里，晋景公立即行动，派兵救援郑国。派荀林父为中军大元帅，先縠佐之；士会为上军主将，郤克佐之；赵朔为下军主将，栾书佐之；赵括、赵婴齐为中军大夫，韩穿、巩朔为上军大夫，荀首、赵同为下军大夫，韩厥为司马，率兵车600辆、步卒4万人，浩浩荡荡向郑国进发。

当晋军进至黄河北岸的温县一带时，得知郑已降楚。此时，晋军面临两种选择：一是继续渡过黄河与楚军正面相对，直接对抗冲突，甚至爆发继晋楚城濮之战后的第二次大规模战争；二是停止进军，待机而动。在如何开展下一步行动的问题上，晋军内部产生了两种不同意见之间的争执和剧烈冲突。不想与楚决战的荀林父认为，既然郑国已经与楚国讲和，我们可以救郑不及为由，等待楚军撤退后再行征伐郑国，也可实现控制郑国的目的。上军主将士会赞成荀林父的意见，并说："见可而进，知难而退，军之善政，兼弱攻昧，武之善经也。"而中军副将先縠则认为，"威师以出，闻敌强而退，不是大丈夫"。于是，勇而无谋、逞强显能、立功心切的先縠便不等命令，擅自领军渡河而去，以图大显身手一番。只会纸上谈兵的赵括、赵同也一同跟随而去。见如此局面，软弱无能的中军大元帅荀林父唯恐因"师不用命"而有"失属亡师"之罪而急得团团乱转，一时不知如何是好。见主帅犹豫不决毫无主见，司马韩厥便提出："先縠以偏师陷敌，势必危险。部属不听命令，是主帅之过。你不如命令全军渡河前进，即便打不了胜仗，有罪也是大家共同承担。"无奈，荀林父只得命令全军于衡雍（今郑州东）渡过黄河，驻扎于敖、鄗（今河南荥阳境内二山）之间。

大战在即，然而晋中军和下军都没有任何作战计划，只是消极等待观望，只有上军的士会与副帅郤克制定了作战计划，于鄗山前沿分别设置7处伏兵，由郤克和韩穿、巩朔担任伏兵指挥。

晋军渡过黄河的消息传到楚国军营，楚庄王害怕受到晋军袭击，立即转移到荥阳以东地区，避免与晋军作战，并打算撤兵南返。这一次，楚军内部也在是战是撤的问题上产生了不同意见分歧。令尹孙叔敖认为，若郑不降，就应该与晋军作战，而现在郑国已降，出兵目的已经达到，何必寻仇于晋呢？当下全师而归，万无一失。而伍参则反对撤退，极力主战。孙叔敖斥责道："若战事失利，哪怕食了伍参的肉，岂能赎主战之罪？"楚庄王同意了孙叔敖的意见，并让他发布南返的命令。但伍参由于自认洞察晋军的内情，便不顾一切地一再向楚庄王进谏说："荀林父初任执政，难以号令全军；副帅先縠不肯服从命令。我们此次应战，定胜无疑。"楚庄王一听，觉得也对，感到堂堂大国之君避战于晋国之臣，岂不是社稷之辱？于是，他断然收回成命，率领大军转而向晋军方向前进，很快到达管地（今郑州），形成两军对峙局面。

楚庄王采纳孙叔敖的意见，按兵不动，让郑襄公派人对晋军说："郑国服从楚国，是为了自己的社稷，对晋国并无二心。楚军如今骤然获胜而骄傲异常，未加设防，贵军此时若发动进攻，郑国可以作为内应，一定能把楚军打败。"面对郑国的劝战，晋军内部又产生了两种不同意见。以先縠为首的一派力主决战；以栾书为首的另一派认为，郑国劝战纯粹是为了自身考虑，以便在晋楚两国之间择强而从，不可轻信。荀林父犹豫于两派意见之间，迟迟不作决断。这时，楚军又派人来对晋军说："楚国此次出兵，只为安抚郑国而已，并不敢得罪晋国，请晋军不必留在此地。"晋军也愿意讲和，便派人以"王命"为辞，答复说："昔日周平王命令晋国与郑国共同夹辅周室，如今郑国有二心，所以我们特别奉王命前来质问郑国，并无与楚对阵的意思。"但先縠认为如此太软弱，有谄媚敌人之意，并擅自将答辞改为

"必逐楚军,无避战"。其实,这次楚国派人前来有两个目的,一是想打探晋军意向与虚实;二是想给各方诸侯国造成楚国是要讲和的、晋国是好战的印象,让众人评判是非曲直,自然是楚是晋非了。结果,先縠的行为恰合楚军之意。当楚庄王明了晋军上下意见不一的情况后,便又假意派出使者以谦恭的言辞向晋军求和,进一步麻痹晋军。

就在晋军等待与楚军谈判的时候,楚军突然派出小股兵力,向晋军发起袭扰,请盟变成挑战。晋军鲍癸闻悉楚国军队挑战,随即率兵分三路追击。而此时,晋将魏锜也以与楚军讲和为由率部出动,向楚军进攻,楚军将领潘党见状也亲自率兵前来迎战。如此,在双方各自都犹豫不决、意见不一、反反复复的过程中,最终揭开了邲之战的序幕。

就在魏锜后退、潘党追击之时,晋将赵旃也以同样借口出兵开往楚营。他们停车于楚营门口,派出士卒进入楚营挑战。进入楚营的士卒,杀人放火,彻夜骚扰,造成一片混乱。待至天色黎明,楚庄王便亲自率领左广驱逐赵旃,赵旃乘车逃奔松林口,屈荡下车与赵旃搏斗,一把揪住了赵旃的衣甲,而赵旃顺势脱掉衣甲轻身逃脱。

正当此时,又见前面尘埃四起。原来,荀林父派出魏锜、赵旃讲和后,为防止意外,另派出荀䓨率领轵车(体积较大,防御用的兵车)前往接应,车轮带起尘埃。楚军以为晋国大军已到,立即报告楚庄王。令尹孙叔敖担心正在追击晋军的楚庄王有被包围的危险,急忙下令大军全部出动。楚庄王看见前面尘埃高度有限,料定不是晋军主力,于是饬令大军按照楚左军攻击晋上军、楚右军攻击晋下军、楚中军攻击晋中军的战前部署,迅速前进。楚军首先歼灭了孤军深入的晋军魏锜、赵旃所部,进而消灭了前来接应的荀䓨轵车,然后车驰卒奔,蜂拥而至晋军大营。

正在营中等待楚军前来讲和的荀林父,哪知道如今已是大敌压境。面对突然而至的楚军,荀林父顿时乱了手脚,急忙下令应战。于是晋楚两支大军就在邲这个地方展开了一场大混战。

楚军上下团结一致,齐心协力向晋军猛攻,而晋军由于将领不和,指挥不统一,军无斗志,所以战事开始没多久即告溃退。晋军主帅荀林父见局面对自己极端不利,慌忙下令北渡黄河躲避,并大呼:"先渡河者有赏!"

如此一来，晋军更加混乱，中军、下军拥挤于河岸，纷纷争船渡河。由于人多船少，没有挤上船的便纷纷跳入河中，用手扒住船沿泅水，导致船也不能开动；而已经上了船的，急于逃命，便挥刀乱砍，断臂残手纷纷坠入河中。整夜就在这种混乱不堪中过去了，到第二天一早，渡过河的晋军已伤亡大半。只有晋上军将领士会，事先已有准备，设伏于敖山，不听从撤退命令而岿然不动，并给楚军公子婴齐部以沉重打击，后因敌情不便单独反攻，便指挥上军有秩序地撤退至黄河北岸。

楚军攻占了邲城后，有人建议乘胜追击，把晋军赶尽杀绝。楚庄王说道："楚军打了胜仗，已经把过去的羞耻洗去了。晋国灭亡不了楚国，楚国也灭亡不了晋国，两个大国总得讲和才是道理，何必多杀人呢？"有人建议把晋人尸体集中堆起来造一座小山，一来可以作个纪念，二来也可以显显楚国的威风。楚庄王一听，斥责道："偶然打个胜仗，有什么可以纪念的？我们用武力已经达到了目的，再炫耀武力就会使天下的人不安，又怎么能做到安定国家、建功立业呢？还是赶快把尸体全部掩埋了吧。"于是，楚军掩埋了晋军尸体，并作践土王宫，楚庄王亲自祭河。楚军在修筑了楚先君宫殿后，报捷凯旋。

经此一战，晋国丧失了长达数十年的霸主地位，楚国报了35年前城濮之战的一箭之仇，并夺得中原霸权。

晋灭陆浑戎

东周时期，周定王元年（前606），楚庄王亲自率领大军北上，讨伐晋国扼制楚国北扩的重大障碍陆浑戎。陆浑戎降服于楚国。

陆浑戎原本依赖晋国，现在却又降服于楚国，虽然暂时避免了灭亡的命运，但也埋下了祸根。因为陆浑戎居于晋、楚两个霸主之间的缓冲地带，一旦与楚国交往甚密，便对晋国形成威胁，晋国岂能坐视不理。果然，到了周景王二十年（前525），也就是在楚庄王讨伐陆浑戎的81年之后，晋卿士荀吴便率军对陆浑戎展开了灭绝性的攻伐。

当年秋，晋国策划攻打陆浑戎。为防止暴露作战意图，晋国开展了争取行动"合法化"的外交活动。晋顷公派大夫屠蒯赴洛邑，假意请求周天子允许晋国祭祀雒水（今洛河）与三涂（山名，今河南嵩县西南）。周室从屠蒯的言谈表情中看出，晋人表面上说的是要祭祀水和山，但其真实意图绝不是这么简单，必定另有他谋，所以一方面同

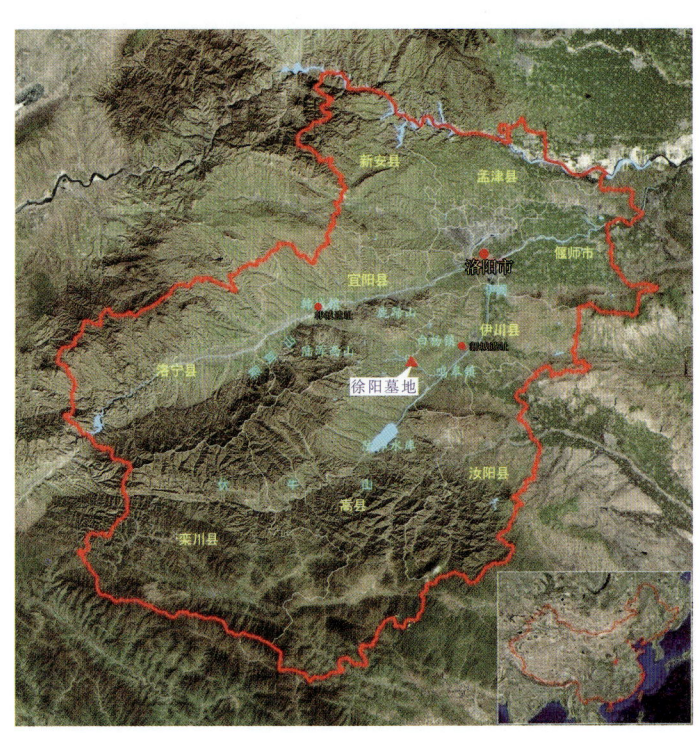

陆浑戎活动区域图

意了晋人祭祀的请求,另一方面为防发生不测事件而危及周室安全,也加强了警戒。

在取得周天子的同意之后,晋国军队便名正言顺地开始行动起来。同年九月二十四日,荀吴率军

陆浑戎车马坑

渡黄河南下,大张旗鼓地一路直抵陆浑戎境。为了麻痹陆浑戎,荀吴让随军而来的祭史按照当时的祭祀礼仪制度,像模像样地用牲畜祭祀雒水。陆浑戎不知是计,遂放松警惕,甚至还有人到场看起了热闹,因为他们作为一个小国,从来也没有人看到过一个大国这么隆重排场的祭祀活动。晋军在做足了表面文章、完全迷惑了世人之后,突然发起攻击,于二十七日一举攻灭陆浑戎。陆浑戎君失国,慌忙南逃,流亡至楚国,余众逃奔周邑甘鹿(今河南伊川西北),被早有防备的周人俘获殆尽。晋军得胜而归,陆浑戎从此亡国。

2015年,洛阳的文物考古人员在伊川县鸣皋镇徐阳村发现并发掘了2600年前的陆浑戎墓葬群,其中包括陆浑戎贵族墓及车马坑等。该墓群的发现,印证了陆浑戎的迁徙、灭国等历史事件。此消息的公布,震动了全国文史考古界。

东周王子朝之乱

周襄王以后,中经周顷王姬壬臣、周匡王姬班、周定王姬瑜、周简王姬夷、周灵王姬泄心5位天子,至周景王姬贵。

景王十八年(前527),太子姬圣夭折。两年后,景王依旧制立嫡长子姬猛为太子。但他却宠爱庶子姬朝,总欲废猛而立朝,却又苦于找不到借口。后来,景王即命其亲信大臣宾起为子朝的师傅,并嘱咐宾起寻找有利时机废猛立朝。

景王二十五年(前520),景王病亡,王宫内嫡庶两党之争公开化。嫡党单穆公、刘子(即刘蚡,刘献公之子)袭杀宾起,并同诸王子一起结盟反对王子朝,扶持太子猛继位,是为周悼王。庶党尹文公、甘平公、召庄公三家合兵,奉姬朝之令,使上将南宫极率领周卒进攻悼王。姬朝又纠集旧官、百工(掌管手工业奴隶之官)以及郊(伊阙)、要(新要)、钱(新安)等地的士卒,以驱逐刘子,刘子逃至杨邑(今河南偃师附近)。单穆公兵弱不敌,次日出逃。众王子将悼王藏于庄宫。后来,悼王一方(嫡党)发生内讧,单穆公杀了王子7人。姬朝看到单穆公大开杀戒,也感到恐惧,从王城出逃到京(今河南荥阳东南),单穆公攻打京地,京人逃亡山里。此后,刘子回到其采地刘邑,接着又进入王城。鉴于王城内的乱局,单穆公携悼王兄弟(姬猛、姬匄)逃出王城,移居翟泉(今洛阳白马寺北翟泉)。周人呼悼王为东王,姬朝为西王。不久,悼王病死,单穆公等人拥立景王嫡次子姬匄继位,是为周敬王,仍居翟泉(下都)。

春秋铜胄

敬王六年(前514)，王城内召庄公病死，南宫极触雷电身亡。一时间，上下震骇，以为遭受天谴，王城内纷纷叛朝而归匄(敬王)。这时，敬王又联合晋军出兵夹攻姬朝，姬朝率王室手工业奴隶及士卒进行抵抗，先后转战于下都、王城及尹(今河南宜阳)、瑕(今河南灵宝西北)、乌(今河南偃师缑氏)、杏(今河南禹州北)等地，终因腹背受敌而兵败逃奔楚国。敬王在晋军的护卫下，进驻翟泉一带之成周(下都)，并攻下王城。

敬王十六年(前504)，王子姬朝在楚国被杀，"子朝之乱"才算被彻底平定。

至此，经历了数次断断续续达190余年的"东周王室庶孽之乱"终于画上了句号。

秦韩三战宜阳城

秦国称霸西方之后,并不满足于现状,对内大力发展生产,不断增强国力;对外极力扩张,图谋更大的霸权。至秦孝公时,经过商鞅变法,其国力更加雄厚,已成为"战国七雄"中实力最强的国家,由此扩张势头也更加咄咄逼人。

然而这一时期,曾与之争战的晋国因内部问题被一分为三——赵、魏、韩,史称"三家分晋"。这就为秦国的进一步扩张特别是东进,客观上创造了有利的条件。

宜阳位于洛阳西南部,地势险要,历史上曾为东、西两京(洛阳、长安)之间的咽喉所在,向来是屯兵防守的军事战略要地。发生在这里的秦与韩魏之间的数次大规模的争夺战便是战国时期十分重要的战争。

当时,秦国的东面就是韩国的宜阳地区。宜阳城(今河南宜阳韩城)为韩国西部的重镇,也是周王室的门户。秦国欲"通三川(指黄河、洛河、伊河,即河洛中心地区),窥周室",必须打通这一关节,并以此为跳板进一步扩大疆域;而韩、魏两国要想抵挡西方强秦的入侵,亦需以此为屏障。可以说,一旦韩国的宜阳失去,周室和魏国也意味着唇亡齿寒。况且,韩国之上党(今山西东南

商鞅变法(出自清刊本《绣像东周列国志》)

战国军制简表

兵役制度	主要是郡县征兵制，辅以募兵制	
大国作战兵力	几十万至百万人	
兵种	车兵、步兵、骑兵、水兵	
专业兵	前行、超足、大力、技击、弩兵、武卒、锐士、车士、骑士、习流等	
武官名称	将、大良造、司马、柱国、国尉、郡尉、郡守、县尉等	
爵秩等级	秦	列侯、关内侯、大庶长、驷车庶长、大上造、少上造、右更、中更、左更、右庶长、左庶长、五大夫、公乘、公大夫、官大夫、大夫、不更、簪袅、上造、公士
	楚	执珪、五大夫、三闾大夫等
	魏赵韩齐燕	上卿、亚卿、长大夫、上大夫、中大夫等

部)、南阳(今河南济源、焦作一带)的军需物资都积储在这里，所以韩派有10万重兵把守，周王室也在暗中相助。凡此种种，对宜阳的控制与争夺便成为双方争夺的一个焦点，其激烈程度可想而知。

周安王十一年(前391)，秦军攻克宜阳，但最后又被韩国军队夺了回去。相隔56年后，也就是到了周显王三十四年(前335)，秦军再次攻克宜阳，也再次被韩国军队夺了回去。然而，秦军对宜阳是志在必得，从而在宜阳的战事必将愈演愈烈。

于是，又过了27年之后，周赧王七年(前308)，秦武王又派大将甘茂、向寿率兵攻打宜阳。韩军凭借崤函险关等天然地形和所设屏障，进行顽强抵抗，双方相持了5个多月，秦军仍无法占领宜阳。秦武王十分焦虑，甘茂也意识到不能夺取宜阳的严重后果，遂以私人俸禄奖赏将士，并身先士卒，亲自披甲上阵与韩军决一死战。恰在这时，秦王派乌获率领的援军赶到，两部会合，秦军士气大增，终于在次年大败公叔婴统帅的韩军，斩杀韩兵6万，攻破宜阳城，打开了通向中原地区的门户。

秦军第三次攻破宜阳城，进一步暴露了秦国企图兼并其他各国的野心，引起关东各国的极大震恐，于是纷纷而起，采取"合纵"策略以对抗秦国；而秦国却积极实行"连横"和"远交近攻"的策略来应对。

在韩国失掉宜阳9年之后，周赧王十七年(前298)，在齐相孟尝君的奔走努力下，疆域南北相连的齐、魏、韩三国达成一致，以"合纵"的方式组成联军，大举进攻秦军，一路向西，所向披靡，直指函谷关（今河南灵宝北）。在中原地区势孤力单的秦国便采取"连横"的方式，与远在东方的宋国联合起来对抗三国联军，双方一时谁也难以战胜对方，于是展开了持久战。3年后，三国联军终于攻入函谷关，危及秦都咸阳(今陕西咸阳东北)，秦昭王被迫请和。通过谈判交涉，秦国归还了之前所攻取的韩国的武遂（今山西垣曲东南）和魏国的封陵（今山西芮城西南），韩国乘机重新收复了宜阳，齐、韩、魏三国方收旗退兵。

秦王兵临王城索九鼎

周赧王十一年(前304),秦昭襄王兵临王城,威逼周室交出象征王权的九鼎,但由于秦国内部发生叛乱和齐国救周而使其撤兵。

此前,强秦于周赧王八年(前307)拿下韩国重镇宜阳以后,周室王城也被暴露在秦人面前。秦武王闻讯大喜,亲自带一班勇士到宜阳巡视,然后直入王城(今洛阳王城公园附近),以窥周室。周赧王遣使迎候,称天子将在王室备盛礼迎接秦武王。秦武王谢辞使者,不与周天子相见,而是直奔周室太庙,往观九鼎。这个一向逞强的秦王平生第一次见到九鼎,几乎高兴得忘乎所以,抱起一尊大鼎举了起来,不想大鼎掉下来砸伤了脚,回国后因伤而毙命,从而留下了"秦王举鼎丧命"的历史故事。

秦武王举鼎之举,一方面说明了秦国的傲慢和不可一世,另一方面再次暴露出秦国意欲灭周而称雄天下的野心。

秦武王死后,秦昭襄王嗣位。

秦昭襄王继位之后,面对秦国日益强盛、周室日益衰落的局面,认为秦国代替周朝而建立新王朝的时机已经到来,那么,象征王权的九鼎应该属于秦国所有了,但是,他又坚定地相信周天子不会轻易交出九鼎,所以唯一可行的办法就是采取军事手段,强迫周天子交出九鼎。于是,周赧王十一年(前304),秦昭襄王亲自率领大兵围攻周赧王所居住的王城,威逼周室交出象征王权的九鼎。

要知道,交出九鼎就意味着交出政权。面临秦国兴师、兵临城下,而且索要九鼎,周赧王为此忧心忡忡,就与朝中重臣颜率来商讨对策。颜率说:"君王不必忧虑,可派臣往东去齐国借兵求救。"

颜率到了齐国,对齐王说:"如今秦王暴虐无道,兴强暴之师,兵临城下威胁周君，还索要九鼎。我君臣在宫廷内寻思对策，最终一致认为与其把九鼎送给暴秦，实在不如送给贵国。挽救面临危亡的国家必定美名传扬，赢得天下人的认同和赞誉；如果能得到九鼎这样的国之珍宝，也确实是国家的大幸。但愿大王能努力争取！"齐王一听非常高兴，立刻派遣5万大军，任命陈臣思为统帅前往救助周王室。

秦昭襄王本来就没有作战的任何准备，带兵前来其实就是想通过军事威胁，恫吓周室，从而达到索要九鼎的政治目的，而现在面对齐国大军的到来，又闻国内发生了叛乱，只好带兵撤退，回到国内收拾局面去了。

接着，当齐王准备向周室索要九鼎，以兑现颜率的诺言时，周赧王又一次忧心忡忡。颜率说："大王不必担心，请允许臣去齐国解决这件事。"颜率来到齐国，对齐王说："这回我周室仰赖贵国的义举，才使我君臣父子得以平安无事，因此心甘情愿把九鼎献给大王，但是却不知贵国要借哪条道路把九鼎从东周运回到齐国？"齐王说："寡人准备借道梁国。"

颜率说："不可以借道梁国，因为梁国君臣很早就想得到九鼎，他们

洛阳市王城公园大门

在晖台和少海一带谋划这件事已很长时间了。所以九鼎一旦进入梁国，必然很难再出来。"于是齐王又说："那么寡人准备借道楚国。"颜率回答说："这也行不通，因为楚国君臣为了得到九鼎，很早就在叶庭这个地方进行谋划。假如九鼎进入楚国，也绝对不会再运出来。"齐王说："那么寡人究竟从哪里把九鼎运到齐国呢？"

颜率说："我君臣也在私下为大王这件事忧虑。因为所谓九鼎，并不是像醋瓶子或酱罐子一类的东西，可以提在手上或揣在怀中就能拿到齐国，也不像群鸟聚集、乌鸦飞散、兔子奔跳、骏马疾驰那样飞快地进入齐国。当初周武王伐殷纣王获得九鼎之后，为了拉运一鼎就动用了9万人，九鼎就是九九共81万人。士兵、工匠需要的东西难以计数，此外还要准备相应的搬运工具和被服粮饷等物资。如今大王即使有这种人力和物力，也不知道从哪条路把九鼎运来齐国。所以臣一直在私下为大王担忧。"

齐王说："贤卿屡次来我齐国，说来说去还是不想把九鼎给寡人了！"颜率赶紧解释说："臣怎敢欺骗贵国呢，只要大王能赶快决定从哪条路搬运，我君臣可迁移九鼎听候命令。"齐王想来想去，终于打消了获得九鼎的念头。

这件事，记载在古代著作《战国策》一书中。

秦与韩魏伊阙之战

秦国经商鞅变法后，日益强盛。到秦昭王时，开始了兼并六国的战争步伐。

秦国要称霸天下，首先面对的是位于中原腹地的韩国和魏国。经多次攻伐，秦国攻占了韩魏两国的一些地盘，经齐、魏、韩三国联军的反击，这些地盘得而复失。但这些挫折并未能阻止秦军向中原扩张的野心和势头。

周赧王二十年（前295），魏襄王与韩襄王在同一年去世，赵国国内发生内乱，秦昭王趁机再次启动了向中原扩张的战略计划。

这一次，秦军吸取了上次东进中原又被迫退回的教训，采取了两面掩护、中间突破的战略。先是于当年派出一路兵马南出武关（今陕西丹凤东南），然后一路向东长途奔袭，一举攻占了魏的襄城（今属河南）。接着，于次年以一部兵力渡过黄河进入河东地区，攻占了魏的郇阳（今山西临猗西南）。一南一北两个方向都进展顺利，由此形成了南北夹击之势，有效地牵制了韩军和魏军，从而掩护并保障了东进主力的安全。尔后，派出向寿率领主力中间突破，沿黄河南岸由西向东直出潼关、函谷关，直达河洛中心地带。到达宜阳（今洛阳宜阳韩城）地区后，吸取之前3次攻破又失守的教训，并不直接攻取宜阳城，而是采取迂回战术，兵分两路向韩国的军事要塞伊阙（今洛阳龙门）外围进攻。由向寿率领的一路大军迅速攻占了伊阙的外围据点武始（今洛阳西南），由左庶长白起率领的另一

白起

路大军也顺利攻占了伊阙的另一外围据点新城（今洛阳东南）。这一局面的形成，使得秦军势不可当，更大的胜利指日可待。

伊阙两个外围据点武始和新城相继失守，使伊阙要塞完全暴露于秦军的正面。

伊阙地势险要，东西两山对峙，伊水中流，形同门阙，易守难攻，是韩国都城郑（今河南新郑）和魏国都城大梁（今河南开封）共有的西方屏障。所以，伊阙要塞的得失，直接关系到韩、魏两国的安危。当获悉武始、新城失守后，魏昭王便立即派出大将公孙喜（即犀武），率领魏军主力向西一路赶来，帮助韩国防守伊阙要塞，看来一场大战不可避免了。

周赧王二十二年（前293），秦昭王命已升任左更的白起为主将，指挥秦军向伊阙要塞发起总攻。白起首任主将，为了不负王命，认真分析了双方态势，认为韩魏联军在数量上虽然占据绝对优势，但由于不是一个国家的军队，不是一个指挥系统，而且各怀私心，互相推诿观望，都希望友军首先开战，等待首战双方兵力有所削弱之后自己再加入战斗，以便减少己方伤

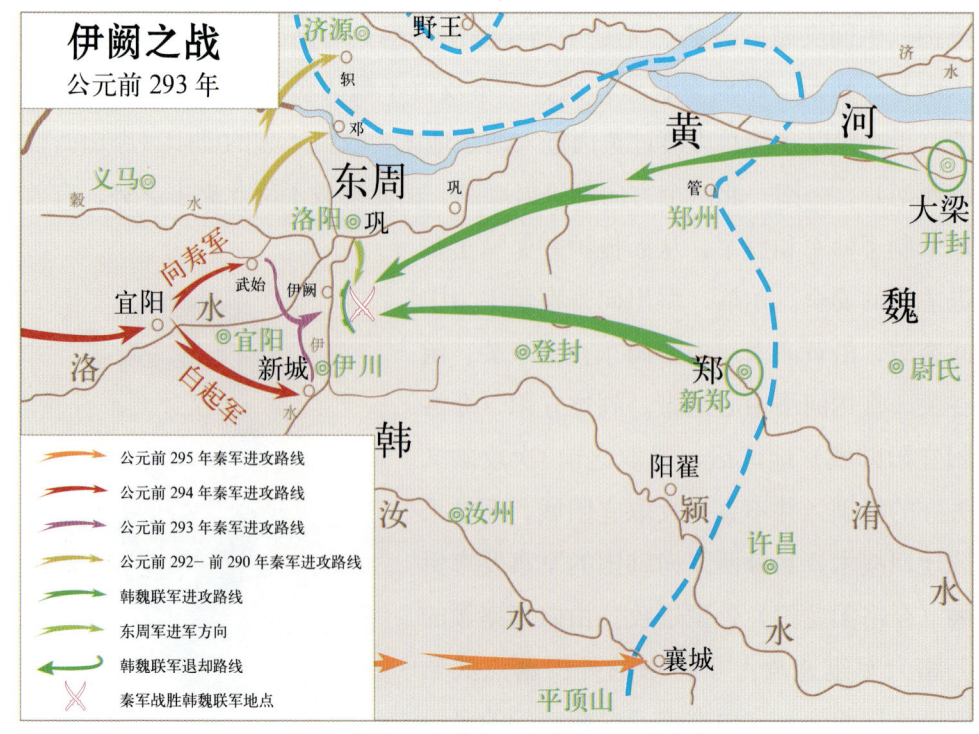

伊阙之战（源自《中国战争史地图集》）

亡，获得渔人之利。那么，在韩魏联军双方中，应该选择哪一方与之首先开战呢？白起认为，韩军是在为本国利益作战，所以作战意志和决心应该较强，但它的装备和战斗力远不如魏军；而魏军就不同了，虽然它的步兵全是盔甲战士，战斗力是一流的，但它是在帮助韩国军队作战，一定缺乏首先开战的决心和准备。两者相比，魏军应该是韩魏联军中较易击破的一方。于是，白起决定采取先易后难、各个击破的方针。他先以一部兵力牵制韩国军队，假造声势，而集中主要兵力向魏军突击。果然不出所料，指望韩军首战的魏军还没有来得及做任何准备，在秦军的突然攻击面前惊惶失措，手忙脚乱，溃不成军。秦军一举全歼魏军主力，并俘杀了魏军主将公孙喜。由于一战得胜，秦军人心大振，白起乘势立即攻击韩军。韩军看到魏军被歼灭，自己孤立单薄，侧翼暴露，形势十分不利，士气大受影响。在秦军的猛烈攻势下，韩军又是一触即溃，迅速逃散。秦军乘胜猛追，又全歼韩军，顺利攻占了伊阙要塞。

值得一提的是，其中帮助韩国参战的少量东周部队也随之被歼灭。之所以还有东周的部队参战，是因为此时的东周虽然已是穷途末路，但毕竟当时在名义上还是东周王朝，其他各国虽然各自雄霸一方并互相攻伐，而在周赧王看来，那不过是诸侯国之间的事，他自己仍然是凌驾于其他各国之上的天子。居住在王城的他，看到秦国大兵进攻伊阙要塞，距自己的王城也只有几十里，为了维护自身的安全和所谓的地位，不惜孤注一掷，派出了自己那点可怜的部队参战，不想一下子就把老本赔了个精光。

伊阙之战，秦军总计歼灭韩魏联军24万人，创造了先秦战争史上一次歼敌20万人以上的辉煌战例。白起本人也因伊阙之战战功卓著而一举成名，擢升为国尉，开始了辉煌的军事历程。他的军事谋略对战国时期乃至后世的军事理论产生了重要影响。

伊阙之战胜利后，秦军乘胜前进，相继攻占了韩国宜阳地区及其附近的5座城池。在经历了近百年的多次易手之后，秦军最终夺取并牢固占领了宜阳城。为了一座并非国都的城池，战争双方经历如此多次反复、如此长时间的争夺，在中国的战争史上恐怕也是罕见的，足见其地为军事之要。随后，秦国对宜阳城进行了加固，并派重兵守卫，成为其东扩的桥头堡。

战后，韩国和魏国的精锐部队丧失殆尽，被迫献地求和，国防无险可依，从此一蹶不振；而秦国的全面胜利，使其势力以不可抗拒之势向中原推进，为以后大规模的扩张，乃至兼并六国完成一统天下，打下了坚实的基础。

秦军攻占缑氏与长平之战

在秦国不断对外扩张、争霸中原的过程中，秦昭王于周赧王五十四年（前261）初，派出军队攻打并占领了韩国的缑氏（今洛阳偃师南）和纶氏（今河南省登封西南），以威慑韩国。由此拉开了秦、赵双方长平之战的序幕。长平之战是秦、赵之间的战略决战，也是中国古代军事史上最早、规模最大、最彻底的围歼战。

战国初期，韩国、赵国、魏国三国的国君，被周天子承认，史称"三家分晋"，使赵国成为战国时期的七雄之一。赵国自周赧王九年（前306）赵武灵王进行"胡服骑射"军事改革以来，国势较盛，军力较强，对外战争胜多负少。于是，赵武灵王的野心越来越大，曾经亲自乔装使者入秦，考察秦国地形，意图绕开函谷关，于九原出击攻灭秦国。

秦国位于赵国的西面，是春秋战国时期的一个诸侯国。秦国最初的领地在秦（今甘肃天水），在当时属于中国的边缘部分。后秦国日盛，国都迁至咸阳。秦穆公时，秦国开始参与中原争霸，逐步成为战国七雄之一。秦昭王时，秦国加快了兼并六国的战争步伐。

周赧王五十三年（前262），秦韩两国发生战争，秦国首先攻打并占领了韩国的野王（今河南沁阳），切断韩都郑（今河南新郑）与战略要地上党（今山西晋城）之间的交通要道，把韩国的上党郡与本土的联系完全截断，形成孤岛。韩国的国君桓惠王担忧秦军再来进攻，采取了把上党让给秦国的决定。但上党郡的太守靳黈则反对这一决定，不愿接受屈辱投降的指示。无奈，韩桓惠王只得另派出冯亭接替了上党郡守职务。冯亭接了郡守职务后，也不愿降秦，便同上党郡的官吏和民众商量对策，一致认为秦军已经占领了野王，通往国都的通道已经断绝，如果秦军加紧进攻，上党没有韩国的援兵绝难自保，不如以上党归于赵国，若赵国接受我地，秦必攻赵，赵被秦攻必然亲韩，韩、赵合一，必定胜秦。于是决定把上党郡的17座城池献给赵国，利用赵国力量抗秦。冯亭派遣使者通报赵王说："韩不能守上党，入之于秦，其吏民皆安于赵，不乐为秦，在城市十七，愿再拜入（献）之赵。"

赵国的国君孝成王接到韩人不愿入秦而愿入赵的消息后，便与臣属商议此事，但意见也不一致。

平阳君赵豹主张不接受上党郡，他认为无端受人之利，容易引起大祸。冯亭不将上党交给秦国而交给赵国，是想嫁祸给赵国，所以接受上党郡带来的灾祸要比得到的好处大得多。

孝成王又召见平原君赵胜和赵禹商议，二人劝孝成王接受冯亭的上党郡。他们说："发动百万大军作战，经年累月地攻打，也攻不下一座城池。如今坐享其成得到17座城池，这是大利，不能失去这个机会。"孝成王接受了这个建议，并派出赵胜前往接收了上党郡。

赵国既然接收了上党郡，自然也就有了守土之责任，这就意味着秦赵之间发生战争的可能。当然，即便赵国不接收上党郡，秦国进占上党也必然会以上党为基地进攻赵国。

但是，随之而来的问题是，如果秦国不答应此事，如何应对？赵孝成王又问平原君："接受上党的土地，秦国必定派武安君白起来进攻，谁能来抵挡？"平原君回答说："别人难与白起争锋。廉颇勇猛善战、爱惜将士，野战不如白起，但是守城完全可以胜任。"

于是，赵孝成王听从了平原君赵胜的计谋，封冯亭为华阳君，同时派廉颇率军防守长平（今山西高平西北），以防备秦军来攻。

不出所料，赵国接收上党，引起秦国的不满，秦国决定出兵攻赵。

次年，也就是周赧王五十四年（前261）初，秦昭王派出军队攻打并占领了韩国的缑氏（今洛阳偃师南）和纶氏（今登封西南），以巩固和扩大上党郡与韩国本土的联系被切断的局面，进一步威慑韩国，同时也防止韩赵之间的联合。由此拉开了长平之战的序幕。

接着，秦昭王于周赧王五十五年（前260）初，乘赵对上党防御尚未巩固之机，命令左庶长王龁率领军队经太行道攻打上党。冯亭坚守。赵援军未到，上党被秦军攻克，上党军民撤退到赵国境内。赵将廉颇率领20万大军驰援上党，到达长平关时，遇冯亭才知道上党已经失守。面对秦军即日可达长平关前之锐势，赵军便利用长平地形之险要进行防御部署，严阵以待。

王龁对长平的赵国军队进行前沿侦察，与赵军的前沿侦察部队不期而遇，双方激战，结果赵军大部被歼灭，残部逃散。廉颇了解到机动部队失利，便令各营垒将士悉心据守，禁止与秦军交战。王龁到达后，了解到机动部队击破赵军的情况，便决定乘胜向赵军继续进攻，先后攻克前沿三城。当到达赵军主营阵前，当即发起全面进攻，然而赵军只是坚守营垒，不与交战，使秦军进攻毫无进展。

面对赵军数战不利的局面，廉颇依托有利地形，命令士兵固守营垒，以逸待劳，疲惫秦军。任凭秦军屡次挑战，赵兵都坚守不出。这本是战将廉颇的聪明之举，然而赵孝成王则认为，廉颇坚壁不出是胆怯的表现，几次派人责备廉颇。

当赵军初战失利时，赵孝成王与楼昌、虞卿等商议，想亲自率领部队与秦军决战。楼昌认为这样做，无济于事，不如派地位高的使臣去秦国议和。而虞卿则认为秦国决心攻打赵国，和战之权在秦不在我，因而和议难成，不如派遣使者携带珍宝去楚国、魏国活动，使秦国畏惧各国的合纵抗秦，这样和议才有成功的可能。但是赵孝成王采纳了楼昌的建议，决定派郑朱前去秦国议和。虞卿一再劝谏说："郑朱入秦，秦王与范雎必定隆重接待，以示天下。楚国、魏国以为赵国与秦国已经议和，必定不出兵救赵。秦国知道天下之不救赵国，则议和不能成功。议和不成，赵军必败。"

赵孝成王最终没有采纳虞卿的谏议，郑朱到了秦国求和。果然不出虞卿所料，秦国为了麻痹赵国，防止各国合纵，并争取时间，加强军事准备，以便给赵军以沉重的打击，利用赵国求和的机会，对赵国使者郑朱殷勤接待，有意向各国宣传秦、赵已经和解，借以防止各国出兵救赵。这样一来，赵国不但和议未成，而且处于更加孤立的境地。

面对秦赵两军对战已达4月有余的僵局，王龁向秦王报告，战事无法进展。秦王当即与丞相范雎商量打开僵局的对策。范雎认为，秦军路途遥远难以持久，而廉颇作战经验丰富，企图疲劳秦军，待机进行反攻。建议开展反间计，促使赵国换掉廉颇。秦王接受这一建议，便派人携带千金到赵国，施行反间计，到处散布流言说："廉颇很容易对付，秦国最害怕的是马服君赵奢的儿子赵括。"

赵孝成王对廉颇的军队数次战败早已恼怒不已，更反感廉颇坚壁不战，此时便将秦国的反间计信以为真，决定派赵括去接替廉颇为主将。然而这一决定引起蔺相如和赵括母亲的反对。蔺相如说："赵括只知道读其父亲的兵书，不知道根据实际情况而应变。"赵括母亲牢记赵括父亲生前的话："兵，死地也，而括易言之，使赵不用括而已，若必将之，破赵军者括也。"意思是说，作为父亲，深知自己儿子赵括的长处和短处。其长处是熟读兵书，谈起军事理论滔滔不绝；其短处是不知道根据实际情况来运用军事理论。赵国不重用赵括则罢，如果一旦重用赵括为主将，那么大破赵军之人必定是赵括此人！因此，当赵王明令赵括为主将时，赵母上书，力陈不可。赵王为此特别召见赵母。赵母说明原因，但赵王意已决，依然坚持以赵括为主将的决策。

当月，赵括统率援军来到长平，接替廉颇为主将。果然如赵括父亲生前所说和其母亲所料，赵括到任后不顾战场实际情况，立即更换部队将领，改变军中制度，又一改廉颇的作战方针，把战略防御改变为战略进攻，主动出兵进攻秦军。

秦昭王得知赵括代替廉颇担任主将后，知道机会来了，便暗地里调武安君白起为上将军，改命王龁担任尉官副将，并令军中严守秘密，有走漏消息者格杀勿论。如此，以赵括和白起为双方统帅的长平之战拉开了大幕，双方各以近50万大军投入了这场战国以来最大规模的战争。

在赵括出兵进攻秦国军队的时候，白起命令秦军佯装战败溃退，赵括不问虚实，命令赵军乘胜追击，一直追到秦军的营垒。赵括以为取胜之日就在眼前，命令军队不断进攻，但是他却没有想到，他的军队无论如何也没有办法攻破坚固的秦军营垒，双方相持不下。

英勇善战的白起见赵括中了自己的计谋，便立即命令一支2.5万人的部队，迂回到赵军出击部队的后方，截断赵军的后路；又命一支5000人的骑兵部队插入赵军与其营垒之间，将赵军主力分割成两个部分，同时派兵切断了赵军的粮道。

白起又派出轻装精兵向赵军发动多次攻击，赵军数战不利，被迫就地建造壁垒，转为防御，以待救援。

秦昭王得知赵军主力的粮道被截断，就亲自到河内郡（今河南沁阳），征调15岁以上的全部青壮年集中到长平战场，拦截赵国的援军和粮运。

9月，赵军主力已经断粮46天，士兵们气虚力乏，甚至于相互残杀为食。面对如此困境，赵括将剩余的赵军组织成4支部队，分别向东西南北4个方向突围，但轮番冲击了四五次后仍不能突围。情急之下，赵括亲率精锐部队强行突围，结果在战场回营地的路上被秦军乱箭射死，在史上落了个"纸上谈兵"的笑柄。

赵国军队因无主将指挥，立即陷入混乱，冯亭战死，其余40万士兵放下武器向秦军投降。白起说："秦军已攻克上党，上党之民不乐为秦而归赵。赵国士兵反复无常，如果不全部杀掉他们，恐怕再生事端。"于是白起用欺骗的手段，借口整编，将赵军分为不同编组，乘夜晚派出秦兵把40万赵军分别包围坑杀（活埋），只留下年纪尚小的240名士兵放回赵国。这次坑杀，是有史以来最大规模的坑杀战俘，连同前后斩首共达45万人，赵国上下一片震惊。秦军也伤亡大半，国内空虚。

综观此战，本来是秦国攻占韩国领土的战争，因上党郡守投奔赵国而演变为秦赵之间的战争。秦军于战争初期攻打并占领了韩国的缑氏（今洛阳偃师南）和纶氏（今登封西南），孤立了上党地区，分割了韩赵之间的联系，确实是高明之举。赵王在战争指导上，不顾秦强赵弱的基本形势，急于求胜，错误地坚持进攻战略，同时中了秦国的离间之计，弃用名将廉颇，而起用只会纸上谈兵的赵括；赵括遵照赵王意图，急于求胜，变更了廉颇的防御部署及军规，更换将领，组织进攻。白起针对赵括骄傲轻敌的弱点，采取了佯败后退、诱敌脱离阵地，进而分割包围、予以歼灭的作战方针。这一仗获得战争的胜利。

长平之战以秦国大获全胜而告终。战后，赵国元气大伤，再也无力和秦国全方位对抗。这一仗加速了秦国统一中国的进程。

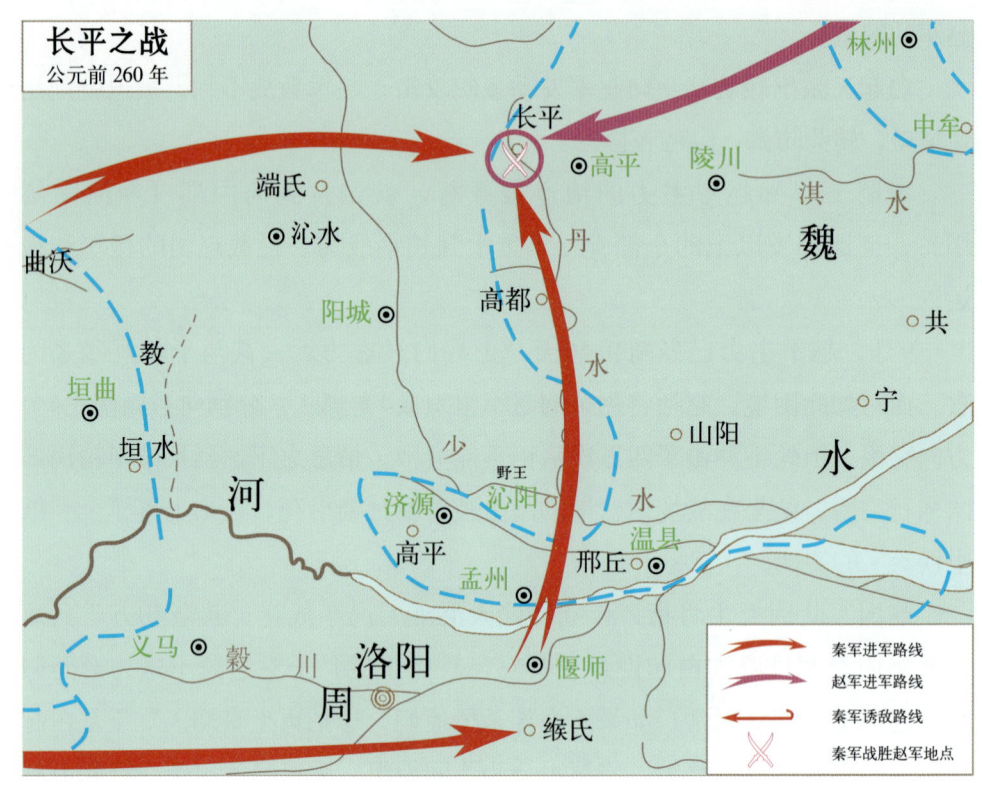

长平之战（源自《中国战争史地图集》）

长平之战遗址，位于今山西省东西梁山之间丹河附近河谷地带。现为山西省重点文物保护单位。

1995年，在山西省高平市永录村发现一处尸骨坑，出土了大量的尸骨和刀币、布币、箭头、带钩等文物，为研究长平之战提供了重要的实物资料。其中一号坑中重垒交错的尸骨，有的胳膊、大腿有明显断裂的痕迹（应该是刀砍）。有的胸腔内遗有箭头，还有的仅见躯干而无头颅。这些均说明他们是被杀死后掩埋的。另外此坑和附近的二号坑均为深坑，看上去更像是天然的深沟大壑，而非秦军专为掩埋战俘尸体所挖。由此引发了延续几千年的"白起坑赵"之说的争议。

秦灭西周国之战

尽人皆知，中国历史上的周朝分为西周和东周，东周又分为春秋和战国两个时期。西周王朝首都宗周在镐京、成周在洛邑，而东周王朝则是周平王放弃镐京迁到洛邑之后的称谓。那么，秦灭西周国是怎么回事呢？

原来，东周王朝那些不争气的贵族子弟们，不顾国家安危、百姓死活，一心只想争权夺利。周显王二年(前367)，周室内部贵族们再次发生权力之争，可怜区区弹丸之地的周王畿又分裂成西周国、东周国两部分。二诸侯国大致以伊河、洛河交汇处(在今河南偃师境内)为界，西属西周国，都于王城，国君称西周公；东属东周国，都于巩(今河南巩义)，国君称东周公。二周国不但各自独立，而且经常互相攻打。至周赧王元年(前314)，即位后的赧王因无养生之地，只好寄居西周国，靠西周公养活，成了名副其实的"挂名天子"。

秦国经过宜阳之战等战役，先后攻占了韩、魏大片土地，势力遂东扩至中原腹地。至此，秦国已从西、北、南三面包围了周王室。

东周国与西周国本来就不和睦。西周国主要依靠韩国支持。当东周公得知秦军攻占韩国新城、经过伊阙之战大破韩魏联军之后，甘愿投靠秦国，成为秦的附庸，而与西周国则势不两立。

战国时期的战车

周赧王五十九年(前256),秦国再次大举进攻韩国,很快夺取了阳城、负黍(均在今河南登封境内),斩首4万,业已逼近周赧王所居的王城,周赧王和大臣们顿时陷入一片慌乱之中。恰在此时,楚国遣使向周赧王献计说,秦国强大,一国难以对抗,若以周天子的名义,召集六国联合抗秦,才可自救。周赧王和大臣们都觉得此话有理,于是便起草诏令,颁发六国,约定时间合纵抗秦。

原来,楚国的国君考烈王面对秦国的开疆扩土,也是心有不甘,一直想着如何战胜秦国而使自己成为各国的盟主。恰好,秦国在包围赵国的国都邯郸时,被魏国的信陵君打败了。赵国得救,秦国兵败,在各国引起了很大震动。此时,楚国的名士春申君便向楚考烈王建议说:"大王,您的机会来了。秦国一直想称王称霸,这次被信陵君打败了。此刻,如果您联合各国一齐攻打秦国,把秦国打败,您就成为各国盟主了。机不可失,时不再来!"考烈王被春申君说得动了心,便打算联合其他各国一起进攻秦国。为了在道义上的名正言顺,他还听从春申君的建议,请周天子出面组织联军。结果,周天子出于自身利益考虑,接纳并积极支持这个建议,亲自出面了。

同时,周赧王让西周公也做好准备,跟随六国去征伐秦国。由于财力枯竭,西周公虽经反复动员,才拼凑了6000人马。无奈,周赧王亲自出面,向国内的富商大贾们借债,且立下字据,答应战后连本带息一并偿还。

到了约定日期,周赧王与西周公带着6000人马来到集合地伊阙(今河南洛阳龙门)附近,等候各国合兵攻秦。可是等了好些日子,也只有楚、燕两国派了部分人马赶来,这点力量显然不是强秦的对手。又3个月过去了,仍不见别国军队到来。原来,楚国联合各国时,各国虽然口头上都答应了,但到真正出兵时,又各自打起了小算盘。有的国家觉得实力不足,若参加攻打秦国,只会自己受损;有的国家,如齐国与秦国的关系本来不错,所以按兵不动。如此一来,眼看军费粮草所剩无

战国秦杜虎符,调兵凭证

几，周赧王合纵抗秦之事只好告吹。然而，那些债主们却堵着宫门要账，有的甚至冲入宫中追着周赧王要求还债。周赧王哪里有钱还债，便跑到宫中的一处高台躲了起来，避而不见，留下了"债台高筑"的千古笑柄。

秦昭王闻听此次联合抗秦系周天子带头所为，十分恼怒，立即命令将领率大军攻打西周国。周赧王和西周公一无抵御之兵力，二无供给之粮饷，哪能守得住王城，秦军攻入王城，周赧王及西周公降秦，"尽献其邑三十六，口三万"。西周国从此灭亡，东周王朝也寿终正寝。

周赧王投降后，被秦昭襄王降为周公，赶到伊阙南边的新城(今河南伊川西南)居住。由于他年老体弱，加上心情郁闷，当年便死去了。

秦灭西周国的次年，"九鼎入秦"，表明秦国已经得到了天下。至于东周国，因其长期依附于秦而暂时免于一劫，又苟延残喘了六七年。

秦灭东周国之战

秦国于公元前256年消灭了西周国之后，东周王朝也已经寿终正寝，但作为东周王朝唯一的残余，东周国依然继续存在。东周公虽然在表面上依附于秦国，但却日思夜想着有朝一日复辟东周王朝，重拾昔日先辈的辉煌，但苦于没有机会，更没有这个力量。一晃几年就过去了。

秦庄襄王元年（前249），当东周公听到秦国连丧二王（昭襄王、孝文王）、国中多事的消息，认为有机可乘，便蠢蠢欲动，企图夺回周之领土，恢复天子地位。于是，他派使者到各国游说，图谋再次合纵伐秦。秦丞相吕不韦闻讯，旋即进谏庄襄王："西周已灭，如东周若存，自谓（周）文（王）、武（王）之子孙，欲以鼓动天下，不如尽灭之，以绝人望。"庄襄王一听，觉得有道理，若不斩草除根，一定会留下后患，于是，遂命吕不韦亲率10万大军征讨东周国。东周国本来就不堪一击，在秦军的强大攻势下，很快就灭亡了。从此，东周王朝彻底退出了中国的历史舞台。吕不韦也因功而受封，"食洛邑十万户"。

秦灭东周国之后，在洛阳（今洛阳汉魏故城一带）设置三川郡，正式开始了对河洛地区的有效管理。

从东周王室分裂算起，西周国存在了111

秦将军俑，秦始皇兵马俑坑出土

战国铜钲，指挥器具

吕不韦墓

年,东周国存在了118年。两个难兄难弟本应携起手来共谋周之大业,可他们却选择了分疆裂土、相互厮打,最终都难逃覆灭的结局。历史再次告诉我们,团结就是力量——这是一条颠扑不破的真理。

张楚伐秦渑池之战

陈胜、吴广起义是秦朝末年的农民起义，也是中国历史上第一次大规模的农民起义，促进了秦朝的灭亡过程。陈胜、吴广起义后建立了政权，国号"张楚"，开展了对秦王朝的猛烈进攻。起义军征伐秦军过程中的渑池之战，发生在秦二世元年(前209)十一月。

秦始皇在攻灭东方六国后，于公元前221年建立了统一的中央集权的强秦帝国。然而好景不长，仅仅经过十几年时间，国内的各种矛盾便日趋尖锐。秦朝末年，由于秦始皇大肆建造宫殿、陵墓，筑长城，修驿道，再加上连年对匈奴和南越的大量用兵，导致徭役和赋税空前加重。据史书记载，秦时民众的劳役负担为过去的30倍，田租和盐铁税收为过去的20倍。在修建的多处宫殿和陵墓中，仅阿房宫和骊山墓两处就动用140万劳力，这在当时人口不足2000万人的国家里，可想而知对老百姓是多么沉重的负担！为了从老百姓身上榨取更多的财富，唯一的办法就是采取暴政，对百姓进行残酷的镇压和豪夺，致使"男子力耕不足以粮饷，女子纺织不足以衣服，竭天下之财以奉其政"。农民在地主和暴吏的双重压榨下纷纷破产，以至于沦为无地游民，外逃他乡。为了限制民众的行动自由，秦朝制定了十分严厉的法律，苛刑峻法，使百姓动辄就遭受刑罚。

阶级矛盾不断激化的同时，秦王朝统治集团内部的各种矛盾也迅速激化。公元前210年，也就是秦建国的11年后，秦始皇在出巡的路上病死，丞相赵高竟然伪造"诏书"，立皇子胡亥做了皇帝，即秦二世。秦二世是个非常残忍的皇帝，一上任就杀死了兄弟姐妹20多人，一些重要大臣也被杀害。在埋葬他父亲秦始皇的时候，为了对帝陵内部情况保密，竟然堵住出口，把工匠们都困死在陵墓里。他没有治理国家的才干，一切倚重赵高一人，只顾自己奢侈玩乐,甚至对赵高"指鹿为马"的做法也不置可否。秦二世时,徭役之多,赋税之重,律法之严,都到了无以复加的地步,老百姓都生活在水深火热之中,最终导致了农民起义的爆发。

公元前209年七月,秦征发"闾左"地方的贫苦农民900人去渔阳(今北京密云)戍边。陈胜和吴广被指定为这支队伍的屯长(队长)。陈胜,字涉,阳城(今河南登封境)人,曾为人雇佣耕田,具有改变现实的鸿鹄之志。吴广,字叔,阳夏(今河南太康)人。二人同为贫苦农民。

这支戍卒队伍途经蕲县大泽乡(今安徽宿州刘村集附近)时,遇到大雨,不能前进。按照秦朝法律,戍卒不按期报到,就要被斩首,所以人人惶恐。在这生死攸关的时刻,陈胜与吴广商议,与其去渔阳送死,不如就地即刻起义。为了发动群众,增强起义的号召力,他们利用当时人们的普遍迷信思想,暗在帛书上写上"陈胜王"三个字,藏在鱼腹中,待戍卒剖鱼腹时发现这一帛书,感到惊异,并很快传布开来。他们又在深夜到荒郊破祠堂里模仿狐狸的声音,高呼"大楚兴,陈胜王",让围绕在篝火四周的众人听

陈胜吴广起义(源自《中国战争史地图集》)

见。他们用这种"鱼腹丹书、篝火狐鸣"的方式,证明起义符合天意,说明陈胜已不再是乡下雇农,而是真命天子。

起义的准备工作就绪之后,他们乘两个秦尉官酒后行凶打人之机,杀掉了他们。于是,斩木为兵,揭竿为旗,发动戍卒起义,以"大楚"为号,陈胜自立为将军,吴广为都尉,点燃了中国历史上第一次农民大起义的熊熊烈火。

大泽乡起义成功之后,农民军迅速攻下蕲县。然后,分兵两路向东西两面发展:一路由葛婴率领向东;另一路主力队伍由陈胜率领向蕲县以西挺进,势如破竹,接连攻克安徽和河南两省交界处的大片土地。义军所到之处,被压迫的农民纷纷前来投奔,很快壮大为拥有兵车六七百乘、战马千余匹、战士几万人的队伍。之后,又集中兵力攻下秦的交通要道陈州(今河南淮阳)。陈胜在此召集各方人士会议,商讨反秦大计,确定了"伐无道,诛暴秦"的口号,并正式建立了农民政权,国号"张楚",陈胜称王,吴广称假(副)王。

起义军在陈州的胜利,鼓舞了散布在各地的农民。他们纷纷举起反秦的义旗,其中,秦嘉、董缫、朱鸡石于淮北,项梁、项羽叔侄于吴县(江苏苏州),刘邦于沛县(江苏沛县东),揭竿而起,声势较大。其余数千人为聚者,不可胜数。这些义军很快汇合成一股巨大的洪流,形成了以陈州为中心的全国范围的农民起义。史载,"王楚之地,方二千里,莫不响应,家自为怒,人自为斗,各报其怨而攻其仇,县杀其令丞,郡杀其守郡"。各地起义军兵锋所指,所向无敌,攻无不克。在农民起义的推动下,已灭国的六国贵族和中小官吏也纷纷投奔起义队伍。比如,魏国名士张耳、陈余,在陈加入义军。山东儒生、孔子八世孙孔鲋也怀抱孔子的礼器往归陈王。

为了进一步扩大起义军的力量,给秦王朝以更沉重的打击,进而推翻秦朝的残酷统治,起义军决定以主力西向,争取中原,继而向秦朝国都咸阳进攻,并分兵夺取其他郡县。洛阳所处的中原地区成为群雄争战的主战场。除此而外,陈胜还派武臣、张耳、陈余攻赵地,周市攻魏地,邓宗攻九江郡,召平取广陵。

当时,秦王朝三四十万大军正扼守长城一带防备匈奴,守卫咸阳的兵力只

武关复原图

有5万人,而各郡县慑于起义军的声势,无不各自为守。陈胜命吴广西攻中原重镇荥阳(今河南荥阳东北),又命两支大军分兵进攻秦国都城咸阳,北线由周文(周章)率军沿黄河南岸一线官道,直接西出函谷关、潼关,直捣咸阳,南线由宋留经南阳攻武关(今陕西丹凤东南),迂回咸阳。

其中,周文所部进军最为直接、迅速。周文过去曾经当过军官,懂得一些军事知识。于是,他乘吴广包围荥阳从而牵制秦军的机会,并不参加荥阳战事,而是立即领兵直接西进,以迅雷不及掩耳之势袭击秦军之后方和腹地,进展顺利。当大军经洛阳、新安、渑池一线抵达灵宝函谷关时,这支原本只有十几万人的部队,在短短两个月时间内就已发展成为拥有兵车千辆、战士几十万人的强大部队。周文率领大军顺利越过函谷关,直插关中,吓得秦地各处守军"长戟不刺,强弩不射",闻风而逃。至九月,周文攻占了戏地(今临潼东北),距秦都咸阳已不到百里。

秦二世得知后极为恐慌,赶紧召集群臣商议对策。秦少府章邯见形势危迫,又困于兵力太少,便建议立即赦免正在骊山营造宫室、陵墓的刑徒,授以兵器,抵御起义军。秦二世采纳其议。章邯奉旨将在骊山做苦工的犯人和奴隶以及奴隶之子70万人仓促编成军队,迎击周文军。同时,下令调回正与匈奴对峙的王离所部与章邯共同反击起义军。

应当说,作战的双方都是没有经过训练而仓促组成的军队。但是,秦军毕竟是经过编整的军队，其管理和指挥系统自然要比农民军强得多。农民军虽然士气高昂，但因是边走边扩大队伍，众多临时加入者互相之间的联络和协调则是不成系统。况且，按照秦国规定，凡在战斗中作战勇敢者，按照军功大小，罪犯者可免其刑罚，奴隶者及其子女可获得人身自由成为平民，平民出身者可获得土地、免税，甚至爵位和官职，因而参战士卒在为国卖命的同时也是在为自己利益而战，从而充分调动了士卒的作战积极性。正因为如此，曾使秦国军队在统一六国战争中攻无不克，战无不胜。尽管时过境迁，章邯所部秦军也是临时组建，但军规依然如故。而此时，农民军则是孤军深入，长途跋涉，后援不继。

十月，双方在鸿门（今陕西临潼东）展开大战，周文部一战而大败。面对章邯的数十万大军阻击，进军咸阳的战略意图看来已经难以实现，于是，周文不得不退出关中至河南境，暂屯函谷关东面的曹阳（今河南灵宝东北），以观察情况，伺机而动。但是，章邯并没有给周文以喘息之机，不断增强压力。周文面对强敌，后续援军也始终没有任何消息，无奈只得又后退到渑池，等待援军。

陈胜闻讯，欲急调援军西进，但吴广在荥阳城下不得脱身，南线宋留军正在进攻武关途中，鞭长莫及，而武臣、韩广、周市等将领都不愿出兵，真是让陈胜无可奈何，无兵可调。然而，就在周文部处境危急、孤立无援、难以为继之时，秦王朝北防匈奴的王离所部大军已经南下，归于章邯指挥，使章邯军实力大为增强。十一月，章邯率军出函谷关，浩浩荡荡，自西向东一路杀来，向周文部进击。周文率领全军拼死抵抗，终因孤军无援，精疲力尽而溃败。周文自刎，全军瓦解。起义军遂以失败告终。

纵观此战，周文率军西进向关中和秦之腹地进攻，兵峰直指秦之国都咸阳，可说是奇兵一支，目标明确，行动迅速果敢，表现出起义军的胆量和勇气。进攻过程中得到广大民众拥护而纷纷加入，充分反映了起义军代表了当时广大人民群众的呼声和要求。其教训是孤军深入，长途跋涉，后援不继，且面对强敌反击而不能随机应变，只是一味地进攻或退却，消极等待，最终导致失败。

张楚伐秦荥阳之战

陈胜、吴广于公元前209年在大泽乡起义，各地农民纷纷响应，队伍迅速扩大，声势日盛。为了进一步扩大影响，增强起义军实力，给秦王朝以更沉重的打击，加速其灭亡，起义军决定以主力向西进攻，使以洛阳为中心的河洛地区成为主战场。而要进入河洛地区，洛阳东方关隘荥阳便首当其冲，于是陈胜吴广起义军的荥阳之战便打响了。

在起义军攻克蕲县（今安徽宿州）继而在陈州（今河南淮阳）建立政权后，陈胜命令假王吴广率领大军西征。于是，吴广便统帅主力大军，指挥部将田臧、李归等人，浩浩荡荡一路向西，兵指荥阳。荥阳，是中原地区的战略要地，是向西进攻洛阳的门户及进攻秦之腹地关中的必经之地。同时，秦朝在此地还建有全国最大的粮仓——敖仓。夺取这一军事重镇，既可控制东西要道，又可控制黄河南北交通咽喉，还可获得充分的军需补充。因此，夺取荥阳对起义军至关重要。但是，荥阳却地处高山深谷之间，城池坚固，易守难攻。秦三川郡（郡治洛阳）郡守李由（秦丞相李斯之子）得知起义军向荥阳杀来，立即从洛阳带领重兵在荥阳建立起坚固防守据点，以阻遏义军的西进攻势。吴广主力大军一到，便立即展开猛烈强攻，但李由凭借险峻地形和坚固城池据守，拒不出战，使吴广军难以突破。吴广被阻，只得屯兵在此，虽不断强化攻势，然经数度强攻，一直不能奏效。李由多智善谋，坚守有方，致吴广数月攻打不下，双方处于僵持状态。同时，起义军的邓说攻占了郏县，伍徐攻占了许昌。

其间，起义军另一部突击西进的周文军进攻关中受挫，在洛阳以西的渑池之地被秦将章邯大败。章邯击败周文后，秦二世又增派司马欣、董翳增援章邯，进击各地起义军。接着，章邯乘胜率军继续东进，过洛阳，向围困荥阳的吴广军反扑过来。在此严峻时刻,起义军内部发生分裂。吴广的部将田臧与人商议说:"荥阳久攻不下,秦兵的援军很快就到,若形成夹击之势,我们腹背受敌,一定失败。现在,我们不如留少量人马继续攻荥阳,使秦守军不敢出来,而以主力先打败章邯,再回攻荥阳,这样方能取得胜利。但吴广不懂兵法,又骄傲自大,听不进良言,只有除掉他,才能实行这种办法。"于是,田臧伪造陈胜命令,杀死吴广,夺取了兵权,并向陈胜报告。陈胜见事已如此,只好封田臧为上将。田臧立即按照既定策略,兵分两路,一路留李归率领部分义军继续围困荥阳以牵制秦军,一路则由自己率领主力西进迎击章邯军。义军在敖仓(今氾水)附近,与西来的章邯军相遇,双方展开大战。田臧率军英勇作战,终至战死,所部也被章邯击败。接着,章邯又向围攻荥阳的李归发起进攻。李归在秦兵内外夹击之下,壮烈牺牲,所部大败。至此,起义军的主力已基本被秦军击溃。

章邯连破周文、吴广两支起义军之后,派兵攻克郏县,又派出另一支部队攻占许昌。邓说、伍徐战败,陈胜责令杀了邓说。章邯在消灭了荥阳外围的吴广余部之后,于公元前209年十二月,乘势向张楚政权中心陈州进攻。当月,秦军王离部也加入了章邯进攻陈州的行动。张楚政权上柱国蔡赐途中进行截击失败,蔡赐战死。面对秦军的猛烈反扑,陈胜亲自与将军张贺一起于城西迎战秦军。由于起义军剩下的力量分散在各地,陈州一带只有很少兵力,再加上魏、赵等地参加起义的旧贵族军队违抗陈胜命令,拒不增援,陈胜虽率军奋力抵抗,但仍无取胜希望,只好放弃陈州,且战且退。当退至下城父(今安徽亳州东南城父集)时,陈胜被其车夫庄贾杀害。陈胜部将吕臣听说陈胜被杀,便率领苍头军由新阳(今河南汝阳)回救,收复陈州,杀了庄贾。这时,宋留领导的南线起义军攻下南阳(今河南南阳),开始向武关推进,得知陈胜被杀消息,军心动摇,丧失斗志。不久,宋留投降秦军,秦二世下令将其押解到咸阳车裂。其他各地的起义军在此情况下,不是失败便是降秦。至此,轰轰烈烈的陈胜、吴广起义宣告失败。

这次起义失败的教训是深刻的。第一,在起义迅速发展壮大的形势下,陈胜开始骄傲自满,只注重进攻,忽略了防御。生活上,陈胜称王之后,开始贪图享乐。这些做法脱离了农民群众,也使诸将离心离德,从而加速了失败。第二，对加入起义队伍的六国旧贵族缺乏应有的戒备和防范措施。在反秦斗争最激烈的关键时刻，他们各怀异心，据地称王，违抗陈胜命令，导致起义军失掉战机。第三，对杀害起义军领袖的叛徒缺乏应有的警惕，以至发生了陈胜被车夫杀害的严重事件。义军一旦失去了领袖，也就失去了号召力，造成军心动摇，使形势急转直下，最后走向失败。

对于陈胜、吴广起义失败的原因，史学家司马迁曾做过总结。司马迁说，因陈胜信任朱房、胡武，"诸将以其故不亲附，此其所以败也"。毛泽东在读《史记·陈涉世家》的批注中也指出，陈胜、吴广有"二误"：一是违背"苟富贵，勿相忘"的诺言，杀死旧时伙伴，导致众叛亲离；二是信任重用朱房、胡武，赏罚失当，导致诸将不愿为他们效力。

这里说的是两件事。

其一，《史记·陈涉世家》记载，陈胜起义前是个雇农，有次他对伙伴们说："苟富贵，勿相忘。"意思是说我们将来如果有人富贵了，不能忘记贫穷的弟兄们。但是，在他称王建都陈州的时候，一位以前和他一起干农活的伙伴闻讯前来投奔，他以故人之礼接待了这个人，并使此人得以出入王宫。但这个人说话口没遮拦，有时当众说一些陈胜为雇农时的贫困往事。陈胜知道后大怒，下令把这个人杀了。陈胜其他的老熟人见情况不妙，都悄悄地走了，从此没有熟人敢亲近陈胜，从而导致众叛亲离。甚至，其岳父来见面，他也以大官自居，不以礼相待，致其岳父愤愤而去。

其二，陈胜称王后，任用朱房为掌管人事的官员，任用胡武纠察有过失的官员。朱房和胡武作威作福，对在外面作战的将领，凡不顺从他们命令的，随意治罪；对他们不喜欢的人，未经司法部门审理便擅自作出处罚。陈胜对这两个人十分信任，即使有将领提出申诉，他也置之不理。众将领在各地拼命攻城略地，结果"多以谗毁得罪诛"。在陈胜未称王时，葛婴率兵进攻蕲县以东地区，至东城时立襄强为楚王。葛婴后来听说陈胜已自立为王，便把襄强杀了。但当葛婴回陈州汇报时，陈胜不分青红皂白就把葛婴杀了。

尽管如此，陈胜、吴广领导的农民起义，是我国历史上第一次农民大起义，虽然在英勇奋斗6个月之后失败了，却沉重打击了秦王朝的黑暗统治，奠定了推翻秦王朝的基础。他们所犯的错误和教训，是在首次农民起义缺乏经验的情况下产生的，是不可避免的，但却启迪着后来的人们。

刘邦绝河亡秦

公元前207年,在秦末风起云涌的农民起义过程中,刘邦率领军队从南线攻入洛阳东面的缑氏,并阻断黄河渡口的南北交通,谓之"绝河";接着,刘邦又从南线一路向西,攻入咸阳,秦王投降,谓之"亡秦"。

刘邦,沛县丰邑(今江苏沛县东)人,当过秦朝的泗水亭长。秦二世征调劳役修骊山墓时,由刘邦押送去咸阳,中途许多人逃跑,刘邦害怕无法交差受到处分,便放走全部人员,自己也随之逃跑。当时有十几个青壮年愿意和刘邦一起走,刘邦就和他们一起隐藏在芒(今河南永城东北)、砀(今安徽砀山南)山中,伺机组织力量反秦。公元前209年七月陈胜在大泽乡起义后,沛县令在县吏萧何、曹参的鼓动下,也打算起义反秦。萧何、曹参建议县令派樊哙召回刘邦共同反秦。但当刘邦率领百余人到达沛县城下时,县令又感到恐惧,紧闭城门拒绝刘邦入城。刘邦便与萧何、曹参里应外合杀死沛县令,举起反秦大旗,举刘邦为沛公。当时项梁、项羽叔侄势力强大,刘邦便前往会见项梁,项梁又拨给刘邦5000兵马,使刘邦军达近万人。陈胜死后,项梁在薛地(今山东滕州)召集会议时,刘邦参加了会议,并承认了项梁的领导权。同时,项梁还采纳了谋士范增的建议,寻访到楚怀王熊槐的孙子熊心,也立为楚怀王,定都于盱台(今江苏盱眙)。之后,刘、项双方开始了联合行动。

在与秦军的战斗过程中,为了统一部

刘邦雕像

署,楚怀王在彭城(今江苏徐州)召开会议。为了鼓舞士气,会议确定,谁先攻入关中谁就在关中称王。为此,刘邦和项羽都想领兵西征,首先进入关中以便称王,但会议经过激烈争论,最后指定刘邦进攻关中。

秦二世三年(前207)初,刘邦誓师西征,彭越率千人来归。二月,刘邦过高阳(今河南杞县西),儒生郦食其来见,帮助刘邦说服陈留投降,其弟郦商率领4000人归附刘邦。秦军闻刘邦西进,派出大将杨熊迎战。杨熊据守开封,刘邦率军来攻,未能攻下。刘邦便绕过开封西走,杨熊领兵数万追击于后。两军大战于曲遇(今河南中牟),秦军大败,杨熊逃跑至荥阳(今河南荥阳)。

荥阳西当成皋之路,为秦军的东方军事重镇。刘邦率军欲向关中进军,其捷径是过荥阳、洛阳、新安,沿官道抵函谷关、潼关。但刘邦知道,荥阳、成皋险固,过此地谈何容易,吴广曾攻荥阳,久攻不下,身死兵败。为避免重蹈覆辙,刘邦便引兵绕道南下,攻占颍川(今河南禹州)。

四月,杨熊兵败的消息传到咸阳,秦二世大怒,派出使者斩杀了杨熊。刘邦得知消息,即刻乘机北上,迅速攻占了阳城、轘辕关。此关位于洛阳东南的轘辕山上,九十二曲,南通颍川,北过缑氏入洛阳,自古为兵家必争之地。

荥阳、洛阳的秦军得到轘辕关失守消息之后,立即合兵一处,共同迎击刘邦于洛阳东30里的尸乡沟。刘邦大败,退守至缑氏山中,秦军收复了缑氏和轘辕关。

面对四面强敌,刘邦区区数千人被困于缑氏山中,如果此时秦军来攻,后果不堪设想,一日三惊,但也毫无办法,只有听天由命了。不料天无绝人之路,这时张良率领韩国军队驰援刘邦。张良此人,原为韩国贵族,韩国复国之后以张良为相,而张良与刘

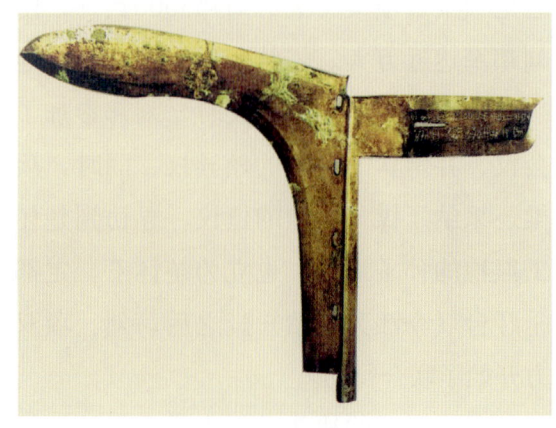

秦铜戈

邦相处甚好，得知刘邦形势危急，便领兵前来助刘邦一臂之力。于是，他从颖川北上，攻克镮辕关，顺势再克缑氏，解了刘邦之困。

与此同时，黄河北面的赵国将军司马卬也想抢在刘邦之前进入关中，便从邯郸出发，横扫河内，兵临孟津(今河南孟津)渡口北岸，欲渡河南下，西入关中。刘邦与张良分析形势后认为，要想抢先进入关中，必须阻止司马卬渡河南下。张良建议，先阻止司马卬南下，然后避实就虚，不走一直向西的函谷关官道，而从南线攻入关中。刘邦采纳张良的建议，率兵攻占了黄河孟津渡口南岸的重镇平阴，并下令烧毁全部渡河船只，据兵封锁渡口，隔绝两岸交通，使得司马卬计划落空。然后，刘邦引军南出镮辕关，绕过阳城西走。

刘邦大军马不停蹄，到达丹水（今丹江），秦将王陵投降，刘邦兵临武关（今陕西丹凤东南）。当月，战于东部战场的秦将章邯投降楚军。消息传到咸阳，赵高畏惧秦二世问罪下来，便逼杀了秦二世胡亥，立子婴为秦王。而子婴又诛杀了赵高。子婴仅仅为王46日，刘邦便率军进入秦都咸阳，秦王子婴向刘邦投降，标志着秦朝的灭亡。为了笼络民心，刘邦在咸阳封存秦国的府库珍宝，废除秦朝各种苛政，采取各种措施稳定社会秩序，在各方博得良好名声。

综观此阶段刘邦之战略战术，可谓随机应变。先是意图走传统官道直线西进，不料被困缑氏山中，幸有张良相助，方得转危为安。及时切断孟津渡口，阻止司马卬与己抢功。接纳张良建议，在不改变大的战略方向和战略目标的前提下，绕道南线西进，顺利到达咸阳，不费多大兵力，便实现了灭亡秦朝的宏伟战略目标。

项羽克洛阳坑秦卒

公元前207年，项羽军攻占洛阳。次年，项羽率大军西进过洛阳，坑杀秦军20万人于新安，制造了一起骇人听闻的悲惨事件。

项羽是楚国下相（今江苏宿迁西）人，楚国的旧贵族，因封于项地故姓项。项氏世代为楚国名将。项梁是项羽的叔父。楚国被秦国灭亡后，项梁、项羽叔侄流落民间，在吴县组织力量起兵反秦。公元前209年七月，陈胜吴广在大泽乡起义，号召民众推翻秦朝统治。项梁、项羽叔侄于当年九月召集吴中子弟，杀秦会稽太守而起兵响应，并接受陈胜的领导，率兵西征，投入反秦的战斗。

项梁初起事时，势力弱小，仅有所谓"八千子弟兵"。起义之后势力迅速壮大，随后陈婴和英布也相继依附于项梁，很快发展到六七万人，屯兵于梁（今江苏邳州东），成为一支强大的反秦力量。陈胜遇害后，形势危急，项梁在薛（今天山东滕州）召集各地起义将领研究对策。会议决定接受谋士范增的建议，立楚怀王的孙子心为楚怀王，以资号召。这次会议对组织和统一各地分散的反秦力量，起到了重要作用。这次会议之后，农民起义军展开了大反攻，形势大为好转。然而，项梁"益轻秦，有骄色"。秦军大将章邯乘项梁轻敌不设防备

项羽雕像

之时，夜袭定陶（今山东定陶），项梁战死，义军大受损失。章邯军乘胜北上，与南下的王离军联合攻下赵国都城邯郸，并包围了巨鹿，义军形势急转直下。

为了统一部署，组织各方反秦力量，楚怀王在彭城（今江苏徐州）召开会议研究对策。会议决定：一、集中力量向关中地区进攻。为了鼓舞士气，与诸将约定，谁先攻入关中谁就在关中称王。二、派兵救赵，解巨鹿之围。于是，决定派出刘邦进攻关中，派出宋义、项羽、范增率军救赵。

秦二世三年（前207）初，怀王命宋义为上将、项羽为次将，率领5万大军救赵。宋义滞留于漳水之南，无意进取。时值冬日，大雨不断，士卒饥寒交迫。眼看着时不我待，于是，项羽杀了宋义，率军渡过漳河。命令军队"破釜沉舟"，也就是砸破做饭锅、凿沉渡船，以此表明义无反顾的决心。项羽率领楚军猛攻王离，以一当十，勇猛无前。当时，前来救赵的的义军有十几支，但都作壁上观，见楚军勇猛，无不惊惧。项羽大破王离，斩获秦军20余万。章邯率领秦军残部退往洹水。诸侯皆归附项羽，项羽号称诸侯上将军。

王离失败后，秦二世多次派人责备章邯，章邯深感恐惧，派出长史司马欣前往咸阳陈述军情，但赵高不让见驾，并准备杀了长史司马欣。长史司马欣逃跑回来后报告实情，章邯陷于绝望之中。项羽认真分析形势后认为，秦军失败已成定局，义军胜利已指日可待，于是命令赵将申阳率军渡过黄河，攻克了荥阳、洛阳，阻断章邯西退之路，以便歼而灭之。接着，项羽亲率大军于当年七月在巨鹿大败章邯，章邯降楚。项羽立章邯为雍王，长史司马欣为上将军，让他们率领秦军为先导，自己率大军紧随其后，南渡黄河向西进军。次年十一月，项羽大军过洛阳，驻扎于新安城南。

秦军向来傲慢，不少人身经百战，曾参加过统一全国的战争，对征服的地区烧杀抢掠，无恶不作，各地诸侯、官吏、士兵多受其害。如今，秦军既降，毫无他日威风可言，故秦军每每遇到诸侯、官吏、士兵的侮辱戏弄。如此下来，秦军将士也多有怨言。他们私下里议论："章邯欺骗我们投降，让我们受尽侮辱。今若能入关中破秦尚可，如果失利，楚军必定挟持我们东走，秦必定尽诛我们父母妻子。"项羽及其部将闻听此情况，认为秦军降卒如果进入关中必然哗变。于是，项羽命令，除章邯、长史司马欣和都尉董翳3人外，将其余20万秦军全部坑杀。至此，曾经强大无比的秦国军队不复存在，而新安城南的荒野之中留下了秦军将士的累累白骨！

两汉时期洛阳战争

楚汉成皋之战

秦末农民起义推翻秦王朝统治后,政治军事形势发生了重大而急剧的变化,这就是起义军首领项羽和刘邦为争夺统治权而展开长期战争,历史由此进入了楚汉相争时期。

成皋位于今天河南省荥阳西部,古代也称虎牢或旋门,秦时属三川郡,郡治雒(洛)阳。其地理位置十分优越,地形险要,在战略上具有重要意义,是洛阳以东的重要关隘和门户。东出洛阳,过此再也无险可守;西进入洛阳,这里是必经之地。因此,此地为历代兵家必争之地。

楚汉成皋之战,始于汉高祖二年(前205)五月,迄于汉高祖四年(前203)八月,前后历时两年零三个月左右。这是西楚霸王项羽和汉王刘邦,围

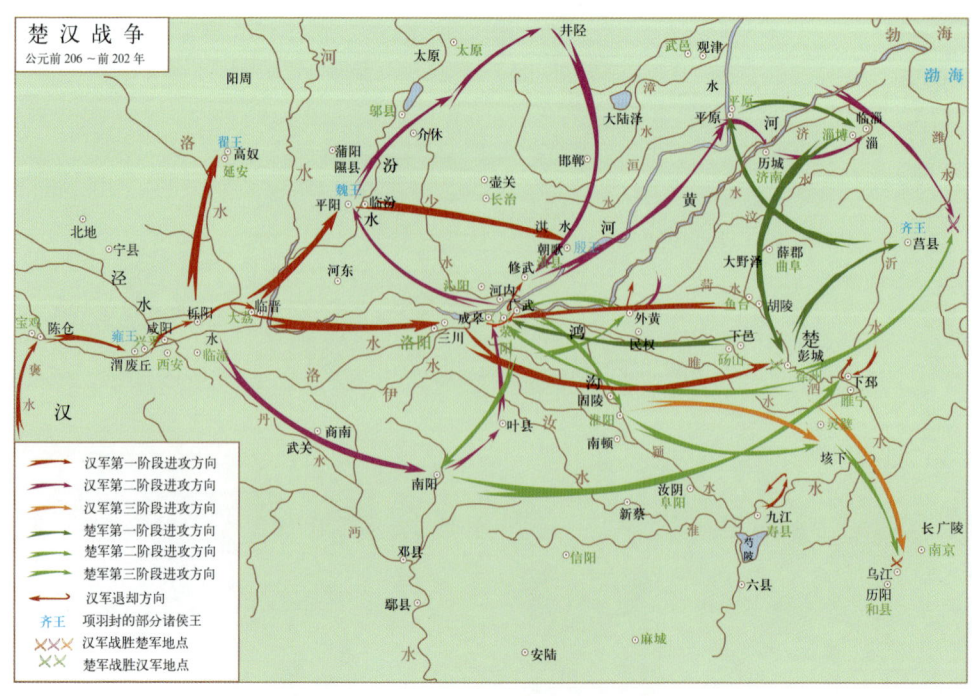

楚汉战争(源自《中国战争史地图集》)

绕战略要地成皋（今河南荥阳汜水）而展开的一场决定汉楚兴亡的持久争夺战。在这场战争中，刘邦及其谋臣武将注意政治、军事、经济多方面的配合，将正面相持、翼侧迂回和敌后骚扰等策略加以巧妙运用，调动、疲惫、削弱直至战胜强敌项羽，从而成为我国古代战争史上以弱胜强的又一成功典范。

　　成皋之战爆发的原因，还得从彭城会议说起。公元前207年，楚怀王为统一各路反秦起义军的部署和行动，在彭城（今江苏徐州）召开会议，确定由刘邦西进关中消灭秦国，由宋义、项羽等人解救赵国。项羽对此安排并不满意，在会议上力争，提出自己率先入关消灭秦国，但因多数将领反对而作罢。按照这一部署，刘邦率先进入关中并消灭了秦国，但项羽对此并不甘心，仍然耿耿于怀，于是在完成彭城会议分配给他的解救赵国，于巨鹿之战大败秦军之后，随之也率领大军向关中挺进，进入函谷关、潼关，驻军于鸿门（今陕西临潼东），摆开架势与刘邦争夺天下霸主。

　　当时，项羽拥兵40万，号称百万；刘邦拥兵10万人，号称20万。刘邦自知实力不如项羽，便听从谋士张良的建议，亲自到鸿门向项羽卑词言好。项羽假意设宴招待，实为伺机杀死刘邦。这就是历史上有名的"鸿门宴"。刘邦在随从樊哙的保护下，乘机逃走。"鸿门宴"数日之后，项羽便率军攻入咸阳，杀死秦王子婴，烧毁秦宫室，收财宝、妇女皆为己有，然后班师回返，号令天下。接着，他尊楚怀王为义帝，迁移至郴（今湖南郴县），之后又杀了义帝。项羽自立为西楚霸王，都于彭城（今江苏徐州），封刘邦为汉王，居巴蜀、关中。又将关中分为三部分，分别封章邯为雍王、司马欣为塞王、董翳为翟王，以牵制和打压刘邦。这就是今陕西被称为"三秦大地"的由来。项羽还分封了自己的亲信和旧贵族共18王。刘邦和一些没有得到分封的将领对此不满，于是形成了刘邦、项羽两大集团，开始了楚汉相争的局面。

　　汉高祖元年（前206），田荣在东方起兵，赶走被项羽封为齐王的田都，杀掉胶东王田市，自立为齐王，又杀死了济北王田安，占据了三齐地区（今山东大部）。为此，项羽决定先击破东方的齐军，解除后顾之忧，然后再对付刘邦，因而发兵攻打田荣。刘邦见项羽无暇西顾，积极准备东进。八月，刘邦亲自率领部队与项羽所封的三个秦王（雍王章邯、塞王司马欣、翟王董翳）激战于关中，在取得决定性胜利之后，便派兵出武关，挥师向楚都彭城（今江苏徐州）方向进军。

次年，也就是汉高祖二年（前205），项羽打败田荣，田荣被杀死，但田荣弟弟田横继续领兵与项羽交战。刘邦再次趁项羽深陷交战之中，向东发展。刘邦留萧何守关中，自己则引兵东进，出函谷关，到达河南境。项羽封的河南王申阳见刘邦大军到来，望风而降。刘邦入洛阳，置河南郡。然后，刘邦从孟津渡过黄河，招降了魏王豹，并俘虏了司马卬。刘邦置河内郡。三月，刘邦至洛阳新城（今伊川南），三老（官名，负责一乡之教化）董公扣马而谏道："霸王无道，诱杀义帝，大王应该以此为名兴师问罪，则可号令诸侯共灭项羽。"刘邦听后十分高兴，依计而行，遂为义帝发丧，并派遣使者遍告各诸侯："天下共立义帝，今项羽杀之，大逆不道；寡人亲为发丧，发关内兵及河东、河南、河内之士，为义帝复仇。"由此，刘邦师出有名，成为正义之师，从而取得了各诸侯的支持，于是便联络诸侯军56万向彭城方向进击并攻占了彭城。然而在攻占彭城之后，刘邦满足于表面上的胜利，置酒作乐，疏于戒备。项羽一接到彭城失陷的消息，即亲率精兵3万从齐地赶回，乘刘邦毫无戒备的时机，突然发起进攻，夺回彭城。刘邦溃不成军，仅带骑兵数十名狼狈逃脱，自己的父亲和妻子吕雉也成了项羽的阶下之囚。

彭城之战使刘邦主力遭到歼灭性的打击，楚军乘胜实施战略追击，一些原来追随刘邦的诸侯这时见风使舵，纷纷背汉投楚，形势对刘邦来说殊为严峻。不过刘邦毕竟是一位有雄才大略之人，为了扭转不利的战局，改变楚强汉弱的态势，他果断采纳谋士张良等人的正确建议，在政治上争取同项羽有矛盾的英布，重用部下彭越、韩信，团结内部力量；在军事上制定据关中为根本、正面坚持为主、敌后袭扰和南北两翼牵制为辅的对楚作战方针。

五月，刘邦退到荥阳一线收集残部。这时，刘邦的部下萧何在关中征集到大批兵员补充前线，韩信也带部队赶来与刘邦会合。刘邦的汉军得到休整补充后，实力恢复。韩信指挥中大夫灌婴和原秦军骑兵将领李必、骆甲率领步骑兵联合部队，击破了项羽的追击部队，将楚军成功地遏阻于荥阳以东地区，暂时稳定了战局。

荥阳及其西面的成皋，南屏嵩山，北临河水（黄河），汜水纵流其间，为洛阳的东门户，也是西入函谷关（今河南灵宝东北）的咽喉，战略地位十分重要，汉、楚两军为争夺该地展开了一场旷日持久的战争，这就是史上有名的成皋之战。

交战初，刘邦即按照张良制定的谋略，实施正面坚持、敌后袭扰和翼侧牵制的作战部署，以政治配合军事，以进攻辅助防御。他派人到九江（今江西九江）游说英布倒戈，从南面牵制项羽达7个月之久；派遣韩信破魏，保障侧翼安全；联络彭越，袭扰项羽后方，从而有力地迟滞了项羽的进攻。同时刘邦让萧何治理关中、巴蜀，巩固后方战略基地，转运粮食兵员，支援前线作战。

汉高祖三年（前204）初，项羽在范增的策划下，亲自率领大军围攻刘邦。刘邦采纳陈平的计谋，分化瓦解楚军，派遣间谍实施反间计，使项羽对范增产生猜忌，从而对范增多次提出迅速攻下荥阳的建议置之不理。范增大怒而去，还没有走到彭城便病发身亡。

刘邦的这些措施虽然起到了牵制楚军、巩固后方的积极作用，但是正面战场的形势依然不容乐观。项羽看到刘邦的势力有增无减，十分不安，便于当年春调动楚军主力加紧向荥阳、成皋方向进攻，并多次派兵切断汉军的粮道，使刘邦的部队在补给上发生很大的困难。五月，项羽大军围攻荥阳，刘邦内乏继粮，外无援兵，情势日趋危急。刘邦采纳张良的缓兵之计，派出使臣向项羽求和，表示愿以荥阳为界，以西属汉，以东归楚，但遭到项羽的断然拒绝。刘邦无奈，只得采纳将军纪信的计策，由纪信假扮刘邦，驱车簇拥出荥阳东门，诈言城中食尽，汉王出降，蒙骗项羽。当天晚上，陈平驱赶2000多名妇女出荥阳东门，楚军以为汉军要突围，便从四面八方包围过来。这时，纪信扮作汉王，坐在刘邦的车上，慢悠悠地跟在人群后面，并派人高喊："城中粮食吃光了，汉王出城投降了！"楚军信以为真，山呼胜利，纷纷跑来观看。刘邦趁楚军松懈之时，留下御史大夫周苛、魏公豹、枞公等人防守荥阳，自己则乘机从荥阳西门逃奔成皋。项羽发现来降者不是刘邦而是纪信，便问刘邦的去向，纪信回答说汉王已经出了荥阳，走远了。项羽知道自己上当受骗后勃然大怒，烧死纪信，率兵追击刘邦，很快攻下了成皋，刘邦又仓皇逃回关中。荥阳汉军守将周苛、枞公等人认为魏公豹不可靠，便杀了魏公豹，继续坚守荥阳。

刘邦从关中征集到一批兵员，打算再夺成皋。谋士袁生认为此非良策，建议刘邦派兵出武关（今陕西丹凤东南），调动楚军南下，减轻汉荥阳守军的压力；同时，让韩信加紧经营北方战场，迫使楚军分散兵力。刘邦欣然采纳这一计策，率军经武关出宛（今河南南阳）、叶（今河南叶县）之间，与九江的英布配合展开攻势。与此同时，韩信也率部由赵地南下，直抵黄河北岸，与刘邦及荥阳汉军互相策应。汉军的行动果然调动了项羽南下。这时刘邦却又转攻为守，避免同楚军进行决战，而让彭越加强对楚后方的袭击。彭越不负所望，进展迅速，攻占了战略要地下邳（今江苏睢宁西北），直接给楚都彭城（今江苏徐州）造成威胁。项羽首尾不能兼顾，被迫回师东击彭越，刘邦乘机收复了成皋。

六月，项羽击退彭越后，立即回师西进，对刘邦发动第二次攻势，攻占荥阳，烹杀了周苛，接着又杀了枞公，再夺成皋，并继续西进，抵达今河南巩义一带。刘邦被迫仓促北渡黄河，逃到小修武（今河南获嘉东），在那里征调韩信的大部分部队，以支撑危局，增强正面的防御。

刘邦深知项羽的厉害，于七月间命汉军一部拒守于巩（今河南巩义西南），一部屯驻小修武，据守深沟高垒，不与楚军交锋。同时派韩信组建新军东向击齐，继续开辟北方战场。又命刘贾率领2万人马从白马津（今河南滑县北，旧黄河渡口）渡河，深入楚地，协助彭越，扰乱楚军后方，截断楚军粮道。彭越得到刘贾这支生力军的支援，很快攻占了睢阳（今河南商丘南）、外黄（今河南杞县东北）等17座城池。彭越、韩信的军事行动，给项羽侧背造成严重的威胁，迫使项羽在九月间停止正面战场的攻势，再次回师攻打彭越。项羽临行前，告诫成皋守将曹咎说，小心坚守成皋，即使汉军挑战，也千万不要出击，只要能阻止汉军东进，我15天内一定击败彭越，然后再与将军会师。项羽再次回师后，很快收复了17座城池，但没有能够消灭彭越的游军，使之继续在威胁楚的后方。

十月，刘邦听取谋士郦食其的建议，乘项羽东去之机，反攻成皋。楚守将曹咎开始还遵照项羽的告诫，坚守不出，但是经不起汉军连日的辱骂和挑战，一怒之下，率军出击，渡过汜水与汉军交战。刘邦见激将法奏效，便运用半渡击之的战法，乘楚军渡河至一半时出击，大破曹咎所部楚军于汜水之上，曹咎兵败自杀，汉军乘机再夺取了成皋，并乘胜推进到广武（今荥阳东北）一线，收敖仓积粟以充军用，并在荥阳以东包围了楚将钟离眜部。

项羽听到成皋失守的消息，大惊失色，急忙由睢阳带领主力返回，同汉军争夺成皋。他率军进至广武东城，与退守广武西城的汉军对峙，欲与刘邦决一雌雄。可是汉军依据险要地形，坚守不战。两军之间仅隔一条只有二百来步宽的深涧，人称鸿沟。对峙数月，汉军一直避不出战，项羽无可奈何。项羽急于与汉军决战，便想出了利用刘邦的父亲和妻子在自己手中的条件，与刘邦谈判。项羽让人做了一块砧板，把刘邦的父亲放在上边抬到阵前，让人喊刘邦出来对话。项羽对刘邦说，你若不投降，我今天就立即将你父亲烹（煮）死。刘邦答话说，过去我们两人共同受命于怀王，曾盟为兄弟，我的父亲也就是你的父亲，如果你一定要把他烹了，请分我一杯羹吃。项羽大怒，想立即烹了刘邦父亲，但经项伯力劝，方才罢休。项羽继而对刘邦说，天下相争很久了，这都是因为咱们两人的缘故，我愿与汉王单独挑战，一决雌雄。可刘邦讽刺地笑着说，我宁愿斗智，不愿斗力。项羽无计可施。

适逢韩信攻占临淄，齐地战事吃紧，项羽不得已只好派龙且带兵20万前往救齐，这就更加减弱了楚军正面战场的进攻力量。到了十一月，韩信在潍水全歼了龙且的部队，平定齐国，使项羽的处境更趋困难。几个月后，楚军粮食缺乏，既不能进，又不能退，白白地消耗了力量，完全陷入了被动。

这时，汉军韩信部已经破魏、破赵、降燕，平定三齐，占领了楚的东方和北方的大部地区，完成了对楚的战略包围。彭越的游军则不断扰乱楚军后方，攻占了昌邑（今山东金乡西）等20多座城池，并多次截断楚军的补给线。英布所部在淮南也有所发展。项羽腹背受敌，丧失了主动，陷于一筹莫展的境地。双方强弱形势已发生根本的变化。项羽见大势尽去，遂于汉高祖四年（前203）八月，借刘邦托人请其放回太公（刘邦的父亲）之机，被迫与刘邦议和，以鸿沟为界，中分天下，尔后引兵东归。成皋之战以汉胜楚败而告终。

成皋之战，是楚汉战争中具有决定性意义的一仗。它使楚汉之间的实力对比发生彻底的改变，项羽的失败已成为不可逆转的趋势。接着，刘邦把握时机，采纳张良建议，于当年十月乘项羽引兵东撤之际，会同各方力量约40万人，实施战略追击。十二月，在垓下（今安徽灵璧南）合围并大败楚军，项羽在四面楚歌中突围而逃，最后自刎于乌江（今安徽和县北）。至此，楚汉相争宣告结束。刘邦在战败项羽之后，于汉高祖五年（前202）二月，在定陶的汜水之南称帝，建立汉朝，重新统一了中国，中国历史拉开了新的一幕。

综观此战，刘邦以弱小的力量，在成皋战胜强大的楚军，这除了政治上注意争取人心和团结内部外，军事上的胜算主要在于对战略全局处置得当和作战指挥的高明正确。这具体表现为：第一，重视战略后方基地的建设，使汉军在人力物力上得到源源不断的补充，能够坚持长期的战争。第二，彭城失利后，鉴于汉弱楚强的实际情况，适时改变战略方针，转攻为守，持久防御，挫败项羽的速决企图。第三，制定正面坚持、南北两翼牵制、敌后袭扰的作战方针，并坚决付诸实施，使楚军陷于多面作战的困境，顾此失彼。第四，实施灵活机动的作战方针，千方百计调动对手，使之疲于奔命；并积极争取外线，逐步完成对楚军的战略包围。第五，巧妙行间，分化瓦解敌军，善于争取诸侯，最大限度地在军事上孤立项羽。

项羽作为一位叱咤风云的历史人物，在当时的政治舞台上曾放射出夺目的光彩，可他最终还是失败了，这与他在政治上、军事上的失策是密切相联的。他分封诸侯，违背了历史发展的趋势；他嗜杀好战，激起了民众的反对；他不重视争取同盟，造成了自己的孤立；他不善于起用人才，团结内部，导致了众叛亲离；他不注意战略基地建设，以至于无法长期支持战争；他缺乏战略头脑，只知道一味死打硬拼，没有主要的打击方向，决定了他虽然能够赢得不少战役、战斗的胜利，但却不能扭转战略上的被动，最终导致了战争的彻底失败。项羽战场指挥的成功和战略指导的失策之间的巨大矛盾反差，以及由此而产生的结局，给后世军事家留下了极其深刻的历史教训。

西汉平定七国之乱

汉景帝三年（前154），西汉关东地区发生了7个诸侯国联合反对国家统一的叛乱，史称"七国之乱"。汉景帝派出以周亚夫为统帅的平乱大军，以洛阳为战略基地，向东作战，逐次消灭了叛变乱军，迅速平定了叛乱，稳定了汉朝的统治。

刘邦建立西汉王朝之后，为巩固统治，借口清除叛乱，杀掉了在楚汉战争时期分封的异姓王韩信、彭越、英布等人。同时，他又认为秦朝迅速灭亡的重要原因是没有分封同姓子弟为王，使皇室陷于孤立，于是大封同姓子弟为王，并立下"非刘氏王者，天下共击之"的誓言，试图用家族血缘关系来维持刘氏的一统天下。他所分封的同姓王，有齐、燕、赵、梁、代、淮阳、淮南、楚、吴等。这些王国的封地，竟达39郡，占西汉整个疆土的大半，而皇帝直辖的才不过15郡。为防止诸王形成尾大不掉之势，规定除诸封国内的经济由诸王支配外，王国的傅、相等官员均须由皇帝任命，法令由朝廷统一制定，军队由皇帝统一调遣，借以限制诸王的权力。但西汉所封的诸王国，国大民众，随着经济得到恢复和发展，财富日增，势力日强，逐渐形成割据状态，朝廷与诸王国的矛盾便日趋尖锐起来。

刘邦死后，其子汉文帝即位，他深感诸王对朝廷的威胁日益严重，决定采纳太中大夫贾谊和太子家令晁错的建议，一方面把诸王的一部分封地收归朝廷直接管辖，一方面在诸王的封地内再分封几个小诸侯国，以分散、削弱诸王的权力。同时，还把自己的儿子刘武封为梁王（封地在今河南商丘），控制中原要地，屏障朝廷。诸侯王不甘心自己的力量受到削弱，纷纷反对。当时反对最强烈的是吴王刘濞。吴王的都城在广陵（今江苏扬州北），辖有豫章（今江西地区）、会稽（今苏南和浙江地区）等郡，封土广大，财力富足，他利用这些优越的经济条件扩张势力，蓄谋夺取朝廷大权。

汉景帝即位以后，诸王国的势力发展到了同朝廷分庭抗礼的地步。景帝接受御史大夫晁错的建议，继承其父汉文帝的政策继续推行削藩，决定先削减楚、赵及胶西三王的封地，因而引起诸侯王的强烈不满。吴王乘机纠合楚王、赵王、胶西王、齐王、菑川王、胶东王、济南王、济北王等各诸侯王，准备进行武力反叛。

景帝三年（前154）正月，朝廷下令削夺吴王的会稽、豫章两郡，吴王便以"诛晁错、清君侧"为名，首先起兵，并派人通知闽越、东越出兵相助。但由于齐王悔约背盟、济北王为其部下劫持不得发兵，故实际参加叛乱的仅为七国。一场史称"七国之乱"的分裂国家统一的战争就这样爆发了。

吴王反汉后，先杀尽朝廷在自己封国内所委任的官吏，然后聚集亲信，商议进兵之策。大将军田禄伯请求率兵5万，循江淮而上，占领淮南和长沙，入武关（今陕西丹凤东南）直捣长安。吴王唯恐大权旁落，拒绝了这一建议。青年将领桓将军对吴王说："吴多步兵，步兵利险；汉多车骑，车骑利平地。"因此建议挥军急速西进，沿途不要攻城略地，迅速抢占洛阳的军械库和荥阳敖仓的粮库，并凭借洛阳、荥阳的山河之险，会合诸侯。这样，即使不能西取长安，也占据了夺取天下的有利地位。否则，如行动迟缓，一旦让汉军抢先进占梁、楚一带，势必招致失败。这一避短用长、速据关东战略要地的主张，也遭拒绝。吴王亲率20万军队从广陵（今江苏扬州）出发，北渡淮河，会合楚兵，着力向梁进攻，又派出小部队潜赴崤（今函谷关南）、渑（渑池）之间，侦察关中汉军情况。在渡淮时，一面派兵袭占下邳（今江苏邳州南），向北攻城掠地；一面遍告诸侯王，提出这样一个行动计划：由南越兵先攻占长沙以北地区，再西趋巴蜀、汉中；越、楚、淮南、衡山、济北诸王会同吴军西取洛阳；齐、菑川、胶东、胶西、济南诸王与赵王先攻占河间（今河北献县东南）、河内（今河南武陟西南），再入临晋关（今陕西大荔东），或与吴军会师洛阳；燕王北取代郡（今河北蔚县东北）、云中（今内蒙托克托东北）后，再联合匈奴南下，入萧关（今宁夏固原东南），直取长安。这一战略构想的意图是：以诸王国的军队分东、南、北三个方向合击关中，吴楚主力先占荥阳，与齐、赵军会师，最终攻占长安。

景帝在获悉七王叛乱后，采取姑息政策，杀掉晁错，并宣布恢复诸王封地，企图以此平息战乱。但是这一政策并没有奏效。于是，景帝决心迎击叛军。他任命周亚夫为太尉（最高军事长官，位列三公），统率36员大将东攻吴楚，另派郦寄攻赵，栾布攻齐，并以窦婴屯于荥阳，监视齐赵叛军动向。这一作战部署的着眼点是：分兵钳制齐赵，集中主力打击反汉的重要力量吴楚两军。

周亚夫是西汉的著名将军。其父亲周勃曾跟随刘邦南征北战，立下赫赫战功。周亚夫是周勃的次子，其兄周胜。汉文帝时，周亚夫被任命为河内郡（治所在今河南武陟县西南）太守。周胜于周勃死后继承父亲侯爵位三年，因与其妻公主不和，心中烦躁，犯杀人罪被处死，同时废爵位。文帝命令选择周勃后人贤者袭爵位，大臣说亚夫最贤，遂被封为条（今河北景县）侯。

然而，让周亚夫真正名扬天下的，并不是他的官高权重，而是他在"细柳营"治军有方的故事。那是在汉文帝后元六年（前158），匈奴大军南下侵犯，杀掠吏民，形势十分紧张。汉文帝立即命令汉军在各个主要方向驻扎重兵，抵御匈奴进攻，特别加强了京都长安周围的三处防御，其中，周亚夫所部驻扎于细柳（今陕西咸阳西南的两寺渡村南）。汉文帝面对匈奴骑兵快马如飞，心中不安，对汉军的士气十分重视，便亲自率领官员和侍卫出宫视察长安附近的驻军情况。在前两处视察时，驻军将领都是大开营门，骑马出迎，文帝前呼后拥地进营视察，然后威武地出营。然而最后到周亚夫的细柳营视察时，守卫军营的士兵见有一队骑兵向军营驰来，立即向周亚夫报告。周亚夫因没有接到圣旨（文帝是事先不作通告而视察），立即命令士兵全副武装，紧闭营门，戒备森严。文帝的前卫到达营门，哨兵阻挡，不让进门。官员厉声喝道："圣驾马上就到，快打开营门迎接！"都尉闻声而答道："将军有令，不准开门！"文帝驾到，问明情况，取出印符，交给都尉说："去报告周亚夫，朕至此劳军。"周亚夫见印符，立即下令大开营门，与部将整装礼迎，拱手作揖，对文帝说："臣盔甲在身，不能下拜，请皇上允许以军礼相见！"文帝点头，俯身答礼。文帝令官员慰劳将士，鼓励大家做好准备，英勇杀敌，保卫都城。慰劳毕，文帝回宫。途中，有人对周亚夫慢待文帝不满而进言，但文帝则称赞周亚夫有大将风度，治军严明，是个真正的将军，并说：军令如山倒，大敌当前，一个将军理应如此。从此，周亚夫以"细柳营"严格治军而名扬天下，后人也多以这个典故比喻、赞扬那些军纪严明的将军。此后，周亚夫得到文帝赏识和重用，晋升为中尉（保卫国都长安的军事长官）。后在文帝病重之机，曾嘱咐太子刘启说："国家有难，亚夫可委以大任！"至汉景帝继位（前156），对周亚夫更是倚重，晋升为车骑将军，仍兼任中尉。此次东方七国叛乱，景帝自然更要依靠周亚夫来平定了。

周亚夫临危受命，毫不畏难，坚定承担重任。他向景帝提出："楚兵剽悍，难与争锋。愿以梁委之，绝其粮道，乃可制。"也就是暂时放弃梁国（沿今河南商丘）的部分地区，引诱并牵制吴楚军队，达到疲敌的目的。这一建议被景帝采纳。周亚夫率军由长安出发，准备首先沿官道东进战略要地洛阳，然后再作打算。当周亚夫率领主力大军出发，刚行至霸上，一个懂得军事、有谋略名叫赵涉的人求见，向亚夫说："吴国富饶，吴王不惜财产豢养宾客壮士，这些人均愿为他卖命。他得知将军东征，必然悄悄派小股亡命之徒，埋伏于崤函（今灵宝、陕州境）至黾隘（今河南渑池）的狭窄道路内，伺机袭杀将军等。况且军事行动贵在神速，走函谷之道（今灵宝至新安），路窄难行，对大军东进十分不利。请将军改道南行，经峣关（今陕西蓝田），过武关（今陕西丹凤），擂响战鼓，震慑叛军。"周亚夫接受了赵涉的意见，改变进军路线，迅速南下由蓝田出武关后东进，经南阳北进向洛阳进发。同时，他还派出将领带军去搜捕东道山间险路的伏敌，果然俘获了吴王派出的小股部队。周亚夫表彰赵涉的功绩，并拜他为护军同行。

周亚夫按计划进军，一路顺利，迅速到达洛阳，立即控制了洛阳的军械库。洛阳有个很有谋略的侠客叫剧孟，熟悉天文地理和用兵之道，周亚夫派人访得此人，请入军中作为谋士。周亚夫高兴地对人说："原以为著名的剧孟早被反叛的诸侯王请去了，没料到剧孟竟然能为我所用。吴楚七国不用剧孟，料定他们不会有多大的谋略，必定败亡。"接着，周亚夫派兵抢占了荥阳（今河南荥阳）要地和荥阳的敖仓。由于已派兵清除了崤渑间的吴楚伏兵，保障了长安、潼关、洛阳间的交通补给线和后方的安全，顺利实现了第一步作战计划。

然后，周亚夫以洛阳为战略基地，率军30余万东出荥阳，进抵淮阳。针对吴楚锐气正盛，难与之正面交锋的情况，遂引兵东北，屯于昌邑（今山东金乡西北），让梁王坚守梁地，阻止吴兵西进，同时派兵奇袭淮泗口（今江苏淮阴西泗水入淮之口），截断吴军粮道。

景帝三年（前154）正月，吴楚联军向梁地进攻，经棘壁（今河南永城西北）一战，歼灭梁军数万人，乘胜西进，梁军退保睢阳（今河南商丘南），被吴楚联军围攻。梁王数次派人求援，周亚夫按兵不动。直到吴楚联军攻梁受到相当消耗后，周亚夫才将主力推进至下邑（今安徽砀山）。在吴楚联军四面围攻形势下，梁王一面竭力固守睢阳，一面组织力量不断出击，袭扰吴军。吴楚联军久攻睢阳不下，屡屡受挫，西取荥阳、洛阳的企图难以实现，退路又受威胁，乃调转兵力进攻下邑，寻求与汉军主力决战。周亚夫以深沟高垒坚守，避而不战。吴楚求战不得，为了打开局面，便采取声东击西的战术，派部分兵力佯攻汉军壁垒的东南角，转移汉军注意力，却以主力强攻西北角。但这一企图被周亚夫及时识破。当吴军进攻东南角时，他加强了西北角的防御，从而粉碎了吴楚军的进攻。

吴楚联军号称数十万，既受挫于睢阳，又不得逞于下邑，进退维谷，加上饷道被断，粮食不继，在粮尽兵疲、士卒叛逃、士气低落的情况下，不得不撤兵西走。周亚夫乘机追击，大破吴楚联军。楚王兵败自杀，吴王仅率数千人乘夜向江南逃窜，企图依托东越垂死挣扎。但东越王慑于汉军压力，设计诱杀了吴王。喧嚣一时的吴楚叛乱，历时仅3个月便完全失败。

当吴楚联军向梁地进攻时，胶西、胶东、菑川、济南四王在胶西王的指挥下，举兵西进，围攻齐王于临淄，经过3个月激战，被栾布击败。赵王也按计划联络匈奴，企图西入长安。当郦寄军进攻时，龟缩邯郸，凭城固守，汉军围攻7月不克。栾布在消灭四王之后回师，同郦寄合力进攻邯郸，引水灌城，城破后赵王自杀。至此，汉朝赢得了平定七王叛乱战争的彻底胜利。

西汉平定吴楚"七国之乱"的战争，是一场反对割据、维护国家统一和安定的正义战争。在这次战争中，汉军抢占关东战略要地洛阳，控制南北要道，争得了战略上的主动，造成了东阻吴楚、北拒齐赵，屏蔽关中的有利态势。然后以一部钳制齐赵，而把吴楚作为主要打击目标，并根据楚军剽轻、吴军精锐的客观情况，采取了"以梁委之"，吸引和消耗吴楚联军，乘敌疲惫而后击的正确作战方针，最终各个击破，迅速平定了"七国之乱"。反观吴楚等七国，为了维持诸侯割据而发动战争，破坏国家统一和社会安定，违背了历史发展的潮流和人民的意愿。七国内部勾心斗角，矛盾重重，各怀鬼胎，步调不一，缺乏统一的计划和指挥。叛乱初期所提出的分进合击，从南、北、东三个方向包围关中，先取荥阳、洛阳最终会师长安的构想，由于各诸侯国或临时背约，或轻易改变，或屯兵观望而化作泡影。吴王既不听田禄伯、桓将军进军之计，又忽视了对粮运要道的设防，孤军一路，全力攻梁，结果顿兵坚城，贻误战机。随着主动权的丧失，最终失败的命运也就成为必然。

绿林、赤眉军与王莽军洛阳之战

西汉末年，外戚王莽代汉称帝，于公元9年建立新朝。他试图依靠托古改制的方法力挽颓势、巩固统治，结果以失败告终，造成社会矛盾进一步激化，加之连年灾害，饿殍遍野，民不聊生，导致农民起义烽烟四起。

公元17年，湖北荆州地区数百饥民推举新市(今湖北京山)人王匡、王凤为首领，揭竿而起，南阳人马武、颍川人王常、成丹也率众来归。他们合兵

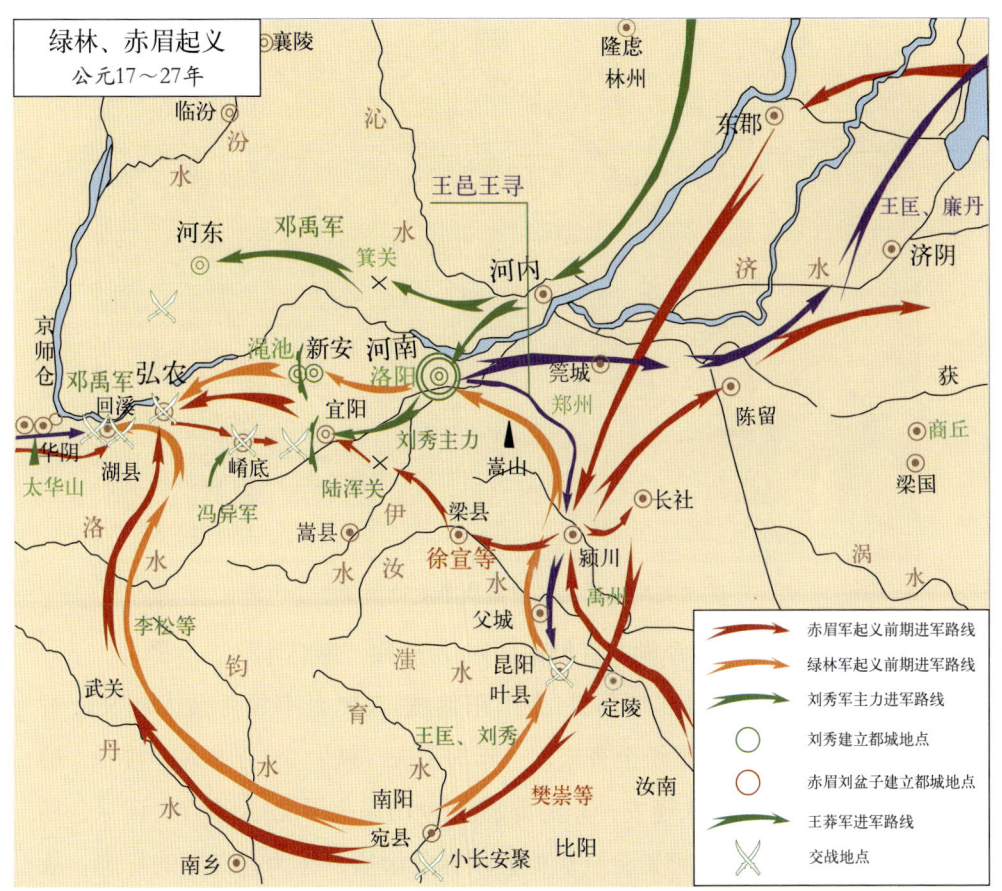

绿林、赤眉起义（源自《中国战争史地图集》）

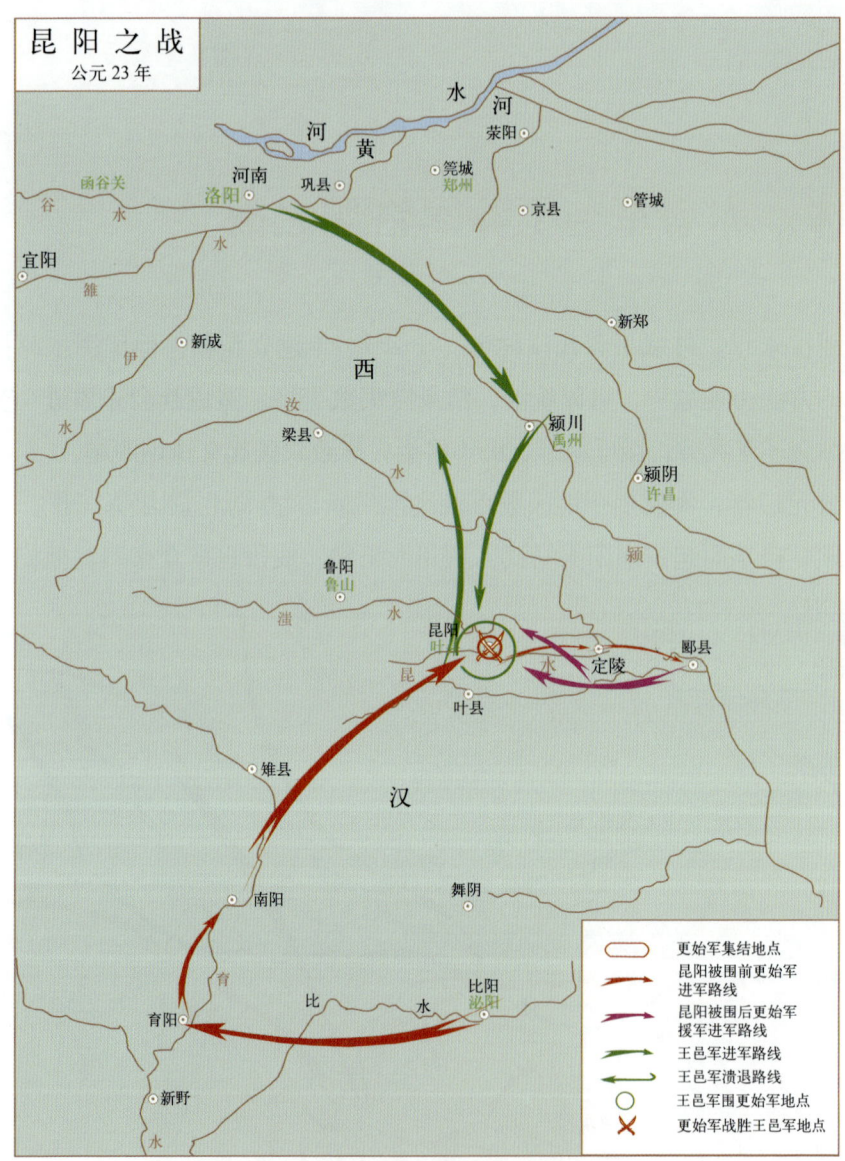

昆阳之战（源自《中国战争史地图集》）

七八千人，啸聚绿林山(今湖北宜城东南)中，故称"绿林军"。

公元18年，山东琅邪郡莒县(今山东诸城)人樊崇率领百余人起义，青州、徐州一带的小股义军纷至沓来，一年的工夫，就聚众1万多人。接着，琅邪郡东莞(今山东沂水)人逄安、东海郡临沂(今山东临沂北)人徐宣、谢禄、杨音也各自起兵，相继与樊崇会合。他们用赤色涂眉，作为起义军的标志，故号曰"赤眉军"。此外，还有铜马、大彤等部义军，约百万人，分别活动在黄河北各地。

洛阳东扼中原，西控关中，北达河北，南通荆襄，当时是仅次于国都长安的第二大都会。为对付荆州、山东、河北的起义军，王莽派司徒王寻率10万军队屯驻洛阳，以为长安屏障。绿林、赤眉军为夺取这一战略要地，剑锋所向，与王莽军在洛阳及其外围展开了一场殊死决战。

公元22年四月，王莽派兵10万东讨赤眉军，但却一败涂地。而赤眉军杀敌万余，在黄河南北纵横驰骋，队伍扩充到数十万人，矛头直指洛阳。而此前的公元21年，绿林军在云杜(今湖北仙桃西北)打败了前来围剿他们的新莽军2万多人，乘胜攻占竟陵(今湖北潜江西北)，然后，退据绿林山招兵买马，迅速发展到5万多人，声势渐盛。王莽急忙调遣驻守洛阳的部队南出伊洛，进攻绿林军。这时，绿林山一带爆发瘟疫，义军伤亡过半。于是，绿林军决定分兵转移。公元22年四月，王常、成丹率一路西入南郡(今湖北江陵)，以牵制新莽军，称"下江兵"；王匡、王凤、马武等率主力部队北入南阳，伺机进攻洛阳、长安，称"新市兵"。七月，平林(今湖北随县东北)人陈牧、廖湛率千余人响应新市兵起义，称"平林兵"，西汉宗室刘玄也加入其中。同年冬，南阳豪强刘縯、刘秀兄弟在舂陵(今湖北枣阳)起兵，称"舂陵兵"，加入新市、平林义军。公元22年十二月，下江兵转战到河南，与新市兵、平林兵会师。公元23年一月，起义军在沘水(今河南泌阳)、清阳(今河南新野东北)两次大战中大胜新莽军，绿林军发展到10多万人。

为了更好地统率各路起义军，公元23年二月，绿林军建立政权，立刘玄为汉帝，号"更始"，以"灭新复汉"为号召。之后，派遣王凤、王常和刘秀攻下昆阳(今河南叶县)，并围攻宛城(今河南南阳)。青州、徐州方面的赤眉军，闻刘玄称帝，也纷纷自称将军，西出山东，绕道汝南，再北上濮阳，从东面直逼洛阳。

王莽看到绿林、赤眉军遥相呼应，南北夹击，一面急派所部州、郡兵共30万人，东向平定山东赤眉军；一面征调各州、郡精兵42万人，号称百万，自洛阳出发，南下解宛城之围。

公元23年三月，王莽军队包围昆阳，双方展开激战。当时，城内绿林军只有八九千人，而王莽军围城数十层，列营数百。绿林军决定由刘秀率13骑乘夜出城，到外地调集援军。援军到达后，在离王莽军四五里的地方列成阵势，一战而胜，愈战愈勇。刘秀率敢死队3000人，从城西水上直捣莽军的中军指挥部。城内绿林军也趁势杀出，王莽军大败，仓皇逃回洛阳。

昆阳之战，王莽军主力丧失殆尽。为作困兽之斗，王莽加强了洛阳及长安一带的部署，更始政权针锋相对，派兵北伐洛阳，西进攻打武关。

这时，析县(今河南西峡)人邓晔、于匡起兵响应，与更始军合兵直指武关，王莽军守关都尉朱萌望风而降。义军接着又攻占了湖县(今河南灵宝东)。王莽仓皇失措，临时任命九名将军，号称九虎，率卫戍京师的北军精兵数万人东向御敌。但是王莽吝啬爱财，不愿重赏士卒，结果军无斗志，与义军一触即溃。邓晔开武关迎更始军。南北两路义军一鼓作气，兵临长安城下。王莽企图武装城内囚徒作垂死挣扎，但是这些乌合之众未经战阵即作鸟兽散。公元23年九月，挺进关中的反莽义军攻入长安，宫殿起火，皇宫大乱。王邑保护王莽进入渐台。义军冲入殿中，听说王莽在渐台，转而攻渐台，但因矢尽，到不了跟前，便短兵相接。王邑父子战死，王莽进入室内。众义兵上台，商人杜吴刺杀王莽，校尉东海公宾就斩王莽首级，军人分解王莽尸体，数十人争相割其肉。长安被破，王莽身死，新莽政权自此灭亡。攻入长安的绿林军一部东向西峡口，然后北进今栾川、洛宁、卢氏一带，击破回谷隘的新莽北军。

洛阳是新莽的东都，昆阳大战后，王莽派太师王匡、国将哀章镇守洛阳。不久，绿林北伐军也攻抵洛阳附近。新莽洛阳守将王匡把阵线收缩到洛阳城及周围关口，设兵营近百座，依险要地势负隅顽抗。绿林军攻下临汝关，沿伊河谷地一路向洛阳进攻，在洛阳城附近受阻。

新莽洛阳守军由于长安已破，士气低落，各州、郡兵纷纷弃关舍营，或逃或降。北伐

昆阳激战（出自明刊本《帝鉴图说》）

义军士气高涨，昼夜轮番进攻，一举攻克洛阳，生擒太师王匡、国将哀章。

接着，更始军奋威大将军刘信又击杀自立称帝的刘望，并诛灭投靠刘望的莽臣严尤、陈茂。至此，更始政权基本控制了整个局势，并于当年十月迁都洛阳。

刘秀与绿林军洛阳之战

刘秀，西汉皇族后裔，南阳大豪族。公元22年，刘秀与其兄刘縯在舂陵（今湖北枣阳南）起兵，称"舂陵兵"，与绿林军新市兵、平林兵、下江兵联合，于公元23年取得昆阳大捷。新市、平林等农民起义军拥立刘姓宗室刘玄为更始皇帝，建都宛城（今河南南阳）。由于权力之争，更始政权与舂陵兵的矛盾激化，杀害了野心勃勃的刘縯。刘秀内心尽管痛苦万分，但是由于羽翼未丰，只得隐忍不发，引过韬晦，忍痛赴宛城向刘玄谢罪，以屈求伸，骗取了刘玄的信任，被任命为破虏大将军，封武信侯。公元23年九月，新莽政权垮台后，更始皇帝刘玄派刘秀到洛阳整修宫室府库。十月，刘玄把都城由宛城迁移到洛阳。

当时，各地群雄并起，尤其是铜马、青犊、高湖、重连等大小农民起义军数百万人仍然活跃在河北一带，都急于割据一方，称王称霸，填补权力真空。为了有效控制在军事、政治、经济等方面举足轻重的河北地区，更始皇帝刘玄任命刘秀为大司马，持节到河北一带去发展势力。刘秀打着更始政权的旗号，广纳人才，罗织了王霸、冯异、耿纯、邓禹等一大批将才。同时，争取到河北地方豪族势力及官僚集团的支持，调发幽州十郡突骑，规复邯郸，清除政敌王郎集团，收编铜马降众，割据河北，势力壮大。公元24年三月，刘玄自洛阳迁都长安，派侍御史黄党前往河北封立刘秀为萧王，要他罢兵回长安。刘秀借口"河北未平"，谢绝了这个空头王称号，迁延不行。

更始皇帝刘玄迁都长安后，日益腐化堕

刘秀

落，与赤眉军之间也是矛盾重重。面对赤眉与更始之间的龙争虎斗，刘秀分麾下精兵2万人，以邓禹为统帅，挥师西进，企图坐收渔人之利，吞并关中。经过射犬（今河南武陟东北）之战，刘秀重创青犊、赤眉等军，势力拓展到河内郡，任命寇恂为河内太守，冯异为孟津将军，合势西拒更始军。

五月，刘秀带部队回到冀中、冀北一带。一路之上，诸将领纷纷给刘秀上封号，劝他称帝，复兴汉业，但他都一一拒绝，甚至对部下说："你们这样说，难道不怕杀头吗？"他派遣吴汉率领耿弇、景丹等13位将军追赶尤来，斩首1.3万级。行军至中山（今河北定州），众将又给刘秀上封号，他仍不应允。行至南平棘（今河北赵县），众将再给刘秀上封号，他也总是不答应。耿纯与刘秀私谈说："大家抛开亲人，远离家乡，跟大王出生入死，都是想攀龙附凤，封官拜爵。现在大王总是拒绝，违背众人心愿。我担心人们失望了，就会有离去的想法。若众人一散，就难以再召集了，请大王考虑。"刘秀一听，觉得众将领请他称帝是真心实意的，且是从他们的个人利益考虑，不是虚让，于是说："我将考虑这个问题。"当大军行至鄗县（今河北柏乡北）时，停下休息，刘秀派人将他最信任的冯异从洛阳前线召回，询问天下形势。冯异对刘秀说："大局已定，更始必败，考虑宗庙社稷，就在大王您了，应该从众之议，事不宜迟。"恰当此时，有个名叫强华的儒生从关中捧着赤符来见刘秀，并解释符咒说明，刘秀称帝是上从天意、下顺民心。诸将也乘机复请刘秀登基。于是，更始三年（25）六月己未日，诸将拥立刘秀在鄗城南的千秋亭五成陌登台称帝，改元建武。

刘秀称帝后，国都未定。他率兵到达河内郡（今河南武陟西南），居月有余。分析天下形势后，刘秀决定以洛阳为国都。他派出耿弇、陈俊进占五社津（今河南巩义北），防止荥阳以东割据势力进入洛阳，又派吴汉、朱祐等11位将军包围洛阳，并亲自在河阳坐镇指挥。

为了对付刘秀，更始皇帝刘玄派舞阴王李轶、廪丘王田立、大司马朱鲔、白虎公陈侨与河南太守武勃等据守洛阳，拥兵号称30万。冯异使用反间计劝诱李轶投降，李轶看到大势已去，愿意投降。刘秀将李轶的投降信交给太守、郡尉一级官吏传阅，并说这个人诡诈，反复无常，要引起警惕。朱鲔很快知道了这个消息，认为李轶出卖了他，便派人杀了李轶。冯异乘机攻占

西汉铁铠甲（复原）图

天井关(今山西晋城南)及河南成皋以东13县。接着，在洛阳士乡聚大败更始军，斩杀河南太守武勃。

朱鲔发觉上当，欲趁刘秀率军北征之机进兵河内。冯异一面派遣校尉护军将兵驰援河内太守寇恂，一面自己率部迎战朱鲔，一举击败朱鲔，然后与寇恂合兵一处，追杀至洛阳。

九月，刘秀为了将来建都洛阳，认为洛阳只能和平占领，而不能强攻，于是，他派朱鲔原来的部下、现在的廷尉岑彭，前往劝降朱鲔。这时，重兵包围了洛阳城池，朱鲔在城上，岑彭在城下，岑彭喊话让朱鲔投降。朱鲔回答说："深知自己罪恶太大，不敢投降。" 岑彭赶紧回去向刘秀报告，刘秀说："举大事者不忌小怨，鲔今若降，官爵可保，哪能杀他呢！对（洛）河发誓，绝不食言。" 岑彭又回到洛阳城下，把刘秀的话转达给朱鲔。朱鲔还是有些不相信，便从城上放下一根绳子说："你若说的是实话，就顺着绳子爬上来。" 岑彭顺着绳子爬上了城墙。朱鲔见有诚意，就答应投降。辛卯日，朱鲔把自己捆绑起来，由岑彭带着去见刘秀请罪。刘秀亲自给他松绑，又命岑彭连夜将他送回洛阳城内。第二天，朱鲔与苏茂率军出城投降，刘秀任命朱鲔为平狄将军，封扶沟侯，后为少府，传封累世。刘秀下令，官兵进城后严禁暴横抢掠。结果，将军萧广进城后违反军纪，纵士兵抢掠，杜诗将其处死。刘秀召见并表彰杜诗。洛阳城很快就安定了下来。

当时，长安的更始政权面临赤眉与邓禹的两路夹击，节节败退，岌岌可危，无力东顾。洛阳守将朱鲔投降，绿林军在关东的军事主力被消灭。

10月，刘秀车驾入城，定都洛阳，史称东汉。

赤眉军攻灭绿林军

更始元年（23），当更始皇帝刘玄移都洛阳时，赤眉军正活跃于濮阳、颖川一带。为了与绿林军建立合作关系，赤眉军首领樊崇亲率20余人赴洛阳联络。但刘玄拒绝与赤眉军合作，鉴于赤眉军也是农民起义军，便只授给樊崇等人一些空头官衔，名为列侯，实无封邑。樊崇见刘玄集团不怀好意，便在刘玄迁都长安之前，率众人潜出洛阳，逃归赤眉军大营，率领赤眉军南下颖川。

更始二年（24）二月，刘玄将国都迁往长安。赤眉军乘更始政权西移的机会，立即兵分两路向西发展，一路由樊崇、逢安率领，攻取长社（今河南长葛东），南击宛城（今河南南阳）；一路由徐宣、谢禄、杨音率领，进占阳翟（今河南禹州）、梁县（今河南临汝西南）。

此时，由于王莽政权已被绿林军推翻，起义目的已经达到，赤眉军中许多士兵因离家长久，思乡心切，不愿继续从军作战，要求东归。樊崇等人认为如果东归回到山东家乡，队伍必散，更出于对刘玄集团在洛阳冷遇的愤懑，决定西攻更始政权的长安，以求新的发展。

于是，这年冬季，樊崇、逢安和徐宣、谢禄等两路大军，分别经由武关（今陕西丹凤东南）和陆浑关（今洛阳嵩县北）西进进攻长安。赤眉军沿途击败了更始政权抗威将军刘均和讨难将军苏茂两军，于次年（25）正月，会师于弘农（今河南灵宝东北）。这时，刘玄派其丞相李松率大军前来堵截，结果被赤眉军打败，损失3万余人，李松弃军逃回。赤眉军继续向长安推进。

更始三年（25）六月，赤眉军在郑地（今陕西华阴北）拥立一个15岁的汉宗室后裔刘盆子为皇帝，国号也称"汉"，年号"建世"。随后顺利进占华阴地区，又在新丰（今陕西临潼东北）击破更始政权王匡、陈牧、成丹、赵萌、李松诸部，直逼长安。

这时刘秀也在河北称帝，并派大将邓禹攻取河东，从北面威胁长安。这样不仅削弱了更始政权的实力，而且迫使更始政权不得不派兵抵挡刘秀军，分散了兵力。

在东、北两面大兵压境的紧急关头，在更始政权内部，刘玄与一部分绿林军将领的矛盾迅速激化。绿林军将领张卬等建议弃长安城东移，遭到刘玄拒绝。于是，张卬与申屠建、廖湛、胡殷等密谋武力劫持刘玄东移河南南阳，但事机泄露，申屠建被杀。张卬、廖湛、胡殷发兵进攻刘玄，长安城内一片混乱。刘玄逃出长安，奔入赵萌营中。刘玄因怀疑王匡、陈牧、成丹是张卬同谋，便诱骗3人到赵营。陈牧、成丹先到，被杀，王匡闻讯，逃入长安。刘玄指挥李松、赵萌进攻长安，经过1个多月的战斗，王匡、张卬战败，投奔赤眉军。刘玄重新回到长安，但赤眉军已兵临城下。

九月，王匡与赤眉军联合攻打长安宣平门（即东都门）。李松出战，兵败被俘，其弟城门校尉李汛被迫开门投降，赤眉军攻入长安，刘玄投降，不久被处死，更始政权灭亡。

绿林、赤眉这两支西汉末年农民战争中最主要的起义军，在洛阳结下了芥蒂，因而在推翻新莽政权后不久，即陷入火并之中。在战争中，绿林军由于内部分裂，战斗力明显下降。在遭受赤眉军和刘秀军两面夹攻的情况下，无能的刘玄作不出任何改变局面的军政决策，只以消极防御分兵抵挡的办法对付两面进攻，结果节节败退，使自己完全处于被动挨打的境地。其手下各部将领在战斗中，互不支援，各自为战，终于被各个击破。赤眉军抓住了更始政权（绿林军）的一系列失误，连战连胜，最终灭亡了建立两年零十个月的更始政权。但两支大军的火并，使刘秀得以坐享其成。

刘秀与赤眉军洛阳之战

公元25年初，两路赤眉军同时进入弘农郡（今河南灵宝）境内，在与更始军的战斗中连战连胜。六月，当赤眉军抵达郑（今陕西华州）时，拥立15岁的汉宗室刘盆子为帝，年号"建世"。

九月，赤眉军攻克长安，更始皇帝刘玄投降。但是，推翻了更始政权的赤眉军并未对绿林军的余众及各地义军进行妥善的安置和联络，也没有对周边的割据势力进行平定。特别是，在这种局势极不安定的情况下，赤眉军的一些将领便认为大功告成，开始了论功争赏，军心不齐。这一切，导致赤眉军未能有效地控制局面，长安及周边秩序混乱，加之当地的大户人家隐粮聚众，坚壁清野，城中粮尽，樊崇部被迫于公元26年初放弃长安，引兵沿南山（秦岭）西进。在郿(今陕西眉县东)地，赤眉军击败更始将军严春部，进入安定、北地。这时，割据天水的隗嚣派兵迎击赤眉军，赤眉军连吃败仗，被迫退守阳城、番须（今陕甘交界的山区）觅食，恰又时逢大雪，士兵冻死不计其数，只好又东返长安。

公元26年九月，赤眉军击败袭占长安的刘秀军部将邓禹，再次进入长安。但是，这时的长安，"三辅大饥，人相食，城郭皆空，白骨蔽野"，一片荒凉。由于粮秣不继，难以立足，赤眉军不得不再次撤出长安，引军东归，其兵力尚有20余万。

邓禹在长安被赤眉军击败后，请求刘秀派出兵力增援，但刘秀断定赤眉军因断粮必定东归。因此，刘秀更易主帅，任命冯异为征西大将军，委以西定关中重任，代替邓禹担负围困赤眉军的重任。刘秀命冯异进占华阴（今陕西华阴东），进击赤眉军。同时，命破奸将军侯进等人进兵屯新安（今河南渑池东），命建威将军耿弇进兵屯宜阳（今河南宜阳西），以阻赤眉军归路。刘秀还指示各路大军，要紧密配合，相互策应，赤眉军"若东走，可引宜阳兵会新安；若南走，可引新安兵会宜阳"。以图围困赤眉军，待其粮断力尽之时，一举进而歼灭之。

在华阴，西进的冯异与东归的赤眉军遭遇，相持60多日，交战几十次，降服赤眉军悍将刘始、王宣等5000余人，使其元气大伤。但此时的邓禹却因被赤眉军赶出长安，又连吃败仗，很不服气，便想趁此机会，立个功劳再回京城洛阳面见刘秀。于是，他于公元27年正月率领车骑将军邓弘等人，擅自由河北渡河至湖县（今河南灵宝西），并约冯异共同合击赤眉军。冯异告诉邓禹，现在我们虽然已经降服一些赤眉军悍将，但其余众甚多，难以用兵破之。而且，已派诸将于渑池，要阻击其于东面，而要我部阻击其于西面，可一举围而歼之，这是万全之策啊。但邓禹不听，一意孤行，派出邓弘进攻赤眉军。赤眉军佯装败退，并丢弃辎重武器，引诱邓弘军追击深入，然后又突然回军反击，使邓弘措手不及，军阵大乱，结果溃败。面对如此突发情况，邓禹和冯异只得合兵前往救援，但结果两支大军始终不是赤眉军的对手，也是一败再败。最后，邓禹只剩下24个骑兵，狼狈地向宜阳方向逃跑而去。冯异的军队也死伤3000多人，冯异被迫"弃马奔走"，逃跑到回溪阪（今河南洛宁东北，俗名回坑），然后与部属数人回到大营，收集溃散部队，坚壁自守。

赤眉军虽然击败了邓禹和冯异，但并没有摆脱饥饿和疲劳的困境，仍然急于东归。冯异整顿部队后，决定与赤眉军再战。公元27年二月十八日，冯异首先从军中挑选一批精兵，乔装成赤眉军，埋伏于崤底（今河南渑池西南）山谷中，然后向赤眉军下达战书，表示要一决雌雄。赤眉军8万多人向冯异军进攻，冯军且战且退，引诱赤眉军进入伏击圈。顿时锣鼓齐鸣，杀声四起，双方激战于狭窄山谷之间。战事相持到当天下午，赤眉军已是精疲力竭，没想到此时假扮赤眉军的冯军伏兵突然杀将过来。赤眉军由于真假难辨，军心大乱，阵线被破，迅即溃败。樊崇在慌乱中率领赤眉军余众10余万人向宜阳方向撤退。

冯异见状，立即派出快马，奔向洛阳向刘秀报告。刘秀得报，便亲率大军，从洛阳赶往宜阳，帮助耿弇截击赤眉军。侯进亦从新安星夜赶来，三路汉军对赤眉军形成合围之势。赤眉军虽经力战，但毕竟三面被围，山穷水尽，精疲力竭，无力回天。在陷于绝境的情况下，樊崇只得派遣刘恭去向刘秀求和（实际上是投降）。刘秀答应了求和请求。于是，刘盆子带着丞相徐宣、御史大夫樊崇、大司农杨青等30多位主要首领来见刘秀。刘盆子恭恭敬敬地交上了传国玉玺，同时命令赤眉军全体将士交出所有的兵甲器械。10多万人的铠甲和兵器，堆放在宜阳城西门外，"与熊耳山齐"。

刘秀担心赤眉军仍有人不服，便于第二天"大陈兵马临洛水，令刘盆子群臣观之"，以强大的军阵对他们形成内心震慑，使其规规矩矩地服从命令和管束。然后，刘秀带着樊崇等人班师回到洛阳。尽管刘秀做了如此安排，但到了当年夏天，樊崇等赤眉军将领仍是再度起兵谋反，不过很快被镇压下去了。

刘秀平定绿林、赤眉军，牢固占据洛阳，为雄踞中原、逐步平息各地割据势力、建立稳固统一的封建王朝奠定了坚实的基础。

刘秀统一关东之战

刘秀统一关东之战，是指汉建武二年(26)三月至建武六年(30)正月，在东汉统一战争中，光武帝刘秀逐次消灭关东（指函谷关以东地区）各割据势力的大规模作战。

建武元年(25)，刘秀建都洛阳，占据今河北、河南、山西、陕西大部地区，雄踞中原战略要地，资源丰富，兵力优势，但却四面受敌。东有刘永、董宪、张步、李宪；北有彭宠；西有隗嚣、公孙述；南有秦丰、田戎。各割据政权虽然对刘秀东汉政权形成包围形势，但互不统属，各自为政。此外，尚有数十万农民军活动于黄河南北。在这些割据势力当中，东面的各种势力对洛阳的威胁最大最直接。于是，刘秀按照西和东攻，先关东、后陇蜀，由近及远，各个击破的战略，决定首先集中力量消灭对中原威胁最大的关东各部割据势力。

刘永于更始二年(24)冬起兵睢阳(今河南商丘南)，先后攻占济阴(今山东定陶西北)、山阳(今山东金乡西北)、沛(今安徽淮北西北)、楚(今江苏徐州)、汝南(今河南上蔡西南)等28城，且与张步、董宪连兵，直接威胁洛阳。当年三月，刘秀派出虎牙大将军盖延，率军5万东攻刘永，先后攻占敖仓(今河南荥阳北)、酸枣(今河南延津西南)、封丘(今河南封丘西南)。随后，分兵两路，从东西两个方向夹击睢阳。八月，汉军乘夜袭破睢阳，刘永逃往虞县(今河南虞城北)，再至谯县(今安徽亳州)。汉军乘胜追击，攻占沛、楚、临淮三郡国(约相当于今河南周口、商丘，江苏徐州，安徽阜阳、宿县地区)大部。

当时，青犊农民义军余部重新起兵于轵(今河南济原东南)西，威胁洛阳。刘秀派出盖延，协同大司马吴汉击败青犊余部。

是时，已灭亡的更始政权大将苏茂叛汉，刘永乘机收复睢阳。刘秀派

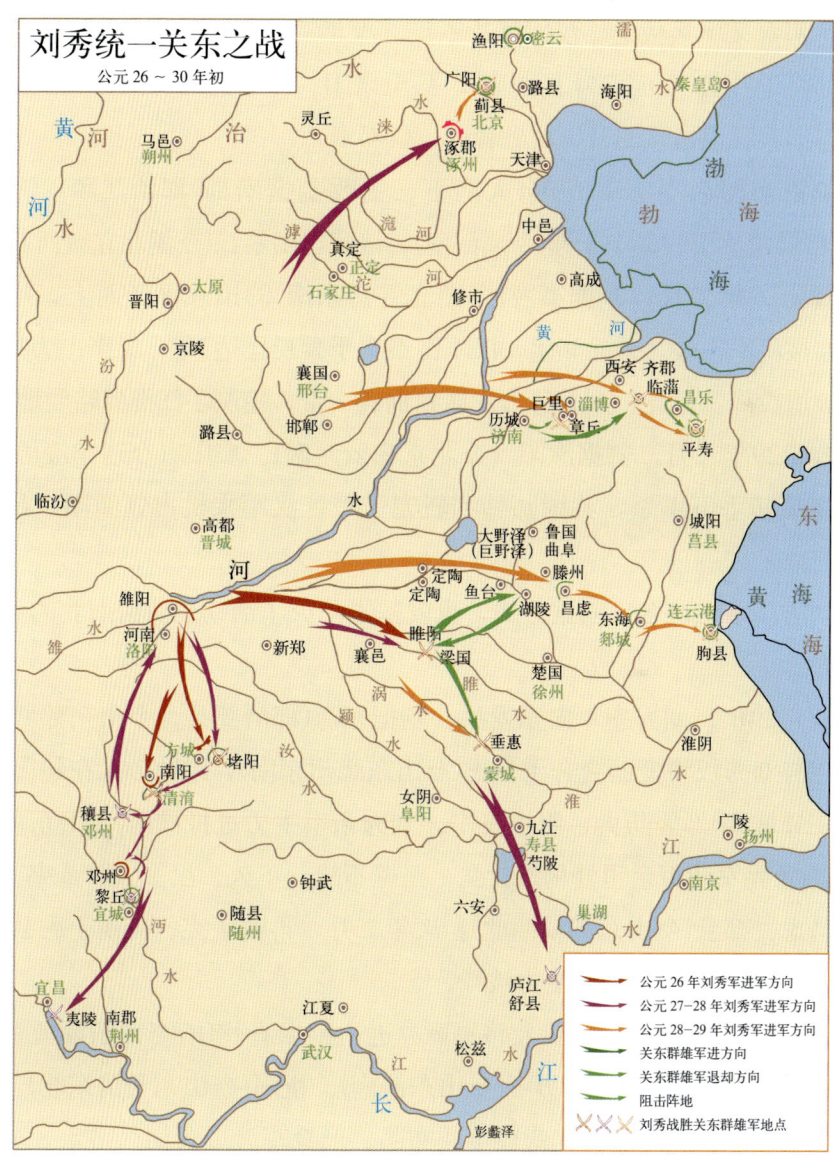

刘秀统一关东之战（源自《中国战争史地图集》）

出大司马吴汉与盖延率军围攻睢阳百余日，刘永粮尽突围被杀，睢阳守军投降。苏茂、周建逃至垂惠(今安徽蒙城西北)，立刘永之子刘纡为梁王。建武五年（29），汉军破刘纡部于垂惠，周建死，苏茂、刘纡逃奔董宪。至此，关东最大割据势力刘永集团被消灭，巩固了刘秀在洛阳的统治。

建武二年(26)十一月，刘秀命征南大将军岑彭率9万大军南下，进攻起兵于育阳(今河南南阳南)的邓奉和起兵于堵阳(今河南方城东)的董䜣。堵阳城池坚固，邓奉又率兵救之，汉军屡攻不克。次年三月，刘秀亲率大军增援，破董訢部将于叶县(今河南叶县西南)，兵至堵阳。邓奉逃回育阳，董訢被迫投降。岑彭乘胜追击，四月，攻破育阳，斩邓奉。

刘秀当即命岑彭率3万余人南下，击败割据南郡(郡治江陵，今属湖北)、自号楚黎王的秦丰于邓(今属河南)，接着进围黎丘(今湖北宜城西北)。

公元29年二月，割据夷陵(今湖北宜昌东南)的田戎溯江而上，增援秦丰，亦被汉军击破。公元30年，汉军围秦丰于黎丘已达3年，秦丰主力损失殆尽，被迫投降。至此，刘秀势力发展到荆襄一带，控制了江淮战略要地。

公元29年二月，割据渔阳（今北京密云西南）、广阳（今辽宁凌源西南）的彭宠被其手下谋杀，其国师韩利斩宠子午，汉军乘机占领渔阳，统一了燕、蓟地区。

刘秀荡平上述各部割据势力，也就基本消灭了活动于黄河南北的农民义军余部。

公元29年，刘秀率军向东发展。割据东海(郡治郯县，今山东郯城西北)的董宪与刘秀叛将庞萌会合于昌虑(今山东滕州东南)，以数万人在建阳(今山东枣庄峄城西)部署防御，阻击汉军。刘秀亲率主力进抵湖陵(今山东鱼台东南)，距董宪军营百余里处构筑营垒，坚壁不战。不久，汉军大败董宪、庞萌军于昌虑、郯县(今山东郯城西北)。次年二月，再败董宪、庞萌于朐县(今江苏连云港西南之海州)，其主力被歼。

十月，刘秀乘胜命建威大将军耿弇进击割据青州(治今山东淄博东北临淄故城)的张步。张步驻军历下(今山东济南)、祝阿(今山东长清东北)，沿钟城(今山东济南南)、泰山扎营数十座布防。耿弇军渡过黄河、济水，先破祝阿，再夺钟城，杀张步大将费邑，连破40营，攻占济南国(治东平陵，今山东章丘西北)，继克临淄(今山东淄博东北临淄故城)。张步为挽回败局，率领号称20万大军，直扑临淄。耿弇示弱诱敌，待其攻至城下，出奇兵袭击。张步进攻受挫，率军北撤，耿弇设伏军于两翼，大破张步军。张步

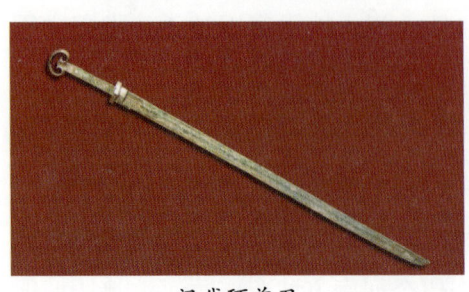

汉代环首刀

汉光武帝陵

败退至剧(今山东昌乐西北),部众溃散。刘秀率军至剧,张步逃往平寿(今山东昌乐东南)。苏茂率万人来救张步。耿弇乘胜追击,张步便杀了苏茂而降汉。

公元28年九月,汉扬武将军马成率部围李宪于舒城(今安徽庐江西南)。至公元30年一月,汉军攻破舒城,杀李宪,消灭了关东最后一部割据势力。

刘秀在统一关东作战中,军事策略上始终采取了对次要方向取守势,不能立即消灭的长困久围,对主要方向则集中兵力进攻,达到了逐次消灭割据势力目的,解除了割据势力对洛阳的威胁,巩固了东汉政权,为夺取陇、蜀而统一全国的战争最后胜利奠定了基础。

黄巾起义与洛阳

黄巾起义,是东汉晚期的农民战争,也是中国历史上规模最大的一次以宗教形式组织的民变之一。洛阳作为东汉国都,不可避免地卷入这场规模巨大、影响深远的社会动荡之中,成为这次起义的首要目标、中心目标和最终目标。

东汉末年,朝廷腐败,宦官外戚争斗不止,边疆战事不断,政局不稳,国势日趋疲弱。又因全国大旱,颗粒不收而赋税不减,对西羌战争持续数十年,花费巨大,徭役兵役繁重。加之土地兼并现象严重,民不聊生。对于朝廷,人民早已失去信任,走投无路的贫苦农民纷纷揭竿而起。在这种情况下,巨鹿(今河北平乡)人张角创立太平道,以宗教的方式笼络人心,在贫苦农民中树立了威望,信众多达30多万人。为了便于组织领导和指挥,张角将太平道信众按照地域分为36方,大方万人,小方五六千人,每方设一渠帅,他自己则担任全面领导和指挥,为大规模的起义做好了准备。

农历甲子年(184),张角相约信众在三月五日以"苍天已死,黄天当立,岁在甲子,天下大吉"为口号兴兵反汉。"苍天"是指东汉,"黄天"指的就是太平道。这是根据阴阳五行(金、木、水、火、土)的推测,汉为火德,火生土,而土为黄色,所以众信徒都头绑黄巾为记号,象征要取代腐败的东汉朝廷。故此,这些信徒被称为黄巾,这次起义也被称为黄巾起义。

为了掌握起义准备情

黄巾起义

况，张角亲自潜入京都洛阳，仔细观察东汉朝廷的动向，并指示大方渠帅马元义负责洛阳的起义准备。同时，集中荆州、扬州等地数万人到洛阳以北的邺（今河北临漳）等待命令，以便随时策应洛阳的起义。马元义又数次在洛阳勾结宦官封谞、徐奉等人，以图里应外合，一举攻占洛阳。为便于起义军的行动，张角还派人在洛阳的各官府大门上，秘密写上"甲子"两字作为记号，用以指示进攻目标。由此看出，张角黄巾起义的目标十分明确，那就是要推翻东汉政权，建立农民自己的政权。

张角的起义动员令发出以后，"八州之人，莫不响应"。准备参加起义的人员，立即变卖家产，"流移奔赴，填塞道路"，积极参与准备活动，只等约定日期到来。但是事出意外，在约定的起义时间前1个月，张角一名叫作唐周的门徒，背叛张角，上书朝廷告密，并供出了京师洛阳的内应马元义。官兵立即逮捕了马元义，并将其在洛阳市中当众车裂。同时，诏令朝廷各部门，查究宫中侍卫及内外吏民，凡与张角有关连的人，格杀勿论。官兵还大肆捕杀太平道信徒，株连1000余人，并且下令冀州方面追捕张角。张角得到洛阳突变消息后，知道事情已经败露，便于当夜派人紧急通知各方，决定星夜起兵，立即发动起义。张角自称"天公将军"，张宝、张梁分别为"地公将军""人公将军"，在冀州一带起事。他们烧毁官府、杀害吏士、四处劫掠，一时间把冀州搅得天翻地覆。影响所及，1个月内，全国7州28郡都发生了战事。黄巾军势如破竹，州郡失守，吏士逃亡，震动京都。

在国都洛阳，汉灵帝见太平道如此厉害，慌忙任命皇后的哥哥何进为大将军，率左右羽林军5营屯于都亭，镇守京师；又命在函谷关、大谷、广城、伊阙、轘辕、旋门、孟津、小平津等"小八关"各拱卫京都洛阳的关口，设置都尉驻防；同时宣布全国进入战争状态，命各州郡训练士兵，整点武器，严密防范，准备作战。

在此紧要关头，皇甫嵩上谏汉灵帝，要求解除党禁，因为"党锢之祸积怨日久，如果与黄巾合谋，恐怕已经无救了"。汉灵帝接纳这一提案，大赦党人，释放此前因党派之争而判刑的各类政治犯，还要求各公卿捐出马、弩，推举众将领的子孙及民间有深明战略之人到公车署接受面试。

同时，朝廷发精兵镇压各地乱事：卢植领副将宗员率北军五校士负责北方战线，与张角主力周旋；皇甫嵩及朱俊各领一军，控制五校、三河骑士及刚招募来的精兵勇士共4万多人，讨伐颍川一带的黄巾军。朱俊又上表招募下邳的孙坚为佐军司马。孙坚带领同乡少年及募得的各商旅和淮水、泗水精兵，共1000多人出发，与朱俊合军。

汉军首战并未得利。三月间，张曼成领导的黄巾军一举攻克南阳，杀死太守褚贡。四月间，波才领导的颍川（今河南禹州）黄巾军打败朱俊率领的汉军。皇甫嵩与朱俊一起进驻长社（今河南长葛）防守，被黄巾军围城。

五月，京师见皇甫嵩被围颍川，派曹操率军救援。被围的皇甫嵩趁傍晚时分大风，挑选精兵勇士，手持火把暗暗出城，点燃黄巾军营寨周围的杂草，火攻黄巾军营地，并大呼进攻，而城上亦举出火把响应，摇旗呐喊。皇甫嵩以鼓助战，带兵冲入敌阵，黄巾军大乱，四处奔逃。恰遇曹操的援军到来，在皇甫嵩、朱俊和曹操三面夹击下，黄巾军被斩杀数万人，汉军大胜。颍川黄巾军的失利，对黄巾军是个不小的打击，而对朝廷来说，解除了对京都洛阳的最大威胁。

六月，朝廷又派朱俊南下南阳。南阳太守秦颉与黄巾军张曼成战斗，张曼成战死。黄巾军便改任赵弘为帅，以10多万人占据南阳。

朱俊与荆州刺史徐璆及秦颉共1.8万人马围攻南阳赵弘，但直至八月也不能攻克。赵弘在战斗中牺牲，由韩忠代替。汉军朱俊采取了声东击西的办法进攻，鸣鼓攻打西南，大批黄巾军被引向西南，而朱俊则亲率5000精兵掩杀东北，偷袭黄巾军后方，攻入城池，韩忠被逼退保内城。

黄巾军受挫，士气低迷，无奈向汉军乞降。张超、徐璆和秦颉都认为可以接受黄巾军的投降请求，但朱俊不同意，他认为，如果接受投降的话，会给百姓以"有利为贼、无利乞降"的错误观念。于是，他决定不接受投降而继续进攻，可是数战也不能攻克。朱俊登上土山从高处观望黄巾军，发现黄巾军没有退路，所以拼死力战。于是，朱俊便解开围军，韩忠果然中计而出城作战，被朱俊大破。朱俊向北追击韩忠数十里，斩杀1万多人，韩忠投降。秦颉一向与韩忠不和，便将他杀死。然而韩忠投降又被杀的这一事实也引起黄巾军的不安，又推孙夏为帅再屯兵宛城抗拒。朱俊再次进攻，孙夏于十一月败走，汉军追至西鄂（今南阳北40公里），斩杀孙夏及1万多人，其余黄巾军逃散。至此，南阳黄巾军也宣告失败。

在北方，冀州的黄巾军由张角兄弟直接统帅，有20多万人马，战斗实力最强。汉军卢植数战张角，斩杀1万多人，张角撤到广宗（今河北广宗）。卢植围城，挖掘壕沟，制造云梯，不日即可攻下城池。时值汉灵帝派左丰视察军情，有人劝卢植贿赂左丰，但卢植不肯，左丰便向灵帝诬告卢植作战不力。灵帝大怒，用囚车将卢植押回京城洛阳。

十月，朝廷命皇甫嵩北上冀州，而以董卓代替卢植。董卓与张角大战于曲阳（今河北晋州），被黄巾军击败。董卓因战败而获罪。正当此时，"天公将军"张角因病而不幸逝世。于是，黄巾军"人公将军"张梁便领兵与皇甫嵩大战于广宗，初战大胜，大大鼓舞了士气。老谋深算的皇甫嵩见一时难以取胜，便采取闭营休整的策略，以窥视黄巾军的动静，伺机进攻。表面上

黄巾起义（源自《中国战争史地图集》）

看，战事一时处于胶着状态，黄巾军便逐步放松了警惕。皇甫嵩看到时机成熟，便命令部众乘夜进兵，在天亮前的鸡鸣时分突然出现在黄巾军面前。黄巾军正在熟睡之中，突然遭到袭击，仓促应战，虽然顽强反击，终因被动，最后战败，张梁战死，被杀万余人，溃散、渡河失水阵亡者5万多人。皇甫嵩战胜，竟然将张角破棺戮尸，首级运回京师洛阳。十一月，皇甫嵩与巨鹿太守郭典攻克曲阳，俘虏10多万人，张宝战死。冀州黄巾军至此失败。

黄巾军主力经过9个多月的激烈战斗而先后失败。东汉朝廷进行了血腥的报复，"州郡所诛，一郡数千人"。但是，分散在全国各地的起义群众仍然不断举起义旗，继续反抗斗争。

中平五年（188），黄巾余党再次发动起义。二月，郭泰等于西河白波谷起事，攻略太原郡、河东郡等地。四月，汝南郡葛陂黄巾军再起，攻没郡县。十月，青州、徐州黄巾又起，攻略郡县。

为了有效镇压民众起义，于中平五年（188）三月，汉灵帝接受太常刘焉的建议，将部分刺史改为州牧，由宗室或重臣担任，赋予地方军政大权，以便加强地方政权的实力，有效进剿黄巾残余势力。同时，也正因为汉灵帝下放了权力，助长了地方军拥兵自重，导致群雄互相攻击，逐鹿中原。所以黄巾起义是促使东汉灭亡的导火线，也拉开了三国时代的序幕。

综观黄巾农民起义战争的成功经验，主要表现在：第一，提出了明确的斗争目标，即消灭东汉政权，建立自己的统治，这对号召和团结人民参加起义起到了重要的作用。第二，利用宗教形式进行起义的宣传和组织工作，麻痹了官府，积蓄了力量，为举行起义做好了比较充分的准备。第三，起义计划制定得比较周密、具体。所谓"内外俱起""八州并发"就反映了这一特点。尽管后来由于叛徒的告密，使这一起义计划的实施遇到很大的困难，但经张角果断处置，起义计划基本上还是得到了落实，从而给东汉王朝沉重的打击。第四，斗志坚决，宁死不屈，敢于攻坚，勇于牺牲，以此向天下昭示了起义将士的斗争精神和高尚气节。

黄巾起义失败的教训同样是非常深刻的：（一）没有远大的战略眼光，因此提不出更具体的策略方针。（二）没有建立后方基地和有组织的战斗部队，因此部队保障受到限制，战斗行动受到掣肘。（三）缺乏统一的指

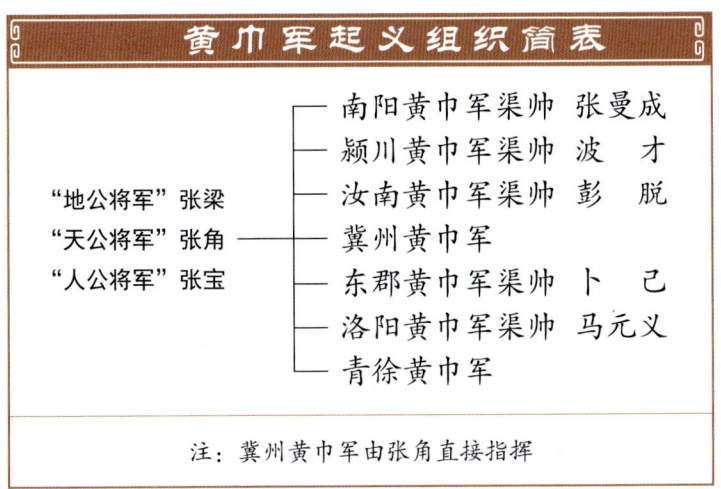

挥和互相配合,各自为战,因此造成战区上的孤立、分割态势,以致为占优势的敌军所各个击破。(四)不懂得在敌强我弱形势下采取运动战、游击战等机动作战形式的重要性,因此热衷于城池的攻守,将起义军主力胶着于一地,同敌人打硬仗、拼消耗,直至耗尽自己战斗力而被击败。所有这些,都是起义军在战略上和作战指导方面的严重失策,也是直接导致这场轰轰烈烈的农民革命战争失败的主要原因。

黄巾起义和在它影响下的各地起义,先后持续了20多年。由于起义农民本身的弱点,起义被残酷镇压,但在农民起义的打击下,腐朽的东汉王朝已分崩离析。

董卓纵兵焚洛阳

董卓，字仲颖，东汉末年陇西临洮(今甘肃岷县)人，本为凉州豪强，因其人"粗猛有谋""膂力过人"，屡立战功，官居并州刺史，是雄踞西北的一个实力派人物。东汉朝廷多次征召他到都城洛阳做官，他都以种种借口推辞掉，为的是手握重兵，以观时变，伺机割据称雄。

东汉中平五年(188)，朝廷内发生的一场宦官与外戚争权夺利的宫廷政变给董卓提供了可乘之机。

当年，为了对付黄巾军及其他农民起义军，东汉朝廷设置了"西园八校尉"，以宦官蹇硕为上军校尉，直接凌驾于外戚、大将军何进之上。中平六年(189)，汉灵帝死，死前因对何皇后所生皇子刘辩不满意，遗诏蹇硕立王贵人所生皇子、陈留王刘协。蹇硕欲清除何氏家族势力、立皇子刘协，结果谋不得逞。皇子刘辩即位，国号光熹，何太后临朝，大将军何进秉政。为了实现汉灵帝的遗诏，蹇硕与中常侍赵忠等人密谋杀何进，因机密泄露反而被何进所杀。当时同为"西园八校尉"的袁绍劝何进尽诛宦官，以绝后患。何进依计向何太后请示，被何太后拒绝。何进无计可施之时，袁绍又给何进出了一个引狼入室的馊主意：召并州刺史董卓等人带兵进京，以武力胁迫何太后。忠于何太后的宦官张让、段珪等得到消息，为了主子，狗急跳墙，趁董卓未到，就密谋杀了何进。宦官杀了大将军，这还了得？何进的部属疯狂报复，尽诛大小宦官2000余人，洛阳城内一时血雨腥风。为了活命，张让、段珪等挟持少帝刘辩与陈留王刘协逃出洛

董卓

阳，在郊区的北邙山被赶上，张让等人被迫投河自尽，只剩下刘辩与刘协兄弟两个人。第二天，董卓带兵赶到，才奉迎他们入城还宫。

董卓初入洛阳，兵不满三千。入城之后，他收编了何进及其弟何苗所统领的军队，又派亲

汉后少帝被杀（出自连环画《三国演义》）

信吕布杀京城卫戍官(执金吾)丁原。董卓兵权在握，就恣意妄为，胁迫何太后，废少帝刘辩为弘农王，立陈留王刘协为帝，是为汉献帝，国号永汉（次年改年号为初平）。后来，又派人鸩杀少帝刘辩，逼死何太后，自为太尉，封郿侯，"赞拜不名，剑履上殿"。

当时，洛阳经济繁荣，工商业发达，家家殷实。董卓带部队一开进洛阳城，就纵容士兵大肆掳掠，烧杀奸淫，滥施刑罚，睚眦必报，使得百姓人人自危。为了敛财，他借安葬何太后之机，掘开汉灵帝陵墓，把墓中陪葬的珍宝悉数据为私有。他还废除五铢钱，改铸小钱，一时钱贱物贵，谷价飞涨。

董卓的倒行逆施，激起了众愤。初平元年(190)正月，后将军袁术、冀州牧韩馥、豫州刺史孔伷、兖州刺史刘岱、河内太守王匡、渤海太守袁绍等同时起兵，众各数万，组成关东联军，推举袁绍为盟主，举兵讨伐董卓。董卓慑于各路诸侯的兵威，于初平元年(190)二月，自己统兵留屯洛阳，而胁迫汉献帝及洛阳数百万人口西迁长安。董卓军队像押送犯人一样，夹驰道旁，奔腾鞭策，由于饥饿、疾病与马蹄践踏，一路上百姓死亡相继，以致长安与洛阳之间"积尸盈路"。为防止老百姓逃回，董卓下令纵火焚烧洛阳城，一时间，火蛇蔓延，宫庙、官府、民房顿成一片瓦砾焦土，"二百里内无复孑遗"，不闻鸡犬之声。不仅如此，董卓为了攫取金银财宝，派兵遍行捉拿洛阳富豪，加以乱臣逆子的罪名，尽行杀戮，没收全部家产。更有甚者，他还指示吕布发掘诸帝陵及后妃、公卿墓室，抢劫其中珍宝。他把搜刮来的珍宝玩物装载了千余车，一路运抵长安郿坞。据说，在这座别称"万岁坞"的高级别墅内，珍藏有"金二三万斤，银八九万斤"，各种高级丝绸衣料、珍宝

东汉铜兵马俑

奇玩堆积如山丘,粮食储备足够吃上30年,这些都是董卓洗劫洛阳的"战利品"。

董卓纵兵焚洛阳,是洛阳历史上最黑暗的一页。洛阳这座自周公营建洛邑以来历经千年的壮丽都城毁于一旦,是洛阳城市发展史上最惨重的一次大破坏。直到6年之后的建安元年(196)七月,汉献帝重返洛阳时,洛阳仍是破败不堪,宫室烧尽,居无定所,只得在断壁残垣间栖身。百官饥饿,少粮乏食,只好自己到野外挖野菜,聊以充饥,有的甚至活活饿死。那些怀有珠宝的高官,也被士兵抢劫后杀死灭口。"白骨露于野,千里无鸡鸣",是一代枭雄曹操对董卓之乱的真实记录,见证了当时董卓践踏破坏洛阳的暴行。

关东联军讨伐董卓

董卓在洛阳鸩杀汉少帝,逼死何太后,纵兵焚皇都,盗掘帝陵及后妃、公卿墓室,杀害富豪没收财产等一系列倒行逆施,引起众多诸侯的愤怒和不满。公元190年初,后将军袁术、冀州牧韩馥、豫州刺史孔伷、兖州刺史刘岱、河内太守王匡、渤海太守袁绍等同时起兵,组成关东联军,推举袁绍为盟主,共同讨伐董卓。

在讨伐董卓之战中,后将军袁术为报董卓灭其家族之仇,首先派遣大将、长沙太守孙坚率兵进攻洛阳。河内太守王匡屯兵于河阳津(今河南孟津),也准备进攻洛阳。但两路讨伐大军均出师不利,相继战败。

翌年(191)二月,孙坚又重整旗鼓,进剿洛阳,与董卓部将胡轸、吕布大战于阳人聚(今河南登封),破吕布,斩其骁将华雄,大获全胜,屯兵洛阳北45公里的大谷口(今河南偃师)。之后,乘胜一鼓作气攻下洛阳,董卓战败出逃。孙坚进入洛阳城,立即派兵扑灭宫中余火,扫除宫殿瓦砾,修葺诸帝陵寝,得到文有"受命于天,既寿永昌"字样的汉代传国玉玺。同时,举兵西进,出汉函谷关,至新安、渑池间,一路追击董卓大军。董卓见大势已去,在败退途中,一面部署防御,一面让朝廷派人持节拜自己为太师,位在诸王之上,然后仓皇逃归长安。

然而,关东联军在兵锋正盛、胜利在望之时却发生了内讧,丧失了讨伐董卓的机会,进而形成了群雄逐鹿、分裂割据的混乱局面。

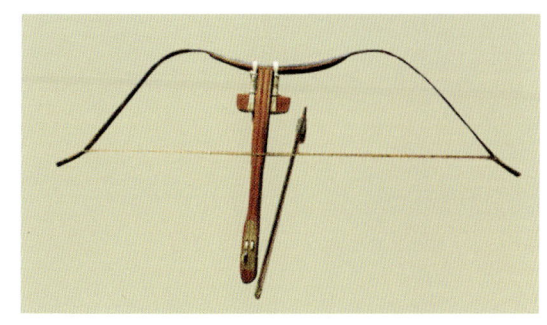

东汉蹶张弩(复制品)

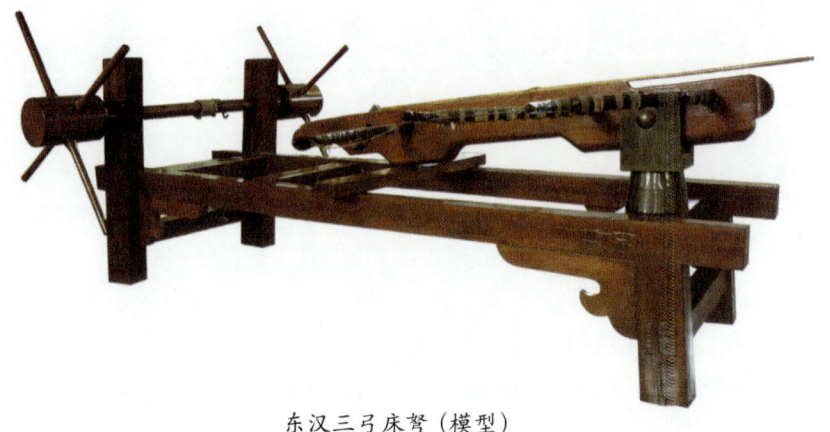

东汉三弓床弩（模型）

初平三年(192)四月，司徒王允挑拨董卓最亲信的部将吕布，想利用他杀掉董卓。此时的吕布对董卓多年来一直对自己态度粗暴而心中不满，并且他跟董卓的一个婢女有染，天天都担心被董卓发现，所以在王允的多次劝说下就答应了。恰逢汉献帝刘协的一场大病初愈，百官庆贺，王允就利用这个机会，给吕布准备了一些宫廷侍卫的服装，吕布让骑都尉李肃等十几名心腹穿上，事先埋伏在宫殿侧门两边，而吕布也像往常一样作为董卓的"侍卫"进宫。当董卓刚刚出现在宫门外，李肃等人突然出来对董卓发起袭击。董卓急呼吕布，吕布果然立即到来，只是手里多了份圣旨，上来就大呼"奉旨杀贼"！董卓还没明白过来，就已经死于吕布的方天画戟之下。之后，董卓三族皆被诛杀。

魏晋南北朝时期洛阳战争

高平陵事变

公元220年,曹丕篡汉称帝,国号"魏",史称曹魏,东汉王朝退出历史舞台。接着,蜀汉、东吴相继建国,中国历史进入了魏、蜀、吴争雄的三国时代。

正始十年(249),司马懿趁曹爽陪曹芳离洛阳至高平陵(魏明帝陵墓,位于今洛阳市汝阳县大安乡茹店村)扫墓之机,起兵政变并控制京都洛阳。自此曹魏军政大权落入司马氏手中,史称"高平陵事变"。

事情的起因,还得从魏明帝曹叡说起。曹叡幼年聪慧,"好学多识",深受祖父曹操宠爱,在曹丕逝世后继承皇位,是为魏明帝。但是,他继承皇位后,一反曹操崇尚节俭的作风,逐渐走上奢侈腐化的道路,"大治洛阳宫,百姓失农时"。皇宫人数众多,宫廷消费几乎与军费相当。他在洛阳和许昌大肆修建宫殿,并为此大批征调农民为劳役,每年大约有360万人。在荥阳附近设千里牧场,肆意践踏庄稼,周围农民深受其害。结果,"农桑失业",人民负担加重,甚至连官吏的俸禄也为之降低。阶级矛盾加深的同时,宫廷内斗也日益激烈。明帝无知人之明,重用刘放和孙资,使他们在宫廷内外权倾一时,形成帮派体系。明帝临终时,鉴于太子曹芳年幼,把大权交给了腐朽无能的曹爽和野心勃勃、老谋深算的司马懿,为曹魏政权的大权旁

曹丕废帝代汉(出自《绣像全图三国演义》)

落埋下了隐患。

曹爽，是已故大司马曹真的儿子。小时候与曹叡关系密切，深受其爱。曹叡继承皇位后，对他"宠待有加"，职务步步高升，官至武卫将军。当曹叡病重之时，还召曹爽进入内卧室，拜为大将军，都督中外诸军事，录尚书事。

司马懿，温县人，"少有奇节，聪朗多大略，博学洽闻"。20岁时，郡举为上计掾。曹操听说他有才干，就专门提拔他做官。后来，曹操当了东汉朝廷丞相，又提拔他当了文学掾，继而转至相府主簿。公元217年，东汉天子册封曹操为魏王，曹操任司马懿为魏王太子曹丕的中庶子，跟随曹氏父子出谋划策，屡建功劳，深受曹丕的信任和器重。曹操死，曹丕继位为魏王、汉丞相，而司马懿为丞相长史。曹丕受汉禅位，东汉灭亡，建立曹魏政权，司马懿功不可没，其地位日益显赫，官至抚军将军、录尚书事。曹丕死，司马懿与曹爽、陈群、曹休受遗诏，共同辅佐魏明帝曹叡。明帝病重时，司马懿在汲县（今河南新乡东北），明帝亲书下诏召其回京城洛阳，拉着他的手将自己后事及儿子曹芳托付与他。司马懿感动得落泪下跪致谢。

魏明帝曹叡于景初三年（239）逝世，遗诏由年仅8岁的皇太子曹芳继位，并由大将军曹爽和太尉司马懿辅政。曹爽和司马懿各领兵3000人轮番值守殿内，保护朝廷和曹芳的安全。大丧事毕，曹爽与司马懿共同辅政。起初，曹爽碍于司马懿的资历和职位，不敢独断专行，凡事皆向司马懿请示汇报，因此双方的关系还处得不错，没有产生大的矛盾。后来，曹爽重用何晏、邓飏、李胜、毕轨、丁谧等人，作为心腹，提拔官职，开始排斥司马懿。为了夺取朝廷大权，曹爽与丁谧等人商议，用明升暗降的办法，奏明天子，下诏晋升司马懿为太傅而夺去了他的实权。之后，曹爽又任命其弟曹羲和曹训为中领军及武卫将军，曹爽集团于是完全掌握宫中禁军。从此曹爽和何晏等心腹控制了朝廷的运作，权倾朝野，而同为辅政大臣的司马懿则被架空。为此，双方产生矛盾并开始激化。

司马懿无法参与政令决策，为了等待时机，积聚反击力量，于正始八年（247）借口生病辞职以回避曹爽。次年，李胜到荆州上任刺史，行前受曹爽委托向司马懿辞行，意在了解司马懿的情况。司马懿便故意在李胜面前装出重病的样子,以人搀扶,双手颤抖,衣服掉落在地上,让人喂着吃饭,说话口齿不清。曹爽得报后,对司马懿的防备更为松懈。

而实际上,司马懿正于此时与儿子司马师(当时为中护军)、司马昭以及太尉蒋济等人暗中准备发动政变。他们私自组织了敢死队3000多人,进行军事训练,作为发动政变时的中坚力量。同时,曹爽集团的所作所为也引起朝廷中的诸多不满,四处传播曹爽一伙的劣迹,谤书、谣言纷纷出现,攻击矛头直指曹爽等人,甚至老资格的鸿儒也公开予以批评。这时,许多有识之士都已觉察到政变随时可能发生。

正始十年(249)正月初六,少帝曹芳出宫拜谒位于洛阳南郊的魏明帝高平陵,曹爽兄弟及其亲信们皆随同前往。过去,曹爽兄弟多次一起出城游玩,其同乡、大司徒桓范曾规劝过他:"总理万机和统率禁军的人,不应一起出游。倘若有人关闭城门,谁来接应你们进城呢?"但曹爽不以为然,并自信地说:"谁敢这样做!"结果,这次不幸而被桓范言中。

司马懿得知少帝到魏明帝高平陵扫墓,曹爽兄弟及其亲信们皆随同前往,觉得时机已到,立即行动,以迅雷不及掩耳之势发动政变。他即刻到省中,令司徒高柔先发制人,占领曹爽军营;又令太仆王观占据曹羲军营。然后带领一些旧官老臣进入后宫,奏明皇太后,历数曹爽等人祸国殃民的累累罪行,要求罢黜曹爽等人。郭太后在其威逼之下,不得不依从。于是,司马懿便以皇太后的名义,下令关闭了各个城门,亲自率兵占据了武库,并派兵出城据守洛水浮桥,切断了洛阳与高平陵之间的交通。然后,他上书向曹芳禀奏曹爽的罪恶说:"我过去从辽东回来时,先帝诏令陛下、秦王和我到御床跟前,拉着我的手臂,深为后事忧虑。我说道:'太祖、高祖也曾把后事嘱托给

司马懿诈病(出自《增像全图三国演义》)

我，这是陛下您亲眼见到的，没有什么可忧虑烦恼的。万一发生什么不如意的事，我当誓死执行您的诏令。'如今大将军曹爽，背弃先帝的遗命，败坏扰乱国家的制度；在朝廷则超越本分自比君主，在外部则专横跋扈独揽大权；破坏各个军营的编制，完全把持了禁卫部队；各种重要官职，都安置他的亲信担任；皇宫的值宿卫士，也都换上了他自己的亲信；这些人相互勾结盘踞在一起，恣意妄为日甚一日。曹爽又派宦官张当担任都监，侦察陛下的情况，挑拨离间陛下和太后二宫的关系，伤害骨肉之情。天下动荡不安，人人心怀畏惧。这种形势下，陛下也只是暂时寄居天子之位，岂能长治久安。这绝不是先帝诏令陛下和我到御床前谈话的本意。我虽老朽不堪，怎敢忘记以前说的话？太尉蒋济等人也都认为曹爽有篡夺君位之心。他们兄弟不宜再掌管部队担任皇家侍卫。我把这些意见上奏皇太后，皇太后命令我按照奏章所言施行。我已擅自作主告诫主管人及黄门令说：'免去曹爽、曹羲、曹训的官职兵权，以侯爵的身份退职归家，不得逗留而延滞陛下车驾，如敢于延滞车驾，就以军法处置。'我还擅自作主勉力支撑病体率兵驻扎在洛水浮桥，侦察非常情况。"

可是，曹爽在接到司马懿的奏章后，却不敢也没有通报曹芳。但惶急窘迫的曹爽也不知所措，于是就把曹芳的车驾留宿于伊水之南，伐木构筑了防卫工事，并调遣了数千名屯田兵士为护卫。

司马懿派遣许允和尚、陈泰去劝说曹爽，告诉他应该尽早归降认罪；又派曹爽所信任的殿中校尉尹大目去告诉曹爽，只是免去他的官职而已，表明"只因兵权之事，别无他意"，甚至还"指洛水为誓"，表示决不食言。

当初，曹爽因桓范是他同乡年长的故旧，所以在九卿之中对桓范特别加以礼遇，但关系并不太亲近。司马懿起兵时，以太后的名义下令，想要让桓范担任中领军之职。桓范打算接受任命，但他的儿子劝阻他说："皇帝的车驾在外，您不如出南门去投奔。"于是桓范就骑马出城。走到平昌城门时，城门已经关闭。守门将领司蕃是桓范过去提拔的官吏，桓范把手中的版牒向他一亮，谎称说："有诏书召我前往，请你快点开门。"司蕃想要亲眼看看诏书，桓范大声呵斥说："你难道不是我过去手下的官吏吗？怎敢如此对我？"司蕃只好打开城门。桓范出城以后，回过头来对司蕃说："太傅图谋叛逆，你还是跟我走吧！"司蕃步行追赶不及，只好在道旁躲避。司马懿得知桓范出城后对蒋济说："曹爽的智囊去了！"蒋济说："桓范是很有智谋的，但曹爽就像劣马贪恋马房的草料一样，因顾恋他的家室而不能作长远打算，所以必然不能采纳桓范的计谋。"果然，桓范出城之后，劝说曹爽兄弟把天子挟持到许昌，然后调集四方兵力辅助。曹爽仍犹豫不决，桓范就对曹羲说："这件事明摆着只能如此办理，真不知你读书是干什么用的！在今天的形势下，像你们这样门第的人想要求得贫贱平安的日子还可能吗？而且普通百姓有一人被劫作人质，人们尚且希望他能存活，何况你们与天子在一起，挟天子以令天下，谁敢不从。"但曹氏兄弟都默然不语。桓范又对曹爽说："你的中领军别营近在城南，洛阳典农的治所也在城外，你可随意召唤调遣他们。如今到许昌去，不过两天两夜的路程，许昌的武器库，也足以武装军队，我们所忧虑的当是粮食问题，但大司农的印章在我身上，可以签发征调。"然而曹羲兄弟却仍然默然不动。从初夜一直坐到五更时，曹爽把刀扔在地上说："即使投降，我仍然不失为富贵人家！"桓范悲痛地哭泣道："曹子丹这样有才能的人，却生下你们这群如猪如牛的兄弟！没想到今日受你们的连累要灭族了。"

于是曹爽向魏帝曹芳通报了司马懿上奏的事，让魏帝下诏书免除自己的官职，并侍奉曹芳回宫。曹爽兄弟回家以后，司马懿派洛阳的兵士包围了曹府并日夜看守，在府宅的四角搭起了高楼，派人在楼上监视曹爽兄弟的举动。曹爽若是带着弹弓到后园去，楼上的人就高声叫喊："故大将军向东南去了。"弄得曹爽愁闷不已，不知如何是好。曹羲见状对曹爽说，今家中缺粮，兄可修书信一封，向太傅借粮，他若肯以粮借我，必无害我之心。司马懿看到书信，遂派人运送粮食百斛到曹爽府内。曹爽见粮，乃大喜，说："司马公本无害我之心也！"遂不以为忧。

但是，曹爽哪里知道，司马懿一刻也没有放松对曹爽的防备和追究。有人报告："宦官张当私自把选择的才人送给曹爽，怀疑他们之间有奸谋。"于是逮捕了张当，交廷尉讯问查实。张当交代说："曹爽与尚书何晏、邓飏、丁谧，司隶校尉毕轨，荆州刺史李胜等人阴谋反叛，等到三月中旬起事。"于是把曹爽、曹羲、曹训、何晏、邓飏、丁谧、毕轨、李胜以及桓范等人都逮捕入狱，以大逆不道罪劾奏朝廷，并与张当一起都被诛灭三族。至此，司马懿政变成功。

高平陵事变给曹魏政权带来了巨大影响。以司马懿为首的士族清除了以曹爽为首的曹氏宗室在朝中的势力，所牵连者达5000余人。4个月后，魏帝改元嘉平。司马懿除任用名士、能人外，亦提拔亲信、心腹之人。王淩和令狐愚因为高平陵事件，认为魏帝曹芳年幼平庸而司马懿独揽大权，于是在两年后发动兵变企图推翻曹芳和司马懿，另立年纪较长的曹彪（曹操儿子）为帝，即"淮南三叛"。驻守雍州的征蜀护军夏侯霸因与曹爽有亲戚关系，同时身为征西将军的侄儿夏侯玄被征召入洛阳，于是害怕会遭司马氏暗算；同时与自己不和的郭淮又出任征西将军，也令他十分不安，因而逃入蜀汉。

司马懿因为这次事变，消除了由曹爽领导的曹氏宗室在朝中的势力，曹氏宗室力量日渐薄弱，司马氏得以完全掌握了权力，控制了曹魏朝政，逐步消灭支持曹氏的势力，向篡夺曹魏政权的目标前进，为日后司马炎代魏立晋奠定了根基。

司马氏篡魏

司马氏为了篡夺魏国的权力，进行了三代人的不懈努力。第一代为司马懿，第二代为司马懿的两个儿子司马师和司马昭，第三代为司马昭的儿子司马炎。

司马氏是士族世家。河内（今河南武陟）人司马防，有子8人，当时号称"八达"。司马防本人历任洛阳令和京兆尹，曾推荐年轻时的曹操为洛阳北都尉。司马氏的首领司马懿是司马防的第二子。

司马氏从司马懿开始进入权力中心。东汉建安十三年（208），曹魏政权的缔造者、汉丞相曹操以29岁的司马懿为文学掾，使其开始了在曹魏阵营的生涯。之后，司马懿便跟随曹操左右，在取得曹操信任的同时而一路高升。公元220年一月，曹操病死，其子曹丕继位为魏王。同年十月，曹丕代汉称帝，东汉王朝寿终正寝，历史进入三国时代。

曹魏政权建立后，司马懿为尚书，不久转督军、御史中丞，封安国乡侯，最高升到抚军大将军。曹丕临终时，司马懿受曹丕遗诏辅政，正式进入曹魏权力核心，辅佐曹叡。等到曹叡临终时，令时年60岁的司马懿和曹爽共同辅佐曹芳。司马懿官都督中外诸军，正式掌有兵权。景初三年（239）曹芳即位，曹爽排斥司马懿，在政治上发动正始改革，司马懿被逼沉寂政坛数年。正始十年（249），司马懿见曹爽以为年届70岁的他无力反扑，遂发动高平陵事变，夺得军政两权。由于曹芳年龄尚幼，根本无法执政，所以是司马懿控制魏国的实权。同时，司马懿之子司马师、司马昭同领国事，从而奠定了司马氏篡夺魏国政权的政治基础。但

司马师

是，司马氏与曹氏家族势力之间的明争暗斗并没有结束。

公元251年，太尉王凌与兖州刺史令狐愚为了削弱司马懿权力，便在寿春（今安徽寿县）密谋废立，迎曹操之子曹彪登帝位，是为史上"寿春三叛"之一。但是阴谋泄漏，司马懿便诛灭王凌、令狐愚三族，并赐死57岁的曹彪。

同年，司马懿病死，其长子司马师成为抚军大将军，执掌魏国军政大权，与其弟司马昭一起加快了篡夺魏国政权的进程。他

司马炎

们也都是颇有才干的权臣，精明强悍，善于玩弄权术。一方面，他们用高官厚禄笼络那些有权有势的士族官僚和统兵将领，赐以种种政治经济利益，以便为己所用；另一方面，他们针对曹氏政权的腐朽统治，下令减免繁重的徭役和各种苛捐杂税，减轻刑罚，以取悦于百姓。这些措施的实行，不仅使政局稳定，"朝野肃然"，而且有利于取得上层人士的支持和广大军民的拥护，从而进一步巩固和发展了司马氏的势力，孤立了曹氏集团。

公元253年五月，吴国孙亮的太傅诸葛恪带大军攻打合肥新城，司马师用深沟高垒、以逸待劳的方法抵抗诸葛恪，成功击退吴军。此战，有助于提高司马师的声望，但同时也引起曹氏集团的猜忌，加深了司马氏与曹氏集团的矛盾。

同时，司马兄弟还积极部署剪除曹氏集团，镇压他们的反抗。

公元254年，司马师杀死曹氏集团的骨干中书令李丰、太常夏侯玄、光禄大夫张缉等人，击破了魏帝曹芳密谋废除司马师的计划。当初，李丰与曹爽和司马懿的关系都一般，所以在高平陵事变中没有受到牵连。司马师掌管魏国军政大权后，任用李丰为中书令。然而，魏帝曹芳经常单独召见李丰，不知道说些什么。司马师怀疑，便拿李丰是问。李丰不肯说出实情，司马师一怒之下便杀了李丰。接着，司马师下令捉拿李丰的儿子李韬及夏侯玄、张缉，经审问得知，李丰等人意图在皇帝选嫔妃之时，逼迫魏帝谋杀司

马师，若不能得手就劫持魏帝出走。司马师得知实情，便诛灭了李韬、夏侯玄、张缉等人三族。这一事件进一步加剧了司马氏与曹氏集团的矛盾。魏帝曹芳对此十分不安。

当年九月，司马昭远征蜀汉姜维回来复命，此时曹芳正在平乐（今洛阳平乐）检阅大军，身边的人劝曹芳乘司马昭拜辞时将他杀掉，然后再率领面前的这支军队去攻打司马师。但是，曹芳惧怕司马氏的力量强大，没有接受这个建议而白白丧失良机。可能是事不机密，司马昭率兵入城与司马师会合。司马师借太后之名召开殿前会议，发动政变。他当着朝廷文武百官的面，指责魏帝曹芳"少帝荒淫"等等，威逼群臣上奏太后，废除了曹芳的帝位，立东海王曹霖之子、14岁的曹髦为帝，改年号为正元。

正元二年（255）春，毌丘俭、文钦等拥护曹氏集团的将领在寿春假借太后的名义，发布诏令讨伐司马师，上表朝廷要求解除司马师职务，由其弟司马昭接替。并率领军队渡过淮河，向西进抵项城，由毌丘俭坚守城池，而文钦则率领部队四处袭击司马师的部队。此为史上"寿春三叛"之二。

司马师得知后，带病东征，率领东、南、北三方面军会师于陈（今河南淮阳）、许（昌）一带。最后，由于叛军不得人心，加之内部不团结，甚至互相残杀，被司马师镇压下去。其间，由于文钦之子文鸯带兵袭营，司马师惊吓过度，加上本来眼睛上就有瘤疾，经常流脓，致使眼珠震出眼眶，最后痛死于许昌。临终前，司马师对前来探望的司马昭交代，要他代替自己总领内外各军，控制朝廷大权。司马师死后，魏帝接受了这一事实，下诏任命司马昭为大将军，录尚书事，次年又加封为大都督、高都公。由此，司马昭掌握了魏国的大权。

征东大将军诸葛诞与夏侯玄是好朋友，夏侯玄等人被杀，他甚感不安。王凌、毌丘俭相继被攻灭后使他更感到危险。为了防止司马昭突然袭击，诸葛诞也在积极做着对抗的准备。他采取措施收揽人心，把府库内的财物分给普通老百姓和供给困难的军队，并打开监狱释放罪犯，以换取他们的支持。他还专门从扬州等地募集了数千名游侠，给以优厚待遇，以便在关键时刻充当敢死队，为自己拼死卖命。另外，他又借口防止吴国对寿春的侵犯，请求朝廷调发10万大军留守，并在淮河沿岸修筑城防工事。他的这些行动引起了司马昭的猜疑，派出大将军府长史贾充以慰问的名义前来观察动静。贾充试探着问："洛阳的士大夫们都希望魏帝能禅位于高都公（司马昭），你的意见呢？" 诸葛诞厉声斥责道："你贾家世代受魏帝恩德，怎么能主张把魏国天下让于别人呢？如果洛阳发生事变，我宁肯死去！" 贾充回洛阳后如实报告，并建议将诸葛诞召回洛阳再作处置。于是，司马昭便假借任命诸葛诞为司空之名，命其立即回到洛阳。诸葛诞接到诏书，便知道司马昭要对自己动手了。惊恐之余，他立即杀掉扬州刺史乐綝，调集淮南、淮北各地屯田士兵10余万人，又从新归附他的农民中征集士兵四五万人，公开与司马昭为敌。此为史上"寿春三叛"之三。

公元257年六月，司马昭偕同曹魏皇帝曹髦一起平定征东大将军诸葛诞的叛乱。司马昭奉魏帝之命，率领各路大军26万人围攻寿春城。双方长期相持，久攻不下。后来，司马昭使用反间计，挑拨诸葛诞内部矛盾，诱使寿春城内一些守军出城投降。次年二月，司马昭下令攻城，一攻而克。诸葛诞率领帐下突围，被魏军堵截捉拿，后斩杀于阵前，并诛灭三族。如此，司马昭又一次以武力平息了以诸葛诞为首的曹氏集团反对司马氏篡魏的斗争。当年五月，魏帝晋升司马昭为晋公和相国，但司马昭不受（此事可能本来就是司马昭导演的双簧戏，向世人表明司马昭的高风亮节，以提升威望）。至此，司马昭消灭了一切与之对抗的曹氏势力。

公元260年，魏帝曹髦眼见自己的威望和权势越来越下降，一天不如一天，非常愤恨，便力图挣扎，欲反戈一击，寻找机会铲除司马氏。当年五月，他召集心腹大臣侍中王沈、尚书王经、散骑常侍王业，对他们说："司马昭之心，路人皆知，我不能坐等遭受废黜之辱，你们今天要同卿家一起出动讨伐他。"他说完便立

曹髦被杀（出自《增像全图三国演义》）

即从怀中取出事先写好的诏书，投掷到地上说："我已经决定了，大不了就是一死，即便是死了又有什么可怕的，何况还不一定会死呢！"于是，他又进宫告知太后。王沈、王经和王业多次劝其作罢，终于无效。王沈和王业一看大事不好，唯恐自己受牵连，急忙奔出宫殿，前往司马昭府告密。这时，魏帝不顾一切地拔剑登车，率领宫中卫士、奴仆及侍从等人，大声呼叫着冲出宫门，在东至门前与屯骑校尉、司马昭的兄弟司马伷相遇。魏帝侍从大声责骂司马伷。司马伷突然遇到此种情况，一时大惊失色，其部众也不知所措，看见皇帝在场谁也不敢动手，便如惊弓之鸟四处逃散。正在此时，中护军贾充领兵从殿外进来，挡住了去路，同魏帝一行人战于宫门南阙下。魏帝亲自挥剑冲杀在前，奋力拼搏。将士们见皇帝杀奔过来，无人敢出面抵挡，个个呆若木鸡，纷纷向后撤退。骑都尉倅的兄弟太子舍人成济，面对如此境况，也拿不定主意，急问贾充："情况紧急，怎么办？"贾充呵斥道："司马公平时厚待你们，正是为了今天。今天的事，还用问吗？"成济这才醒悟过来，立即操起长矛向魏帝刺去，魏帝曹髦当即便被刺死于车下。

司马昭听说皇帝被刺身亡，假惺惺地表示惊讶和恐慌，立即进入殿中，召集群臣商讨安定对策。最后，尚书左仆射陈泰建议："唯一的办法是把贾充处斩，才能使人们的气愤稍稍平息。"司马昭舍不得处死对他有功的贾充，可不作处置又不能平息事端，无奈之下便下令将毫无过错的王经处死，让他作了替罪羊。王经死前，母亲前来探监，王经对母亲谢罪，可是他的母亲面不改色，劝慰说："人生自古谁不死，只是担心死得不得其所。为了正义与忠诚我即便与你同死，还有什么遗恨！"等到王经被杀的那天，王经的老部下向雄为王经痛哭，悲哀之情感动了洛阳大街上看行刑的众多之人，人们向王经投去了敬重的目光。王经被杀后，太后在司马昭的挟持下，宣布曹髦的罪状，并下令将其"废为庶人，葬以民礼"。王沈因告发有功，被封为安平侯。五月初九，各位公侯向郭太后上奏，请郭太后从即日起，所下达的书面命令都称为诏书或制书，享受皇帝的待遇。司马昭又派儿子司马炎（任中护军）到邺城（今河北临漳）去迎接燕王曹宇的儿子曹璜（封常道乡公），作为魏明帝的后人继承皇位。后来，司马昭罗织罪名诛杀了成济一族。六月，太后下诏，命常道乡公曹璜改名为曹奂，即位为皇帝，是为曹魏元帝。至此，国内政治势力基本上对司马氏表示效忠。

公元263年，司马昭决定向蜀汉发动战争，派遣钟会、邓艾、诸葛绪等分东、中、西三路进攻。蜀汉则以姜维为首组织抵抗军，据剑阁天险与魏军相持，魏军不能推进。邓艾遂率精兵偷渡阴平攻占涪城，进逼成都。蜀汉后主刘禅出降。姜维闻讯后带部投降钟会，蜀汉灭亡，由此开始了三国时代统一的序幕。同年十月，太后诏命司马昭为相国，诏书内容与此前司马昭拒绝接受的诏书内容完全一模一样，而此次司马昭完全接受。次年三月，又加封司马昭为晋王。至此，司马昭掌握了魏国的一切权力，魏帝曹奂已完全成了傀儡皇帝，司马氏篡夺魏国的时机已完全成熟。

咸熙元年（264）五月，司马昭逼曹奂下诏，追命司马懿为晋宣王、司马师为晋景王，为司马氏最终篡夺权力制造舆论。当年八月，司马昭又使魏帝下诏，命司马昭之子司马炎为副国相，继而又任命为抚军大将军。当年十月，又立司马炎为世子，步步紧逼，加快了改朝换代的步伐。

咸熙二年（265）五月，司马昭又逼魏帝下诏，加赐司马昭礼遇，准许其使用皇帝使用的旌旗、车马、冕服等全套礼仪用具，进出阵仗与皇帝完全一样。进称王妃为王后，世子为太子。如此，一切准备就绪，只等向全国宣布。然而，在司马昭即将登上皇帝之位时，却于这年八月病故，太子司马炎继位为相国、晋王。十二月，在司马炎的威逼下，魏帝曹奂被迫禅位于晋王，居住到洛阳西北的小城金墉城内，过着惨淡的日子。晋王司马炎即位为皇帝，改国号为晋，史称西晋。接着，晋帝下令，贬黜魏帝曹奂为陈留王，移居于邺城(今河北临漳)，魏国诸王皆降为侯爵，而晋之文武百官则全部按照级别一一封官晋爵。至此，司马氏经过三代人的努力，篡夺魏国权力的努力宣告完成。

西晋"八王之乱"

一、开国皇帝肇祸 继位皇帝白痴

公元265年,西晋建都洛阳。公元280年,西晋灭了吴国,从而在经历了自公元190年关东联军讨伐董卓以来90年的分裂局面之后,统一了全国。西晋是一个短命的王朝,立国54年,四世而亡。从公元291年起,先后有8个诸侯王为争权夺利,兴兵作乱,自相残杀,历时16年,史称"八王之乱"。

西晋形势(源自《中国战争史地图集》)

"八王之乱",肇祸于西晋开国皇帝晋武帝司马炎。司马炎不像历朝历代的开国皇帝那样有一番作为,而是怠于政事,荒淫无耻,沉溺美色。灭吴国后,他迫不及待地把吴王孙皓的5000宫女一股脑儿收归己有。这还不满足,为广选天下美女,他实施高压政策,下令高官家有美女如匿藏不报者,以不敬罪论处;强迫老百姓和下级军官、官吏家的女孩入宫待选,致使"母子号哭于宫中,声闻于外"。一时后宫姬妾多达万余人,以致司马炎直发愁,不知道晚上到哪个姬妾房里睡觉才好,就乘坐羊车游走,羊车停到哪里就住宿在哪里。由于沉溺酒色,"遂致成疾"。

同时,整个社会也弥漫着腐朽、贪婪、颓废、糜烂之风。一次,晋武帝到常山公主家做客,其女婿王济安排了上百名美女身着绫罗绸缎左右侍候,最后抬出了一个盛着整个乳白猪崽子的大玻璃盆。晋武帝入口一尝,觉得美味可口,与众不同,便问烹调秘诀,王济答说是"以人乳饮炖"。王济还在郊外买了一块地,用来跑马射箭,其围墙不用砖泥垒砌,而是"编钱满之,时人谓为金沟"。王恺等人与王济的声色服用相同,但不及石崇。石崇官至南中朗将,靠"劫远使客商"和鱼肉百姓而富甲一方。他与王恺争相比富。王恺用糖浆洗锅,他就用蜡烛当柴;王恺做"紫丝步障四十里",他就做"锦步障五十里";王恺用赤石脂涂墙壁,他就用香椒泥涂墙壁,终使王恺处于下风。然而,王恺得到晋武帝赐他一株两尺高的珊瑚树后,便炫耀地拿来与石崇看,谁知石崇一看便将其一下打碎,王恺正待发作,不料石崇让人拿出每株三四尺高的珊瑚树六七棵,听任王恺挑选。石崇设宴款待客人,常令美女劝酒,若客人饮酒不尽,便"交斩美人",有一次竟然连杀3个行酒美女。王恺举行宴会,常使女妓吹笛助兴,若有不小心吹错了节拍的,便让人拉到阶下杖之。面对这般社会风气,大臣傅咸上书说:"奢侈之费,甚于天灾。"但晋武帝则无动于衷。上梁不正下梁歪,开国皇帝如此德行,其继任者的个人素质和治国才能也就可想而知。此其一。

司马衷

西晋政权建立后,司马炎决策失误,片面地认为,曹魏政权之所以败亡,主要在于曹魏政权有"孤立之弊",即不分封同姓诸侯王,致使中央政府缺乏屏藩。于是,他在公元265年,大封宗室27人为诸侯王。这些诸侯王都拥有封地、武装,王国内大小文武官吏的任命,都由诸侯王自己说了算,不少诸侯王还兼领中央或地方军政大权。这样就孕育了西晋"国中有国"、大权旁落的潜在危机,为后来8个诸侯王伺机觊觎皇位埋下了祸根。此其二。

当时,杨氏、贾氏两个显赫的家族,是把持朝廷的两股政治势力。杨家是弘农郡的大姓,因晋武帝司马炎的皇后杨艳、杨芷出自杨家,一门二后,炙手可热,权倾内外。杨艳生惠帝司马衷。靠裙带关系,杨芷的父亲杨骏也被擢升为车骑将军,与弟杨珧、杨济内外勾结,独断专行,祸乱宫闱,时人谓之"三杨"。贾家飞黄腾达,靠的是贾充辅佐司马氏在篡魏过程中立下的赫赫功劳。司马炎称帝建立西晋王朝后,贾充被提升为侍中、尚书令、车骑将军,飞扬跋扈,宠极一时。后来,晋惠帝司马衷又娶了贾充的女儿贾南风为皇后,贾家地位更加显赫。他们各树党羽,党同伐异,翻手覆云,纵横捭阖,加剧了宫廷内部的权力之争,致使西晋"八王之乱"首先发作于宫廷。此其三。

西晋将军印

公元290年,晋武帝司马炎在洛阳驾崩,晋惠帝司马衷即位。这位晋惠帝是历史上有名的"白痴皇帝"。以前晋武帝经常出题考试他,贾南风就暗地里作弊,千方百计帮丈夫蒙混过关。司马衷在华林园听见蛤蟆叫声,就问:"它们为什么叫唤?为公还是为私?"当时天下闹饥荒,大臣汇报说有人饿死,他就很奇怪地反问:"没有粮吃,为啥不喝肉汤哩?"真是叫人哭笑不得。

皇后贾南风尽管相貌丑陋，但却阴险狡诈，心狠手辣，是典型的悍妇，连"白痴皇帝"也惧怕她三分。当初晋武帝司马炎嫌她个子矮、面丑，不情愿让她做自己的儿媳妇，但贾充两口子走皇后的后门，夸大其词，说女儿如何贤惠能干，终于撮合成了这宗姻缘，让贾南风由司马衷妻而皇后。皇帝昏庸暗弱，犹如傀儡；妒妇、悍妇逞其昏虐，扰乱政事，致使大权旁落，政出多门，贿赂公行。当时南阳人鲁褒针对世风日下，作《钱神论》一文以警世，讥讽"有钱可使鬼"。如此一个衰颓的政局，为野心勃勃的诸侯王兴兵作乱、觊觎皇位提供了可乘之机。

西晋骑士俑

二、贾皇后弄权乱政

晋惠帝司马衷即位的第二年即公元291年，"八王之乱"爆发。其直接诱因，是晋武帝司马炎临终时遗诏汝南王司马亮与外戚杨骏共同辅政，这就为后来的乱局埋下了祸根。杨骏依仗着他是太后杨芷之父、皇帝司马衷的外祖父，军权在握，不肯轻易让权于人，竟然伪造、篡改遗诏，从而独揽了朝廷大权。而贾皇后权欲熏心，也想排除异己，独揽大权。为了扫除权力之路上的最大障碍，公元291年，贾皇后与宫中侍从官密谋策划，争取到皇帝司马衷的弟弟楚王司马玮的支持，宣称杨骏谋反，命司马玮以讨贼为名，带兵进京。司马玮进入京城洛阳后，全城戒严，胁迫晋惠帝司马衷下诏诛杀杨骏及其党羽，皆夷三族，死者多达数千人。晋惠帝之母杨太后被废，囚禁于金墉城（洛阳城西北角的小城），次年绝食而死。

杨氏家族被诛灭后，汝南王司马亮入朝辅政。楚王司马玮因协助贾皇后发动政变有功，也以卫将军领北军中侯，在中央握有兵权。司马亮、司马玮之间也因权力之争发生了矛盾。贾皇后认为司马亮、司马玮二人都妨碍了自己独断专权，便又玩弄权术，故伎重演，如法炮制，仍然利用司马玮，下诏宣称司马亮谋反，命司马玮发兵讨贼，把司马亮杀掉了。因为汝南王司马亮在皇室中有地位有威望，贾皇后担心收拾不了局面，引发更大的政治地震，就翻脸不认人，把责任全推到楚王司马玮身上，设计诬陷司马玮伪造诏书、假传圣旨，擅自杀戮朝廷重臣，从而将司马玮也处死。

贾皇后以阴谋手段除掉杨骏、司马亮、司马玮3个权力集团之后，在朝廷中广树党羽，专权达8年之久。

公元299年，贾皇后把斗争的矛头指向皇太子司马遹。司马遹非贾皇后所生，是晋惠帝司马衷与一位平民出身的谢姓嫔妃所生，随着年龄的增长，对贾皇后的专横跋扈渐生不满，引起皇后贾南风的忌恨。这一年，贾皇后废掉皇太子司马遹，关押在金墉城。皇太子无端被废，引起部分朝臣的不满。公元300年，他们与当时握有军权的赵王司马伦密谋，欲废除贾皇后，复立皇太子。然而，赵王司马伦是个两面三刀、阴险毒辣的阴谋家，在朝臣们的鼓动下，他当面答应，但心怀鬼胎，另有谋算。因为他平素与贾皇后沆瀣一气，害怕太子复位不利于己，于是就在背后挑唆贾皇后鸩杀了太子。反过来，他又借口为太子报仇，领兵入宫，把贾皇后及其党羽一网打尽。贾皇后被囚禁在金墉城，灌下金屑酒而死，贾氏戚族无一幸免。

可叹贾皇后机关算尽，却落了个身死名裂的下场。

三、司马五王三战洛阳

赵王司马伦利用贾皇后和皇太子的矛盾，一箭双雕，将贾皇后和皇太子尽行除掉，夺得政权，自封为相国，都督中外诸军事。

公元301年，赵王司马伦索性废掉傀儡皇帝司马衷，自己称帝。这一行径立即激起其他宗室诸侯王的反对。镇守许昌的镇东大将军、齐王司马冏，联合征北大将军、成都王司马颖和征西大将军、河间

西晋持盾武士俑

王司马颙同时起兵，进军洛阳，讨伐赵王司马伦。司马伦面对大军压境，匆忙调兵遣将，布阵迎战。双方军队在洛阳附近激战两个多月，死亡近10万人。结果，赵王司马伦兵败被杀。齐王司马冏拥戴"白痴皇帝"晋惠帝司马衷复辟帝位，他自己则以大司马身份入朝辅政，都督中外诸军事。但是他自以为功高盖世，大权在握后，就沉溺酒色，荒废政事，尤其是他目空一切，独断专行，我行我素，根本不把皇帝当回事。这引起了其他司马王的不满和反抗。

第二年，也就是公元302年，齐王司马冏的堂弟长沙王司马乂以"诬以谋反"的罪名，出兵讨伐齐王司马冏。这样，堂兄弟之间就展开了你死我活的争斗。双方军队在京城洛阳展开激战，一时洛阳城内刀枪如林，箭矢如雨，火光冲天。双方混战三日，齐王司马冏兵败被杀。长沙王司马乂被晋惠帝封为太尉，都督中外诸军事，掌握了朝廷大权。

长沙王司马乂在司马家族中算是比较有头脑的一个人物，如果长期执政下去，未尝不是司马家族之福。但是，争权夺利、自相残杀的祸端一开，谁也左右不了局面。

公元303年，长沙王司马乂的弟弟征北大将军、成都王司马颖和远房族叔征西大将军、河间王司马颙，联合起兵，进攻洛阳。双方军队又一次在洛阳城内外展开厮杀。但是司马颖军却出师不利，多次遭到惨败，被长沙王司马乂斩杀六七万人。

四、司马越两次武装政变

就在司马颖行将败退时，司马的另一个远房叔父东海王司马越却突如其来，与驻守洛阳城的禁军密谋，在洛阳城发动武装政变，在一天夜晚逮捕了长沙王司马乂，囚禁在金墉城。不久，将司马乂移送到司马颙大将张方的军营，被张方残忍地用炭火活活烤死。

长沙王司马乂被杀后，成都王司马颖被封为皇太弟，任丞相，都督中外诸军事，成为皇位的合法继承人。但是，他却居于邺城（今河北临漳），对京城洛阳的朝政大事实行遥控指挥。时任太宰的河间王司马颙也不住在洛阳，而居于长安。仍驻守在洛阳的东海王司马越不满意司马颖的所作所为，发动了第二次武装政变。他驱逐了司马颖派驻在洛阳的警卫部队，然后,挟持"白痴皇帝"御驾亲征,北上征讨司马颖。不料在荡阴(今河南汤阴)被司马颖的部队击败,司马越只身狼狈逃回东海封国。晋惠帝司马衷被司马颖俘虏并挟持到邺城。

其时,京城洛阳空虚,河间王司马颙部张方乘机进驻洛阳。

五、晋惠帝居无定所被鸩杀

晋惠帝司马衷这个"白痴皇帝"也实在是可怜。名为皇帝,但在贾皇后在世时被皇后任意摆布,贾皇后死后又被几个司马王摆布来摆布去,听凭各王之间杀来杀去。但不管怎样,他毕竟还在洛阳做着他的皇帝,可是到最后连自己究竟在哪里做这个皇帝都没个准儿了。他先是被东海王司马越挟持着去攻打住在邺城(今河北临漳)的成都王司马颖,却被司马颖俘虏并挟持到邺城。事情还远远没有结束,更让他难过的事情还在后面。

此时,天下大乱,幽州刺史王浚与并州刺史司马腾同时起兵南下勤王,讨伐司马颖,司马颖战败,被迫放弃邺城,挟持晋惠帝司马衷逃到洛阳。但是占据洛阳的张方又奉司马颙的指令,逼迫司马颖和惠帝迁都长安。河间王司马颙见司马颖已无利用价值,就撤销了司马颖皇太弟的名号,自己总揽朝政大权。

公元305年,因攻打司马颖而战败逃走的东海王司马越,在中原地区重新集结兵力,以勤王为名,再次起兵攻打河间王司马颙,于次年攻入晋惠帝所居的长安。司马颙兵败,丢下晋惠帝逃入太白山。司马越挟持晋惠帝又回到洛阳,自任太傅,录尚书事,总揽大权。成都王司马颖于司马越的勤王军进入长安时逃亡,在途中被捕,押解到故地邺城,在狱中被缢杀。

后来,太傅司马越以诏书征河间王司马颙为司徒,司马颙恍恍惚惚到洛阳就职,不想在途经新安快到洛阳时,南阳王司马模却派人拦截,把他绞死在车上。

公元306年,东海王司马越鸩杀晋惠帝司马衷,另立晋武帝司马炎第二十五子、晋惠帝司马衷的弟弟北豫章王司马炽继位,是为晋怀帝。至此,始于洛阳终于洛阳、历经16年的"八王之乱"才告结束。

"八王之乱"是一场历史上罕见的内乱,祸起萧墙,咎由自取,导致西晋王朝骨肉相残,自掘坟墓,自取其亡,直接死于战乱的就达20多万人。兵燹过后，田野荒芜，民不聊生，对洛阳城及其周边地区造成了严重的破坏。西晋王朝也在这一内耗中元气大伤，四方各少数民族趁机起兵，"五胡乱华"，严重动摇了西晋政权的统治根基，加速了这一腐朽政权的崩溃。

王弥攻打洛阳之战

西晋末年,政治黑暗腐败,民族矛盾和阶级矛盾日益激化。先是爆发了各少数民族反对晋朝的战争,继而又发生了长达16年的"八王之乱",给西晋社会造成巨大破坏和打击,使本就风雨飘摇的西晋王朝更加羸弱不堪。接着,全国各地不断爆发民众的大规模起义,甚至地方官吏也起兵反抗晋朝的统治,使得晋王朝处于分崩离析、摇摇欲坠的境地。

晋惠帝光熙元年(306),山东惙县县令刘伯根起兵反抗晋朝统治,他以宗教为号召,聚众万余人,于今山东黄县地区起兵,并自称惙公。王弥其时加入了刘伯根的队伍。

王弥(?—311),东莱(今山东莱州)人,出身于世家门第,其祖父王颀曾在曹魏时任玄菟太守,晋代魏后迁任汝南太守。王弥年轻时,博览群书,曾游历于洛阳。史载,"弥有才干,博涉书记",又说他"弓马迅捷,膂力过人",可说是智勇双全。不过,人们对他的品德却评价不高,说他"好乱乐祸,挟诈怀奸"。就是这样一个人,当刘伯根起兵后,他立即率领家中数百仆人响应,被刘伯根任命为长史,又任命其堂弟王桑为东中郎将。

刘伯根率兵进攻临淄(今山东淄博东北),晋青州都督高密王司马略派出部将刘暾率兵征讨。刘暾兵败,逃亡洛阳,司马略也退守山东聊城。接着,晋幽州刺史王浚征讨刘伯根,将刘伯根击败,刘伯根战死。王弥率刘伯根残部逃入山区,又被晋兖州刺史苟晞打败,只得带领少数人马逃往长广山中(今山东即墨境内),占山为王。其间,王弥虽然身为山大王,但每次掳掠都有计划,在衡量成败得失之后才行动,且都没失算过,而且膂力过人,骑射都十分了得,被青州当地人称为"飞豹"。

晋怀帝永嘉元年（307），王弥重整旗鼓，再次起兵反晋。他自称征东大将军，领兵转战青、徐两州，攻杀官吏，有众数万，声势浩大，并杀害了两个太守。晋太傅司马越派鞠羡任东莱太守，带兵进攻王弥，被王弥军击败身亡。十二月，苟晞率兵大败王弥。时刘渊已建立了匈奴汉国（在河北并州），而王弥当年游历洛阳时曾认识刘渊，于是他与刚败于晋将王赞的同党刘灵一同投奔刘渊。刘渊十分高兴，任命王弥为镇东大将军，青、徐二州州牧，都督沿海诸军事，封为东莱公。

次年三月，王弥收集残余部众，再度起兵，分别攻掠青、徐、兖、豫四州，并聚有数万之众，所过之郡县均被攻破。晋将苟晞接连进攻王弥多次皆败，而不能取胜。四月，王弥攻入许昌（今河南许昌东），打开武库，取得大量武器、粮草，实力进一步增强。此时，王弥雄心满满，决心成就大事业，于是，就率领数万兵马，向西晋国都洛阳进发。

王弥进逼洛阳的消息传来，京师洛阳上下无不震动，城门紧闭，加强防备。此时，西晋东海王司马越任太傅，辅佐朝政，得知王弥进攻洛阳，大惊失色，连忙调司马王斌率领5000甲士到京师防守，张轨也派遣督护北宫纯领兵助守京师。

五月，王弥率领大军经镮辕关进入洛阳东面的偃师，并于伊河北岸战败前来阻击的官兵。听到兵败的消息，洛阳城中更是人心惶惶，昼夜紧闭宫门，严密封锁交通，合城犹如死寂一般。而王弥则一鼓作气进攻到洛阳城下，驻扎于津阳门（洛阳南城墙东边第二门）外。晋将司马王斌率领官兵出城迎战，未能击败王弥。督护北宫纯在城中招募"敢死队"队员百人，趁夜色出城，突然袭击王弥兵营。王弥猝不及防，阵营大乱。晋军乘机全面出击，大败王弥。王弥见势不妙，便用大火焚烧建春门，扰乱官兵，自己乘机领兵向东逃跑。晋军大兵尾随追击，将军王秉更是紧追不舍，只追得王弥狼狈不堪，唯有逃命之策。可是，王弥无论如何也摆脱不掉追兵，于是在逃了数十里之后，实在跑不动了，在七里涧（今洛阳东20公里）停了下来。官兵追来，双方大战，王弥溃不成军，损失惨重，大败。王弥无奈，遂渡过黄河北逃，自轵关（今河南济源西）入平阳（今山西临汾），再次投靠刘渊。刘渊见他兵败而归，并不责怪，反而派人在黎亭城郊迎接。

王弥攻打洛阳，虽然未能攻克，但也沉重打击了西晋王朝，并探清了西晋的虚实，为匈奴汉国后来攻陷洛阳、消灭西晋王朝提供了可供借鉴的经验和教训。

　　王弥两次投靠刘渊，让刘渊觉得他忠心可靠，更加器重，任他为司隶校尉，加侍中、特进。但王弥辞让。此后，王弥便参与匈奴汉国的军事行动，与石勒、刘曜、刘聪一起，攻城略地，立下了汗马功劳。4年之后的永嘉五年（311），王弥与刘曜一起作战，攻陷洛阳，俘虏晋怀帝等人，基本上消灭了西晋王朝。

匈奴汉国四攻洛阳

在西晋"八王之乱"骨肉相残、纷争内耗之际,历史进入了"五胡乱华"的十六国时期。

所谓"五胡",指的是匈奴、鲜卑、羯、氐、羌等5个少数民族。他们自东汉以来陆续内迁,与汉人通婚杂居。但到了西晋时期,西晋政权对他们百般歧视,苛捐杂税,重利盘剥,征发繁重的兵役、徭役,甚至掠卖为奴,从中牟利。官逼民反,受尽压榨的各少数民族揭竿而起,纷纷建立割据政权,纷纷扰扰,此起彼伏,忽兴忽灭,互为消长,史称"五胡十六国"。

最早起兵与西晋政权为敌的是匈奴贵族刘渊。刘渊是匈奴冒顿单于之后裔,世袭匈奴左部帅,曾拜汉儒崔游为师,研习经书,尤好《春秋左氏传》,深受中原汉文化熏陶。加以膂力过人,射艺精熟,轻财好施,推诚接士,广结人缘,一时才俊云集。他曾作为匈奴人质留居京师洛阳,受封为汉光乡侯、匈奴五部大都督等职,周旋于西晋王侯之间,深谙其官场之弊。公元304年,正处西晋发生"八王之乱"之中,成都王司马颖为了扩大自己的势力,极力拉拢刘渊,加强刘渊在匈奴五部中的地位,并命刘渊居邺城(今河北临漳),以便控制。八月,西晋司马腾、王浚率鲜卑、乌桓势力发兵进攻邺城。在邺带兵的左贤王刘渊见机再次请求返回左国城(今山西离石),表示愿调发匈奴五部之兵援助成都王司马颖。司马颖迫于形势之危急,采纳其建议而准其西还,并

刘渊

任刘渊为北单于。由此，刘渊以召旧部援助成都王司马颖为由而回到并州离石，被在此预谋反晋已久的刘宣等推举为大单于。于是，刘渊以汉宗室后裔自居，趁机建国号曰汉，自称汉王，起兵反晋（当时针对东海王司马越势力），20日之间就聚众5万，都于离石。

并州刺史司马腾听说刘渊胆敢与西晋王朝分庭抗礼，立即派将军聂玄率军前往征讨。两军于大陵（今山西文水）遭遇，聂玄一触即溃。司马腾闻讯惊慌失措，惶惶如丧家之犬，弃并州而逃。刘渊乘胜进军，攻克太原（今太原南）、中都（今山西榆次）、屯留（今山西屯留南）、炫氏（今山西高平）、长子（今山西长子）等军事要地，控制了晋东南地区。

次年，司马腾又派遣司马瑜、周良等统兵卷土重来，刘渊派武牙将军刘钦等前往阻击，前后四战四捷，打得司马瑜等人落荒而逃。

为扭转败局，西晋任命刘琨为并州刺史。刘琨胸怀大志，具有胆识谋略，一到任就以州治晋阳（今山西太原西南）为根据地，团结群众，争取民心，实施反间计对敌进行分化瓦解，对刘渊构成重大威胁。刘渊为拔除这颗眼中钉、肉中刺，委任前将军刘景为征讨大都督，集结重兵进行围剿。但是刘琨无所畏惧，沉着应付，以弱胜强，一战而克，在并州站稳了脚跟。

面对偏居一隅、受制于人的困境，刘渊迅速调整军事部署，实施迂回穿插，从外围实施战略突破。公元308年一月，刘渊派抚军将军刘聪等10将南据太行，辅汉将军石勒等10将东下赵、魏，将战区扩展到西晋的战略腹地——中原地区。影响所及，鲜卑、氐等部落首领相继称臣于刘渊。东莱人王弥曾拉起一杆队伍，转战于青、徐、兖、豫等州，这时也因兵败而投奔刘渊麾下。刘渊对王弥非常器重，命其负责东线战事。

由于刘渊运筹得当，汉国军队步步为营，节节胜利。三月，占领汲郡（治汲县，今河南卫辉西南）。七

胡王金印

月，攻克蒲坂（今山西永济西）、平阳（今山西临汾西南）、蒲子（今山西隰县）。兵锋所及，河东、平阳诸县望风而降。九月，王弥、石勒进攻邺城（今河北临漳），太守和郁弃城败走。十月，刘渊在蒲子即皇帝位。

司马炽画像

公元309年，太史令鲜于修之对汉主刘渊说："不出三年，一定能攻克洛阳。蒲子地形崎岖，难以在这儿长久安居，平阳的天象正好昌盛，请把都城迁到那里。"刘渊采纳其建议，迁都平阳（今山西临汾）。宣布大赦，改年号为河瑞。

刘渊称帝后，派遣石勒进攻冀州，连下魏郡、赵郡、巨鹿、常山数郡，攻陷郡县堡垒百余个，队伍扩大到10余万人。同时，加紧了进攻京城洛阳的军事部署。

当年四月，西晋左积弩将军朱诞投奔了汉国，详尽陈述洛阳守备薄弱的现状，并劝刘渊趁机发兵攻打。于是，刘渊命朱诞为前锋都督，灭晋大将军刘景为大都督，统军向洛阳方向进军。大军先行进攻黎阳（今河南浚东北），首战告捷；接着刘景又与晋将王堪战于延津（今河南延津北），又将其击败。但是刘景嗜杀成性，残忍无道，竟然将男女老幼3万余人沉溺于黄河。刘渊得知此事后愤怒地说："景何面复见朕！且天道岂能容之！吾所欲除者，司马氏耳，细民何罪！"为此，降刘景为平虏将军，中止了这次军事行动。如此，匈奴汉国第一次攻打洛阳半途而废。

同年夏，刘渊又发动了进兵洛阳的军事行动。他任命王弥为征东大将军，石勒为前锋都督，与楚王刘聪共同攻打壶关（今山西上党）。晋并州刺史刘琨派遣护军黄肃、韩述前去救援壶关。刘聪在西涧打败韩述，石勒在封田打败黄肃，并将两人斩于阵前。其间，晋将王旷军渡过黄河后，想长驱向前，施融劝阻说："对方凭据险要、抄小路出击，我军虽有数万，仍是孤军受敌。应暂且以河水当作屏障等待形势的转变，再谋划攻击对方。"王旷听后发怒地说："你简直是妖言惑众！"施融退帐外对人说："对方善于用兵,王旷却不懂战场情势,我等今天死定了!"王旷等人翻越太行山与刘聪遭遇,激战于长平地带,王旷所部大败,施融、曹超战死。刘聪趁势攻陷屯留、长子,斩敌1.9万余人。上党太守庞淳献壶关而降。八月,刘渊命刘聪乘胜向洛阳进攻。刘聪打败晋平北将军曹武,长驱直入,进抵宜阳。九月,晋弘农(今河南灵宝)太守垣延诈降,然后乘汉军不备,夜袭刘聪军营,刘聪大败而归。由此,匈奴汉国第二次攻打洛阳失败。

十月,刘渊派遣刘聪、王弥、刘曜、刘景等率领5万精锐骑兵再次攻打洛阳,呼延翼率步兵为后援。但是这一次汉军遇到了西晋部队的顽强抵抗,呼延翼又被部属杀害,刘渊只得下令撤军,将兵锋转向徐、豫、兖三州。由此,匈奴汉国第三次攻打洛阳也以失败而告终。

公元310年,汉军在冀、徐、豫、兖等州纵横驰骋,连战连捷。二月,克鄄城(今山东鄄城北),占仓垣(今开封北),兖州刺史袁孚及大将军王堪都死于非命。不料刘渊壮志未酬,于当年七月因病去世,太子刘和即位。由于刘和生性猜忌,既无军功,又少威望,即位伊始,就想集权于一身,结果招来杀身之祸。其原因在于,另一个皇子刘聪为人暴虐,嗜杀成性,拥兵10万,大权在握,当然不肯坐以待毙,就举兵相向,弑刘和自立为帝。

公元311年,汉帝刘聪命令王弥等率领4万大军攻取洛阳周边的郡县,以孤立洛阳。石勒在苦县(今河南鹿邑)消灭西晋主力部队10余万人。接着,刘聪命令前军大将军呼延晏率兵2.7万人第四次攻打洛阳。战斗进行得异常残酷,在12次的拉锯战中,西晋守军屡战屡败,战死3万余人。不久,刘曜、王弥、石勒等汉军援兵陆续赶到,对洛阳形成合围之势。六月十一日,王弥、呼延晏攻陷洛阳宣阳门,接着纵兵在城内外烧杀抢掠,抢夺宫女、珍宝,发掘帝王陵寝,焚烧洛阳宫殿、宗庙及官府,晋怀帝司马炽被俘,百官士庶死于祸乱者3万余人。由此,匈奴

司马邺画像

汉国经4次进兵，终于攻破西晋国都洛阳。

晋怀帝被俘后于313年被杀，司马邺于长安即位为帝，是为晋愍帝。

公元316年，匈奴汉国大司马刘曜攻陷长安，晋愍帝司马邺出降，西晋政权灭亡。

接着，北方各望族为避战乱，多迁徙江南，形成中国历史上第一次民族大迁移。

前赵后赵四战洛阳

公元311年,匈奴汉国攻克西晋国都洛阳,晋怀帝被俘,太子司马邺等人,逃奔长安。晋怀帝313年被杀后,群臣立司马邺为帝,是为晋愍帝。公元316年,匈奴汉国大司马刘曜攻陷长安,晋愍帝司马邺出降,西晋政权灭亡。

匈奴汉国皇帝刘聪尽管以胜利者自居,但是在大分裂的权力格局中,充其量不过相当于汉王朝的一个郡,蕞尔小国而已,但刘聪却志得意满,不思进取,耽于美色,不恤政事。他有5位皇后、1万余名姬妾,终日沉湎于温柔乡中,醉生梦死。

大兴元年(318)七月,汉昭武帝刘聪病重,刘曜、石勒受遗诏辅政。接着又升刘曜为丞相,领雍州牧,升石勒为大将军,领幽、冀二州牧,但石勒推辞表示不敢接受。不久,刘聪死,太子刘粲继位,立靳氏为皇后,立其子刘元公为太子,改元汉昌。此后,匈奴汉国形势发生了急剧变化。

刘粲继位后,为政更加昏庸暴虐,一上台就和5位正当妙龄的皇太后昼夜宣淫,军国大事都委托给他的岳父、大司空靳准全权处理。靳准因其女得宠于刘粲,有恃无恐。但靳准有"异志",十分阴险,怂恿刘粲杀了太宰刘景、大司马骥、车骑大将军吴王逞、太师顗、大司徒齐王劢等人。然后,他在汉都平阳(今山西临汾)发动政变,刘粲坐上皇帝宝座还不到两个月,就在政变中命丧黄泉。靳准还将居于平阳的刘

刘曜

氏宗室无论男女老幼皆斩于东市，甚至掘开陵墓，拖出刘聪死尸斩首，焚毁刘氏宗庙。然后，他自号大将军、汉天王。此时，镇守襄国（今河北邢台）的大将石勒、占领长安的大司马刘曜，闻讯后回师平阳，一举剿灭靳准，但是匈奴汉国也从此分崩离析。

次年，刘曜自称皇帝，迁都长安，改国号为赵，史称前赵。改赵以后，刘曜对关陇和并州的晋朝残余势力以及羯、氐、羌、巴等民族发动了长期的征服战争，把被征服的各少数民族部落数十万人迁徙至赵都长安。在位期间，他实行汉胡分治政策，但同时又积极采取民族融合和文化同化政策。他自己称帝，表示他是北方汉胡各族的正统统治者，而让儿子刘胤做大单于以统治胡人。刘曜在赵国积极推行儒学，在长安设立太学和小学，聘请著名学者传授儒家文化，当时学生多达1500多人。他又制定租赋政策，实行

石勒统一北方之战（源自《中国战争史地图集》）

封建制度。这样，刘曜的赵国比起匈奴汉国，显示了更大的汉化倾向。因此，后世的学者们认为，匈奴刘氏所建的前赵政权应是汉胡结合的中国封建政权之一。

在刘曜建立赵国后不久，石勒也自称赵王，建都襄国（今河北邢台），史称后赵。如此，匈奴汉国分裂为前赵和后赵两个国家并相互攻伐。

石勒是五胡十六国中一个开明的君主，他的发迹，演绎了一个从奴隶到将军的传奇。石勒本是上党羯人，出身寒苦，曾被掠卖为奴。他有胆力，善骑射，在羯人中素有威望。

石勒24岁时在洛阳城被王衍识破英雄相，差点被杀。当时，石勒亲眼见到王衍这位德高望重的晋朝太尉时，两人都很喜欢对方，"甚悦之，与语移日"。王衍见这个杀人魔王很好说话，为了更加讨好他，就劝说石勒称帝。不料，此语一出，不仅没有保身，反而引来杀身大祸——因为王衍道破了石勒内心深处的秘密，而这个秘密一旦为人所知便会带来杀身之祸。为此，石勒当即勃然色变，斥责王衍说："君名盖四海，身居重任，少壮登朝，至于白首，何得言不豫世事！使天下破坏如此，正是君罪所致！"随即，他命左右卫士把王衍押出大帐，对他的参谋孙苌说："我行走天下多年了，从来没有见过这样的人，还应该让他活下去吗？"孙苌说："他是西晋朝廷的三公，一定不会为我们尽力，有什么值得可惜的呢？"石勒说："总之不可用刀刃加害于他。"于是石勒命令士兵在半夜里推倒墙壁把王衍压死。王衍临死时，痛悔不已说："唉！我们即使不如古人，平时如果不崇尚浮华虚诞，勉力来匡扶天下，也不至于到今天的地步。"他死时56岁。

西晋末年，石勒率18骑兵，久经战阵，后来归附刘渊，成为刘渊麾下一员骁将。石勒虽然目不识丁，但常常让

石勒

人读书给他听，从中汲取知识，增长见识，故才识、谋略过人。他虚怀若谷，广纳贤才，尤其是谋士张宾，"机不虚发，算无遗策"，深得信赖。后赵的赵王四年（322），张宾病故。每当石勒与身边的谋臣意见不合时，他总是想到张宾当初的好处，慨叹道："右侯离我而去，现在让我和这些人在一起谋划大事，岂不太残忍了一点吗？"尽管失去了自己一生中最得力的助手，石勒还是花了几年的工夫，不断扩大自己的势力范围。

公元321年，志在恢复中原失地的东晋将领祖逖抱恨去世，石勒见有机可乘，就于次年十月，调遣兵马进攻河南，攻克襄城（今河南襄城）、城父（今河南襄城西南），包围谯县（今安徽亳州）。东晋豫州刺史祖约抵挡不住，不得不退据寿春（今安徽寿县），后赵不费吹灰之力就占领了陈留郡（今河南开封）。

公元323年三月，石勒又派兵进攻彭城（今江苏徐州）、下邳（今江苏睢宁西北），东晋徐州刺史卞敦与征北将军王邃为拥兵自保，撤退到盱眙一带。同年秋，后赵中山公石虎率步兵、骑兵4万多人攻打东晋安东将军曹嶷，青州一带的郡县望风而降。曹嶷投降后被押解到襄国（今河北邢台）处死，3万名士兵也被石虎残忍地活埋。由此，石勒便拥有青州、冀州、幽州、并州、徐州、兖州、司州等根据地，与东晋划淮河而治，成为北方地区最大的军事力量。

石勒派兵扫清了洛阳外围后，于公元324年发动洛阳战役。是年春，石勒派遣司州刺史石生进攻新安，斩前赵河南太守尹平，掳掠5000余户而归。前赵、后赵的第一次洛阳之战以后赵的胜利而结束。两赵也自此开始了持久的战争，互相攻掠，河东郡（今山西永济东南）、弘农郡（今河南灵宝）之间，兵燹四起民不聊生。

同年夏，后赵将军石生进军许昌、颍川，俘获万计。但在攻打阳翟（今河南禹州）时失利，不得已退守康城（今河南禹州西北）。后赵汲郡（今河南卫辉西南）内史石聪听说石生兵败，就挥戈驰援，一路连败东晋司州刺史李矩、颍川太守郭默。

公元325年，后赵将军石生进据洛阳后，四面出击。东晋司州刺史李矩、颍川太守郭默由于兵败乏食，迫不得已归附于前赵。前赵皇帝刘曜派中山王刘岳率兵1.5万人赶往孟津，镇东将军呼延谟率兵自崤山、渑池挥师东进，欲与李矩、郭默会师，合兵进攻石生。刘岳攻克洛阳附近的孟津、石梁防线，歼敌5000余人，之后兵临洛阳城下。石生被困金墉城（洛阳城西北的小城），后赵中山公石虎率领4万兵马自成皋关增援洛阳，与刘岳战于洛西。刘岳兵败，身中流矢，逃奔石梁。石虎挖沟堑，树栅栏，把石梁围了个水泄不通。同时，石虎分兵全歼呼延谟部。刘岳军粮匮乏，不得已杀马而食。前赵皇帝刘曜亲领大军前来解救刘岳，石虎自率3万骑兵迎击。前赵前军将军刘黑在新安附近的八特阪今河南渑池东击败石虎大将石聪。刘曜领兵屯驻洛阳金谷园，但由于军心不稳，夜间军中突然无故大惊乱，士卒奔逃溃散，于是退军驻屯渑池。到了夜间军中再次惊乱溃散，刘曜不得已领兵回归长安。刘岳孤军困守石梁，外无援兵，内乏军粮，不久就被石虎攻破。由此，前赵、后赵之间的第二次洛阳大战又以后赵的胜利而告结束。

公元328年四月，后赵将军石堪率兵攻宛（今河南南阳），东晋南阳太守王国投降。七月，石堪、石聪引兵渡淮河，攻陷寿春（今安徽寿县）。之后，后赵中山公石虎率4万兵马自轵关（河南济源西北）西进，攻打前赵河东地区，兵锋所及，50余县望风而降，河东郡治所蒲阪（今山西永济西）岌岌可危。前赵刘曜亲率精锐部队救援蒲阪。后赵石虎临阵怯敌，引兵退却。刘曜大军一路追击，在闻喜县北高候原击溃石虎部队，斩其大将石瞻。刘曜乘胜进军，从大阳（山西平陆茅津渡）渡河，攻打镇守洛阳金墉城的后赵石生部，遭到顽强抵抗，就决洛河水灌城，终不能克。与此同时，刘曜分兵攻打汲郡、河内（河南沁阳），后赵荥阳太守尹矩、野王太守张进等纷纷投降，震动了后赵都城襄国。由此，前赵、后赵之间的第三次洛阳大战以僵持局面结束。

同年十一月，后赵石勒准备亲自率军解洛阳之围。僚佐程遐等极力规劝道："刘曜孤军深入我境千里，势必不能持久。大王不该亲自出动，一旦出动难保万全。"石勒听了大怒，手按佩剑呵斥程遐等人出去。石勒余怒未消，当即赦免了之前囚禁着的徐光的罪过，将他召来商议。石勒说："刘曜凭借一仗的胜利，围攻并占据洛阳，那帮庸才竟然都认为前赵军势不可挡。刘曜带领10万甲士，攻一座城池却百日不能攻克，部队将士疲惫、懈怠，凭我军士气高昂、精锐之师击他，一战便可将其擒获。如果不救致使洛阳真的失守了，刘曜必定会拼死来取冀州，由黄河北岸席卷而来，恐怕我的千秋大业就完了。程遐等人不让我去，爱卿你怎么看？"徐光回答说："刘曜乘着高候大败石虎的大好时机，没能够进逼襄国，反而死守着金墉，由此可知他不会有什么作为了。凭着大王您的威武雄略进逼他，对方必定望风败逃。平定天下，就在此刻的决断了，机不可失啊。"石勒听罢笑眯眯地说："徐光所言甚是啊。"于是令内外戒严，有再敢劝谏者斩。

十二月，石勒亲率大军赶赴河南，欲与刘曜在洛阳决一死战。命令石堪、石聪及豫州刺史桃豹等率部于荥阳会师，命令石虎占领石门，突破洛阳外围防线。石勒亲率4万步、骑兵直奔洛阳金墉城。但是刘曜在重兵围攻之下，却骄兵轻敌，天天与亲信赌博饮酒，凡是直言劝谏者，都加以妖言惑众的罪名，一律处斩。石勒进军成皋（今河南荥阳汜水）时，竟无一兵一卒把守，就一鼓作气，兵临洛阳城下。刘曜这才如梦方醒，仓促应战，急忙命令撤金墉之围，把所有兵力布防于洛水以西，约10万之众，南北列阵绵延10余里。石勒遂领兵4万进入洛阳城，命令石虎率步兵3万自城北而西，攻击刘曜中军，命令石堪、石聪等各领精锐骑兵8000人自城西而北，攻打刘曜前锋。石勒也披坚执锐，率兵出阊阖门实施夹击。大战在即，刘曜依然嗜酒如命，豪饮数斗后，才领兵至西阳门迎敌。石堪乘机发起猛攻，前赵部队溃不成军。石勒大败前赵军队，斩首5万多级。

刘曜在退兵时马陷石渠坠于冰上，身上被创10余处，为石堪生俘。石勒下令说："我想抓获的只有一个人，此人现已被擒，特敕令将士停止攻击，给他们留下归顺投降的道路。"刘曜见到石勒，石勒让徐光对刘曜说："今日的事，其实是上天注定的，你还有何话可说！" 由此，前赵、后赵之间的第四次洛阳大战以后赵的胜利而告结束。

十一日，石勒班师回京，让石虎的儿子征东将军石邃带兵护送刘曜。刘曜伤势严重，坐着马车，让医师李永和他同车。二十五日回到襄国，令刘曜居住在永丰小城，供给他姬妾，严兵围守。又派刘岳、刘震等族内男女人等穿上盛服见刘曜。刘曜感慨道："我以前常说起爱卿们，总认为早就化作了灰土，石王仁厚，竟然一直保全你们至今！今日的祸难，算是我的命数了。"留宴一天才让他们离开。

刘曜生有九子，均被封为王侯，石勒让刘曜写信令其皇太子刘熙投降。但刘曜给刘熙的信中却令刘熙"与大臣匡维社稷，勿以吾易意也"。石勒遂杀刘曜。

公元329年一月，前赵太子刘熙获知了皇父刘曜被擒的军报，大为恐惧，与南阳王刘胤商议，准备向西据守秦州。尚书胡勋说："如今虽丧失君王，国土仍然完整，将士也未叛离，暂且应当集中力量抵御敌军。力有不支时再逃也不晚。"刘胤发怒，认为这是扰乱军心，竟将他斩首，随即率文武百官逃奔上邽（今甘肃天水）。各地方军事长官也都放弃原本镇守的城池而逃离，关中顿时大乱。将军蒋英、辛恕拥有士众数十万人据守长安，派使者向后赵请降，后赵派石生率驻守洛阳的部众奔赴长安。

后赵军从洛阳挥师入关，进占长安。到了八月，前赵南阳王、大单于刘胤率领数万人马从上邽发兵长安，驻扎于仲桥。后赵石生据城自守，石虎率2万骑兵前往救援。九月，后赵大军大破前赵兵于义渠（今甘肃庆阳），刘胤逃回上邽。石虎乘胜进军，一举击溃上邽守军，活捉太子刘熙、南阳王刘胤等王侯将相、文武百官3000多人，全部加以杀害。接着，又在洛阳坑杀5000多匈奴五郡屠各人。匈奴刘氏经此劫难，损失惨重，宗族势力大大削弱。

箭

至此，匈奴汉国和前赵相继灭亡。匈奴刘氏两次遭惨劫，大部分族人被屠杀，劫后余生者则纷纷迁移各地以避祸逃生。有的东迁辽东，有的南迁河南及中原各地融合于汉族之中，有的西迁在陇地，也有的北逃大漠，更有的远迁中亚细亚和欧洲，但大多数仍居在华北地区即今内蒙、山西、河北一带，仍为当地少数民族。

当年，石勒剿灭前赵余部，统一了除辽东、辽西和凉州以外的北方地区。这是自西晋灭亡后，在北方出现的第一次小统一局面。

后赵石虎攻打洛阳之战

后赵统一北方之后，朝廷内部发生了激烈矛盾和冲突。公元333年十月，镇守关中的河东王石生、镇守后赵南都洛阳的石朗都起兵讨伐后赵丞相石虎，石虎出兵攻伐石生、石朗，从而在洛阳至长安之间发生激战。

公元330年，后赵石勒在攻灭前赵之后，在都城襄国（今河北邢台）自称大赵天王，行皇帝事。至九月，他索性直接称帝，改元建平。至此，中国北方几乎全部归于赵土。此后，一直到石勒去世，后赵与东晋（国都建康，今南京）也没有特别大的战事，双方以淮水为界，暂时休战，各自经营内务。此时，石勒的后赵达到鼎盛时期，夷汉宾服，四方来朝。得意之际，在一次宴见高句丽使臣的大会上，石勒酒酣之余，问身边的近臣徐光："朕与古代君主相比，能和谁匹配？"徐光当然挑好听的话讲："陛下神武筹略比汉高祖刘邦还高，雄艺英武可比魏武帝曹操。有史以来，轩辕皇帝第一，陛下您排第二。"石勒闻言大笑，说："爱卿所言大过。人应该有自知之明啊。朕若逢汉高祖，当面北而事之。若遇光武帝刘秀，当与其并驱中原，鹿死谁手，亦未可知。大丈夫行事应磊磊落落，朕终不效曹孟德、司马仲达父子，欺他孤儿寡妇，狐媚以取天下也。所以，朕之才能当在刘邦、刘秀之间的样子，又怎能与轩辕皇帝相提并论呢。"得意之情溢于言表。

然而好景不长，公元333年七月，石勒病死，太子石弘继位，以石勒之侄石虎为丞相、魏王、大单于，总摄朝政。不过一年有余，公元334年十一月，石虎废石弘，自称摄赵天王。之后石虎诛杀石弘和其他石勒诸子，迁都于邺（今河北临漳）。

石虎之所以如此行事，与他的个性和石氏内部矛盾有关。从石虎的个性来说,他从小就本性残忍,好驰猎,游荡无度,人人以为毒患。在军中,他对敢于向自己提建议且与自己意见不合者,动辄就将其害死,前后所杀者甚众。至于战争中降城陷垒后,他也对善恶不加区别,随意坑杀处斩士女,"鲜有遗类"。石勒虽曾对他屡加斥责和诱导,也无济于事。但石虎身高七尺五寸,身手敏捷,尤其擅长弓马,勇冠当时。他治军甚严,无有人敢违犯者,且指授攻讨,所向无前,所以石勒对其宠爱有加,信任重用。

从石氏内部矛盾来说,此前的公元330年二月,后赵的群臣请求石勒即帝位,石勒便号称大赵天王,行皇帝的事务。又立妃子刘氏为王后,世子石弘为太子。任儿子石宏为骠骑大将军、都督中外军事、大单于,封为秦王;石斌为左卫将军,封为太原王;石恢为辅国将军,封为南阳王。任中山公石虎为太尉、尚书令,晋升爵位为王;任石虎的儿子石邃为冀州刺史,封为齐王。对此,石虎十分不满,甚而愤怒之极,私下对齐王石邃说:"主上自从建都襄国以来,端身拱手,坐享其成,靠着我身当箭石,冲锋陷阵。20多年来,在南方擒获刘岳,在北方赶跑索头,向东平定齐、鲁之地,向西平定秦州、雍州,攻克13座州郡。成就大赵功业的是我,大单于的称号应当授予我,现在却给了奴婢所生的黄吻小儿,想起来令人气愤,寝食难安!等到主上驾崩之后,我不会再让他活命。"这为后来的石虎政变埋下了伏笔。

咸和七年(332)四月,后赵右仆射程遐向石勒进言除去石虎,石勒不听。石勒开始命太子省查、决断尚书的奏事,又让中常侍严震参预判治可否,只有征伐断斩方面的大事才呈报石勒。此时严震的权力超过君主和丞相,石虎的门

石虎画像

庭冷清，可以罗雀，更加怏怏不乐。

六月，石勒病重卧床，石虎进入禁中侍卫，矫称诏令，群臣、亲戚都不得入内，石勒病情的好坏，宫外无人得知。

七月，石勒病重，颁布遗命说："石弘兄弟，应当好好相互扶持，司马氏就是你们的前车之鉴。中山王石虎应当深深追思周公、霍光，不要为后世留下口实。"

七月二十一日，石勒去世。石虎挟持太子石弘，让他到殿前，下令收捕右光禄大夫程遐、中书令徐光，交付廷尉治罪。又征召石邃，让他带兵入宫宿卫。文武官员慑于石虎暴行，纷纷逃散。石弘大为恐惧，自言软弱，要让位给石虎。石虎说："君王去世，太子即位，这是礼仪常规。"石弘流着泪坚决辞让，石虎发怒说："如果你不能承担重任，天下人自会按大道理行事，哪里能事先就谈论！"石弘于是即位，杀死程遐、徐光，大赦天下。夜间，石弘把石勒尸体秘密瘗埋在山谷，没有人知道地点。过了几天后，仪仗护卫齐备，假装将石勒葬在高平陵，谥号明帝，庙号高祖。

八月，后赵国主石弘任中山王石虎为丞相、魏王、大单于，加九锡，划分魏郡等13郡作为石虎的封国，总领朝廷大小政事。石虎赦免封国境内的囚犯，立妻子郑氏为魏王后，立儿子石邃为魏太子，授予使持节、侍中、都督中外诸军事、大将军、录尚书事；次子石宣任使持节、车骑大将军、冀州刺史，封河间王；石韬为前锋将军、司隶校尉，封乐安王；石遵封齐王，石鉴封代王，石苞封乐平王。改封平原王石斌为章武王。石勒原先的文武官员，都委派无关紧要的官职，而石虎的僚佐亲属，全部充任朝廷要职。石虎任命镇军将军夔安兼领左仆射，任命尚书郭殷为右仆射。把太子的宫室改名为崇训宫，太后刘氏以下的人员，全部移居此处。又挑选石勒原有宫女、车马和服玩，全部送入丞相府，供石虎自己享用。

九月，石虎废黜太后刘氏并杀死，尊奉石弘的母亲程氏为皇太后。

十月，镇守关中的河东王石生、镇守洛阳的石朗都起兵讨伐丞相石虎。

石虎让太子石邃留守襄国（今河北邢台），自己带领步、骑兵7万人进攻在洛阳金墉城的石朗。金墉被攻破，俘获石朗，将他砍掉双脚后斩首。随后，石虎率领兵马向长安进发，攻打河东王石生，让梁王石挺为前锋大都督。镇守关中的石生派将军郭权率领鲜卑涉部士众2万人为前锋拒敌，石生统领大军随后出发，屯军于蒲阪（今山西永济）。郭权和石挺在潼关接战，石挺军大败，石挺阵亡。石虎大惊失色，匆忙回军东逃，直至渑池，一路死伤无数，尸体枕藉300多里。然而，正当此时，郭权率领的鲜卑族私下却与石虎勾结，战场反戈，攻击石生。石生不知道石挺已死，心中畏惧，单骑逃奔长安。郭权收聚剩余士众退却，屯军于渭水拐弯处。石生依然恐惧，于是放弃长安，藏匿于鸡头山。其将军蒋英占据长安抵抗防守，石虎进兵攻击蒋英，蒋英战败被杀。石生的部下杀死石生投降，郭权逃奔陇右。

石虎派将军麻秋讨伐蒲洪。蒲洪率2万户投降石虎，石虎任他为光烈将军、护氐校尉。蒲洪到达长安，劝说石虎迁徙关中的豪强和氐、羌等部族充实东方，他说："众氐族部落都是我家的部曲，我率领他们归顺，谁敢违抗！"石虎听从他的建议，迁徙秦州、雍州的士民以及氐族、羌族10多万户到关东地区。

石虎返回襄国（今河北邢台），实行大赦。石弘令石虎建造宫殿楼台，完全仿效魏武帝曹操辅佐汉朝的旧例。

咸和九年（334）三月，后赵丞相石虎派部将郭敖和章武王石斌率步、骑兵4万人向西进攻郭权，屯军华阴。四月，郭权部下杀死郭权投降后赵。石虎将秦州3万多户民众迁徙到青州和并州。

九月底，石弘自己携带印玺到魏宫，请求将君位禅让给丞相石虎。石虎说："帝王的大业，天下人自会有公议，为什么自己选择这样做呢！"石弘流着眼泪回宫，对太后程氏说："先帝的骨肉真的不会再遗存了！"此时尚书奏议说："魏王请您依照唐尧、虞舜的禅让旧例行事。"然而石虎却对此不以为然，说："石弘愚昧昏暗，服丧无礼，应当将他废黜，谈什么禅让！"

十一月，石虎派郭殷进宫，废黜石弘为海阳王，将石弘和太后程氏、秦王石宏、南阳王石恢幽禁在崇训宫，不久全数杀害。石虎自称摄赵天王。

公元335年九月，石虎迁都于邺（今河北临漳），继续四出攻伐。石虎还大量从各地征集美女，从民间强行掠夺13岁至20岁的女子3万余人。为安置美女，石虎分别在邺城、长安、洛阳兴建宫殿楼阁，用人力40万。但石虎征集女人倒不完全是好色，而是内置女官十有八等，教宫人星占及马步射。置女太史于灵台，仰观天象。另外，石虎知道东汉太监专权的危害，不信任太监，因此宫中基本没有太监，相关职务只能由女人充当。

公元349年四月，石虎病死于邺城。

梁犊起义战洛阳

梁犊起义,是发生于晋永和五年(349)的戍卒起义,并在洛阳一带与后赵大战。

后赵统一北方之后,朝廷内部发生激烈矛盾和冲突。公元333年十月,镇守关中的河东王石生、镇守后赵南都洛阳的石朗都起兵讨伐后赵丞相石虎,石虎于当年出兵攻灭了石生、石朗,稳定了自己在后赵的权力地位。次年(334),石虎废除后赵主石弘,自立为赵大王。接着又幽禁石弘、太后程氏、秦王石宏、南阳王石恢,不久皆杀之。公元335年九月,石虎将国都从襄国(今河北邢台)迁移到邺城(今河北临漳)。公元337年,石虎自称大赵天王,封自己的儿子石邃为天王皇太子,诸子原为王者降为郡公,宗室原为王者皆降为县侯。如此,石虎完成大业。但是,此后的后赵并没有太平一天,而是乱事一桩接一桩。就在石虎封儿子石邃为天王皇太子当年,太子石邃因骄奢淫逸被杀。石虎改立石宣为天王皇太子。可是,石虎在封儿子石宣为天王皇太子后,却对另一个儿子石韬宠爱有加,于是就又想改立石韬为天王皇太子。这一来,便引发了石韬与石宣之间的矛盾和冲突。公元348年,石宣为了巩固自己的太子地位,便谋杀了石韬。石虎一怒之下,杀了太子石宣。谁知,这一宫廷内乱又引发了一场大规模的兵变——梁犊起义。

原来,在石宣为太子期间,曾经挑选1万多名大力士进行专门训练,号为"高力士"(对勇猛多力者的称谓),以守卫太子东宫。同时,东宫还有10多万名卫士。石宣被杀后,这些东宫卫士和高力士均被贬谪到偏远的凉州(今甘肃武威)戍边,自是心中不满,但作为军人,只得服从命令。次年,即公元349年一月,石虎称帝,是为后赵武帝,大赦天下,但这些已被贬谪戍边的士兵不在大赦之列。其时，"高力士"万余人正行军到达雍城（今陕西凤翔南），他们不但没有得到新帝的大赦恩德，反而被当地的雍城刺史张茂强行截留了马匹，只得步行推着运粮车辆到边疆去。这些享受惯了太子恩德的军人，如今受到此种挤兑，人人愤怒，心中思乱。在这种情况下，作为"高力士"督将的梁犊更是气愤难平，于是，他趁机进行鼓动，号召大家起来反抗，即便没有任何功名，也能够回到家乡，总比无名无分地身死边陲要强得多。众人得知平时威信甚高的梁犊意图起兵反抗，一致同意，大呼拥戴。于是，众军士便在梁犊领导下举行起义，反抗朝廷。梁犊自称晋征东大将军。起义军因被贬谪戍边而没有武器，便自发制造武器，有的取民间大斧为武器，有的手持一丈长的木杖，攻郡县，斩杀2000多名后赵长史，一时引起巨大反响，当地戍卒纷纷起兵响应。起义军第一个目标是下辨（今甘肃成县），结果一攻而克。后赵安西将军刘宁带兵从安定（今甘肃泾县）来攻打起义军。起义军虽然没有盔甲，武器低劣，但由于受过专门军事训练，战斗技术高超，士气高昂，勇猛无敌，以一当十，犹如战神，所向披靡，很快就打败了刘宁军。与此同时，一同发配来的原东宫卫士10多万人也加入起义军，共同向长安进发。

面对起义军咄咄逼人的态势，镇守长安的后赵乐平王石苞出兵拒战，可他哪里是兵锋正盛的起义军的对手，结果一战而败。起义军乘胜进军，东出潼关，兵指洛阳，进入后赵的腹地。后赵石虎不曾料想，自己曾经高度信任的可靠军事力量，今天又对自己形成如此巨大威胁，于是急忙命令李农为大都督行大将军事，统率卫军将军张贺度、征西将军张良、征虏将军石闵等，率领10万步骑兵布阵新安、洛阳，迎战起义军，声势甚盛。双方首先在新安交战，官兵大败。接着，在洛阳再战，官兵再次大败。李农大军在握，两次战败，从此前的志在必得一下子掉落到如今的心惊胆战，便领兵向东撤退，龟缩于成皋，再也不敢出兵作战。梁犊乘胜领兵继续向东进军，长驱直入，一路攻下了荥阳和陈留(今开封)等郡。

面对起义军势不可挡的攻势，石虎大惊，便倾全国之兵力，以燕王石斌为大都督，统领冠军将军姚弋仲、车骑将军蒲洪等，率领大军前往镇压。石斌与姚弋仲等在荥阳打败起义军，梁犊战败被杀。接着，官兵又消灭了起义军余部，起义旋即失败。

  综观此战，梁犊起义军虽为一支孤立之兵，但因其训练有素，行动迅速果敢，横扫后赵东西全境，沉重打击了后赵的统治。但其毕竟是一支没有远大政治目标作为号召的军队，起义仅为顺利回到家乡，所以得不到广大群众和各方面的支持和声援。且其孤军大踏步自西向东，没有后勤供给保障和其他方面的侧应支援，最终失败是不可避免的。

东晋桓温北伐收复洛阳

公元311年，匈奴汉国攻克西晋国都洛阳；公元316年，匈奴汉国攻陷长安，西晋政权灭亡。公元317年，原西晋都督扬州江南军事的安东将军、镇守建业的琅邪王司马睿，登上晋王位，开始了东晋的历史。次年，即公元318年，司马睿即帝位于建康（今江苏南京），史称东晋。东晋的疆域略大于三国时期的吴国。

东晋建立之时，中原地区已沦丧于匈奴汉国之手。为此，东晋的爱国将士每每以北伐中原、收复失土、恢复国都洛阳为己任，故东晋自始至终都有北伐之举，先后有庾亮、殷浩、桓温、刘裕等人的多次行动。但是，东晋北伐军每每功败垂成，始终未能恢复中原、完成统一。其原因是多方面的，首先是统治阶级的内部矛盾。多数割据世族只是以扩充各自势力为目的，不积极北伐，或者是利用北伐排斥异己，争权夺利。其次，东晋的世族又多苟且偷安。当时皇室和南迁的北方世族均把江南当作人间乐土，醉生梦死，胸无大志，甚至有的大臣认为还都洛阳是"舍安乐之国，适习乱之乡"。再次，江南本地的望族受朝廷重用，也不希望皇室北还。另外，东晋王朝内乱不断，影响了北伐的根本大计。但不管怎样，东晋毕竟进行了北伐的努力，并有一定收获，收复洛阳便是其中一次胜利。

永和八年（352）春天，晋中军将军、扬州刺史、主持北伐军务的殷浩，上书朝廷请求北伐，收复许昌、洛阳一带。经皇帝批准后任命安西将军谢尚、北中朗将荀羡为督统出师北伐。但谢尚却与背叛冉魏投降于晋的张遇发生冲突。张遇大怒，便据许昌反晋而投降于前秦（国都长安），并派出其部下上官思攻占洛阳，派出乐弘进攻晋督护戴施于仓垣（今河南开封东），阻止了殷浩的这次北伐。谢尚与投降于晋的姚襄合攻张遇于许昌，前秦苻健立即派出丞相东海王苻雄等人率兵来救张遇，并乘势经略关东地区。苻雄率领步骑兵2万人前往，大破晋军谢尚、姚襄所部，斩晋军5万多人。谢尚败退寿春（今安徽寿县），殷浩闻之，也退至寿春。七月，苻雄带张遇回归长安，以右卫将军杨雄为豫州刺史留下，镇守许昌、洛阳一带。于是，秦晋之间展开了争夺许昌、洛阳一带的战争。

九月，殷浩再次北伐，派出河南太守戴施占据石门（今河南荥阳东北），荥阳太守刘遯攻占仓垣。十月，晋将谢尚派出其部将冠军将军王侠攻占许昌，前秦守将陈群退至弘农（今河南灵宝）。然而，殷浩并不乘胜进军，却又回兵寿春。

永和九年（353）十月，被前秦任命为司空的张遇因不满苻健的侮辱，在长安举兵叛乱，并准备再次投降于晋。晋将殷浩认为是个好时机，便乘秦王苻健之侄苻眉率领大军弃洛阳回救长安时，亲自率领7万大军自寿春再次开始北伐，以图攻取洛阳，恢复西晋天下。

但是，这次随同进军的姚襄却另有所图。他因不堪忍受殷浩排挤和迫害，准备借机除掉殷浩。姚襄在行军途中设下埋伏，突然袭击殷浩军。殷浩毫无防备，结果大败，被斩1万多人而归。不久，姚襄与晋征西大将军、开府仪同三司桓温都上书朝廷，历数殷浩罪状，朝廷只好罢免殷浩官职，贬为庶人。东晋的军政大权落入之前与殷浩争权夺利的桓温手中。

至此，殷浩3次北伐以收复洛阳的意图全部落空。

桓温在独揽大权以后，继续推进北伐。此时，前燕刚刚灭亡了冉魏，兵势很盛，而前秦由于张遇之乱，关中有不少人起兵反秦，而在前秦的背后，还有凉州（今甘肃武威）的人马可以策应东晋。于是，桓温选择了前秦作为这次北伐的目标。

东晋永和十年（354），桓温统率步骑兵4万从江陵（今湖北江陵）出发。水军从襄阳（今湖北襄阳）入均口（今湖北老河口），直指关中。步兵从淅川（今河南淅川）直取武关（今陕西丹凤）。桓温又命令梁州刺史司马勋出子午谷（今陕西西安与洋县之间）攻击前秦，作为偏师，策应主力的进攻。桓温的部队精锐，来势十分凶猛。桓温的部将首先攻取了商洛，生擒前秦荆州刺史郭敬，又攻破了青泥（今陕西蓝田南）。司马勋攻掠前秦西部边境，而凉州方面的秦州刺史王擢也进攻陈仓（今陕西宝鸡）呼应桓温的北伐。三面夹攻的态势，令前秦的局势岌岌可危。秦主苻健派遣太子苻苌、丞相苻雄、淮南王苻生、平昌王苻菁、北平王苻硕率领5万大军迎击桓温，企图先一举击破桓温的主力军。晋军和秦军在蓝田展示大战，前秦淮南王苻生骁勇异常，单骑突阵，在晋军中来回冲杀十几次，杀伤很多晋军将士。桓温毫不示弱，亲自督阵，率领晋军力战，最后秦军大败，太子苻苌也被流矢射中，负了重伤。桓温的弟弟将军桓冲在白鹿原（今西安东南）也击败了苻雄统帅的部队。桓温一路转战，推进到灞上，直逼长安城下。苻苌率领败兵退守长安城南，秦主苻健率领老弱6000余人坚守长安内城，将能够调集到的3万精兵归大司马雷弱儿统率，与苻苌所部会合，一起防御桓温。面对桓温凌厉的攻势，苻健不能不采取了坚守的策略。晋军的到来，声威所及，各郡县纷纷来请降，桓温抚谕居民，让他们各安本业。由于晋朝在当时人们心目中仍是正统王朝，晋军是官军，所以民众纷纷以牛、酒犒劳晋军，观赏晋军的军容，甚至有遗老流泪感叹："不想今天又能看到官军的到来。"

凉州方面，王擢攻破了陈仓，斩杀了秦扶风内史毛难。前秦在坚守长安的同时，苻雄统率7000精骑在子午谷袭破了司马勋防线。六月，在白鹿原又击败了晋军，斩首万余人。桓温悬军深入，后勤补给跟不上。他本来打算在关中就地取粮，而秦主识破了桓温的意图，事先把麦子割了，坚壁清野，致晋军缺乏粮草。最终，晋军因缺粮而被迫撤军。

其间，隐居华阴的北海人王猛，博学多才，有大志而不拘小节，听到桓温入关的消息，去见桓温。王猛在桓温面前一边捉虱子，一边高谈阔论，桓温暗暗称奇。他问王猛："我奉天子的命令，率领10万大军为百姓除害，而三秦豪杰却没有人来投效，这是为何？"王猛回答说："阁下转战数千里，深入敌境，离长安咫尺而不渡灞水，百姓不明白阁下的意图，所以不来。" 王猛的话其实是点破了桓温没有立即攻占长安的弱点，所以桓温沉默了半天才说："江东没有超过阁下这样的人才呀。"他任命王猛为军谋祭酒。撤退时，他想带王猛一起走，可王猛推辞了。关中的反秦势力呼延毒也率领部众1万多人随桓温一起撤退。苻苌率领秦军在后面不断追击。等晋军退到潼关,又逃散万余人。而苻雄也在陈仓击败了司马勋和王擢,司马勋撤退到汉中,王擢退到略阳。由此,桓温对前秦的北伐行动最终失败。九月,桓温撤退回襄阳。

此前的当年(354)正月,原冉魏投降于晋的降将周成又反叛东晋,率领兵马从宛(今河南南阳)北上,攻击洛阳。当时镇守洛阳的是东晋河南太守戴施,他弃城逃到鲔渚(今河南巩义北),周成占领洛阳。三月,原投降于晋的姚襄(即突然袭击殷浩的那个晋军将领)又重新投降于前燕。燕王慕容儁命慕容评为镇南将军,都督秦、豫、徐等10州军事,镇守于洛水一带。此时,安徽一带流民郭敞等上千人劫持了陈留内史刘仕,归附了姚襄。这一举动震动了东晋都城建康,东晋朝廷急忙派军队沿长江设防,做好了防守京城的准备。姚襄的部下多劝他回到北方的前燕,姚襄同意了。次年五月,姚襄便率领所部北上,一举攻占许昌。永和十二年(356)五月,姚襄企图西入关中进攻前秦,遂自许昌西进,攻击周成占据的洛阳。然而攻打月余竟然不能攻克。他的手下长史王亮劝说道:"今顿兵坚城之下,力屈威挫,或为他寇所乘,此危亡之道也。"但姚襄不听劝告,继续攻打洛阳。

永和十二年(356)十二月,桓温多次上书朝廷,请求迁都洛阳,并修缮保护皇陵,晋帝不允。接着,命桓温为征讨大都督,督司、冀两州军事,以征讨姚襄的叛军。姚襄的反叛,实在是有损东晋朝廷的颜面,所以要出兵讨伐。而此时的姚襄,正在围攻占据洛阳的周成,周成拼命坚守,姚襄不能攻取。桓温再次从江陵出师北伐,派遣督护高武进据鲁阳(今河南鲁山),命辅国将军戴施屯兵黄河岸边等待北伐军到达,他自己率领大军北进。

西晋铜印

桓温前进到伊水（洛阳城南），姚襄见晋军到来，不得不停止对洛阳的围攻，转身对付桓温大军。他将精兵埋伏在水北的树林中，作为伏兵，企图待桓温军到来时而一举击之。然后他派使者对桓温说："今天阁下亲自率领大军前来，我应该立刻归降，希望阁下让军队稍微后退一点，我就会出来迎接阁下。"桓温回答："我这次是来收复中原，修复先帝的陵墓，和阁下没有关系。如果阁下想来拜见，就在眼前，何必烦劳使者呢？"姚襄企图麻痹桓温，没有成功，于是在水边列阵企图顽抗。桓温披甲上阵，亲自督战，指挥晋军向前猛攻，姚襄大败，损失了数千人。姚襄率领剩下的几千骑兵逃到了洛阳北边的邙山。史载，姚襄虽然叛投不定，但甚得民心，多次战败却有民众愿意投靠他。当天夜里，就有5000人抛妻弃子跟随姚襄西逃，桓温派兵追击不及。姚襄渡过黄河奔往平阳（今山西临汾），占据襄陵（今山西襄陵），最后死于与前秦的交战之中。

桓温率领部队前进到洛阳。周成因被围困月余，兵士减员，粮草将尽，面对桓温大军，只得开城投降。桓温占据洛阳后，拜祭了先帝的陵墓，设置了护陵官员，修复了被毁坏的陵墓。东晋朝廷欲让桓温镇守洛阳，但桓温不想待在洛阳，而是推荐镇西将军谢尚都督司州诸军事，镇守洛阳。在谢尚还没有到任之时，桓温便留下颍川太守毛穆之、督护陈午、河南太守戴施率领2000人马驻守洛阳，迁移归附的民众3000多家于长江、汉水之间。于是，桓温带着周成，率领大军回到了荆州。

综观这次桓温北伐，由于前秦和前燕尚未争夺中原地区，而姚襄的实力相对薄弱，所以比较成功。桓温请求东晋朝廷还都洛阳，有些操之过急，因为南迁的移民在江南一带已经生活了很长时间，情况已经稳定，而中原地区久经战乱，生产遭到了很大的破坏，人口稀少，粮食还需要从江汉地区运来，暂时不具备还都的条件。而桓温显然也没有做好长期经营中原的准备，他如果从北方来的流民中招募人员，在中原地区进行屯田，一边慢慢恢复生产，一边训练军队，先巩固在中原的北伐基地，等有了一定的基础，然后再上书请求还都，情况就不一样了，即使不能还都洛阳，也可以把北伐的前进出发地从荆州推进到洛阳一带。但是桓温只重视自己在荆州的地盘，没有考虑经营中原，虽然这次北伐收复了洛阳这一战略要地，晋之旧都也得到了一定恢复，但其政治象征意义远比战略意义大得多，况且后来也没有发挥多大的作用。

至此，东晋的疆域便自山东临沂经泰安而西，沿今天之黄河至洛阳，与前燕接壤。随后，晋燕之间便展开了争夺河南地区的争战。

前燕东晋两战洛阳

前燕,为鲜卑族慕容皝于公元337年所建立的少数民族政权。最初,鲜卑族首领慕容廆称臣于晋朝,被晋武帝任命为鲜卑都督。此后,他利用西晋末年动乱之机,招收安置大量流民,任用汉族地主的贤能之士辅佐政务,势力迅速扩大。他向东击败扶余,向西结好鲜卑族宇文段氏部,仿效汉人建立政权,都于大棘城(今辽宁义县西)。公元302年,慕容廆打败宇文段氏部,逐渐强大起来。公元321年,东晋命慕容廆为车骑将军、平州牧,封辽东郡公,都督幽州东夷诸军事。公元333年九月,慕容廆死后,其第三子慕容皝继任。东晋咸康三年(337),慕容皝自立为燕王,建国为前燕。公元338年,前燕联合后赵消灭段辽,使燕与后赵接壤。之后,前燕消灭高句丽、宇文氏,击后赵,灭冉魏,疆土不断扩大。东晋永和八年(352),攻下邺城(今河北临漳西),前燕主慕容俊于十一月称帝。至此,前燕成为北方大国,据有今辽宁大部,河北、山东全部及山西、河南、安徽、江苏的一部分,政治上安定发展。如此,在北方地区形成了前燕与前秦两国争霸的局面,并与东晋形成新的三足鼎立。中原地区成为三个国家的必争之地,而洛阳因其所处地理位置和政治地位首当其冲。

前燕与东晋的冲突开始于东晋永和十年(354)。前燕自从与东晋接壤以后,起初燕晋之间并没有发生什么大的战事。但到了公元354年四月,前燕帝慕容俊以慕容评为镇南大将军,都督秦、雍、徐、豫等10州军事,镇守洛水一带。慕容评以慕容强为前锋都督,开始向南大举进攻,推进至黄河以南。次年,兰陵(今山东兰陵)太守孙黑,济北(今山东东阿)太守高柱,建兴太守高瓮,秦河内(今河南沁阳)太守王会,黎阳(今河南浚县)太守韩高等人,均投降于前燕。

公元356年起，前燕开始大举向周边扩张。当年一月，前燕大司马慕容恪率领大军渡过黄河，首先向齐地（今山东）进攻。晋将军段龛领兵3万迎击燕军。燕军击败晋军，俘虏数千人。段龛退守广固（今山东青州西北），燕军以高墙深堑围困，至十月，城中粮食断绝，甚至杀人为食。段龛无奈率领全军出击，被燕军打败，段龛率领余部降燕，齐地全部为燕军占领。接着，燕军又向西北进击。公元357年五月，燕派出抚军将军慕容垂、中军将军慕容虔、护军将军平熙统率步骑兵8万人，向塞北人败勅勒部进击，斩俘10多万人。匈奴单于贺赖头见前燕兵锋盛大，也率部3.5万人投降前燕。当年十一月，燕将其国都迁移至邺城。次年二月，前燕攻取了上党（今山西黎城西南），九月又击败了占据平阳（今山西临汾）的张平。如此，前燕解除了后顾之忧后，便开始向黄河以南进击，以求与东晋决战。

晋穆帝升平三年（359）秋，晋泰山太守率领2万多人向前燕军反击，经石门（今山东平阴东北），渡过济水，驻扎于黄河岸边。前燕上庸王慕容评与长乐太守傅颜，统率步骑兵5万，在东阿（今山东阳谷东北）击败晋军。

东晋为加强前线兵力，于当年十月以吴兴太守谢万驻兵于下蔡（今安徽凤台），以北中郎将郗昙进占高平（今山东金乡东北）。不久，谢万率军从涡水与颍水之间援救洛阳，恰巧郗昙因病退守彭城（今江苏徐州），谢万以为是其兵败而退，便也惊慌领兵而退，结果部下乘机溃散，谢万自己狼狈而逃。东晋朝廷把谢万贬为平民，连累郗昙也降为建武将军。这样，许昌、颍川、谯、沛等郡皆为前燕所有。

升平四年（360），燕主慕容俊病逝，太子慕容韦继位，加之内乱，前燕暂时停止了向南的攻势。

升平五年（361）二月，前燕河内（治今河南沁阳）太守吕护投降于晋，东晋封他为冀州刺史。吕护欲联合晋军攻打燕都邺城（今河北临漳），燕于当年三月派兵征伐吕护。燕派太守慕容恪领兵5万，冠军将军皇甫真领兵1万，南下进击。燕军6万到达野王（今河南沁阳），吕护据城坚守，燕军则采取了围城不攻的战术。吕护急忙向晋求救。四月，晋桓温派出其弟桓豁领兵攻占了许昌，击败燕守将慕容尘。直到九月，桓温才带领许昌胜利之师来救援吕护，结果已经晚了。慕容恪已经命令大军急攻野王城。吕护军被围数月，外无救兵，内无粮草，被迫令部将张兴率领7000人马出城迎战，张兴兵败被斩杀。当夜，吕护以皇甫真营阵为突围口，率城中余部试图突围。皇甫真事先已做好防备，慕容恪领兵从侧翼出击，吕护所部死伤惨重。吕护单骑逃往荥阳（今河南荥阳），于十月又投降了前燕。前燕以吕护为广州刺史。

当年五月，晋穆帝病故，由琅琊王司马丕继位，是为晋哀帝。

东晋哀帝隆和元年（362）二月，前燕将军吕护攻击洛阳，东晋河南太守戴施逃到宛城（今河南南阳），只留下偏将陈祐千余人马守洛阳。陈祐急忙向朝廷告急。五月，晋桓温派遣北中郎将庾希和竟陵太守邓遐率领3000水军增援洛阳。同时，桓温还上疏朝廷请求迁都洛阳，请把永嘉之乱以来迁移江南的民众全部北移，以充实河南。著作郎孙绰上疏谏止，认为桓温此举虽然是深谋远虑，但是操之过急，北方移民在江南已经生活了数十年，扎下了根基，而中原地区一片废墟，环境险恶，如果强行迁移，必然会引起很大混乱。不如派遣有能力有声望的将领镇守洛阳，先经营河南地区，等漕运之路开通，屯田有了一定的积蓄，敌人远避，中原地区有了一定的基础，然后再谈论迁都的问题。孙绰的意见是非常合理的，但是桓温却不能采纳，还怪孙绰多事。由于朝廷中一片反对之声，最后此事不了了之。

七月，吕护见攻击洛阳不克，又遭到东晋军队的反击，便退兵至小平津（今河南孟津北），结果中流矢阵亡，前燕军队退回了黄河以北。邓遐进屯新城（洛阳东南），西中郎将袁真进屯汝南，运输粮米5万斛以供应洛阳，东晋总算保住了洛阳。十二月，鉴于洛阳之围已经解除，庾希和邓遐退守山阳（今江苏淮安），袁真也退至寿阳（今安徽寿春）。由此，燕晋第一次洛阳之战以东晋的胜利而结束。

兴宁元年（363），前燕派太傅慕容评、龙骧将军李洪再次南下，夺取河南。四月，李洪首先攻打许昌、汝南、陈郡，晋颍川太守李福战死，汝南太守朱斌逃到寿春，陈郡太守朱辅退守彭城，从而前燕攻取了许昌、汝南、陈郡，将万余户民众迁移到幽、冀两州，留下镇南将军慕容尘镇守许昌。如此，河南地区各郡县基本落入前燕之手，仅仅剩下洛阳一座孤城。晋桓温为抵御前燕攻势，率领水军北进屯兵合肥，并派西中郎将袁真等前往经略河南。

五月，前燕太宰慕容恪再次攻打洛阳。他先招抚洛阳附近的地方豪强吏民，然后派遣将领屯兵于洛阳周围地区，截断东晋救援的道路。命司马悦屯兵于盟津（今河南孟津），命豫州刺史孙兴屯兵于成皋（今河南荥阳西北），从东、北两个方向威逼洛阳。

此时，晋军防守洛阳的是冠军将军陈祐，只是才有两千多人，军孤兵弱，形势危急。晋叛臣沈充之子沈劲，因为父亲死于逆乱，决心立功雪耻，所以请求自募兵士赶赴洛阳，以助陈祐。东晋任命沈劲为冠军将军长史，统率自己招募的千余志愿兵增援洛阳。燕军进逼洛阳，沈劲屡次以少敌众，击破燕军的进攻。但是洛阳已经成为孤城，粮尽援绝，陈祐估计洛阳不能坚守，以救援许昌的名义，仅仅留下沈劲率领500人防守洛阳，自己率领3000人马于九月离开洛阳。沈劲不但不为险恶的处境而担忧，反而为雪父耻而抱着必死的决心。他高兴地说："我的志向就是为国献身，今天终于得到了这个机会。"陈祐带兵出城以后，得知许昌已经陷落，便逃到了新城。东晋司徒司马昱得知陈祐已经放弃了洛阳，便和已经担任大司马的桓温商量北伐的方略，反击前燕的进攻，偏偏在这个关键时刻晋哀帝逝世，北伐的事情只好搁置下来。

东晋兴宁三年（365）二月，慕容恪见洛阳久攻不下，便和吴王慕容垂联合攻城。前燕两支大军包围洛阳，进行围攻。此时的洛阳，城中粮食已近断绝，兵士也屡战数月，疲惫不堪，但由于沈劲斗志昂扬，鼓舞士气，竟然奇迹般地坚持到了三月。沈劲虽然进行了顽强的抵抗，但毕竟兵力实在是太单薄了，最后城破被俘，不屈而死。前燕军攻克洛阳后，乘胜进军西掠，一直打到渑池一带，致使西方的前秦举国大惊。秦王苻健亲自率领大军驻扎于陕（今三门峡），以防有变。前燕慕容恪以中朗将慕容筑为洛州刺史，镇守金墉城（今洛阳东北），以吴王慕容垂都督荆、扬、洛、徐等10州军事，领兵1万镇守鲁阳（今河南鲁山），他自己则领兵回到邺都。至此，燕晋河南战事告一段落，桓温上次北伐收复的失地，又再次丧失了。前燕与东晋之间的第二次洛阳之战以前燕的胜利而结束。

综观东晋北伐与前燕南下大局，前燕无疑是在不断进攻，势力范围不断扩大，处于优势地位；而东晋则表现出了兵力不足，势力范围逐渐缩小，处于被动的劣势地位。具体到洛阳之战，东晋将领多有怯阵、怕死之心。先是谢万误判军情，导致全军溃败，接着河南太守戴施作为主将临阵逃脱，最后陈祐也寻找借口带领主力逃跑。如此之东晋军队，不败岂非咄咄怪事！

前秦灭前燕洛阳之战

前秦是氐族苻健于公元351年所建立起来的。氐族首领苻健于后赵石虎死后,率领军队由今天甘肃地区东进,占据了长安。东晋穆帝永和七年（351）,苻健建国号秦,定都长安,史称前秦。

东晋永和十年（354）,东晋征西大将军桓温率领大军北伐,企图消灭前秦,恢复西晋天下。苻健分兵迎敌,大败晋军。次年苻健病故,其子苻生即位。苻生是天下少有的暴君,视杀人如儿戏。每逢接见大臣,都让侍从箭上弦,刀出鞘,铁钳、钢锯等摆放跟前。看谁不顺眼,就随即杀掉。如哪位大臣有所劝谏,就被视为诽谤,杀之；若有人说句奉承话,就被视为献媚,亦杀之。因此,朝中人人自危。

东晋穆帝升平元年（357）,前秦东海王苻坚杀暴君苻生,去皇帝号,自称大秦天王。苻坚,苻雄之子,前秦奠基者苻洪之孙,前秦开国君主苻健之侄,其祖先世代为西戎酋长。在后赵石虎进攻关中时,苻洪率族归服,后又投靠东晋,被任为征北大将军,不久自称秦王。苻健是苻坚的伯父。苻坚的父亲苻雄因辅佐长兄创业有功,被封为东海王。苻坚学习非常刻苦,潜心研读经史典籍,随着学识的不断增长而立下了经世济民、统一天下的大志,遂又结交了许多当世豪杰,很快成了朝野享有盛誉的佼佼者。公元354年,苻雄去世,苻坚承袭父爵东海

桓温

王。

苻坚继承王位后，任用汉族政治家王猛（即当年面见桓温而又不肯跟随桓温而去之人）辅佐，打击和镇压不法豪强势力，诛杀氐族豪强恶人20多人，推进社会改革，减轻税赋，社会出现了自东汉亡国以来少有的安定发展的局面。史载，此时的前秦"百僚震肃，豪右屏气，路不拾遗，风化大行"。从此，前秦有了明主贤臣，逐渐强大起来。

东晋太和五年（370），苻坚派遣王猛统兵6万，消灭了前燕。第二年又消灭了今甘肃陇南地区的仇池国，凉州的张天锡和居于今天青海的吐谷浑也派使称臣。东晋宁康元年（373），苻坚派兵攻占了汉中、巴蜀地区，邛、莋、夜郎等国也均臣服于前秦。同年攻取了晋之梁、益二州。东晋太元元年（376），前秦并灭前凉和鲜卑拓跋的代国，完成了中国北方的统一。其间，前秦于公元370年在洛阳与前燕展开大战并攻取了洛阳。

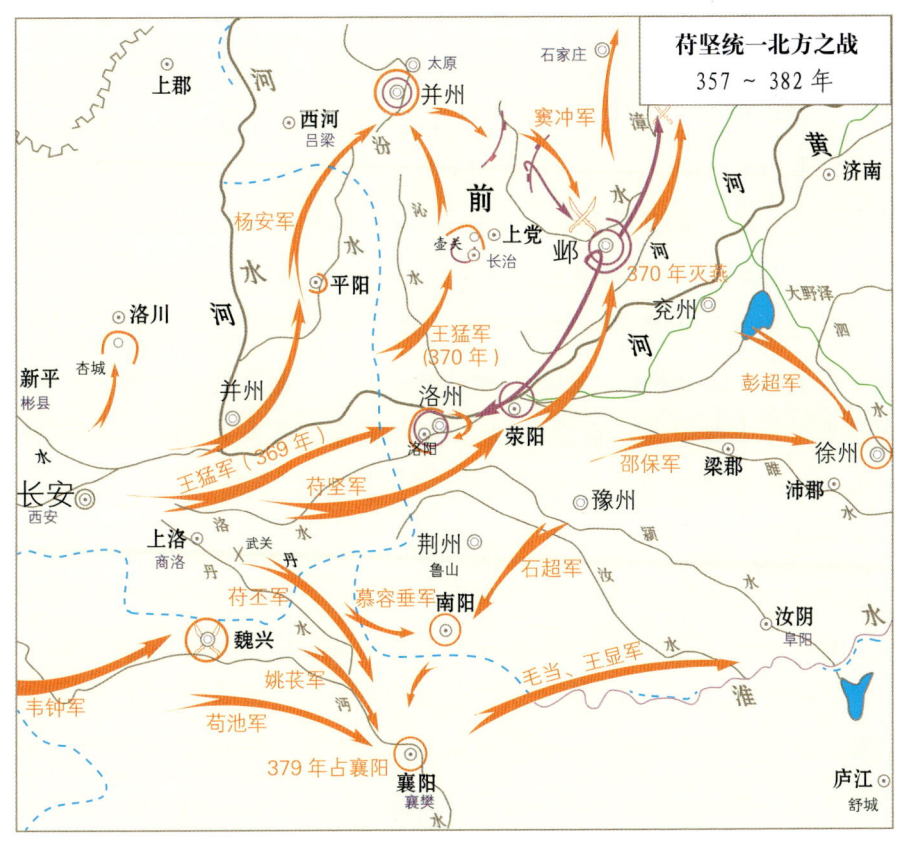

苻坚统一北方之战（源自《中国战争史地图集》）

苻坚墓碑，位于陕西彬县

东晋太和四年、前秦建元五年、前燕建熙十年（369），就在前秦社会安定、经济发展之时，东晋大司马桓温乘前燕太宰慕容恪去世之机，率领5万大军第三次北伐，进攻前燕。晋军水陆并进，所向披靡，一直打到距邺城（今河北临漳）几十里的枋头，并屯兵于此，但遇到前燕军顽强抵抗。前燕王慕容暐见形势危急，于是向前秦求救，并提出愿以割让虎牢（今河南荥阳汜水）以西领土给前秦为条件。前秦众臣都认为，当年桓温攻前秦时，前燕不曾救我，今天桓温攻击前燕，我们也不必救前燕。然而王猛却劝苻坚说，前燕虽然强大，但前燕之慕容评却远远不是东晋桓温的对手，如果桓温占据了山东，屯兵于洛阳，收复了幽、冀两州，则陛下大事去矣！观今天之事，不如与前燕合作，以退桓温之兵，而当桓温退兵之时，前燕也已经衰弱不堪了。到那时，我们乘势取燕国，不是很容易的事吗！苻坚听从了王猛的建议，于八月命将军苟池、洛州刺史邓羌率领步骑兵2万前往救援前燕。前秦军东进，兵出洛阳，进入颍川（今河南许昌地区），准备与东晋军队作战。

桓温与前燕吴王慕容垂数战不利，粮食将尽，粮道又被切断，又听说前秦军将至，便火烧船只，丢弃辎重从陆路退却。慕容垂设伏兵于襄邑（今河南睢县），大败桓温，斩首级3万。接着，前秦苟池又于谯郡（今安徽亳州）截击桓温败退之兵，斩首级1万。十月，桓温率领残兵败将退守山阳（今江苏淮安）。

前燕吴王慕容垂在击退东晋桓温的北伐军后，回到都城邺城（今河北临漳），威名大振，太傅慕容评对他嫉恨有加。慕容垂因害怕慕容评加害，于是出奔投降前秦。前秦苻坚早于两年前知道慕容恪去世的消息时就已经有吞并前燕的计划，还特地派了使者出使前燕以探虚实，然而慑于慕容垂的威名而不敢出兵。现在慕容垂自来，苻坚十分高兴，并亲自出郊迎接，对其礼待有加，更以其为冠军将军，而不顾王猛要他提防慕容垂的谏言。

同年十二月，苻坚以前燕违背请兵诺言，不割让虎牢（今河南荥阳汜水）以西土地给予前秦为借口，出兵前燕。命辅国将军王猛、建威将军梁成和洛州刺史邓羌率军3万，开始向前燕进军。首先兵出函谷关（今新安之汉函谷关），进攻重镇洛阳。

次年，即公元370年一月，王猛兵临洛阳城下。为了一举而克，他以重兵包围和虚张声势相结合，先以部分兵力控制成皋险关和孟津黄河渡口，堵塞燕军东、北两个方向的逃跑路线。然后，为了争取不战而屈人之兵，采取"攻心为上"的策略，致信前燕洛阳守将武威王慕容筑，告诉他说，我军以百万之师，将攻取燕都邺城，现在我们已经控制成皋险关和孟津黄河渡口，你已被围困且外无援兵，几百兵卒岂能支持下去。慕容筑对前秦之兵的到来毫无防备，又经王猛恐吓，万般无奈之下，只得举城投降。

前燕王慕容暐得知前秦出兵攻打洛阳，急命卫大将军慕容臧率领10万大军火速前往救援。前秦王猛命将军杨猛率军迎击，于石门（今荥阳境）被慕容臧击败，杨猛被擒。王猛又派出建威将军梁成和洛州刺史邓羌率军1万，紧急驰往，在荥阳大败慕容臧，歼敌万余，俘虏燕将杨踞。慕容臧退兵河北，筑新乐城（今河南新乡境），以防备秦军。王猛命邓羌防守金墉城（今洛阳东北），以司马桓为弘农（今河南灵宝）太守，镇守陕城（今三门峡），然后自己领兵退回长安。

当年六月，苻坚再命王猛等率领大军6万出兵前燕，展开更大规模的进攻，自己更亲自送行。前燕太傅慕容评举全国之力，率领30万大军迎战秦军。秦军先后攻克壶关、晋阳（均山西境）。经过反复拼杀，王猛终在潞

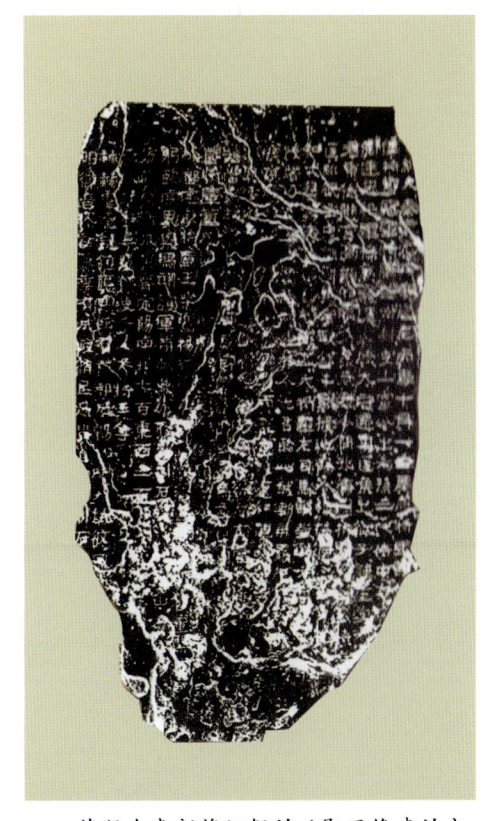

苻坚为表彰将领们的功勋而修建的广武将军碑

川（今山西东南部浊漳河畔）击溃前燕大军，斩俘15万人，并乘胜直取前燕首都邺城（今河北临漳西南）。苻坚也在王猛围攻邺城时亲自率军10万前往邺城助战。拿下邺城后，正出奔辽东的前燕皇帝慕容暐被前秦追兵生擒，前燕在辽东的残余反抗力量亦遭消灭，前秦正式吞并前燕。

  综观此次洛阳之战，王猛以3万之兵击败前燕10万之众，并夺取了洛阳、荥阳两座军事重镇，不能不说具有高超的军事指挥才能。而前燕之军，洛阳守将不战而降，10万援兵在1万秦军面前败下阵来，退兵自守。相比之下，胜败自明。而且，前秦抓住战机，乘胜进军，一举消灭前燕，使延续了47年的前燕政权冰消瓦解，从而结束了前燕、前秦、东晋三国鼎立19年之久的政治局面，将中国北方的统一向前大大推进了一步。无疑，这是前秦对历史发展的重要贡献。

前燕慕容垂复国转战洛阳

慕容垂（326—396），鲜卑族，昌黎棘城人，十六国时期杰出的军事家、政治家，被誉为一代"战神"。作为前燕的著名将领，慕容垂屡立战功却郁郁不得志。公元369年，他在枋头之战中领导前燕军大败东晋桓温，威名大振，但因此也反遭当政的慕容评妒嫉和排挤，无奈携子出奔前秦。在前秦，前秦天王苻坚对其极为赏识，亲授冠军将军。公元383年，前秦苻坚率领90万大军东进南下，会攻东晋国都建康（今江苏南京），欲消灭东晋而统一全国。然而前秦由于国内矛盾重重，各个被前秦消灭的国家和被迫投降的各种力量时刻在寻找机会反叛，所以，在进攻东晋时人心涣散，各怀鬼胎，互相观察动静，伺机而动。经淝水之战，前秦大败，几十万大军迅即崩溃，潮水一般向北逃去。其中，只有慕容垂率领的3万兵马完整而退，并护驾苻坚北返。

当时，苻坚仅仅带领6000多骑兵与慕容垂会合。慕容垂之子慕容世、奋威将军慕容德等人均劝慕容垂趁机杀掉苻坚，以恢复被苻坚消灭了的燕国。但慕容垂念及当初苻坚对他有收留之恩而加以拒绝。其实，在慕容垂内心早就有了复兴燕国之雄心。当年，他随王猛一起消灭前燕，在攻入燕都邺城（今河北临漳）时，见到了家乡人和旧部故吏，"收集诸子，相对而哭"，不忍心看着燕国就此完结，只是觉得苻坚对自己恩德有加，自己当时也是前秦将军，身负军人使命，故以履行使命为要，复国之事只有等待来日。消灭了前燕回到长安，他表面上依然如常，但内心却越发不能平静，复国之念时常折磨着他。王猛死后，苻坚日渐奢侈腐化，前秦政治日见颓废，更坚定了他复国之志。如今，苻坚兵败回逃，其性命已掌握在他手中，但他还是对苻坚下不了手。

当慕容垂保护着苻坚来到洛阳，准备西返长安时，其部将见他对苻坚难下决断，便又建议他离开苻坚，到河北去发展。慕容垂对这个方案欣然接受了。所以，当西行至渑池（今河南渑池）时，慕容垂向苻坚请求说，河北及北部边远民众听说王师战斗不利，遂蠢蠢欲动，请陛下下令让臣前往安抚，并顺便拜谒祖庙。此时依赖慕容垂的苻坚见他有所请求，自然很爽快地答应了。但是，苻坚的尚书左仆射权翼似乎洞察了一切，便极力劝阻苻坚切莫放虎归山。苻坚听后，觉得有理，有些后悔，但仍然以不可失信为由，不愿改变自己的决定。并且，他还派出将军季蛮、闵亮、尹固领兵3000护送慕容垂。慕容垂逃出樊笼，如鱼得水。权翼无奈，便秘密派兵在慕容垂必须经过的黄河桥（位于今河南孟津）南设下埋伏，企图在慕容垂经过此地渡河时将其杀掉。慕容垂一路之上非常谨慎小心，随时害怕有人暗算。到达黄河岸边时，他更觉得可疑，便让自己的典军校尉程同，穿上自己的衣服，骑上自己的战马，带着自己的仆从由河桥渡河。程同刚到河桥，权翼的伏兵四起，程同快马加鞭，逃出重围，才幸免于难。而同时，慕容垂则暗中自渑池的凉马台扎草筏渡河而去。

公元383年十二月，慕容垂至安阳（今河南安阳），派参军田山拿信去见镇守邺城（今河北临漳）的前秦长乐公苻丕。苻丕闻慕容垂北来，虽怀疑其欲背叛秦，但没有什么证据，便仍然派人前去迎接。到了邺城，赵秋劝慕容垂乘机杀死苻丕，慕容垂认为自己羽翼未丰，没有同意。而苻丕也想杀死慕容垂，后侍郎姜让劝阻说："慕容垂反叛并未暴露，而明公擅杀之，非臣子之义；不如待以上宾之礼，严兵卫之，秘密上报朝廷，听敕而后图之。"苻丕认为姜让之言有理。

苻丕让慕容垂住在邺城西，并与其相见，慕容垂将兵败之事详细告诉了苻丕。苻丕走后，慕容垂与前燕旧臣暗中联系，准备重建燕国。

时洛阳附近的前秦卫军从事中郎、丁零人（又称高车人，古代北方的游牧民族，曾臣服于匈奴。汉朝击溃匈奴后，其族南移，入中原）翟斌在新安（今河南新安）起兵叛秦，准备进攻镇守洛阳的前秦豫州牧、平原公苻晖。当地的前燕旧臣慕容桓之子慕容凤、燕郡王慕容腾、辽西段延及其他人，听说翟斌起兵，便纷纷带领家丁部下归附。翟斌起义军很快发展到数千人。苻晖派遣右将军毛当领兵前往镇压起义军。慕容凤主动请战，对翟斌说："风今将雪先王之耻，请为斩此氐奴。" 翟斌应允，慕容凤遂出兵击毛当，大败秦兵，斩毛当。起义军乘胜进军，又攻克了陵云台（今洛阳西北），人数大增，且得到了可武装万人的武器装备，令洛阳城内大为震惊。苻晖火速报告长安的苻坚，因翟斌部中有大批的前燕人，苻坚便派身在邺城的慕容垂前去平叛，救援洛阳。这对邺城的苻丕和慕容垂来说都是好事。慕容垂早想摆脱苻丕的监视和束缚，而苻丕也早想撵走慕容垂，以防生乱。于是，苻丕拨给慕容垂2000名老弱兵士和破旧铠甲，同时派遣广武将军苻飞龙率领氐族骑兵1000人随行，名为副将，实际为暗中监视，并可见机行事，除掉慕容垂。

慕容垂行前，想入邺城参拜宗庙，苻丕不许。慕容垂着便服悄悄入城，但被守城门的亭吏阻拦。慕容垂大怒，杀吏烧亭而去。石越对苻丕说："慕容垂之在前燕，破国乱家，以至投命我前秦圣朝，蒙超常之遇，今杀吏焚亭，反形已露，终为乱阶。他将老兵疲，我可袭而取之。"苻丕优柔寡断，说："淝水之战大败，众散亲离，而慕容垂则侍卫圣上，诚不可忘。"石越又说："慕容垂既然不忠于前燕，岂肯尽忠于我前秦！今不击之，必为后害。"苻丕未从。石越出来后无奈地对别人说："公父子（苻坚、苻丕）好存小仁，不顾天下大计，我辈终将有一天成为鲜卑的俘虏。"

慕容垂留慕容农、慕容楷、慕容绍于邺城，自己带兵出行。行至安阳汤池，闵亮、李固自邺城赶来，将苻丕与苻飞龙之计划告诉了慕容垂。慕容垂乘机以此激怒其众说："我始终尽忠于苻氏，但其苻氏却一直图谋于我父子，如今，我也就为自己做事吧。"部众得知真实内情，纷纷表示愿意誓死追随。于是，慕容垂便以兵少为由，并不直接向洛阳进军，而是转于河内（今河南沁阳）募兵，十来天时间便招至8000人。

洛阳的形势越来越危急，驻防的前秦平原公苻晖急得团团转，再也盼不到援军的到来，便遣使责备慕容垂，让其赶紧进兵。慕容垂与其部下设计好消灭氐族兵与苻飞龙的计划后，便对苻飞龙说："今寇贼（指翟斌）不远，当昼止夜行，袭其不意。"苻飞龙觉得有道理，便同意了。于是，他们共同领兵向洛阳进军。途中，一日夜，慕容垂派其世子慕容宝率兵居前，慕容隆率兵跟随自己,并把氐族兵分5人一组,散编入队伍,与慕容宝约定击鼓为号,前后一起动手。半夜,鼓声响起,慕容垂部前后合击,全歼苻飞龙与氐兵3000余人。慕容垂给苻坚写信,告诉其杀苻飞龙的原因。接着,慕容垂留下部将辽东鲜卑人可足浑谭在河内继续招兵,同时派出使者返回邺城,密令燕之旧臣起兵响应,而自己则率领3万之众渡过黄河,向洛阳进击。

就在慕容垂进兵洛阳的同时,可足浑谭集兵于河内的沙城,田山至邺城,将起兵之事告之于慕容农等,让其起兵响应。时天色已晚,慕容农与慕容楷留宿邺城,慕容绍带人先出城至蒲池,盗取苻丕骏马数百匹,等候慕容农与慕容楷。月末,慕容农与慕容楷两人率数十骑微服出邺城与慕容绍会合,逃往列人(今河北邯郸东)。

慕容垂领兵渡过黄河后,烧毁河桥,向部众表明绝无后退之路决心,并下令说:"我表面上打着前秦的旗号,实际是要复兴燕国。如今,若有乱法者必有重刑,服从命令者必有重赏。将来天下大定,将对大家按照功劳大小封爵晋级,绝不会辜负大家。"

太元九年(384)正月,归附翟斌的慕容风、王腾、段延皆劝翟斌奉慕容垂为盟主,翟斌同意。慕容垂不知翟斌来投奔是真是假,便拒之说:"我父子寄命于秦朝,危而获济,苻主(坚)待我不薄,表面上虽然是君臣,但情义之深如同父子,决不会因有小隙,便怀有二心。我这次前来,本是要救豫州,与你们并不相同,不知为何给我这样的建议。"慕容垂领兵至洛阳城下,平原公苻晖闻其杀了苻飞龙,觉得可能有变,便闭城门拒守。翟斌见慕容垂对自己来归有怀疑,便又派长史郭通前去劝说,慕容垂还是不信。然后郭通说:"将军之所以拒绝,是不是以为翟斌兄弟属于山野异类,无奇才远略,必定无所成就。为什么不考虑一下,如果将军今日接纳我等,可有助于成就你的大业?"慕容垂这才相信。翟斌归附后,便劝慕容垂称王,慕容垂没同意。面对洛阳城内的苻晖闭门拒守,慕容垂认为:"洛阳四面受敌,北有黄河阻隔,对于控制北方的燕、赵,非形胜之地。不如北取邺都,据之而控制天下。"看来,慕容垂的内心至今想的仍是恢复燕国,还没有从全国的战略大局考虑。然而众人同意他的意见,遂回师向东。

行至荥阳,前秦荥阳太守、原扶余王余蔚,以及鲜卑人卫驹各自率众投降慕容垂。慕容垂在荥阳，称燕王，封官拜爵，以其弟慕容德为车骑大将军，封范阳王；其侄慕容楷为征西大将军，封太原王；翟斌为建义大将军，封河南王；余蔚为征东将军，统府左司马，封扶余王；卫驹为鹰扬将军，慕容风为建策将军。然后，慕容垂亲率20余万军队，从石门(今河南荥阳北)渡过黄河，长驱攻前秦邺城。由此拉开了恢复燕国的序幕。

不久，慕容垂到达邺城附近，遂招集前燕旧将与各路大军会攻邺城。同时，改前秦建元二十年为燕元年（384）。慕容垂遣三子慕容农在康台泽（今邱县邱城东南5里）掠取前秦牧马数千匹。自此步骑兵云集，奠定后燕立国基础。

次年，即公元385年八月，慕容垂攻入邺城，恢复了燕国，史称后燕。

转眼到了建兴七年（392），慕容垂也年近古稀。鉴于河南一带丁零翟氏的朝三暮四、一再叛独，慕容垂亲自带兵征讨翟钊。慕容垂先把营寨迁到黄河上游40里处的西津，造了数百艘牛皮船，载上一些兵士车仗，开始渡河。丁零翟钊在下游听说这一消息，果然带了军队前往西津抵抗。这时慕容垂才派留在黎阳（今河南浚县）的慕容镇军队连夜渡过黄河，在河南扎营。第二天早上，后燕的军队已经在河南驻了不少人的大营。翟钊得知此事又赶到下游攻打慕容镇，慕容镇坚守一段时间后，上游的后燕大军也已乘机渡过了黄河。后燕军两路夹击，翟钊全军溃败而走，慕容垂率军追击，翟钊只身逃到西燕，后又被西燕慕容永杀死。

公元394年，慕容垂战胜并吞并西燕。

随后不久，慕容垂在率军进攻北魏期间病重，在退军时去世，时年71岁。

东晋据洛阳　群雄八争夺

公元370年，前秦苻坚消灭了前燕，使之前的东晋、前燕、前秦三国鼎立的局面被打破，只剩下前秦和东晋两个国家。如此，哪一个国家最终胜利，将会全面统一中国。在此两国中，都于长安的前秦正处消灭了前燕、版图占据大半个中国的兴盛之期。于是，前秦苻坚在进行了十几年的准备之后，于公元383年率领90万大军一路东进、南下，准备渡过长江作战，以图消灭东晋，统一中国。但是，经淝水之战，东晋打败了前秦，苻坚所部一溃而散，苻坚率领残兵败将逃回长安。接着，以前被前秦灭亡或者统治的各种民族势力纷纷起兵，背叛前秦而自立，造成一片混乱。前燕吴王慕容垂又背叛了前秦而恢复燕国，慕容泓也建立了西燕，其他乱局不一而足。在此种局面下，从东晋太元九年（384）开始的15年间，洛阳先后经历了8次战火。简要分列如下：

东晋太元九年（384），慕容泓建立西燕后，经几番内讧，慕容永成为西燕王，不断进攻前秦，进逼长安。七月，据守洛阳的前秦将领苻晖率领7万大军回救长安。乘此机会，东晋河南太守高茂乘虚攻占洛阳。

东晋太元十一年（386）十月，西燕慕容永向前秦主苻丕借道，以图东归前燕故土。苻丕拒绝并与慕容永大战于襄陵（今山西襄陵），苻丕大败。此前，前秦东海王苻纂从长安投奔苻丕，因带有3000多名勇士，引起苻丕猜忌。此次苻丕大败，害怕苻纂加害于他，便率领数千骑兵欲南逃东垣（今洛阳新安）、攻占洛阳以图存。结果被东晋将军冯该在陕州（今三门峡）截击打败，苻丕被杀。

东晋太元十三年（388），丁零人翟斌之侄翟辽反叛东晋，派遣将领翟发领兵进攻洛阳，被东晋河南太守杨佺期打败。

东晋太元十五年（390），西燕慕容永领兵进攻洛阳，东晋雍州刺史、驻守洛阳的朱序领兵在黄河以北打败慕容永。此时，朱序得知翟辽正向金墉城（今洛阳东北）进发，便领兵退回，并向石门（今河南荥阳北）的翟钊进攻。同时，派遣参军赵蕃击破翟辽部。

东晋太元十六年（391）六月，西燕慕容永再次领兵进攻洛阳，被东晋河南太守杨佺期打败。

东晋太元十八年（393）八月，驻守洛阳的东晋氐帅杨佛嵩背叛东晋，带兵西奔后秦，东晋河南太守杨佺期及赵睦领兵追击。九月，在潼关追上并击败杨佛嵩。但后秦派出大将姚崇领兵来营救杨佛嵩，打败东晋军，赵睦战死，东晋军退回洛阳。

东晋隆安元年（397）九月，后秦主姚兴派姚崇率兵攻打洛阳，东晋河南太守夏侯之固守金墉城，双方数月攻守交锋，难分胜负，姚兴遂掳掠流民2万余户而返。

东晋隆安三年（399）七月，后秦派齐公姚崇和镇东将军杨佛嵩再次进攻洛阳，东晋河南太守辛恭靖据城固守。时任东晋雍州刺史的杨佺期看到洛阳形势危急，便求救于北魏。北魏帝拓跋珪派出太尉穆崇率领6万人（一说6000人）救援洛阳。但辛恭靖在固守百余天后，兵尽粮绝，在援兵尚未到来之前城破被俘。

至此，东晋统治15年，经8次争夺，洛阳又归后秦占据。

东晋灭后秦洛阳之战

公元416年，东晋在消灭后秦的战争中，攻克洛阳。

后秦，纳西族先民羌人政权，又因君主姓姚而称姚秦。立国者姚苌，是姚弋仲的儿子，姚襄的弟弟，随父兄征战多年。姚弋仲为后赵石虎的西羌大都督。石虎死后，姚弋仲遣使降晋，受东晋官爵。公元352年，姚弋仲病死，其子姚襄继续率领部众归顺东晋。姚襄由于受到东晋庾翼等人的排挤，与东晋关系破裂，欲率众归还关中。公元357年，姚襄与前秦军战于三原（今陕西三原），兵败被杀。姚襄弟姚苌被迫率众降于前秦，为苻坚将领，累建战功。苻坚于公元383年率领90万大军进攻东晋，淝水之战中大败，逃回长安，致前秦局势一片混乱。被前秦灭国的前燕将领慕容泓乘机起兵反前秦，姚苌参与前秦讨伐慕容泓，结果战败。姚苌派遣龙骧长史赵都、参军姜协向苻坚谢罪，苻坚大怒，杀之。姚苌因惧怕苻坚治罪，遂逃至渭水北马牧。天水各处的尹纬、尹详、南安庞演等羌人巨豪，鉴于姚苌在羌人中的地位和声望，率领5万余户投奔姚苌，推姚苌为盟主。公元384年，姚苌建立政权，自称大将军、大单于、万年秦王，其国号以所统治地区为战国时秦国故地为名，沿用"秦"国号。史称后秦，以别于前秦和西秦。

姚苌率军进屯北地（今陕西耀州），渭北羌人10万余户归附，势力发展很快，并于公元385年擒杀苻坚。姚苌于公元386年入据长安称帝，国号大秦。公元393年，姚苌病死，太子姚兴继立。次年，姚兴打败前秦的残余势力苻登，灭前秦，据有关陇。并乘慕容泓建立的西燕败亡，取得河东。后秦极盛时，占据关中绝大多数的重要政治、经济城镇和关东大片领土，威服陇右、河西诸国，辖有今陕西、甘肃、宁夏及山西、河南的一部分。

东晋义熙十二年（416）一月，后秦主姚兴死，太子姚泓继位，内部叛乱迭起，政权不稳，开始逐步丧失强国地位。

此时期的东晋，于公元383年打败苻坚之后的胜利和兴奋之中，兴师北伐，在公元384年二月到公元385年四月间不断取得进展，河北诸多州郡均归降于东晋。但好景不长，晋孝武帝司马曜逐渐沉迷于酒色之中，淝水之战中的功臣谢安被排挤，会稽王司马道父子专权乱政。太元十一年（396），晋孝武帝被弑，晋安帝继位。公元402年，桓玄率军攻入建康（今江苏南京），杀司马道子司马元显，政权全归桓玄。公元404年，桓玄篡晋，废晋安帝，自立为皇帝，国号楚。刘裕等人起兵反抗。刘裕在京口约集失意士人密谋攻桓玄，被众人推为盟主，击败桓玄。如此，在东晋王朝乱局中，刘裕在与多种势力角逐中胜出。公元405年，迎晋安帝回到建康（今江苏南京）恢复帝位的刘裕，被进封为侍中、车骑将军，都督荆、司等16州军事，加领兖州刺史，成为东晋王朝的中心人物。七月，刘裕派遣使者到后秦，要求后秦割让南乡等郡（今河南南部地区）作为双方讲和条件，后秦同意。

东晋义熙年间，后秦常派兵骚扰东晋西北边境，并支持南燕主慕容超和割据益州称王的谯纵。东晋义熙六年（410），东晋消灭南燕。刘裕在攻灭南燕和益州割据势力、巩固其朝内地位后，本想乘胜进击后秦，但因国内卢循等人的农民起义军逼近国都建康，刘裕奉调回国镇压起义军。经过几年征

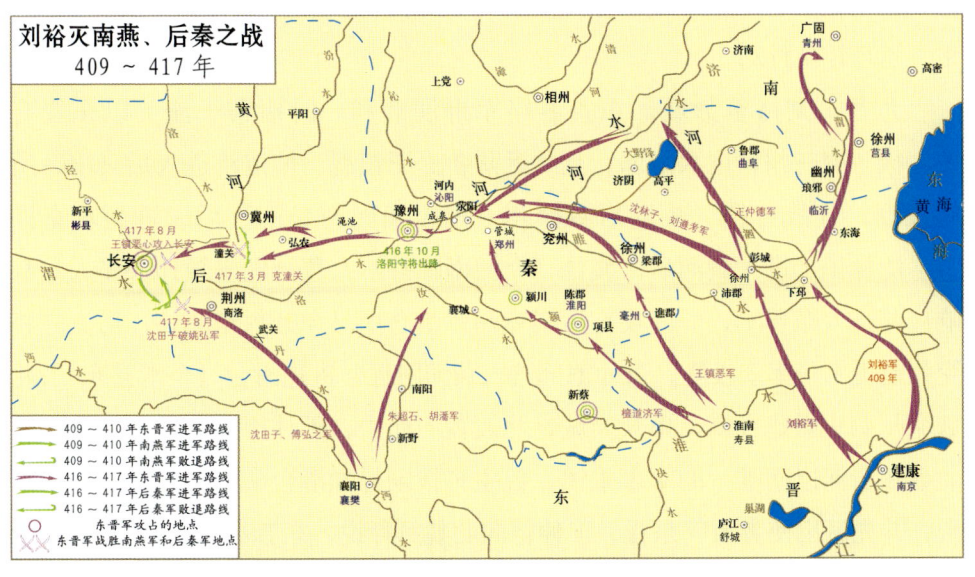

刘裕灭南燕、后秦之战（源自《中国战争史地图集》）

战，刘裕平定了起义，又排除了国内的异己力量，使政局稳定下来。

东晋义熙十二年、后秦永和元年（416）八月，东晋太尉刘裕率兵开始了攻取长安（今西安）、灭亡后秦的战争。当年一月，后秦主姚程佳遣兵攻东晋雍州之襄阳（今属湖北襄阳），被东晋雍州刺史赵伦之击败。这为刘裕北伐找到借口。二月，姚程佳病死，其子姚泓继立，兄弟相杀，关中骚乱。加之西秦又袭扰后秦之西，大夏威胁后秦之北，与后秦有姻亲关系的北魏因连年灾荒和受北方柔然进扰，无力对其支援。刘裕获悉后秦内外交困，认为是进攻后秦的最佳时机，遂于三月拜中外大都督，准备伐后秦。

八月十二日，刘裕率大军从建康（今南京）出发，兵分5路，水陆并进。龙骧将军王镇恶、冠军将军檀道济率步兵为前锋，从寿阳（今安徽寿县）沿淮河、泗水一带向许昌、洛阳方向进击。建武将军沈林子、彭城内史刘遵考（刘裕族弟）率水军由彭城（今江苏徐州）向石门（今荥阳北）方向进军，逆汴水进入黄河一带，并西进洛阳以北地区，以阻止北魏支援后秦军。新野太守朱超石、宁朔将军胡藩率部由襄阳趋阳城（今河南登封东南）。振武将军沈田子、建威将军傅弘之率部由襄阳挺进武关（今陕西丹凤东南），牵制后秦之军。刘裕亲自率领主力，以冀州刺史王仲德督前锋诸军，由彭城（今江苏徐州）经泗水、巨野泽（今山东巨野北）进入黄河一带，西向洛阳。临行前，刘裕告诫王镇恶等人说，若克洛阳，须待大军到来，不可轻易行动。

九月，刘裕至彭城，东晋各路军进展顺利。时后秦于潼关以东置有豫、徐、兖三州，屯兵薄弱，且缺乏防备。王镇恶、檀道济进入后秦境，所向披靡，连战皆捷，攻取后秦徐州（治今河南商丘南）后，进而攻克许昌。沈林子部进入黄河后，襄邑（今河南睢县）人董神虎率领1000多人起兵响应并加入东晋军，一同攻克后秦兖州州治仓垣（今开封东北），后秦守将兖州刺史韦华率众投降。王仲德部进入黄河附近，进逼滑台（今滑县东），北魏兖州刺史尉建畏惧，率众弃城，北渡黄河而去，王仲德兵据滑台。滑台是北魏在黄河以南唯一的军事重镇，魏主拓拔嗣得知滑台失守，欲派兵夺回滑台，并先派出使者质问东晋。王仲德向北魏解释说，东晋本来想以布帛7万匹换取经过此魏道，但不想魏之守将弃城而去。刘裕也向魏使解释说，晋军借道以攻秦，绝不会攻魏。北魏此时政局不稳，且有柔然在北虎视眈眈，只好放弃收回滑台计划，命令大军沿黄河北岸修筑堡垒，时刻防范晋军入侵。

后秦直到东晋军攻克许昌、向其豫州州治洛阳逼近时，仍在与大夏、西秦交战。面对东晋大军势如破竹、咄咄逼人的态势，后秦主姚泓采取了两面作战的方针，一方面保卫西北的安全，防止大夏的进攻；另一方面同时也重点据守长安、潼关、洛阳和武关等重要城邑关隘。这一战略决策导致后秦在战争中处于顾此失彼的被动局面，各个据点都出现兵力不足的情况。至十月，后秦阳城、荥阳（今荥阳东北）二城皆降于东晋。王镇恶、檀道济会师于成皋（今荥阳西北）。镇守洛阳的后秦征南将军姚洸急向长安求援。后秦主姚泓得到姚洸求援急报，一方面派遣越骑校尉阎生率领骑兵3000人、武卫将军姚益男率领步兵1万火速增援洛阳，另一方面命令并州牧姚懿从蒲阪（今山西永济西）进驻陕津（今三门峡之北黄河茅津渡），以支援洛阳。

此时的洛阳城内，面对东晋大军，姚洸部将赵玄建议合兵固守金墉城（今洛阳东北）以待西援。赵玄分析说，现在晋军大兵压境，我军寡不敌众，如果出兵作战，一旦不利将大局失尽。如果我军固守金墉城，东晋军必不可能越过而西进，我可坐收其弊。此计可谓上策，但姚洸并不采纳。其原因在于，后秦内部矛盾重重，帮派林立，各帮派在洛阳守军中都有人员和影响，大大削弱了洛阳守军的整体力量。更有甚者，司马姚禹、主簿阎恢、杨虔还结党营私，暗中与东晋将领檀道济私通，准备投降。所以，他们非常痛恨赵玄，一方面进言陷害赵玄，一方面鼓动姚洸派兵出城作战，并恐吓姚洸说，你不出兵作战，就不怕受朝廷责备！于是，姚洸派赵玄领兵1000多人前往城南的柏谷坞（今洛阳偃师东南）防守，派广武将军石无讳东守巩城（今河南巩义西南）。不久，后秦成皋、虎牢守军皆投降，东晋军长驱直入。石无讳带兵行至石关（今洛阳偃师西），得知东晋军已过成皋、虎牢向西杀来，便带兵退回洛阳。赵玄与东晋军大战于柏谷坞，兵败重伤而死。

檀道济部进逼洛阳，后秦军司马姚禹翻越城墙而投降了檀道济。十月二十日，檀道济部接近洛阳，二十二日便包围了洛阳城，并发起猛烈进攻。后秦军难以防御，又见援兵迟迟不到，姚洸遂率领4000余士兵出城投降。东晋军有人建议将降卒全部坑杀，以显示东晋军威，但檀道济认为既然已经战胜对手，不可胡乱杀人，便将降卒全部释放，"释缚遣归"。

东晋军大胜，后秦百姓归附东晋者甚众。

次年，东晋义熙十三年（417）正月，刘裕率水军自彭城（今江苏徐州）出发。后秦在洛阳失守后，拟派兵增援潼关，不料接连发生两起内乱。东晋王镇恶、檀道济等见有机可乘，便自作主张，不待后续大军到达，即于二月由洛阳兵分两路进军。王镇恶率所部西攻潼关，檀道济、沈林子率另一部北渡黄河，攻蒲阪（今山西永济西南）。蒲阪城坚兵多，一时难下。檀道济等遂挥师南下，与王镇恶并力攻潼关。三月，夺取潼关，乘胜追击。后秦大将军姚绍率兵退至定城（在潼关西30里）据险固守，先后两次派兵断东晋军粮道、封锁水路，皆为沈林子部所败。东晋军前锋因多日不得前进，后续大军又未至，军中乏粮，王镇恶遂至弘农（今河南灵宝东北）劝督民租，军食得以续给。四月，姚绍又遣将率领骑兵企图切断弘农诸县的粮援，仍为东晋军所破，将士死亡殆尽。姚绍虽为后秦名将，但已年迈力衰，又屡遭挫败，不禁愤恨愧疚而死。后秦东平公姚赞统率其部，引兵出战遭败，退而坚守。

三月，刘裕率水军自泗水经清水（古济水下游别名）入黄河。北魏不肯借道，派遣振威将军娥清、冀州刺史阿薄干率步骑10万屯于河水北岸，以遏晋师，并派数千骑兵紧随刘裕军之后，不断袭扰。四月，刘裕为排除阻遏，遣其将丁旿率壮勇700人，车100乘，登岸设半月阵，再命宁朔将军朱超石率领弓弩手2000人，登车环射北魏兵。当北魏军逼近以肉搏攻阵时，东晋军即用大锤短矟，左右猛击，大败北魏兵。刘裕大军西进至洛阳，于八月进抵潼关，以朱超石为河东太守，并让其与振武将军徐猗之率军北渡黄河，攻蒲阪，掩护主力北翼。

时沈田子、傅弘之等率兵千余已袭破武关，占据青泥（今陕西蓝田）。姚泓原拟亲率大军至定城迎击刘裕军，又恐沈田子等袭其侧后，故决定先灭沈田子、傅弘之部后再合力迎击东晋军主力。沈田子率部出战，傅弘之跟进。后秦兵合围数重，沈田子激励士卒决死奋战。东晋军踊跃奋击，大败后秦兵，斩万余人。姚泓败奔霸上（今西安东）。时刘裕遣沈林子率万余精骑增援也赶到，随即追击姚泓。关中后秦郡县多暗地来归。此战胜利，有力地策应了主力西进。但攻蒲阪的朱超石部失利，退至潼关。

适逢连日大雨，渭河水暴涨。刘裕依王镇恶所请，命其率水军溯渭水趋长安。后秦驻定城的姚赞和屯于香城（今陕西大荔东南）的恢武将军姚难，为王镇恶部所逼，引师西退。因渭水泛滥，姚赞等北渡不成。王镇恶部水陆并进，追击姚难。姚泓由霸上进至石桥（长安东北）接应姚难，并派镇北将军姚强与姚难合兵屯泾上（今高陵境），以拒东晋军。王镇恶遣部将毛德祖率兵进击，破之。姚强战死，姚难逃往长安。姚赞退至郑城（今华州），刘裕率大军进逼。时后秦军在长安附近尚有数万人。

姚泓急令姚赞守霸东（今灞河之东），将军姚丕守长安城北之渭桥，辅国将军胡翼度守城东北之石积，姚泓自守城西逍遥园。王镇恶部乘蒙冲小舰逆渭水而进，士兵皆隐于舰内。后秦兵只见舰进而未见人，十分惊异。舰至渭桥，王镇恶即令军士饱餐之后，执兵器弃舰登岸，背水死战，大败姚丕所部。姚泓引兵往救，因近水地狭，道路泥泞，又遇姚丕部败退，自相践踏，不战而溃，单骑逃还王宫。王镇恶率众从长安北门入城，姚泓领数百骑逃奔石桥。姚赞得悉姚泓兵败，当夜急率诸军驰救，拟会姚泓于石桥，但长安城诸门已为晋军所据，姚赞部不得过，一时惊散。九月二十四日，姚泓被迫请降，后秦灭亡。

综观此战，刘裕兵分5路进军，且部署得当，南北配合，东占西进，勇猛无前，攻势不减，最终取得胜利。后秦不分重点，两面作战，顾此失彼，连连败北，最终国破。而这一切，洛阳之战是双方交战的中心环节。

魏宋争河南　两战洛阳城

公元422年和公元430年，北魏和刘宋为争夺两国的中间地带而在河南地区展开激战，两次在洛阳交战，最终北魏占据了洛阳。

刘宋政权是原东晋刘裕建立的。公元416年，东晋刘裕出兵北伐，进攻并于次年攻灭后秦。公元418年十二月，刘裕串通皇帝左右之人，将晋安帝缢杀，立琅玡王司马德为帝，是为东晋的末代皇帝晋恭帝。晋恭帝于公元419年封刘裕为宋王。第二年即公元420年六月，刘裕逼迫晋恭帝禅位于他，于是刘裕称帝，并改国号为宋，史称刘宋。刘裕在位仅仅两年便于公元422年病逝，年方17岁的太子刘义符继位，是为宋少帝。

同时，在北方的北魏也逐步发展强大起来。北魏是鲜卑族拓跋珪建立的封建王朝，也是南北朝时期北朝第一个朝代。鲜卑族拓跋氏原是黄帝后裔，发源地为西伯利亚，即今天贝加尔湖东南、黑龙江以西，在黑龙江、嫩江流域大兴安岭附近，过着游牧生活。东汉以前，北匈奴被打败西迁后，拓跋氏在部落首领拓跋诘汾的率领下，也逐步向西迁移，进入原来北匈奴驻地，即漠北地区。到拓跋力微时期，拓跋氏又南下游牧于云中（今内蒙古自治区托克托）一带，后又迁居到盛乐（今内蒙古自治区呼和浩特和林格尔），与曹魏、西晋发生往来。这时的拓跋氏仍处于氏族部落联盟阶段。公元315年，拓跋力微之孙拓跋猗卢，因帮助西晋并州刺史刘琨与匈奴汉国相对抗有功，被西晋封为代公，进而封为代王。公元338年，拓跋猗卢的5世孙拓跋什翼犍建立代国，都于盛乐，迈入奴隶主占有制的阶级社会，逐渐强大起来，但在与前秦的作战中失败而亡国。到了公元385年，拓跋什翼犍的孙子拓跋珪趁前秦四分五裂之际在牛川（今内蒙锡拉木林河）自称代王，重建代国，定都盛乐。公元386年，拓跋珪改国号"大魏"。因其领土位于中国北

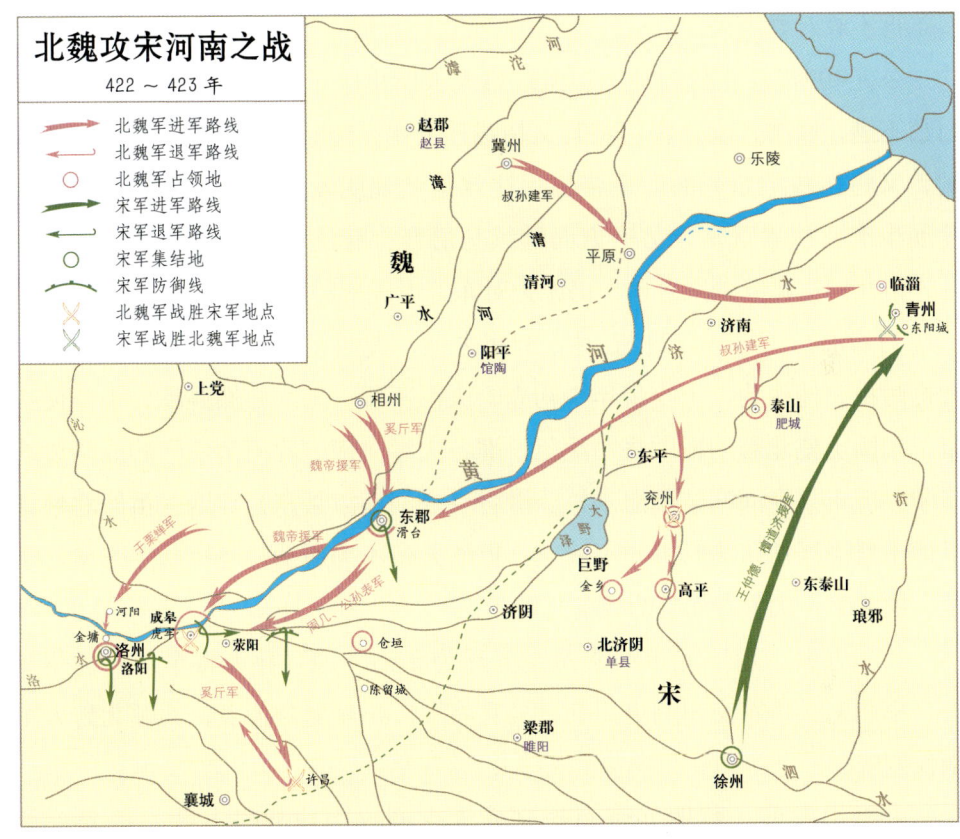

北魏攻宋河南之战（源自《中国战争史地图集》）

方，故史称北魏，以别于此前的曹魏政权。又因其王室姓拓跋，后又改为汉族姓元，故又别称"拓跋魏""元魏"。

北魏建国后，采取富国强兵政策，并不断向周围扩张，先后与东胡、高车（亦称丁零）、匈奴、柔然多次进行战争，特别是在消灭了慕容垂建立的东方强国后燕（国都邺城，今河北临漳）之后，疆域逐渐向南推进到黄河沿岸。公元398年，拓跋珪迁都平城（今山西大同）。由此，形成了东晋、北魏南北对峙的局面。但当时的北魏，西有强盛的后秦（国都长安）、赫连夏国，北有柔然的不断袭击，且国内也不稳定，所以还无力向黄河以南发展。

公元405年五月，东晋北青州刺史刘该，以及清河、阳平两郡太守孙全背叛东晋投降北魏。六月，魏乘机派豫州刺史索度真、大将斛斯兰进击徐州，围攻彭城（今江苏徐州）。东晋刘裕命其弟南彭城内史刘道怜、东海太守孟龙符率兵相救，将刘该、孙全击败斩首，魏军也战败而逃。此后，北魏多年再不敢对晋用兵。

公元409年，北魏内乱。拓跋珪贺夫人所生之子拓跋绍，因对其母受到囚禁不满，联络宫女、宦官将其父拓跋珪杀死。旋即，拓跋珪另一儿子拓跋嗣，又将拓跋绍杀死而即皇帝位，这就是北魏明元帝。此后，北魏一方面发展生产、积累财富，另一方面继续与后秦、赫连夏、柔然争战并连连取胜，但在刘裕建立刘宋之前，仍无力对东晋形成威胁。

刘宋永初三年（422）五月，刘裕去世，魏明元帝认为是对东晋用兵的大好时机。他认为，宋少帝年少初立，大臣不服，国内必然混乱，于是便扣留了宋国出使北魏的殿中将军沈范，准备大举向南进攻河南地区的战略要地洛阳、虎牢（今河南荥阳氾水）、滑台（今河南滑县东）等地。虽然北魏谋臣博士祭酒崔浩认为时机尚不成熟，但明元帝不为所动，坚持既定方略。于是，魏宋第一次争夺河南的战争打响了。

当年九月，魏明元帝派遣司空奚斤为元帅，加晋兵大将军、行扬州刺史，率领宋兵将军交州刺史周几、吴兵将军广州刺史公孙表，共领北魏大军南伐刘宋。

大军出发前，魏明元帝召集文武大臣商议南伐战略方针，是先攻城还是先略地。博士祭酒崔浩认为，应当先以略地为主，因为"南人长于守城"。他解释说，昔日苻氏攻襄阳，经年不拔。今以大兵坐攻小城，若不能迅速攻克，就会挫伤军势，敌得徐徐而来，我怠彼锐，此危道也。不如分军略地，至淮河为限，列置衙门，收敛租谷。这样一来，北边的战略要地洛阳、滑台、虎牢等东晋军，必然因为要救援南方而沿黄河东走再南下，那么这些战略要地便如囿中之物，何忧不获？而元帅奚斤等人认为，应当以先攻城为主，占据了城池便也就控制了此地。魏明元帝采纳此议。

当魏军大兵南下伐宋之时，东晋皇族司马楚之因反对刘裕篡晋，被刘裕谋杀未遂，便带领部分兵马滞于河南陈留郡（今河南开封）。当他得知魏军渡过黄河攻宋，便派出使者请降于北魏。魏以司马楚之为征南将军、荆州刺史，让他带兵侵扰河南宋军后方，策应魏军正面进攻。宋司州刺史毛德祖为防备司马楚之的袭击，派遣长社令王法委领兵驻守邵陵（今河南郾城东），以将军刘伶率领骑兵200驻守雍丘（今河南杞县）。

十月，奚斤等率步骑兵2万渡过黄河，设营于滑台（今河南滑县东）东。此时，宋冠军将军、司州刺史毛德祖镇守虎牢（今河南荥阳西北），守卫滑台的宋东郡太守王景度向其告急，毛德祖即遣司马翟广等率步骑3000前往救援。魏军分兵尚书滑稽进攻仓垣（今河南开封西北），宋军守将弃城逃走，魏军占据仓垣。陈留太守严棱也向魏军元帅奚斤投降。奚斤等攻滑台，宋军顽强抵抗，未克，即奏请魏明元帝增兵。魏明元帝大怒，严厉斥责奚斤，并于十月二十三日亲自领兵5万余人南下支援。为防止意外，明元帝命安定王拓跋弥率兵留守国都平城（今山西大同），并于十一月命太子拓跋焘率兵屯塞上以防柔然。奚斤等惧怕魏明元帝见罪，便命令急攻滑台，终于十一月十一日攻克滑台，宋太守王景度败走。接着，奚斤等又转攻虎牢东面的土楼镇，打败宋军翟广，乘胜进逼虎牢城。宋军毛德祖出战，多次打败魏军。与此同时，魏明元帝另遣黑矟将军于栗磾率3000人屯河阳（今河南孟州西北），以图渡过黄河而谋取金墉城（今河南洛阳东北），以便从西面袭扰，对毛德祖形成东西夹攻之势。毛德祖派振威将军窦晃等沿黄河设防。

十二月十八日，魏明元帝至冀州（治今河北冀州）。为配合奚斤部和于栗磾部两个方向，派遣楚兵将军叔孙建率兵自平原（今山东平原西南）渡黄河，攻青、兖二州。又命令中领将军娥清、斯思侯闾大肥率领7000兵马渡过黄河，以策应叔孙建部。宋豫州刺史刘粹遣将据项城（今河南沈丘），徐州刺史王仲德率兵屯湖陆（今山东鱼台东南），以御魏军。但由于兖州刺史徐琰于十二月十五日弃城南逃，宋黄河防线崩溃，所以魏军很快就占领了泰山、高平、金乡等郡（均在今山东境）。

魏军叔孙建部东入青州（今山东青州），宋青州刺史竺夔遣使告急。宋廷急命南兖州刺史檀道济监征讨诸军事，与王仲德一同往救。宋庐陵王刘义真遣龙骧将军沈叔狸率3000人，向镇守悬瓠（今河南汝南）的刘粹部靠拢，适时赴援。

魏将于栗磾领兵迅速击破窦晃防线，强行渡过黄河，直逼金墉城。次年，北魏泰常八年（423）一月，于栗磾包围金墉城。5日，宋河南太守王涓之弃城逃走，魏军攻取金墉城。魏遂命于栗磾为豫州刺史，镇守洛阳。

一月十八日，魏明元帝到达邺城（今河北临漳）。二十二日，魏将叔孙建攻入临淄（今山东淄博东北），所向城邑皆溃。此时，宋青州刺史竺夔仍带领兵民保卫东阳城（今山东益都）。命令凡不入城者，则各依险据守，并实行坚壁清野，以待魏军。魏军到达后，无所得食，攻势受挫。魏帝得报，一面向青州增援6万骑兵，一面起用东晋故吏、建义将军刁雍为青州刺史，带兵增援叔孙建。刁雍募得兵员5000人，至青州后抚慰士民，民众遂送粮供应魏军。三月，叔孙建率3万骑兵围逼东阳城，城中文武仅1500人，宋青州刺史竺夔等全力固守，屡出奇兵击败魏军。魏步骑兵绕城10余里，大造攻城器具，以便撞车（以一根大木安装于两轮之上，专门用于攻城时撞破城门的兵器）攻城。竺夔挖掘4道深沟以阻止撞车，而魏军填其3重。竺夔派人通过地道至城外，以大麻绳拉断撞车。叔孙建进攻，毁其北城墙30余步，刁雍建议迅速入城，叔孙建不许。时天气炎热，魏军多患疾疫，且闻檀道济等宋军将至，遂烧营及器械退往滑台。檀道济兵至东阳，但因粮尽而不能追击。竺夔也以东阳城坏难守为理由，移兵镇守不其城（今山东崂山西北）。叔孙建率兵到达滑台，然后西进与奚斤部会合。

奚斤、公孙表等合兵进攻虎牢(今河南荥阳)，魏帝也从邺城（今河北临漳）派遣军力前往援助，宋毛德祖据城坚守。毛德祖在城内挖两丈深的地道，直通城外，招募敢死之士400人，令参军范道基等率领，分6路从地道出现于魏军包围之外，袭其阵后，杀魏兵数百，焚其攻城器具而还。但魏军稍退即合，攻城益急，并分兵进攻许昌（今河南许昌）。

四月，魏帝至虎牢，见宋军悬绳于河中取水，知城中乏水，遂连舰于河，上置横木阻断，以绝宋军取水之路。3日后，魏帝亲自督战攻城，仍未克，遂赴洛阳。

闰四月，叔孙建自滑台西向到达虎牢，便与奚斤共攻虎牢。时虎牢城已被围困约200天，宋兵战死者众，而魏仍不断增兵。时檀道济军于湖陆（今山东鱼台东南），刘粹军于项城，沈叔狸军于高桥（今江苏东海东北），皆惧怕魏兵强大而不敢增援虎牢。魏军深挖地道和40丈的深井，以泄城中井水。虎牢城中，宋军人马渴乏，又加饥饿瘟疫，处境甚为恶劣。魏军疫死者也多，但仍急攻，终于攻陷虎牢外城。毛德祖组织民众在内城修筑了3道城墙，被魏军攻破了两道。由于昼夜奋战，宋兵眼睛都生了疮，加上无水，受伤的人体内已不见血液流出。二十三日，魏军终于攻克虎牢城，俘获毛德祖、翟广等人，只有参军范道其率200人突围南还。至此，宋司、兖、豫诸郡县（今山东、河南一带）多为北魏所占。

综观此次北魏攻宋河南之战，北魏乘刘裕病卒之机，凭借强大军力，沿黄河一线全面开战，重点进攻，最后集中兵力围攻虎牢，终于夺取河南一批军事重镇。但由于宋军善于守城，顽强抵抗，也使魏军付出了沉重的代价，即便不计战死者，仅因疫病而死者就达十有二三。但不管怎样，北魏通过此次战争，最终跨过了黄河天险而向中原地区推进了一大步，并充分了解到宋军的实力及其将领的战略战术，为后来的战争积累了经验。

泰常八年（423）十一月，北魏明元帝拓跋嗣病死，宋魏战事告一段落。

魏明元帝死后，太子拓跋焘继位，这就是历史上有名的北魏太武帝。继位伊始，他从公元424年开始向北方的柔然大举进攻，先后收降30多万人、100多万马匹，重创柔然。又从公元426年开始，数次进攻西部的赫连夏国，迫使赫连夏国于公元428年投降。

而刘宋在第一次魏宋河南争夺之后，国内发生了一系列变化。公元424年，司空徐羡之等4个顾命大臣废掉少帝刘义符，拥立宣都王刘义隆为帝，是为宋文帝。接着，又发生了大臣之间争权夺利而导致的国内战争。但刘宋毕竟是一个大国，自刘裕以来国内经济发展，国力渐盛。元嘉七年（430），宋文帝欲趁北魏大规模进攻柔然之机，派遣大兵收复被北魏占据的河南之地。这样，宋魏之间的第二次争夺河南之战又打响了。

宋发兵之前，派遣殿中将军出使魏国，向魏太武帝说明，河南以前就是宋国土地，被你们占据，今应当恢复以前的各自疆域。太武帝一听大怒说，我生来就知道河南是我领土，你们如果一定要进军，我将暂时撤退，等到寒冬到来之时再去攻取。他之所以这样说，是因为时值夏暑，对北方喜冷怕热的魏人作战不利，而冬天对于魏人作战是有利的。于是，魏决定并下令撤回驻守洛阳、虎牢等地的魏军，以避开宋军锐气，等待"秋凉马肥""冬寒地净，河冰坚合"之时，再行反攻。

但是，驻守河南一带的魏军将领对太武帝的策略不以为然，上表请求发

3万兵马先行攻击宋军，以挫败宋军意图。太武帝综合各种意见，采取了稳妥的策略，一方面仍然执行暂时撤军的方案，另一方面做好防御、反攻的准备，调动多路大军在黄河两岸布置稳固的防线，相机打击宋军。

当年四月，宋文帝以右将军到彦之为元帅，统率安北将军王仲德、兖州刺史竺灵秀等共5万人大军，乘船由淮泗进入黄河。同时，命骁骑将军段宏率领精锐骑兵8000指向虎牢，豫州刺史刘德武领兵1万为其后军；命后将军长沙王刘义欣领兵3万人进驻彭城（今江苏徐州），兼征讨诸军事，并为各路军之支援；命前南广平太守尹冲为司州刺史，准备接收洛阳。

当到彦之军从淮水进入泗水时，泗水正值洪水期，故大军每天只能行进10里，所以直到七月才抵达须昌（今山东东平西北），然后沿黄河逆流西上。此时，魏在河南各地守军皆已奉命后撤，所以宋军兵不血刃就占领了河南各地。到彦之命令将军朱修之守滑台，尹冲守虎牢，建武将军杜骥（杜预之玄孙）守金墉城。同时，到彦之命所属各部沿黄河布置防御阵线，东自灵昌津（今河南淇县东黄河故道），西至潼关，东西绵延2000多里。这种分兵把守的做法，虽然是执行了宋文帝关于"不关河北"的圣旨，但从战略上并非上策。所以，当宋军诸位将领都在为迅速恢复占领大片疆土而高兴之时，却有一位宋将军忧心忡忡，他就是安北将军王仲德。他说："各位并不了解北方情况。要知道，胡人仁义不足而凶恶狡诈有余。今天他们收敛北归，应当合力进之，不然的话，如果到冬天黄河结冰时，他们必然重新前来。为此，如何能不担忧？"

八月，魏太武帝命令冠军将军安颉，督护诸军试探性进击宋军。到彦之命偏将姚耸夫渡过黄河，进攻冶坂（今河南孟州西黄河北岸），双方激战，宋军大败，死伤甚众。太武帝又命征西大将军长孙道生与丹阳王拓跋毗驻兵河上，以抵御宋军北上。

九月，正当魏宋两军隔河相峙之时，赫连夏主赫连定发兵进攻北魏。经过商议，认为宋军只为守住黄河而已，决无渡河作战意图，故太武帝决定亲自率领大军西征，同时命令安颉等人进攻宋军，且必须收复洛阳、虎牢等地，以巩固南部边疆。

十月，到彦之得知魏军即将渡河进攻，也开始集中兵力。二十二日，魏冠军将军安颉从委栗津（今河南洛阳东北）渡过黄河，向金墉城进军。此时的金墉城已年久失修，且无粮食储备，宋守将杜骥觉得城残难守，欲弃城逃走，又恐怕宋文帝怪罪下来，犹豫不决。其时，宋文帝派姚耸夫领兵500正在洛河上打捞一口以前沉没的大钟（此前，在刘裕消灭后秦时，曾经缴获一口大钟，在运回江南途中沉没于洛河之中），于是杜骥就派人欺骗姚耸夫说，金墉城已经修缮完毕，粮食也很充足，目前只是缺少兵力，如果姚耸夫能帮助杜骥攻破敌人，就可以立大功，到那时再来打捞大钟也不迟。姚耸夫为了立功，便答应下来。但当姚耸夫到了残破不堪的金墉城一看，知道上了当，便生气地带兵离开。杜骥无计可施，害怕败亡，便也领兵向南逃跑而去。第二天，安颉率领魏军大举进攻，杀宋军5000多人，顺利占领洛阳。杜骥逃跑回到国都建康（今江苏南京），却向宋文帝报告说，本来想率领本部据城死守，但姚耸夫到了城中却又领兵而走，导致人心沮丧怕战，所以不能坚守。宋文帝大怒，不久后就不经调查而杀了姚耸夫。

安颉占领洛阳后，留下部分军队镇守，而自己则领兵东进，与龙骧将军陆俟合兵一处，共同攻打虎牢。仅仅几天时间，便于二十八日攻占虎牢，宋军守将尹冲与荥阳太守崔模均投降魏军。

宋军元帅到彦之得知洛阳、虎牢等地相继失守，各路兵马纷纷战败逃走，觉得再战也无胜利可能，便也想率军撤退。部将垣护之认为不可，建议由元帅到彦之亲自领兵北渡黄河进军，威胁北魏腹地。到彦之不听，遂领兵撤退。当行至历城（今山东济南），便"焚舟弃甲，步趋彭城"。其他各军或逃或败，致青兖二州大乱。次年一月，宋文帝为扭转败局，任命檀道济为帅，带兵北上增援滑台，多次打败魏军。但由于后来宋军粮食被烧，难以为继。魏军攻克滑台，檀道济领兵全退。

至此，魏宋第二次争夺河南地区的战事宣告结束。

综观此次魏宋河南之战，刘宋用人不当，到彦之用兵只能算是平庸之辈，只会消极抵御，没有机动灵活的用兵之策，一遇被动便无再战信心，退而去之。反观北魏之兵，善于利用季节变化，避开酷暑而在天凉之时用兵，且重点突出，各路之间相互支援配合，终至取胜。而经两次河南争夺，北魏便稳定地在河南扎下了脚跟。

北魏孝文帝迁都洛阳南下伐齐

北魏太和十七年（493），北魏孝文帝拓跋宏将国都从平城（今山西大同）迁移到洛阳，实施了一系列汉化改革进步措施，接着又发兵南下攻伐南齐，极大地促进了北魏经济社会的发展和我国的民族大融合，也为后来的隋唐统一全国创造了条件。

北魏孝文帝拓跋宏，献文帝拓跋弘长子。由于受汉文化的影响，他自改汉姓，由鲜卑族姓拓跋改为汉姓元，故名元宏。他生于皇兴三年（469）六月的国都平城（今山西大同），不足2岁时就被立为太子，5岁时接受禅让继承帝位。当时的北魏宫廷，为了避免外戚干政，在道武帝拓跋珪时就开始实施残酷的子贵母死制度，即后宫女性只要生下男孩并被立为太子就得被赐死，以避免母以子贵的情况发生。所以，元宏不满2岁时，其母李氏就被赐死。他是由祖母冯太后抚养长大的。冯太后是汉族人，从小就喜欢读书，具有一定的文化修养，因此她给元宏请了汉族士人师傅，学习儒家经典，加上元宏聪明好学，使得元宏从小就有很好的汉文化修养。继位后，他就在冯太后的培养和指导下开始处理国家大事。太和十四年（490），太皇太后冯氏病故，孝文帝亲政。从小就立下大志的孝文帝亲政后，决心不断缩小鲜卑人所建立的拓跋魏与先进的中原地区封建经济的差距，而要做的第一件大事就是把国都从平城

孝文帝陵

迁移到洛阳。

北魏自拓跋珪于天兴元年（398）定都平城（今山西大同）后，已经历了百年的历史，整个形势已经发生很大变化，平城已不再适合作为国都了。从政治上说，北魏自从太和八年（484）开始，在冯太后的摄政时期已经进行了很多改革，如实行均田制、三长制、户调制，等等，具有进步意义，但仍然大量存在着氏族和奴隶制度的残余。为了巩固北魏的政治统治，必须进行彻底的改革，但长期居住在北方比较偏僻地区的鲜卑人，思想保守，文化落后，拘于旧俗，要使他们接受和习惯先进的汉文化，加速北魏的封建化进程，就必须迁都。从经济上说，平城一带贫瘠寒冷，又无水利设施，更无漕运，交通极为不便，粮食供应不足，每年要用牛车从千里之外的中原地区翻山越岭运送粮食过来，劳民伤财。一旦遇到天灾，人无食，野无草，人畜难保。当时，中原地区的农业经济已成为北魏的主要经济基础。因此，迁都对于经济的发展是十分有利的。从军事上说，北魏的军队以戍防六镇的豪杰为核心，随着经济制度的改革，这些豪杰的经济地位下降，军事实力也大大减弱。但是，北方的柔然人的势力却不断扩张，经常南下袭扰，威胁着平城的安全。所以，北魏迁都势在必行。而洛阳作为历代帝王的国都，处于天下之中，周有群山环绕，中有伊洛平原，土地肥沃，物产丰富，且在军事上易守难攻，是理想的新都之地。于是，孝文帝拓跋宏决心把国都从平城（今山西大同）迁到洛阳，为的是便于学习和接受汉族先进文化和经济，进一步加强对黄河流域的统治，巩固和加强北魏的政权。

迁都，对于任何一个国家来说都是一件大事，对于孝文帝来说当然也并非易事，他受到了来自各个方面的保守势力的阻挠，特别是在鲜卑贵族集中的国都平城，迁都和推行汉化政策阻力更大。太和十七年（493）五月，孝文帝怕直接提出迁都的主张会遇到大臣们反对，于是，便提出了一个大规模进攻南齐的计划。有一次上朝，他把进攻南齐的打算提了出来，大臣纷纷反对，其中反对最激烈的是他的叔父、任城王拓跋澄。孝文帝很恼火地说："国家是我的国家，你想阻挠我用兵吗？"拓跋澄反驳说："国家虽然是陛下的，但我是国家的大臣，明知用兵危险，哪能不讲。"孝文帝想了一下，就宣布退朝。回到宫里，孝文帝再单独召见拓跋澄，跟他说："老实告诉你，刚才我向你发火，是为了吓唬大家。我真正的意思是觉得平城不是个用武的地方，不适宜改革政治。现在我要移风易俗，非得迁都不行。这回我出兵伐齐，实际上是想借这个机会，带领文武官员迁都中原，你看怎么样？"拓跋澄恍然大悟，马上同意孝文帝的主张，并积极策划迁都的行动步骤。

在取得拓跋澄的支持后，孝文帝信心十足，便开始了各方面的积极准备。当年六月，他派出人员在孟津（今河南孟州西南）建造河桥，以备大军渡过黄河。又命尚书李冲负责挑选英勇善战的武士。7月5日，立皇子恂为太子，令其固守平城，以稳定人心。随即发布命令，在各地召集军队整装待发，大肆渲染准备南下伐齐。为了让人确信无疑，他还下诏在扬、徐二州广泛招集民丁，以备征用。同时，他还对全国的军事部署进行调整，以保证大军南下时的全国局势稳定。

太和十七年（493）八月，在做好了各方面的准备和部署之后，孝文帝亲自率领30多万、号称百万大军从平城出发，南下伐齐。一路之上，天气炎热，阴雨不断，将士疲惫不堪，行动迟缓，但军纪严明，伤民秋稼者，每亩给谷5斛，并对残疾无劳动能力者都终身供给衣食，借以获得民意支持。九月二十日，孝文帝率领大军渡过黄河。九月二十二日孝文帝到洛阳后，就察看故宫遗址，观洛河桥和太学，思绪万千——毕竟，这里是他向往已久的地方。

大军在洛阳一直停了7天，但已经下了1个多月的连绵秋雨仍然不停，到处道路泥泞，而且看不到天气转好的任何迹象。大家见行军困难，都想在洛阳多等些日子，借机加以休整，待大雨停止后再行军。但是到了二十九日，孝文帝却冒着大雨，仍旧戴盔披甲，骑马出城，下令继续进军。群臣武将们本来就不想出兵伐齐，便趁着这场大雨，跪在孝文帝马前，苦苦劝谏阻拦，请求停止南下。孝文帝不听劝谏，故意策马前行，众人再拦马苦劝，孝文帝将计就计，严肃地说："这次我们南下伐齐，这么大的动静，如果半途而废，岂不是让后代人笑话。如果不能南进，那我们就住在洛阳，把国都也迁到这里，总算我们兴师动众办了一件大事。诸位认为怎么样？"大家听了，面面相觑，没有说话。孝文帝说："不能犹豫不决了。同意迁都的往左边站，不同意的站在右边。"南安王拓跋桢说："只要陛下同意停止南伐，那么迁都洛阳，我们也愿意。"许多文武官员虽然不赞成迁都，但是为

北魏孝文帝迁都洛阳

了可以停止南伐,也都只好表示拥护迁都了。十月,孝文帝命令大臣李冲、穆亮营建洛阳,又派任城王拓跋澄回到平城去,向那里的王公贵族宣传迁都的好处。后来,他又亲自到平城,召集贵族老臣,讨论迁都的事。平城的贵族中反对的还不少,他们搬出一条条理由,都被孝文帝驳倒了。最后,那些人实在讲不出道理来,只好说:"迁都是大事,到底是凶是吉,还是卜个卦吧。"

孝文帝说:"卜卦是为了解决疑难不决的事。迁都的事,已经没有疑问,还卜什么。要治理天下,应该以四海为家,今天走南,明天闯北,哪有固定不变的道理。再说我们前代也迁过几次都,为什么我就不能迁呢?"贵族大臣们被驳得哑口无言。因为迁都洛阳的事,是仿效先祖的美事,所以就这样决定下来了。

但是,孝文帝迁都洛阳并不是一帆风顺的,而是在极其复杂与尖锐的斗争中进行的。其中,发生了太子恂叛逃事件。太和二十年(496)八月初,孝文帝到嵩山视察,太子恂留在洛阳监国。元恂不喜欢读书,身体肥胖,受不了洛阳夏天的炎热天气,常常想回到平城。中庶子高道悦劝谏元恂,元恂不但不听,反而对高道悦产生了厌恶情绪。七日,元恂见孝文帝已到达嵩山,便乘机与亲信密谋,计划召来牧马轻骑出逃平城,亲手杀死高道悦,中领军元俨严守禁门,以防不测。尚书陆琇快马加鞭,报告孝文帝,孝文帝大吃一惊,命他稳住太子恂,不准出逃。孝文帝不事声张,二十三日回到洛阳宫,召见元恂,数说其罪,并亲自与咸阳王元禧轮换着将元恂打了百余杖,囚禁于城西。十月,孝文帝经与大臣商议,废除了太子元恂,囚禁于无鼻城(今洛阳东北)。次年一月,立皇子元恪为太子。四月,以元恂为复谋逆之罪,被赐毒酒以死,埋葬在河阳。

当年十二月，又发生了穆泰与陆睿阴谋另立中央的事件。穆泰是北魏的老臣，来到洛阳后，仍被孝文帝任命为尚书右仆射。为满足他的要求，孝文帝任命他为恒州刺史，改任恒州刺史陆睿为并州刺史。当穆泰到达恒州，便与陆睿密谋反叛作乱，并秘密勾结了镇北大将军乐陵王元思誉、安乐侯元隆、抚冥守将鲁郡侯元业、骁骑将军元超等人，共推朔州刺史阳平王元颐为皇帝，打算在平城起兵，另立中央。元颐表面上答应下来，但他知道这会带来杀头危险，便密报朝廷。孝文帝得知此事，立即派正在休病假的任城王拓跋澄前去讨伐，终于平定了叛乱，为定都洛阳和推行汉化改革扫清了道路。

孝文帝迁都洛阳以后，推行了一系列措施来进行以汉化为中心的全面改革。

禁胡服，穿汉服。鲜卑旧俗披发，衣襟左掩，妇人冠帽着夹领小袖短袄，这都与汉人不同。迁都之第二年，孝文帝下令禁胡服，一律穿着汉人服装。

禁北语，说汉话。鲜卑人原使用本族语言，北魏军中也用鲜卑语。朝廷上则鲜、汉语杂用。为了消除语言上的障碍，孝文帝在迁都后的第三年六月正式下诏："不得以北俗之语，言于朝廷，若有违者，免所居官。"在具体实行上，因为30岁以上者不能一下改变，尚不强求；30岁以下者，在朝廷上必须使用汉语。

改复姓，用单姓。鲜卑人多是二三字的复姓，如拓跋、独孤、步六孤等。姓氏与汉人不同，标志着民族的差异，影响胡、汉合作。因此，迁都的第三年，孝文帝下令把鲜卑族的复姓改为单音汉姓，如拓跋氏改姓元氏，独孤氏改姓刘氏，步六孤氏改姓陆氏，丘穆陵氏改姓穆氏等。鲜卑人原皇族9氏及其所统部落118姓，均改为单音汉姓。孝文帝认为，他的祖先与汉族的祖先同源于黄帝族，他也是中华民族的正统。

鲜汉通婚。孝文帝提倡和鼓励鲜卑人与汉人通婚。他亲自选汉族的崔宗伯、卢敏、王琼等中原大姓的女子入宫为妃，又以当朝重臣李冲的女儿为皇后。他还亲自为6个弟弟安排了与汉族的联姻关系，又把公主嫁给汉族大姓，仅范阳卢氏一家就娶了3位公主。他将褚澄的女儿纳为太子妃。在孝文帝和皇室的影响下，鲜汉通婚的人很多，对鲜卑族的汉化起到了很大作用。

重视文化教育。鲜卑族相比较于汉族，文化落后。迁都之后，孝文帝大力推动文化教育事业。他重视读书写字，刻立石碑，后人称之为"魏碑"

体，与孝文帝的提倡是分不开的。他提倡佛教。北魏时期的我国佛教达到了高峰，僧尼200万人之多，佛寺3万多座，仅洛阳城内外就有佛寺1367座。号称我国三大石窟之一的龙门石窟就是在孝文帝太和十七年（493）开始兴建的。他迁都后立即着手恢复了已被战乱毁坏的洛阳太学，并下令在洛阳设立了专门培养皇族子孙的国子学和专门培养外戚子孙的四门小侯学。这些学校的教师都由汉人中的儒家名人担任。他还下令收集天下书籍，兴办图书馆，组织一批文人进行研究整理，推动了北方文化的复兴。

孝文帝的汉化运动和改革，有着巨大的积极意义：

1.北方社会经济有了明显发展。农业生产工具得到改进，兴修水利、开垦荒地，粮食产量增多，畜牧业得到发展。手工业生产日益活跃，商业活动也日趋活跃。改革后，自耕农民显著增加，孝明帝正光以前，全国户数已达500余万，3000多万人口，比西晋太康年间增加一倍多。

2.政权封建化加速。迁都洛阳以后，鲜卑统治者接受了汉族先进文化制度，大大加速了北魏政权的封建化进程，对北魏社会政治生活乃至整个中国历史产生了深远的影响。

3.促进了民族的交流和融合。北魏孝文帝改革不仅缓和了民族矛盾，巩固了封建统治，更促进了民族的大融合，为结束长期分裂局面，重新走向国家统一奠定了基础。

在迁都洛阳之后的第四年，即太和二十二年（498），孝文帝在进行了一系列汉化和改革之后，便实行他之前的计划——南下伐齐。当年八月，他率领20万大军，从洛阳出发南下，攻伐南齐。次年一月，到达南阳。二月，魏军攻克宛北城，南齐守将房伯玉自缚出降。当月，魏军到达新野。三月，孝文帝率领大军在邓城与南齐军交战，齐军大败南逃，魏军随后追击，直到樊城，双方战斗到晚上，魏军撤退，齐军乘船逃至襄城。然后，孝文帝到达悬瓠（今河南汝南）。七月，南齐主萧鸾忧惧病死，而此时魏军锐气正盛，本是一举消灭南齐的大好时机，但北魏自己内部也恰恰同时出了问题，冯皇后与人私通，使得孝文帝内心焦虑。九月，孝文帝以"他国有丧，不加讨伐"为由，下令北还，讨伐高车。十一月，孝文帝到达邺城（今河北临漳），而此时的高车叛乱已经被江阳王元继平定了。次年，也就是公元499年一月，孝文帝回到洛阳。二月，他妥善处理了宫内之事，让冯皇后幽居宫中，仍以皇后之礼对待。

孝文帝刚刚处理完宫中之事，便接到前线战报，说南齐太尉陈显达率领4万人兵马与北魏元英交战，元英屡败。齐军围攻马圈城（今河南邓州东北）40余天，而城内魏军无粮草。魏军突围，被齐军斩杀近千人。三月四日，得病尚未完全康复的孝文帝命令于烈留守洛阳，亲自率领大军从洛阳出发，南下伐齐。二十一日，孝文帝到达马圈城，立即命令荆州刺史广阳王元嘉从小路绕道至齐军背后，切断齐军退路，然后前后夹击，打得南齐兵溃不成军。魏军追击至汉水，斩杀齐军3万余人，获齐军资数以亿计，赏赐给将士。齐兵大败南逃，魏军大胜。

魏军虽然获得大胜，但孝文帝由于长期跋涉奔波，再次病倒，立即北还。二十四日，到达谷塘原，病重的孝文帝安排了后事。四月一日，拓跋宏在谷塘原去世，谥号孝文帝，葬于长陵（今河南孟津朝阳乡官庄村东南）。

北魏河阴之变

河阴之变,是北魏武泰元年(528)北魏权臣尔朱荣策划并实施的一起针对皇族和百官公卿的屠杀事件,因事件发生在黄河南岸河阴县(今河南省荥阳市)而得名。尔朱荣借助此次军事政变,将迁到洛阳的汉化鲜卑贵族和出仕北魏的汉族大家消灭殆尽,完全控制了北魏朝政。这一事变彻底改变了北魏统治集团,也最终改变了北朝社会的历史走向。

北魏末年,统治集团日益腐化,诸王争富。史载,"帝族王侯,外戚公主,擅山海之富,据川林之饶,争修园林,互相竞夸"。其腐朽、贪婪已达到无以复加地步。其中最典型的是高阳王元雍,可谓全国首富。他的私家宫室和园林,与皇帝的不相上下。有男仆6000人,艺伎500人。一顿饭就值几万钱。河间王元琛为了炫耀自己的富有,特别邀请诸王参观他的府库金钱、缯布,不可胜数。他有骏马10匹,马槽竟然是用白银所做。房屋窗户之上,玉凤衔铃,金龙吐芳。酒器有水晶盅、玛瑙碗、赤玉杯等,皆为中原所无之物。他还对章武王元融说:"不恨我不见石崇,恨石崇不见我。"这使得一直以富贵自负的元融不得不惋叹。胡太后倾心于佛,大建佛寺。在南宫阊阖门外铜驼大街西侧建永宁寺,又在伊阙修石窟寺,都穷尽了土木建筑的豪华。其中,永宁寺最为壮观,寺中有一座佛塔,高90丈,上有金刹高10丈,上下结合高千尺。僧房千余间,珠玉锦绣,骇人心目。这是佛教传入中国后的最为壮观、豪华无比的佛寺。同时,政权腐败,吏治混乱,甚至公然卖官鬻爵。吏部尚书元晖明码标价卖官,"纳货用官,下郡五百匹",其余各级官职,均按等级定价。因此,人们称吏部为"市曹",也就是卖官的市场。另外,统治集团内部也是矛盾重重,互相倾轧,争权夺利。北魏神龟二年(519),北魏征西将军张彝的儿子张仲瑀秘密上奏章,要求修改选官条例,禁止武官进入朝廷上层,以排挤武官。这触动了一些武官的利益,他们一时大哗,到处张贴榜文,聚众集会,煽动羽林军、侍卫武士近千人,围攻尚书省闹事,并直奔张彝的府第,将张彝扔进火中烧伤,两天后死去。摄政的胡太后下令逮捕了8名闹事的带头人,斩首示众,才平息了这次祸乱。

就在这风雨飘摇的政局中,北魏延昌四年(515)正月,年仅5岁的元诩,在其父亲宣武帝去世的当天登上了皇帝之位,是为孝明帝。元诩刚一登基,高皇后就企图杀死其生母胡贵嫔,幸得宫人告知,胡贵嫔另择屋居住,方才得以活命。

北魏孝明帝元诩即位之初,胡太后(因谥号"灵",故又称灵太后)临朝称制。然而,胡太后却逼迫宣武帝的弟弟、太傅、侍中元怿与其私通,又重用其妹夫元义。元义因不满元怿对他不端行为的制裁,便于神龟三年(520)使用阴谋手段蒙骗孝明帝,杀了元怿,囚禁了胡太后。元义与太师元雍共同辅政。5年之后,即北魏正光四年(525)二月,胡太后在元雍的支持下反攻,杀死元义,重新专制朝政。但是,胡太后重新返政后,不思改过,反而变本加厉,淫乱纵奢,结党营私。如此,朝政松弛,毫无威严和恩德,致盗贼蜂拥而起,疆域越来越小。随着孝明帝元诩年龄的长大,胡太后害怕她的不轨行为被人报告孝明帝元诩,便采取各种措施诛灭孝明帝的心腹之人,以控制和孤立孝明帝,导致孝明帝与胡太后的矛盾日益加深。

驻扎在晋阳(今山西太原)的尔朱荣,看到正光年间的农民起义成燎原之势,于是他趁机散家财,组织起一支4000人的骑兵队伍,称雄一方。北魏统治者对尔朱荣加官晋爵以示笼络,先后擢为游击将军、冠军将军、平北将军、北道都督,后来加升大都督,统领并、肆、汾、广、恒、云6州诸军事。北魏的一些不得志的将领如高欢、段荣、尉景等人,都投奔在他的帐下,形成了一支强大的威慑力量,连北魏的朝廷也很惧怕他。

面对北魏朝廷的乱象丛生,尔朱荣与并州刺史元天穆,以及帐下都督贺拔岳秘密策划,打算进兵洛阳,内诛幸臣,外除盗贼。尔朱荣上疏要求发兵救援友军,胡太后怀疑其动机,没有答应。尔朱荣再次上疏的同时,兵向马邑(今山西朔州)、井陉(今河北井陉)。胡太后就派人离间尔朱荣左右的人,尔朱荣怨恨愤怒。这时,孝明帝与胡太后的矛盾越来越深,便乘机发出密诏，要尔朱荣带兵进京，以清除胡太后势力，夺回权力。尔朱荣命令高欢为前锋，率领兵马进至上党，但此时的孝明帝却又密诏尔朱荣停止前进。此事吓坏了朝中的郑俨、徐纥等人，他们与胡太后密谋，加害于孝明帝。武泰元年（528）二月，胡太后为长期控制政局，毒死孝明帝元诩，将潘淑妃刚生的女婴冒充皇子，立为太子并即位为皇帝。此举引起朝野的强烈反对，胡太后不得已又旋即改立临洮王元宝晖13岁的儿子元钊为帝，企图长期专政。尔朱荣听到这个消息，十分生气，借口"讨郑俨、徐纥之罪，以清帝侧"，为孝明帝报仇，于四月初率大军自晋阳（今山西太原）南下，进兵洛阳。

尔朱荣在以"匡扶帝室"为名进兵洛阳前，已开始了择立新主的准备。尔朱荣秘密派遣侄子尔朱天光等人进入洛阳城，与彭城王元勰之子、声望很高的长乐王元子攸商议，里应外合攻打洛阳，并许诺事成后立元子攸为帝。得到元子攸的同意后，尔朱荣便从晋阳率大军向洛阳进发。北魏武泰元年（528）四月十一日，军队行进到河阳（今河南孟州）时，尔朱荣遣亲信进洛阳，将元子攸接到河阳，五月十日立为皇帝，即北魏孝庄帝，改元建义。

胡太后得知消息，当即召集群臣商议应对之策，文武百官因不满胡太后的所作所为，均缄口不语，似乎有借尔朱荣之势打击胡太后之意。只有徐纥认为可依黄河天险，以逸待劳，极力主张抵抗。胡太后采纳了他的意见，任命黄门侍郎李神轨为大都督，率兵抵抗尔朱荣。别将郑季明、郑先护领兵守河桥（今河南孟津境），武卫将军费穆守卫小平津（今河南孟津北），企图依托黄河天险，阻挡尔朱荣大军。然而，当元子攸称帝的消息传到洛阳后，朝廷内部立即混乱不堪。河桥守将投降尔朱荣，京城遂无险可守，将士四散。尔朱荣率领军队从孟津渡过黄河，直逼洛阳。郑俨、徐纥等人见势不妙，逃之夭夭。郑季明、郑先护等人打开城门放尔朱荣等进入洛阳城。胡太后见众叛亲离，大势已去，下令后宫嫔妃和她一起到永宁寺出家为尼，以逃避惩罚。

北魏武泰元年（528）四月十二日，皇室、贵族官僚至河桥迎驾，拥孝庄帝元子攸进城。次日，尔朱荣胁迫胡太后和幼帝元钊离开洛阳，当军队行进到河阴（今河南孟津东）时，尔朱荣下令将胡太后和元钊投入黄河之中。尔朱荣除掉胡太后和幼帝之后，对亲信慕容绍宗说："洛中人士繁盛，骄侈成俗，如果不加以铲除，始终难以驾驭。"而部属费穆则建议尽杀朝中百官，以绝后患。尔朱荣于是采纳费穆的建议，计划尽杀朝中百官。

北魏武泰元年四月十三日，尔朱荣以祭天为名，邀请朝中百官到河阴的陶渚（今河南孟津东）。当天，孝庄帝循河西至河阴，引导百官于行宫西北，告之朝臣说要祭天，不能请假。百官聚集之后，尔朱荣登上高台四处观望一番，然后大声斥责说："天下丧乱，肃宗（孝明帝）暴崩，都是因为你们贪婪暴虐，不能辅弼所致。你们个个该杀！"说完，令铁骑将百官包围，纵兵大杀。刀劈斧砍，飞矢交加，血流成河。上至丞相高阳王元雍、司空元钦、义阳王元略，下至正居丧在家的黄门郎王遵业兄弟，包括孝庄帝的兄弟元劭等人，不分良奸，无一幸免，死者2000余人。接着，尔朱荣又派人将孝庄帝元子攸移至河桥，囚禁起来。至此，尔朱荣掌握了北魏实权。

尔朱荣一心废魏自立，紧锣密鼓地准备篡位称帝。他命人用黄金铸造自己的塑像。按照北魏当时的习俗，如果谁能够铸造成功谁就能称帝，但是一连铸造了4次都没有成功。他不甘心，又求助于神灵，但占卜的结果是他不能称帝，反倒是孝庄帝元子攸"有天命"。尔朱荣只好护送孝庄帝返回洛阳城，但他自己和胡人骑兵却都因杀人太多、民愤极大不敢留居洛阳而返回。尔朱荣一直远据晋阳，对洛阳遥控指挥。

河阴之变对北魏统治集团造成了毁灭性的打击，对北朝历史的走向产生了深远的影响。

梁伐北魏洛阳之战

洛阳经北魏孝文帝迁都以来数十年的发展，已成为北方的政治、经济和文化中心。公元528年，北魏胡太后毒杀魏孝明帝元诩，立元钊为帝，尔朱荣以为孝明帝报仇为名，进军洛阳，于河阴杀胡太后、元钊等王公卿士2000多人，史称"河阴之变"。河阴之变后，洛阳城内也发生了大规模的恐慌和骚乱，一些在洛阳城中的北魏官吏纷纷出逃，京城昔日的繁华荡然无存，变得阴森凄凉，一时"京邑士子，十无一存，率皆逃窜，无敢出者，直卫空虚，官守废旷"。河阴之变消息传到地方，骠骑大将军相州刺史北海王元颢、郢州刺史元显、汝南王元悦、临淮王元彧、北青州刺史元世俊、南荆州刺史元志等皆举州投降后梁，北魏对南朝的防卫几乎完全崩溃。

而江南，自公元502年四月萧衍篡齐自称皇帝（即梁武帝）以后，平定了内乱，奖励贤能之士，经济得到进一步发展，国力逐步强大。南梁的逐渐强大与北方的北魏内乱不止形成鲜明对照，也使原来的均势被打破。

北魏北海王元颢逃到南梁以后，请梁朝出兵助其北还称帝。面对北魏的大乱，梁武帝萧衍也感到有机可乘，便于公元528年十月立元颢为魏王，并派东宫直阁将军陈庆之率兵7000人护送元颢返回魏都洛阳。

公元529年四月，陈庆之率军和元颢出征，当月就攻下北魏的铚城（今安徽宿州）。而此时，掌握北魏实权的尔朱荣正在山东一带镇压葛荣起义，无暇他顾，使得陈庆之军进展顺利，从铚城西进，一举攻下荥城（今河南宁陵），并乘胜进攻梁国（今河南宁陵北）。梁国是北魏的军事要地，北魏丘大千率领7万兵马在此驻防，构筑有9座卫星城堡，互为犄角之势。陈庆之率军一到，双方展开激战。面对10倍于己的北魏大军，陈庆之勇猛无前，而北魏丘大千从来没有见过如此以少打多的勇士，以致胆怯请降。陈庆之军占领梁国，元颢即帝位于睢阳城（今河南商丘南）。此时，北魏济阳王元晖业率领2万羽林军救援，屯入考城，坚壁死守。陈庆之用"浮水筑垒法"攻陷考城，济阳王元晖业被俘，同时还缴获了战车几千辆。接着，陈庆之率领部队继续向荥阳（今河南荥阳）方向前进。

梁国、考城的失守，使北魏朝野震惊，急忙于五月六日派左仆射杨昱、西阿王元庆、抚军将军元显恭率御林军7万，进据荥阳。同时，命尚书仆射尔朱世隆镇守虎牢（今河南荥阳汜水），派出侍中尔朱世承镇守崿岅（今河南偃师境内）。宣布全国进入紧急状态。又令刚平定山东邢杲起义的大将军、上党王元天穆部从济南星夜驰援荥阳，企图以绝对优势的兵力，在荥阳城下将陈庆之部一举全歼。

陈庆之到达荥阳，立即展开强攻，但杨昱据险坚守，陈庆之军死伤500多人，这对于一支7000人的部队来说是很大的伤亡了。见强攻不下，元颢派人去劝降杨昱，但被拒绝。这时，又传来了元天穆正率大军赶往荥阳的消息，面对城高壁深的荥阳，陈庆之军将士均感到恐怖和绝望。为了鼓舞士气，陈庆之在阵前发表了振奋人心的演说。他说：我们一路杀到荥阳城下，屠城掠寨，杀了很多北人父兄子女，他们仇恨我们，我们只有死战才能求得一生。现在元天穆的部队正在赶来，敌多我少，应当赶快攻下荥阳，才能得以活路，不能再犹豫而自取灭亡。经陈庆之的鼓动，梁军众人同心，遂加强了向荥阳的攻势。陈庆之身先士卒，全军拼死作战，终于在五月二十二日攻陷荥阳，生俘杨昱，斩其部将37人。当天，元天穆大军的先遣部队已经赶到，由骠骑将军尔朱吐木尔领骑兵5000人，骑将鲁安领夏州步骑兵9000人，右仆射尔朱世隆、西荆州刺史王罴领骑兵1万人，据虎牢。随即，元天穆也带兵至虎牢。好险！只差一天陈庆之就要腹背受敌。

经过荥阳攻城战，陈庆之军已经极度疲劳，但陈庆之却又作出了一个惊人的举动。他认为，我们疲惫，敌人千里赶赴而来，比我们更疲惫，最好的防守就是进攻。于是他决定出击。

第二天，也就是二十三日，陈庆之率领3000骑兵杀向天下第一关——虎牢关的3万敌军。北魏军压根没有想到陈庆之竟然敢弃城出击，颓然大败。尔朱吐木尔与元天穆单骑逃走，尔朱世隆率众逃跑，鲁安献关投降。

荥阳、虎牢相继失陷的消息传来，洛阳的孝庄帝元子攸吓得连夜出逃。有人建议向西逃至长安，但中书舍人高道穆则建议先逃至河北，征召大将军元天穆、大丞相尔朱荣各率领大军勤王，便能转胜。孝庄帝采纳此议，于二十三日夜北渡黄河到达河内郡（今河南沁阳），并向各处征兵。

在洛阳，以安丰王元延明为首的百官一时没了主张，得知陈庆之逼近洛阳，只好于二十五日派人迎元颢入洛阳为帝。元颢恐怕还以为自己是做梦，仅仅几个月，陈庆之竟然就从铚城将他送入了洛阳，而且还让他登上了皇帝的宝座。元颢改元建武，大赦天下，以陈庆之为侍中、车骑大将军，增邑万户。黄河以南各州郡也多来归附。但也有不少州郡不受元颢之命。平阳王元敬于河桥起兵征讨元颢，被元颢打败杀死。

面对国都洛阳被攻占的局面，北魏方面自是不能接受，于是开始大反攻。首先行动的是北魏行台崔孝芬、大都督刁宣，他们领兵围攻梁军的后继部队于梁国，昼夜猛攻，最后攻破梁国，梁军后军都督侯暄被擒杀。此时，元天穆等人也率领4万人大军进攻大梁（今河南开封），以断梁军后路。同时又派出费穆带兵2万人攻打虎牢关。元颢由于害怕自己的后路被截断，赶忙派遣陈庆之带兵去解大梁之围。不久，大梁被元天穆攻占，但当他听到陈庆之带兵来攻的消息，遂放弃大梁渡河北逃。费穆眼看就要攻克虎牢关，但当他听到元天穆弃城北逃之后，便干脆投降了陈庆之。陈庆之乘胜利兵盛之机，一鼓作气，攻占了大梁、梁国。至此，陈庆之从首战铚城以来，共经大战47场，攻克城池32座，所向无敌。

元颢自从进入洛阳，京城各界曾对他寄托了很大期待，希望他能够整治朝纲，重振北魏强盛雄风。然而，元颢的所作所为实在令人失望。对于元颢来说，现在的一切来得太突然了，京城侍卫和后宫全部归他掌管，号令四方，使他有些飘飘然，想当然地认为天下就是他的了，随之产生了骄傲懈怠情绪。他不理朝政，君臣日夜纵酒欢娱，对自己过去的部下门客宠爱有加，而这些人又干预朝政乱纲。他带来的梁兵，也认为自己一路攻城略地，劳苦功高，于是横行不法，欺行霸市，搞得民冤沸腾。

孝庄帝北渡黄河以后，为了稳定河北局势，以尚书右仆射尔朱世隆为使持节，行台仆射、相州（今河南安阳）刺史，带兵镇守邺城（今河北临漳），自己则继续北逃，到达长子（今山西长子）。尔朱荣得知消息，到长子与孝庄帝元子攸会合，下令召集天下兵马，准备粮草武器。不到两个月时间里，纠集了30万兵力，号称百万大军，尔朱荣自任前锋，狼烟滚滚地向洛阳杀来。

洛阳的元颢得知北魏大军在尔朱荣的率领下前来，立即命令都督宗正珍孙与河内太守元袭领兵据守河内（今河南沁阳），以拒魏军。此时，元天穆也带兵赶来，与尔朱荣合兵攻击河内，大败宗正珍孙，遂占河内。

此时的元颢还在打着自己的小算盘，一方面想北拒魏军，另一方面又想背叛南梁自立，并与临淮王元彧、安丰王元延明等人秘密商议此事。陈庆之对此也有所察觉，便加强了防备。陈庆之明白当前敌我实力依然过于悬殊，同时也为了防备元颢叛立，便向元颢提出应速报梁武帝，请南梁派遣大军支援。但元延明则劝告元颢说，陈庆之几千人的南梁兵马就打败了北魏大军，如果再多请兵马过来，怎么可能驾驭得了？大权一旦旁落，魏之宗庙将不复存在。元颢采纳了元延明的意见，拒绝了陈庆之的要求。但是，元颢又害怕陈庆之把情况如实向梁武帝报告，便抢先谎报梁武帝说，河南、河北已经克定，只有尔朱荣尚敢兴乱，我与陈庆之能够擒讨之，不必再派兵前来。

本来，梁武帝见陈庆之出兵已有时日，便调集大批兵马驻于边境一带，只等待陈庆之进展顺利之时，大军齐发，一举恢复河南之地。但接到元颢报告以后，他命令大军暂缓行动，等候命令。这样，元颢使自己彻底处于孤立被动的局面。当时，洛阳一带的梁军不到万人，而北魏各军10倍于此，局势应当说十分危急，所以梁军的军副马佛念劝说陈庆之杀掉元颢而据守洛阳。陈庆之不听，但也感到自己处于危险境地，便向元颢提出到彭城（今江苏徐州）担任刺史。元颢不放他走，还说他只想富贵不为国计。吓得陈庆之不敢再说什么，只得与元颢同守河桥，庆之守北中城，元颢据守南岸。

尔朱荣率领兵马到达黄河北，与陈庆之形成对峙。陈庆之奋力抵抗，10日内与魏军激战11次，尔朱荣部伤亡惨重，却不得渡黄河半步。此时，元颢派到黄河防守的将领暗中与尔朱荣勾结，表示愿意帮助尔朱荣破河桥立功。他乘人不备，夺取了河桥的控制权，但由于尔朱荣接应不及时，被元颢派兵镇压，其所部人马全部被杀。失去这次良机，再加上元颢派出元延明带兵沿河防守，使得尔朱荣一度心灰意冷，打算率领部队北去，"不得即渡，议欲还北，更图后举"。其部将纷纷劝止，认为不可因一时受挫而使前功尽弃。这时尔朱荣部有高人给尔朱荣算了一卦，说不出10日必可定河南，让尔朱荣重起战意。正巧伏波将军杨㮾与其族人家居马渚（今山西平陆），他说自家有小船数只，可以献出供渡河之用，且家人对黄河水路比较熟悉可为向导。尔朱荣大喜，遂下令车骑将军尔朱兆、大都督贺拔胜迅速率领部下伐树造筏。六月十八日夜间，尔朱荣避开陈庆之，从黄河上游的另一渡口硖石（今河南三门峡东北）偷渡。

魏兵渡河成功，立即向元颢儿子领军将军元冠受发动突然进攻，大败其军。下游的元延明所部听说北魏军已经渡过黄河，纷纷逃散。元颢的河南防线全线崩溃。洛阳的元颢见作为生命线的黄河天险已被突破，再也无险可守，知道大势已去，便率帐下数百骑出轘辕关南逃，奔至临颍时被魏兵追及杀害。陈庆之的部队成了孤军，集结南返，尔朱荣率军追击，但又不敢追得过近。陈庆之军且战且退，尔朱荣的部队不即不离地跟着，就像是护送着陈庆之南归一样。然而，北魏几十万大军都无法歼灭的陈庆之军，在撤退到颍水一带渡河时却遇到了山洪暴发，全军覆灭。陈庆之乔扮成一个和尚，在豫州人程道雍等人的护送下回到了南梁建康（今江苏南京）。

北魏中军大都督兼领军大将军杨津守首先攻入洛阳城。他带兵对京城朝廷进行了整理，守卫府库宫殿，然后出迎孝庄帝于北邙山。孝庄帝回到洛阳，对尔朱荣等人大加赞扬。

综观南梁伐北魏洛阳之战，陈庆之率领7000人军队北伐北魏，如入无人之境，是有其特殊背景和原因的：首先，北魏正逢内乱，从胡太后毒死魏孝明帝到尔朱荣搞河阴之变，北魏政权处于一片混乱之中，一盘散沙，人人自危。这种情况下的北魏朝廷是组织不起对南梁北伐军的有效阻击的。其次，陈庆之北伐的时间选择非常聪明，出征的时候北魏爆发了葛荣、邢杲起义，北魏的很多兵力都被调集去扑灭这次起义，防线相对空虚。最后，陈庆之出征的时候，虽然梁军只有7000人马，但有元颢这个旗帜作为号召，可以招降北魏之兵马。从梁国之战丘大千投降开始，就陆续有降兵加入梁军阵容，这些降兵虽然战斗力很差，但是在后勤补给等方面给予了梁军很大的支持。在这样的背景和前提下，才有了陈庆之逢战必胜的传奇。同时，元颢在面对北魏大军时无力应对，依靠南梁的支持却又不甘心受制于人。自己没有实力，又想自立为帝，其失败是不可避免的。

北魏尔朱氏兵陷洛阳

北魏孝庄帝因不满尔朱荣专权，于永安三年（530）杀死尔朱荣，引起尔朱氏起兵反抗，攻占洛阳，不久后在晋阳（今山西太原）缢杀孝庄帝。

公元528年四月，尔朱荣发动"河阴事变"。他攻入京城洛阳，杀戮王公大臣2000多人，既为立威，也为铲除北魏中坚力量，从而左右朝廷。他虽然拥立元子攸为孝庄帝，但实权却掌握在自己手中。他因杀人太多而不敢居住在洛阳，却在晋阳（今山西太原）遥控指挥。北魏元颢投靠南梁，借南梁之兵北伐，于公元529年五月攻占洛阳，孝庄帝连夜渡过黄河北逃。尔朱荣帮助孝庄帝收复国都洛阳，也是为了自己掌握北魏国政。对于尔朱荣的目的，孝庄帝看得清清楚楚，曾经明确表示让位于尔朱荣，但尔朱荣内心明白自己当不了皇帝，表面上却表现得十分大度，推辞不就。他派人监视孝庄帝，并越过皇帝自己随意任命地方官员。孝庄帝和原配皇后非常恩爱，但尔朱荣硬立了自己女儿为皇后。孝庄帝终于忍无可忍，他觉得，为了个人安危，为了北魏百年基业，不能坐以待毙了。

永安三年（530）九月，因不满尔朱荣专权，北魏孝庄帝"以生太子"为名，召尔朱荣入朝。尔朱荣得知自己的女儿生了儿子，自是高兴，便带5000人，由并州入朝。当时，四野盛传，孝庄帝想杀尔朱荣，但尔朱荣根本不把这当作一回事，因为他觉得这是不可能的事。当他到了洛阳，还把这当笑话讲给孝庄帝听，准备敲山震虎。岂知孝庄帝听后笑道，外人告诉我说，你想加害于我，我岂能信之，尔朱荣一听，也就是笑笑罢了。

第二天，也就是九月二十五日，朝廷派人前来道喜，祝贺皇子的诞生。尔朱荣也高高兴兴地进了明光殿，在孝庄帝座位西北侧坐下。突然，一群宫廷侍卫提刀冲进来。尔朱荣心知不妙，手无利刃，忙冲向孝庄帝，想抓他做人质。还没等他动手，孝庄帝抽出所藏利刃，一刀将他刺死。尔朱荣被杀死的消息传出，各地的尔朱氏纷纷反抗，兵犯洛阳。

当夜，尔朱世隆及尔朱荣之妻北乡长公主，率领亲信卫将军贺拔胜、金紫光禄大夫司马子如等人，火烧西门后逃出洛阳，屯兵于河阴（今河南荥阳）。接着，他们在北去还是返回洛阳的问题上拿不定主意。尔朱世隆想北回，但司马子如劝告说，如今是凭实力说话，"唯强是视"，当此之际，不可以弱示人，不如分兵把守河桥，还军京都，出其不意，或可成功。于是，第二天尔朱世隆率领兵马进攻河桥，一举攻占河桥及北中城（河阳三城之一），擒杀孝庄帝派来守桥的武卫将军奚毅等人，并准备回兵洛阳。孝庄帝大惧，派出使者以徇安抚，尔朱世隆杀了以徇。

十月一日，尔朱世隆派出尔朱拂律归率领1000人，全部身着素服，来到洛阳城下，索要尔朱荣尸体。孝庄帝登上大夏门城楼（即北城门）观看，并派人前去安抚，另派侍中朱瑞送铁券（即免死牌）赐给尔朱世隆，均被拒绝。无奈之下，孝庄帝调来钱物置于西城门外，公开招募敢死队以讨伐尔朱世隆，当天就招募万人。双方随即战于城外，官兵屡战不胜。第二天，孝庄帝又命车骑大将军李叔仁为大都督，领兵讨伐尔朱世隆，并令通直散骑常侍李苗领兵从黄河上游的马渚（今河南陕州）乘船夜下，纵火焚河桥。半夜，南岸的尔朱氏看见河桥起火，纷纷争抢北渡，溺死者众。李苗仅带百余人停靠于河中，等待援军，但因援军未到而被全部杀死。尔朱世隆见官军能战，且河桥已断，便领兵向北逃去。

十月十四日，孝庄帝命令行台源子恭领兵1万人出西道，于太行丹谷（今山西晋城东南）筑垒设防，又命杨昱率领所招募之敢死队8000人出东道，以防世隆。

尔朱世隆北至建州（今山西晋城东北），建州刺史陆希质闭城坚守，被尔朱世隆攻破，又杀城中所有人以泄愤。尔朱荣之侄、汾州刺史尔朱兆，此时也从汾州（今山西隰县）率领骑兵进据晋阳（今山西太原）。尔朱世隆到达长子（今属山西），尔朱兆也领兵前来会合。月底，他们共推太原太守、长广王元晔为帝，尔朱兆为大将军，进爵为王，尔朱世隆为尚书令，赐爵位乐平王。

此时，尔朱氏从东、西、北三面向洛阳进攻。东路，尔朱仲远从徐州带领大军向西进攻，以都督乔宁、张子期为前锋。西路，骠骑大将军尔朱天光领兵向东杀来。北路，尔朱兆和尔朱世隆率领大军向南逼近。面对尔朱氏的大兵包围之势，孝庄帝以城阳王元徽兼任大司马、录尚书事，总统内外一切事务。但元徽是个自私且无能之辈，对日益危急的形势没有清醒认识，也不做什么有效的准备，引起士兵不满。

十一月一日，孝庄帝命令车骑将军郑先护为大都督，与行台杨昱共同讨伐自徐州西来的尔朱仲远。四日，尔朱仲远向西攻克兖州（今河南滑县），生擒刺史王衍。十一日，孝庄帝又以右卫将军贺拔胜为东征都督，以郑先护兼任尚书左仆射为行台，共同讨伐尔朱仲远。但贺拔胜与郑先护之间矛盾重重。二十八日，贺拔胜与尔朱仲远战于滑台东，兵败，投降于尔朱仲远。

为防御北方的尔朱兆南下，孝庄帝欲率兵亲征。但亲尔朱氏势力的华山王元鸷却劝阻道，黄河万仞，尔朱兆岂能渡过？孝庄帝觉得有道理，便消除了亲征念头，但也派出安东将军史仵龙、平北将军阳文义各领兵3000防守太行岭，侍中源子恭镇守丹谷。十二月一日，尔朱兆领兵进攻丹谷，史仵龙、阳文义率部先降，源子恭亦望风而逃。尔朱兆轻兵追赶源子恭，直达黄河岸边。本来波涛汹涌的黄河，这一天水位特别低，不没马腹，尔朱兆兵从河桥西涉水渡过黄河。三日这天，狂风四起，漫天黄尘飞沙，能见度极低，所以当尔朱兆带兵进入洛阳，敲击宫城门时，宿卫之兵才发觉，想再抵抗已经来不及了，遂四散逃命。尔朱兆带兵进入宫城，元鸷又阻止卫兵，不让他们进行任何抵抗。孝庄帝闻讯，慌忙步行逃出云龙门，被俘虏，锁于永宁寺楼上。尔朱兆设营于尚书省，纵兵大肆抢掠，污辱嫔御妃主，捕杀皇子，杀司空临淮王元彧、尚书左仆射范阳王元海、青州刺史李延宴等人。城阳王元徽逃跑至南山，也被杀死。不久，尔朱世隆也从长子到达洛阳。他们兄弟密谋，不想让长广王元晔之母卫氏干预朝政，便于她出宫之机，派出10个骑兵扮作强盗，于洛阳小巷中将卫氏杀死，随后又张榜悬赏千万钱缉拿凶手，以掩人耳目。

随后，尔朱仲远从滑台到达洛阳，尔朱天光也轻骑入洛。至此，尔朱氏东、西、北三路大军在洛阳会师。

其时，由于尔朱兆南下，晋阳（今山西太原）防守空虚，纥豆陵步番乘机南下，兵锋甚盛，直指晋阳。尔朱兆不敢在洛阳久留，便带兵急回晋阳，并将孝庄帝一同带到晋阳。不久，尔朱兆在晋阳缢杀孝庄帝。

综观此一战事，孝庄帝元子攸本来就是在尔朱氏的支持和帮助下即帝位的，但他又不甘心于做傀儡而想自立，杀了尔朱荣，随即招来了尔朱氏一党的报复，其兵败身死就在情理之中。

北魏高欢平灭尔朱氏

北魏高欢平灭尔朱氏之战，是北魏晋州刺史高欢举兵反对控制北魏朝政的尔朱氏的战争，为中国历史上以少胜多的战争之一，结果是尔朱氏势力尽被消灭，高欢获得胜利。

北魏永安三年(530)九月，北魏孝庄帝元子攸因不满太原王尔朱荣遥控朝政，将其诱杀。尔朱荣侄、汾州刺史尔朱兆与尔朱世隆便另立太原太守、长广王元晔为帝，并联合尔朱氏诸将一起攻入魏都洛阳(今河南洛阳东北)，纵兵掠杀，生擒孝庄帝。尔朱兆得知北方的纥豆陵步番乘虚兵向晋阳，不敢在洛阳久留，让尔朱世隆、尔朱度律、尔朱彦伯等人留守洛阳，自己带兵立即返回晋阳。

当初，尔朱兆从晋阳（今山西太原）南下进兵洛阳时，曾经派出使者召晋州（今山西晋城）刺史高欢领兵同行，但高欢寻找借口拒绝出兵，坐观成败。当尔朱兆攻占洛阳、带孝庄帝返回晋阳时，高欢闻听便领兵拦截，未成，于是写信给尔朱兆，劝他不要杀害天子而留下恶名。尔朱兆怒而不纳，遂缢杀孝庄帝于晋阳。纥豆陵步番大破尔朱兆兵于秀容，南逼晋阳，尔朱兆连忙请求高欢来救。高欢助尔朱兆大败步番，两人结为兄弟。尔朱兆令高欢负责安抚10万葛荣起义降卒，高欢请求安排至山东（太行山之东），尔朱兆准之。

公元531年二月底，尔朱世隆兄弟在洛阳密议，废除了长广王元晔，另立广陵王元恭为帝，是为节闵帝，改元普泰。加尔朱世隆仪同三司，赠尔朱荣相国、晋王。对于尔朱世隆兄弟的这种任意废立，远在晋阳（今山西太原）的尔朱兆认为这种大事竟然不和他商量，大怒，欲发兵攻打尔朱世隆。尔朱世隆急忙派遣尔朱彦伯前往安慰，尔朱兆这才停止了军事行动。但是，尔朱世隆与尔朱兆叔侄之间的矛盾也越来越尖锐。是时，节闵帝大封尔朱氏，以尔朱世隆为太保，徐州刺史尔朱仲远、雍州刺史尔朱天光为大将军，并州刺史尔朱兆为天柱大将军。同时，赐高欢为勃海王，征召入朝。高欢辞而不就。

同时，尔朱世隆兄弟的任意废立也引起众多人的反对。幽、安、营、并四州行台刘灵助也起兵，自称燕王，声言为孝庄帝复仇，以讨伐尔朱氏。尔朱兆派遣监军孙白鹞镇守冀州(治信都，今河北冀州)，欲收服冀州大族高乾及其弟高敖曹所部。高乾等人遂与河内太守封隆之等人合谋，袭击并占据了信都，杀孙白鹞，共推封隆之为行州事，为孝庄帝举哀，并向各郡发布通告，讨伐尔朱氏。六月，晋州刺吏高欢引兵东出，声言讨伐高乾。高乾、封隆之归附高欢，大开城门迎高欢进入信都城。

十月，高欢等拥立勃海太守、安定王元朗为帝，公布尔朱氏罪状，联络反对尔朱氏各路于信都起兵，公开反对尔朱氏。是月，元朗以高欢为侍中、丞相、都督中外诸军事、大将军、录尚书事、大行台，高乾为侍中、司空，高敖曹为骠骑大将军、仪同三司、冀州刺史。

面对高欢等人的强大声势，尔朱氏采取两面夹攻的策略，联合攻伐高欢。东路，尔朱仲远与骠骑大将军斛斯椿、车骑大将军贺拔胜、车骑大将军贾显智率领大军屯于阳平（今山东莘县）。西路，由尔朱兆领兵2万出井陉(今河北井陉西北)，号称10万人兵马，屯军广阿(今河北隆尧东)，以攻高欢，逼近信都。在尔朱氏大军压境的情况下，高欢使用反间计，一方面派人到广阿一带，散布"尔朱世隆兄弟欲谋杀尔朱兆"，另一方面又派人到阳平散布"尔朱兆与高欢欲谋杀尔朱仲远"。尔朱氏内部本来就有矛盾，经此谣言一传，相互之间更是猜疑不断。由此，导致尔朱氏诸将因互相猜疑而各自拥兵自保，各路兵马只在原地移动，却不向前推进。十月底，高欢乘机集中兵力先与尔朱兆军会战，于广阿大破之，俘其士卒5000余人。高欢乘胜南下，进攻邺城(今河北临漳西南)，相州刺史刘诞闭城固守。直至次年一月，高欢军通过挖地道致城塌陷，才攻破邺城，擒刘诞。二月，高欢拥立的魏帝元朗率领文武百官进入邺城，以高欢为丞相、柱中大将军、太师。

三月，尔朱世隆为了弥合尔朱氏之间的矛盾，提出让尔朱兆到国都洛阳，并许其"唯其所欲"，又令节闵帝纳尔朱兆之女为皇后，这才使尔朱兆高兴起来。尔朱氏诸将在尔朱世隆的撮合下，暂时复归于好，重新结盟发誓，同征高欢。

闰三月，尔朱天光自长安（今西安西北），尔朱兆自晋阳，尔朱度律自洛阳，尔朱仲远自东郡（今河南滑县），分别率所部出发，会师邺城，号称20万大军，沿洹水（河南北部卫河支流安阳河）两岸驻扎，声势浩大。高欢以吏部尚书封隆之留守邺城，自率军出城抵御，屯军于紫陌（今河北临漳西南），大都督高敖曹领兵3000跟进。二十六日，尔朱兆率轻骑兵3000人乘夜偷袭邺城西门，不克，退走。二十八日，双方对阵，高欢的步兵不到3万人，骑兵不到2000人，自料难与尔朱氏军匹敌，乃于韩陵山（今河南安阳东北），设立圆阵，并连接牛驴以阻塞归路，使将士以必死之心与尔朱氏军作战。高欢亲领中军，高敖曹领左军，高欢的堂弟高岳领右军，迎战尔朱氏军。中军高欢战不利。尔朱兆乘机发动强攻，高欢军危急，高岳即领骑兵500人，对尔朱兆军迎头痛击。高欢部将斛律敦领兵抄尔朱兆军背后，高敖曹亦领兵千人拦腰击之。在高欢军的联合围攻下，尔朱兆军大败。贺拔胜和徐州刺史杜德于阵中投降高欢。尔朱兆领残部还晋阳。尔朱仲远逃奔东郡，后降南梁。时尔朱彦伯在洛阳请求领兵在河桥守卫，但尔朱世隆不准。

此时大都督斛斯椿认为尔朱氏必败，便与都督贾显秘密商议，发动兵变。于是，他们在尔朱天光等人兵败返回洛阳途中，兼程提前返回。而此时，尔朱世隆已命令外兵参军阳叔渊镇守河桥北中城，致斛斯椿等人不能过河入城。斛斯椿骗阳叔渊说，尔朱天光和尔朱度律等人全是关中人，听说他们要大掠洛阳，挟帝迁都长安，请放我们入城共同防守。四月一日，斛斯椿等人占领河桥，尽杀尔朱氏人。尔朱天光和尔朱度律等人欲攻打河桥，适逢大雨不停，且兵马疲惫不堪，难以作战而西走，在垒陂津（河桥西）被擒送到斛斯椿处。斛斯椿派行令长孙稚到洛阳报告皇帝，并派贾显智、张欢领兵袭击洛阳，俘虏尔朱世隆、尔朱彦伯等人，斩杀于阊阖门外，并把其首级与尔朱天光和尔朱度律等人一起送给高欢。

四月十八日，高欢带安定王及百官从邺城出发，到达邙山，废除了安定王及尔朱氏所立的节闵帝，拥立平阳王元修为帝，是为孝武帝，改元太昌。二十九日，高欢即将离开返回之前，把尔朱度律、尔朱天光送到洛阳斩首。如此，尔朱氏仅剩下逃至晋阳的尔朱兆。七月十日，高欢率领兵马进攻晋阳，尔朱兆北逃至秀容，并分兵把守关隘，时常带兵外出大掠。公元533年一月，高欢乘尔朱兆举行宴会之机，派出精兵袭击，一举歼灭尔朱兆。至此，尔朱氏全部被平灭。

综观此一战事，尔朱氏在尔朱荣死后，缺乏有力的领袖人物，各自拥兵自重，且内部矛盾重重。尔朱世隆在洛阳，尔朱天光据关中，尔朱兆在晋阳，尔朱仲远据东郡，各不相干，形成割据势力。虽然为了共同利益而能一时合作共敌高欢，但一遇困境便各自奔逃。而高欢在尔朱氏极盛之时能够沉着应变，并利用尔朱兆之愚平得10万兵马，又轻易得到高乾等人支持和信都地盘。经过两次战斗，便战胜尔朱氏众多兵将，平灭了尔朱氏，成为一代枭雄。

北魏孝武帝与高欢洛阳之战

　　北魏孝文帝迁都洛阳以后,经过一系列汉化改革,社会经济文化不断得到发展。但到了北魏后期,由于皇帝沉湎于佛事,不理朝政,外戚专权,国力由盛而衰,内外矛盾日益激化,朝廷内部争权夺利,互相倾轧,尔朱荣乘机发动河阴之变,使北魏朝廷遭受重创,彻底改变了北魏的朝廷结构和统治。尔朱荣被诱杀后,尔朱氏为了报复而起兵攻占洛阳,但其内部也分崩离析,对皇帝任意废立,引起高欢起兵,诛灭了尔朱氏。高欢控制了朝政之后,并没有使北魏的状况有任何好转,反而使矛盾进一步激化。原因在于,高欢的独揽大权,恣意妄行,逐渐引起孝武帝和百官的不满和反对。公元534年,孝武帝与人秘密商议,征集各地之兵以伐高欢。高欢得知消息,抢先发兵,进攻并最终占领洛阳,孝武帝西逃长安。

　　北魏侍中斛斯椿与高欢素来不和,早在高欢讨伐尔朱氏准备进入洛阳之际,斛斯椿就联络几位重臣,秘密奉劝孝武帝除掉高欢,以避免重蹈尔朱荣实际控制朝政的覆辙。同时,舍人元士弼也向孝武帝诉说高欢背后对孝武帝的不敬行为。孝武帝为此十分不高兴,采取一系列措施限制和排挤高欢及其势力。朝廷大事均由孝武帝和斛斯椿决断,以摆脱高欢的控制。同时,孝武帝还对握有重兵的将领加以笼络,以加强抗击高欢的力量。

　　对此高欢心知肚明,也在暗中积极准备,打算在时机成熟时,模仿尔朱氏废帝另立的做法。但是,他又担心孝武帝重用的关中大行台贺拔岳势力强大,不敢轻举妄动。于是,他使用离间之计,令侯莫陈悦伺机杀了贺拔岳。贺拔岳一死,部下群龙无首,一片混乱,最后由宇文泰统领贺拔岳部,讨灭了侯莫陈悦。高欢虽然杀了贺拔岳,但并没有达到自己原先的目的,且宇文泰实力强大,心中非常不安,便转变策略,派出使者携带重礼去劝说宇文泰与自己携手合作，共举大业，但宇文泰拒绝。宇文泰还把高欢写给他的信件献给孝武帝。由此，孝武帝更加坚定了讨伐高欢的决心，也更加器重宇文泰，遂任命宇文泰为大都督。

时北魏侍中兼司空高乾上表，请求辞职为父亲守丧3年。孝武帝因器重高乾而批准他辞去侍中而保留司空一职。高乾因此而不能再直接参与朝廷大事，心中不乐。孝武帝并不知情，仍然器重高乾，便将准备讨伐高欢之事告知高乾。高乾将如此重大秘密告知高欢，并劝高欢废帝自立。孝武帝得知，便也使用离间之计，致书高欢，说高乾与自己有重大秘密协议，现在却首鼠两端。高欢因此对高乾厌恶之极，便将高乾写给自己的信件全部献给孝武帝。孝武帝遂赐死高乾，并命令东徐州刺史潘绍业杀高乾之弟高敖曹，命青州刺史杀高敖曹兄仲密。结果，潘绍业反被高敖曹袭杀。高敖曹和仲密两人随即投奔了晋阳的高欢。同时，高欢在洛阳的朋党，如侍中封隆之、仆射孙腾、领军娄昭等人，全部逃离洛阳，投奔了高欢，而孝武帝也下诏撤换或查办高欢在洛阳和河南各地的朋党。至此，双方的阵营公开化，矛盾也达到白热化程度。

永熙三年（534），孝武帝下诏，以南下征讨南梁为名，调集河南各地诸州部队于洛阳，进行大阅兵，声势浩大，"南临洛水，北际邙山"。孝武帝此举，实为讨伐高欢，但为了蒙蔽高欢，还专门给高欢下密诏，声称宇文泰、贺拔胜等人有不臣之心，此次假称南下伐梁，实为防备宇文泰等人，并命高欢随时听候调遣。高欢其实早就明白孝武帝的真实意图，就上表孝武帝，假称荆州、雍州谋反，自己已经派数十万大兵出发，做好了准备。接着，他又上表，向孝武帝一方面表示忠心，一方面又提出要孝武帝防备身边的"奸佞小人"，可谓软硬兼使。

面对高欢的威胁，孝武帝便与亲信商议退高欢之兵的对策。五月十六日，孝武帝命令大都督源子恭带兵镇守阳胡（今山西垣曲），汝阳王元暹镇守石济（今河南延津），防守黄河天险，以阻止高欢渡河。同时，孝武帝一方面征调各地之兵准备作战，一方面又赐书高欢，历数其不臣之事。

高欢因屡受孝武帝数其罪过，感到非常气愤，加上双方矛盾由来已久，遂决定提前动手，带兵进攻洛阳，以图废帝自立或者另立皇帝。他命令其弟定州刺史高琛镇守晋阳,而自己则提20万人重兵南下,以高敖曹为前锋,名义上是为了"清君侧,诛斛斯椿"。

宇文泰得知高欢领兵南下,便传檄文于各州郡,历数高欢的种种罪恶,在全国声讨高欢。同时,亲率大军从高平东进,令前锋部队驻屯于弘农(今河南灵宝)。

七月一日,孝武帝御驾亲征,率领10万人大军驻守于河桥(今河南孟津东北),以斛斯椿为前锋,陈兵邙山之北黄河岸边,迎战高欢。面对高欢大军远途而来,斛斯椿料定其必定疲惫不堪,所以请求率领2000精兵,乘夜间渡过黄河,突袭高欢。这本是作战良策,但遇到黄门侍郎杨宽进谗言说,如果斛斯椿渡河得胜,就是灭了一个高欢,又生出来一个高欢。意思是说斛斯椿一旦得胜有功,便会和高欢一样成为皇帝新的对手。可惜,孝武帝听信杨宽的谗言,拒绝了斛斯椿的请求。

对此,宇文泰在分析形势后也认为,高欢已经连续行军八九百里,这已经是兵家大忌,此时应当派兵渡河进击之,不理解孝武帝为何只是被动防守。为了挽救不利局面,他命令大都督赵贵为别道行台,从蒲阪(今山西永济)渡过黄河,领兵直插高欢的老窝并州,又派出都督李贤领兵千人火速赶往京师洛阳,迎接孝武帝。此前,孝武帝曾经与宇文泰商议过欲迁都长安之事,宇文泰非常欢迎孝武帝西入关中,并已派出秦州刺史骆超为大都督,率领轻骑千人赶赴洛阳,另派出人马出潼关迎接孝武帝。

为了防止高欢从东西两面渡过黄河,孝武帝命斛斯椿与行台长孙稚、大都督颍川王元斌之带兵东出,镇守虎牢关(今河南荥阳汜水),命行台长孙子彦西出,镇守陕州(今三门峡),贾显智、斛斯元寿镇守滑台(今河南滑县)。为了争夺战略重镇滑台,高欢派遣相州刺史窦泰领兵攻之,又派建州刺史韩贤率领部众直插石济。双方大军于长寿津相遇。贾显智早有投靠高欢之心,并派人联络,所以两军接触之后,贾显智便命令全军后撤。他的行动被军司元玄察觉,随即跑回洛阳报告孝武帝。孝武帝派遣大都督侯几绍领兵前往镇压,但贾显智在侯几绍还未到达时便已率领部众投降了高欢。两军大战于滑台东,侯几绍战死,官兵失败。

高欢到达黄河北岸,又派出使者向孝武帝表明忠心,以麻痹对方。孝武帝不为所动，高欢即命大军挥师渡河。双方在黄河之上展开争夺战，你来我往，不分胜负。孝武帝见黄河天险难以阻挡高欢大军，便征求群臣意见，但意见纷纷，有的主张投靠南梁，有的主张西去投奔宇文泰，也有的主张死守黄河天险，凭据洛阳与高欢决一死战。一时间难以形成共识，人心不安。

更令人不安的是，领命东出镇守虎牢关的斛斯椿与颍川王元斌之不和，相互之间争权夺利。元斌之失势，记恨在心，竟然独自跑回洛阳向孝武帝谎报军情，说高欢大军已到达虎牢。孝武帝听信，更感到形势危急，便召回斛斯椿。如此，东面的防线如同向敌敞开一般。孝武帝便与南阳王元宝炬、清河王元亶、广阳王元湛一起，领兵5000人驻扎于瀍河之西。此时，众人都明白孝武帝准备投靠宇文泰，所以当天夜间就逃亡过半，甚至连皇室亲王元亶、元湛也逃回洛阳城内，只有武卫将军独孤信单骑护帝。第二天，孝武帝即西奔长安，并在崤山（今河南陕州灵宝一带）与宇文泰火速派出的李贤军相遇。经过一路艰辛，到达长安。

孝武帝西奔长安的第二天，高欢率领大军渡过黄河，所向披靡，打败群龙无首的魏军，最终攻入洛阳城。他一方面在洛阳布防，另一方面因不想孝武帝落入宇文泰之手，所以又派遣领军娄昭等人领兵追赶孝武帝。镇守陕州（今三门峡）的长孙子彦不敌，弃城逃跑。大将高敖曹率领精兵追赶孝武帝，直至陕州以西，也未能追上，只得返回洛阳。

综观此一战事，高欢率领大军长途奔袭，在战略战术上并无多少高明之处，但孝武帝不听斛斯椿渡河作战的正确建议，丧失作战良机。孝武帝所率各军，各自为战，没有统一有效的配合，且内部矛盾重重，逃跑投降者众，必败。

东西魏河阴大战

公元493年,北魏孝文帝借南伐萧齐之机,迁都洛阳。经过孝文帝、宣武帝、孝明帝等前几位皇帝的苦心经营,北方的社会经济逐渐得到了恢复和发展,京城洛阳又逐渐恢复了昔日的繁华景象,成为当时国际性的大都市。

然而,好景不长。北魏后期,随着国内阶级矛盾的激化,统治集团内部的斗争也愈演愈烈,特别是孝武帝元修与丞相高欢之间的矛盾已到了水火不容的地步。孝武帝永熙三年(534),高欢自晋阳(今山西太原)发兵攻占洛阳,孝武帝逃奔关中,投靠宇文泰。高欢为了表明自己的不二之心,先后两次派出部将追赶孝武帝没有追上。他在洛阳召集文武百官,大加训斥他们的不忠不孝,并借机杀掉孝武帝的死党。接着,他又亲自到长安去面见孝武帝,表明希望其能够回到洛阳。个中原因,除了政治和军事主要因素外,还因为孝武帝元修即位后与高欢的长女结婚,虽然夫妻彼此都没有感情,元修与3个堂姊妹姘居,并将她们都封为公主,但在名分上高欢仍然是孝武帝的岳父。

孝武帝自然不会回来,高欢乘机于当年十月十七日,以元修弃国逃跑为由,遥废其帝号,拥立孝文帝曾孙、清河王元亶之子、11岁的元善见为帝,是为孝静帝,10日后迁都邺城(今河北临漳)。

再说孝武帝元修,他于七月二十八日率一部分兵众,偕同情妇明月及明月的哥哥元宝炬等入关中,投奔其妹妹的未婚夫宇文泰。第二年,公元535年二月三日,宇文泰以元修与堂妹淫乱有伤大雅为由,把元明月和元修都给杀死,改立元宝炬为帝。这样,北魏王朝宣告分裂,都于邺城的史称"东魏",都于长安的史称"西魏",历史进入东魏、西魏对立时期。

这一时期的洛阳,虽已失去国都地位,但其所处的极其重要的地理位置自然成为双方争夺的焦点。在东、西魏分治的10余年间，双方进行了5次战争，对洛阳的争夺始终没有停止。在洛阳进行大规模的河阴大战（又称河桥大战）之前，双方已经有两次战役。为了解河阴大战的来龙去脉，对此两次战役作简要说明。

第一次是在公元536年一月，双方进行了小关（潼关以西）战役。东魏高欢首先发兵西征，占据了汾水入黄河的龙门(今山西河津)，继续沿黄河河套南下，抵达蒲坂(今山西永济)，并筑河桥。蒲坂是自古以来兵家西进、争夺潼关(今陕西老潼关)的运兵渡口。高欢这次伐宇文泰，兵分三路，除自率中军之外，以先锋窦泰攻占潼关，派大将高昂从风陵(今山西风陵渡)渡黄河，驱兵南下，直取洛州(今陕西商州)，然后西进，形成南北夹攻长安之势。西魏宇文泰领兵迎战，他听众族侄宇文深的意见，选精锐骑兵直出小关，打算战胜窦泰后再回击高欢。果然，西魏军突至小关，窦泰猝不及防，引兵赴阵，宇文泰领兵杀出，大破窦泰，东魏兵死伤殆尽，窦泰自杀。高欢军得知消息，慌忙撤桥退兵。双方第一次交手，高欢以失败告终。

第二次是在东魏孝静帝天平四年、西魏文帝大统三年（537）八月，双方进行了沙苑之战。西魏首先开战。丞相宇文泰率李弼等12位将领讨伐东魏，命雍州刺史于谨攻打盘豆、弘农(今河南灵宝境内)。两地相继被攻克，俘获东魏陕州（今三门峡）刺史李徽伯、士卒8000人。

九月，东魏丞相高欢为雪小关战败之耻，兵分两路，亲率20万大军攻蒲津(今山西西南部、陕西大荔东)，派高敖曹率兵3万自黄河以南进攻弘农西魏军。

宇文泰由于关中旱灾大饥，带着不到1万军马在弘农谷仓休整了50多天，好容易才让饿得几乎皮包骨的军士歇缓过来。听说高欢渡河来战，赶忙西走入潼关准备。高敖曹带3万兵马把弘农团团围住。高欢的参谋劝说道："西魏兵连年饥荒，所以冒险到陕州来抢仓粟粮食，现在高敖曹已经围住弘农粮仓，粮食运不出去。我们最好分兵诸道，不与敌兵接战，等到麦秋时分，敌方军民饿死大半，宇文泰不死也得投降。所以我们最好别渡黄河。"大将侯景也劝告："我军几十万士兵一举前来，万一不胜，一时难以集结兵马。不如把大军一分为二，相继而进。前军若胜，后军全力攻上；前军若败，后军可以接应，到时作为后备队出击迎敌。"高欢为窦泰报仇心切，对这两条意见都没有听进去，自蒲津渡过黄河前进。

　　高欢军经蒲津渡黄河，过洛水，进屯许原（今陕西大荔南）西，直指长安。宇文泰亲率近万人自弘农回师渭水南，同时下令征诸州兵迎战。宇文泰到了渭水南岸，征召的诸州兵马都没有到位。他手下诸将以为众寡悬殊，建议待高欢军队再往西行后才出兵相会。宇文泰坚持不可："高欢如果到了长安，肯定人情民心全都会降服于他。现在趁他远来新到，正好一举可以击破。"于是，不待州兵齐集，宇文泰即令部卒在渭水架设浮桥，携带3日粮秣，轻骑渡渭。十月一日，进至沙苑，与东魏军仅距60里。这时，宇文泰派手下将领达奚武带3个骑兵化装成东魏军士，傍晚混入高欢军营内侦察。他们昂首扬鞭，假装成督察官，把东魏军各个军营都转了一遍，看见有衣冠不整或不遵法纪的高欢兵士，还上前举鞭乱打一顿。转了个通宵，查明高欢军中一切部署后才返回营中复命。宇文泰得知情况后，与诸将商议，决定在沙苑以东10里处的芦苇丛泥泞之地渭曲设伏，以部将赵贵、李弼分置左右，背水列阵以待。

　　次日午后，东魏军果然进入伏击区。高欢部下都督斛律羌举劝说："宇文泰只想决一死战，就像个疯狗一样，豁上命也要咬人。渭曲芦苇茂密，泥泞不堪，士兵交战用不上全力，不如与其相持，再暗中派精兵掩袭长安，端掉敌军的老窝，如此则宇文泰必可生擒。"高欢听说渭曲芦苇丛生，灵机一动："放把大火把敌军烧死，怎么样？"一向精明的侯景这时出了个馊主意："应该生擒宇文泰宣示百姓，如果他被烧成焦炭，谁会相信我们真的大胜呢。"高欢踌躇之间，大将彭乐盛气请战："我们人多势众，百人擒一，还怕不打胜仗吗？"于是高欢下令进击。东魏兵望见西魏兵寥寥无几，个个贪功冒进，应有的战阵散不成形。宇文泰乘东魏军轻敌乱阵，当即下令出击，李弼、赵贵伏兵顿起。李弼的铁骑横击东魏主力，骠骑大将军于谨领六军配合作战，将高欢大军截为两段，在沙苑一举击溃东魏军队，俘虏8万人，缴获铠仗18万件。高欢连夜跨骆驼逃过黄河。高敖曹听到这一消息，放弃攻打弘农，直接退回洛阳。宇文泰命令将士每人在战场上植柳树一株，以示庆贺。

　　大规模的河阴大战于当年的十二月拉开序幕。宇文泰决定乘高欢惨败

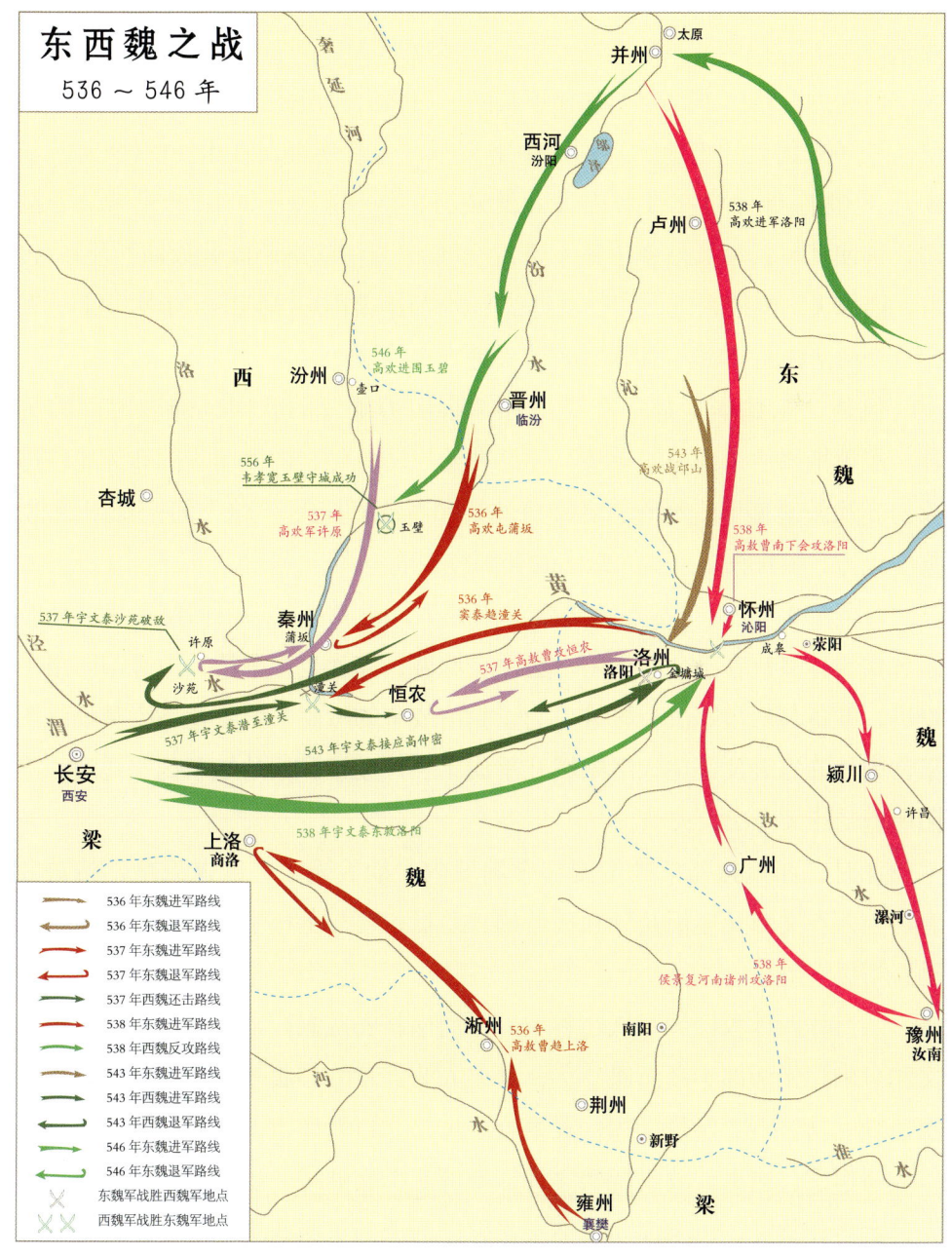

东西魏之战（源自《中国战争史地图集》）

后喘息未定、无力再战之有利时机，集中兵力向东魏展开大规模的军事进攻。其总体部署是：兵分三路，全面出击。中路以行台、冯翊王元季海和独孤信为统帅，率步兵2万直指洛阳。南北两路由洛州刺史李显和贺拔胜与李弼分别进军三荆（即荆州、东荆州、南荆州，均在今湖北境内)和蒲坂(今山西永济西南),以两翼策应中路,企图一举攻下洛阳,进而消灭东魏政权。

西魏的三路出击,令东魏猝不及防。三路大军所到之处,势如破竹,很快占领了东魏大片土地。特别是中路大军,一路疾进,直达新安(今河南新安),吓得东魏守将高敖曹弃城北渡黄河,洛州刺史、广阳王元湛放弃洛阳,逃回邺城。独孤信率中路军进占金墉城(今河南洛阳汉魏故城西北)。接着,西魏大军继续东进,相继攻占荥阳(今河南荥阳)、梁州(今河南开封)、颍州(今河南许昌)等地,使东魏丧师失地,极为被动。

但是,东魏毕竟是一个经济和军事实力雄厚的强国,随着时间的推移,东魏抵挡住了西魏的攻势,逐渐开始扭转战局,由被动防御转为战略进攻。高欢派遣善于治军的著名骁将侯景和高敖曹在虎牢关(今河南荥阳西北)集结兵力,很快收复了黄河以南的大部分失地。

公元538年七月,战线推进到洛阳城下,使战争在洛阳相持下来。此时东魏侯景、高敖曹已会兵洛阳,包围金墉城,高欢也亲率精兵由晋阳向洛阳挺进,准备与西魏军决一雌雄。为了扫清战争的障碍,侯景竟下令焚烧洛阳皇宫内外的官署及民宅,洛阳城几乎成了一片废墟。这是继东魏北迁后,洛阳所遭受的又一次大灾难。

此时,西魏独孤信被围困在金墉城内,欲战无力,欲退无路,情势危急。当西魏文帝元宝炬接到独孤信的告急后,便与丞相宇文泰率大军火速东驰,增援洛阳。

八月,西魏救援大军抵达谷城(今河南新安磁涧),与东魏的莫多娄贷文和可朱浑元两部不期而遇。莫、可二人为高欢的心腹战将,专断蛮横,这次急欲立功,不听侯景指挥,置军令于度外,冒然率数千骑兵出击。西魏先锋大将李弼、达奚武故设疑兵之计,令部队擂鼓呐喊,虚张声势,以迷惑敌人。莫多娄贷文和可朱浑元果然上当,以为遇到了西魏主力大军,顿时惊惶失措,全军乱作一团,不战而退。李弼、达奚武乘机率部发起追击。混战中莫多娄贷文被杀死,可朱浑元单骑逃回洛阳,数千精锐骑兵悉数被俘。元宝炬和宇文泰乘胜率大军进抵瀍河东岸,屯兵扎营,与东魏摆开决战之势。

东魏莫、可两部的覆灭,打乱了侯景的军事部署,迫使其部队连夜撤出对金墉城的包围,退往河阴(今河南孟津境内),屯驻于(黄)河桥与邙山之间。此地形势对东魏军队非常有利,北靠河桥,可以确保北向咽喉要道畅通,无后顾之忧;南接邙山,可依为屏障,防止金墉城独孤信部的袭击,以确保侧翼及后方的安全。这是进可攻、退可守、败可逃的理想阵地。

九月十三日这天,是一场战略性的大决战,双方投入兵力达20万以上。当日凌晨,宇文泰亲率轻骑由瀍东营地至河桥,首先向侯景阵地杀去,以图一举击溃东魏军队。由于侯景部队以逸待劳,从容对敌,经过一阵厮杀反攻,宇文泰的轻骑便溃不成军,四散败逃。激战中,宇文泰的战马被飞箭射中,马惊狂奔,将宇文泰摔下马来。东魏大军追围上来,宇文泰左右皆散走。都督李穆下马,用马鞭击打狼狈趴在地上的宇文泰,假装叫骂:"你这个糊涂兵,你们王爷跑到哪里去了,怎么自己留在这里?"追围的东魏兵听李穆的口气,认定宇文泰不是什么贵人大官,都扭头去追杀更值钱的大目标。李穆扶宇文泰上马,双双逃去,奔回大营,才躲过了一场劫难。

东魏主帅侯景,因首战告捷,遂产生麻痹思想,没能及时进行继续战斗的部署,更没能料到西魏大军会立即反扑过来。当宇文泰重新调整部署、再次亲率大军杀到河桥之际,东魏军队措手不及,仓促应战,极为被动。但高敖曹心高气傲,一向看不起宇文泰,命左右举着写有官品将名的旌旗和显示尊贵的伞盖,跨马临阵。西魏军调动最精锐的军队围攻高敖曹,致使其全军覆灭。最后高敖曹单骑跑往河阳南城,恰巧守将是高欢的一个堂叔高永乐,素与高敖曹有过节,便关闭城门不让高敖曹进城。高敖曹仰呼城上求绳,没人应答,又拔刀猛砍城门,想劈出个洞来逃入城中。但城门坚厚,砍了许久也砍不开。西魏大队追兵赶到,高敖曹知道性命不保,转身昂头大叫着迎前拼杀,终被杀死。斩去高敖曹头颅的兵士回到西魏后,获赏绢万段,每年按量发给,直至宇文泰奠定的北周灭亡时赏绢还没有给完。高欢听到高敖曹死讯,如丧肝胆,把高永乐打了200军棍,追赠高敖曹为太师、大司马、太尉。这是后话。

此时,除了高敖曹部被击溃外,东魏其他部队也因防线崩溃,顿时纷乱,拥向河桥,企图逃往黄河北岸,在争渡河桥中互相践踏而死者以及挤掉河中溺死者不计其数。大都督李猛、宋显战死,士卒被俘达1.5万余人。此次战斗，东魏大败，损失惨重，只有万俟洛领兵稳定战局。这是因为，万俟洛的父亲万俟普投奔东魏以后，高欢因为其年岁较高而对他总是格外照顾，更是曾经亲自扶万俟普上马，他的儿子万俟洛为此曾脱帽跪地叩头道："愿出死力以报深恩。"因此，当溃散的东魏各军纷纷过河桥北渡时，只有万俟洛一军不动如山。西魏军追至河桥，万俟洛阵前大呼："万俟受洛干（受洛干是万俟洛的字）在此，能来可来也！"吓得西魏军士畏惧而去，从而保住了河桥通道。战后，高欢为褒奖万俟洛忠勇善战，特将其营地命名为"回洛城"。

侯景不愧为著名战将。东魏军队虽然遭到重创，但是他在挫折面前头脑清醒，沉着应对，及时整肃军律，力图保存实力。当逐步稳住局势后，便开始组织反击。侯景亲率精锐之师，在从河桥至邙山数十里的河阴地区，向西魏大军猛扑过来。双方展开鏖战，整个阵地上空尘土飞扬，遮天蔽日，战马嘶鸣，鼓声动地，杀声震天，刀枪相格，陈尸遍野。当时，两军阵势庞大，首尾相距甚远，恰逢天降大雾，彼此之间不能分辨，从清晨到天黑，交锋数十次，直打得天昏地暗，但都不知自己军队的具体战况。

东魏将士越来越多，西魏军队逐渐被分割包围，首尾不能相顾，完全失去了统一指挥，只能各自为战。交战中，西魏大将李弼被围数重，身受7处创伤，被俘后倒地装死，趁东魏士兵松懈时，突然一跃而起，纵身跨上战马，冲出重围，疾驰而去。大将王思政，在混战中战马受伤，遂下马迎战，用长矛左右横击敌兵，杀伤无数，然而战况空前，又入阵过深，身边随从一个不剩，全部阵亡，自己也身负重伤，闷绝倒地。由于王思政每次出战时常穿戴破战袍旧甲胄，东魏兵士没想到他是大将，这才幸免于难。夜幕降临后，东魏兵退去，王思政的亲信在战场上找到他，回到大营已是深夜。平东将军蔡祐在战斗中下马步斗，随从劝他上马以防万一，蔡祐大怒说道："丞相爱我像亲生子一般，我今天怎么能怕死！"带领左右10多人一齐高声大喝奋勇杀敌。东魏兵将其包围十几层，一名身裹重甲手持长刀的东魏兵径直杀向蔡祐，蔡祐张弓搭箭，待来人只差10步之遥，只听"嗖"的一声，敌兵应声而倒，东魏兵微微后撤，蔡祐徐徐全身而返。

在东魏大军的强劲攻击下，西魏军队力量逐渐不支，开始往后撤退。西魏独孤信、李远的右军，赵贵、怡峰的左军战况急转直下，同时又失去了同宇文泰、元宝炬的联系，纷纷放弃部队先行溜之大吉。后军的李虎、念贤见独孤信等开溜也一起向后方撤退。宇文泰见诸军瓦解，不敢独留，与元宝炬烧了大营后遁去，而侯景则挥师穷追，直追击至天晚才收兵返回。

当元宝炬与宇文泰退到弘农，西魏城中守兵早作鸟兽散，东魏被俘士兵乘机闭门自守，宇文泰攻破城池，斩杀为首作乱的数百人。当晚，蔡祐也赶到弘农，宇文泰大喜说："你来了我就不用担心了。"当天的战事令宇文泰胆战心惊，竟夜不能寐，后来枕着蔡祐大腿才安心入睡。

当时，高欢带7000骑兵匆匆赶到前线，而西魏军已撤走，高欢随即进攻金墉城。西魏军守将长孙子彦将城中房屋宫室付之一炬弃城逃跑，高欢铲平金墉而还。

这次河阴大战，西魏损失战将20多员，精兵数万，遭到沉重打击。东魏虽然取得了胜利，但也因损兵折将，元气大伤，已无力全面发动对西魏的进攻。在此后的几年里，双方基本处于休整状态。在不大动干戈的情况下，西魏于当年十二月在局部反攻中又重新占领洛阳，并对洛阳以西的崤山、渑池一带实行控制。

东西魏邙山大战

东魏与西魏之间的邙山（今河南洛阳北侧）大战爆发于东魏孝静帝武定元年、西魏文帝大统九年（543）五月，战争的导火索是由于东魏御史中尉、北豫州刺史高慎（仲密）叛投西魏而引起的。

高慎是高敖曹的哥哥，也是深受高欢器重的宿将元老，跟随高欢征战10余载，功勋卓著，被委以御史中尉的重任。他为人耿直，向以直谏不讳而闻名邺都（今河北临漳），因而也结怨于许多达官显贵。更深入的原因，则是由于高欢的儿子高澄贪色。高澄14岁时就因与其父的宠妾郑氏通奸，差点被高欢杀掉，经司马子如从中周旋，杀掉首告的奴婢灭口，父子才重新和好。后来，高澄又看中了高慎美丽的妻子李氏，一见面就扑上去乱扯衣带想要强奸。李氏不从，衣带尽裂，脱身后向高慎哭诉。高慎欲以休妻了却此事。然而，为了掩盖丑行，高澄一帮人借高慎休妻之事，对他进行侮辱与迫害，并将他贬出邺都，到虎牢（今河南荥阳汜水）任徒有虚名的北豫州刺史。高澄又委派心腹奚寿兴为虎牢镇城都督，以暗中监视高慎的行动，实际上等于将高慎软禁于虎牢城内。高澄一帮的行径，激起高慎的极大愤慨，在忍无可忍的情况下，于公元543年的四月一日，设计杀死了奚寿兴，毅然决然地举州投向西魏。

西魏丞相宇文泰为了接受高慎的投附，急忙调兵遣将，进行严密部署，以防不测。首先任命大将军、大都督达奚武任雍州刺史，巩固后方，保卫京城长安（今陕西西安）；其次任命宇文导为大都督、华州刺史，坐镇关中；任命大将军王思政镇守弘农（今河南灵宝），以巩固前沿阵地，并随时支援前线。然后，宇文泰亲率宇文护、于谨、独孤信、蔡祐、赵贵等骁勇战将及10余万大军，以太子少傅李远为先锋，誓师东征。东征大军出潼关，经弘农、函谷关，进抵洛阳。宇文泰命李远率军迅速进攻东魏腹地东豫州，潜师至虎牢关救出高慎到洛阳。另命于谨率杨㯳、泉仲遵所部进攻偃师，经过激烈战斗，占领了军事重地柏谷坞(今河南偃师东南)，活捉东魏守将王显明，并扫清了洛阳东部的残敌。后由杨㯳镇守柏谷坞，于谨、泉仲遵率部回到洛阳，与大军会合，准备参加即将与东魏军的大会战。

四月二十九日，宇文泰率军开始围攻河桥南城。河桥南城实为河桥的桥头堡，位于今河南孟津东部的黄河南岸，与河阳（今河南孟州西）隔河相望，中间以浮舟相连。对东魏来说，这是维系邺都与洛阳的一条生命线，故派重兵守护。

东魏丞相高欢，闻知高慎叛投西魏的消息后，大为震怒，亲率库狄干、段韶、尉兴庆等将领和10万大军赶赴河阳，准备与宇文泰进行决战。

东魏10万大军布阵黄河北岸，使南岸的宇文泰感到河桥南城一时难以攻取，便将大军暂时撤退至洛阳瀍水（今瀍河）以西安营驻扎。同时决定，火烧河桥以阻止高欢大军渡河，然后再围攻河桥孤堡。他首先组织精兵在河桥的上游用大批船只装满柴草，点燃后顺流冲向河桥。而东魏守将斛律金采纳行台郎中张亮的计谋，组织人马保卫河桥。当烈焰滚滚的火船呼啸着将要扑向河桥时，张亮指挥士兵驾驶着100多只小船，人人手执事先备好的长钩锁链，将一条条火船钩住牵向岸边，再由岸上人将火扑灭。这样，使得宇文泰火烧河桥的计划破灭。

东魏大军渡过黄河来到南岸后，并未追击西魏军队，而是占据邙山有利地形，摆开阵势，按兵不动，与西魏大军相持。

五月七日深夜，急于决战的宇文泰一直不见高欢人马的动静，便尽留辎重于山下，亲率轻兵大军夜登邙山，偷袭高欢的邙山阵营，企图乘其不备之际，一举消灭东魏军队。对于宇文泰的偷袭，高欢早有所料，并对其偷袭计划进行了透彻的分析。当侦察骑兵火速通知高欢，说西魏军只携兵械士粮而来，已距40里时，高欢立即派大将彭乐率数千精骑从侧翼伏击西魏军队，自己率主力正面迎击。疾驰前进的宇文泰大军，在即将到达邙山阵地时，突然听到一声呐喊，为之一震。随即，由彭乐率领的精锐骑兵从斜刺里冲将过来，挥刀便砍，一时杀声震天，致使西魏军顿时大乱。有人奔告高欢说彭乐临阵叛逃,高欢大怒。不久,西北方向尘土飞扬,彭乐遣使告捷,俘获西魏临洮王元東等5个王爷及督将参谋等48人。高欢率主力部队从正面杀来,鸣鼓进击,西魏数万大军难以招架,如潮水般向后败退。宇文泰无奈,只好随乱军向西狂奔,途中差点儿当了东魏的俘虏。高欢派彭乐追击宇文泰,宇文泰狼狈不堪,边跑边在马上向彭乐哀求:"这不是彭乐将军吗?今天你杀掉我,明天你还有用吗?干吗不马上还营,把我丢下的金银宝物一并取走呢?"彭乐是个粗人,觉得此话有理,舍掉宇文泰,回至宇文泰丢弃的营中,把一大袋金宝放在马上奔回向高欢复命。彭乐见了高欢,高兴地报告:"黑獭(指宇文泰)侥幸逃跑,已经吓得破胆。"高欢既高兴彭乐大战获胜,又极怒他放走宇文泰,命彭乐趴在地上,亲自上前抓住他的脑袋猛往地面撞,咬牙切齿良久,手中举了几次刀要当场砍下彭乐脑袋,权衡再三,未忍下手。彭乐满脸是血,乞求高欢再给他5000人马,回阵复追宇文泰。高欢骂道:"你把人都放跑了,还说什么回阵复追。"派人取来3000匹绢堆压在彭乐背上,以赏其战胜之功。

　　这一仗,东魏大获全胜,生俘西魏亲王元森、元荣宗、元开、元阐、元亮以及骠骑大将军、仪同三司、太子詹事赵善等督将参僚400余人,俘虏和斩杀西魏士兵6万余众,缴获军需物资不可胜数。

　　五月八日,即宇文泰逃回瀍西大营的第二天,西魏军队重整旗鼓,改变战术,将大军分为左、中、右三路,向东魏军队再次发动大规模的进攻。中山公赵贵为左路军统帅,领军若干惠为右路军统帅,宇文泰自率中路军主力,直捣邙山东魏大阵。大将宇文护、杨忠等率部首先杀入敌阵,与东魏军展开了激烈的战斗。大将蔡铠身穿明光盔甲,被东魏士兵视为奇异的猛兽,令其心惊胆寒。他一马当先,冲入敌群,手持长矛左右横扫,东魏士兵纷纷避退,躲闪不及

北朝骑马武士俑

的被踏于马下，抑或被刺身亡，横尸沟壑。将军耿豪率部众高喊："大丈夫见贼，须右手拔刀，左手握槊（一种长矛），直刺直斫，切莫皱眉畏死！"随即冲入敌群，刀矛并举，三进三出，杀伤敌军无数。将军王勇率敢死队300人，人人手执短刀，大呼直进，冲入阵内，反复冲杀，敌人无敢抵挡。经过几番混战，高欢军大败，步兵几乎全被俘虏。

混战中，宇文泰从倒戈的东魏士兵那里得知高欢的指挥位置，急令大将贺拔胜挑选精兵3000人，组成敢死队，凶猛地向高欢杀去。高欢无法抵挡，在家将亲兵的护卫下，急忙乘马落荒而逃。高欢坐骑被射死，手下赫连阳顺自己下马把马让给高欢，连同7个人随后保护。西魏追兵聚至，高欢的亲信都督尉兴庆说："大王您赶快离开，我腰中有百箭，足以射杀百人，保护您撤走。"高欢感动说："如果我们都能生还，以你为怀州刺史。如果你战死，让你儿子做刺史。"尉兴庆说："我儿子太小，希望用我哥哥做刺史。"高欢允诺。尉兴庆一人殿后拒战，矢尽，被西魏兵乱刀砍杀。贺拔胜率13骑追杀过来，在乱军中认出高欢，置敌人乱箭于不顾，骤马飞奔，拼命追击数里，当他追上高欢正要举槊刺去，眼看高欢就要人头落地之际，恰被东魏将军段韶赶到，拉弓射中贺拔胜的坐骑，贺拔胜随坐骑一起摔倒在地，正巧吓得魂飞魄散的高欢同时也被西魏兵射落马下。待贺拔胜爬起时，高欢已被段韶救起，一同飞马逃去。此时，贺拔胜急欲射杀高欢，一摸腰间未带弓箭，致使他懊悔不已。贺拔胜叹道："今天竟然忘记带弓箭，真是天意啊！"战后，高欢回邺城，把贺拔胜之弟贺拔岳留在东魏的几个儿子全部整家杀尽。贺拔胜听说后活活气死。宇文泰听到贺拔胜死讯，流泪良久，对左右说："诸将临敌，神色都显慌张，惟独贺拔公临阵颜色如常，真正是大勇之人啊。"当然这是后话。

西魏大将耿令贵，单独冲入敌阵中厮杀，被众兵围困，身受多处刀伤，但仍从地上爬起，勇猛杀敌，并自豪地对左右人说："壮士杀敌，就得凶猛无前。如果不能杀死敌人，又不被敌人伤害，这同那些舞文弄墨坐谈国事的人有什么区别呢？"将军裴果，冲锋陷阵，生俘东魏都督贺娄乌兰。大将窦炽，闯入阵内，一直杀到大阵中心，又冲出阵外，还师归队。

西魏中、右路两支大军取得了大捷，消灭了高欢大部分精锐部队，打乱了东魏军邙山大阵。但西魏左路大军进展却非常不利,经过一天的反复争夺和激烈拼杀,实力大减,在东魏军的反击下,赵贵等支持不住,节节败退,最后溃散西逃。左路军的败退,引起了整个战局的变化,导致西魏军全线

北朝武士俑

崩溃。因西魏大军厮杀竟日,伤亡惨重,又见左路军败退,军心浮动,且时值黄昏,不利再战,于是,宇文泰命大将李远作掩护,自率残部撤出战场,向西逃回。独孤信、于谨收集散兵在后,阻击高欢的追兵。若干惠更是拼死保护,他命令士兵起灶做饭,缓慢西行,并树起大旗,吹响号角,设置疑兵以迷惑东魏追兵。而东魏追兵不知西魏军队的虚实,怀疑设有埋伏,不敢进逼,宇文泰因此得以逃脱,退出函谷关,驻军渭河岸边。一直为宇文泰坚守弘农粮仓的王思政听说西魏军大败的消息,不仅不逃,反而让人大开城门,自己解衣躺在城楼上,慰勉将士,以激励士卒,表示自己的胆略。几天后东魏兵杀到城下,见城门大开,又知道王思政的名声,心中大怯,竟不战逃走。

　　高欢将兵进入陕州（今河南三门峡）,部下封子绘劝高欢乘胜追击,说:"统一东西两魏,正在今天。希望大王不要再迟疑了。"高欢召集众大将商议,陈元康也主张一追到底,说:"两国强兵交战已久,现有幸取得重大胜利,这是上天赐给我们的良机,不该失去,应该乘胜追击。"但高欢害怕一旦宇文泰有埋伏怎么办,陈元康说:"大王以前在沙苑作战失利,是因为那时他们设有埋伏。现在他们失败奔逃到这种程度,怎么能有长远打算呢?如果此时不追,一定成为后患。"但是,其余将领皆无斗志,士气衰竭,不敢再战。高欢见众将沮丧,便下令还军。高欢率兵东归,占领洛阳,尔后回到晋阳。

　　东魏军自此重新夺回北豫州和洛州,侯景俘获高慎妻儿送至邺城。邙山大战以东魏胜利西魏失败而宣告结束。

综观此一阶段战事，东西魏双方均动员了大量兵力，经过长期作战，各自损兵折将，结果是互有胜负，谁也征服不了谁，形成东西魏继续分立的局面。然而，这些却给洛阳带来了深重的灾难。东魏从洛阳迁都邺城时，"发洛阳40万户狼狈就道"。东魏侯景在河阴大战中，"急烧洛阳内外官寺、居民，存者十之二三"。西魏将领长孙子彦在逃离金墉城时，"焚城中屋室俱尽"。战场上死伤动辄成千上万。国家分裂导致的连年战争，造成洛阳一带"野无青草，人马疲瘦"的凄凉景象。民众长期遭战乱之苦，也波及到北方的各族人民群众。

北周、北齐大战洛阳

　　魏晋南北朝后期,经过权力的更迭嬗变,逐步形成了北齐、北周、南陈三国鼎峙的局势。

　　北齐、北周分别由东魏、西魏脱胎而来。

　　北齐的开国皇帝高洋在东魏时期被封为齐王,是宰相高欢的次子。高欢死后,他于公元550年逼迫孝静帝元善见"禅让",自立为帝,改国号为北齐,定都邺城(河北临漳西南),势力范围包括山西、河北、山东、河南等地。

　　北周的开国皇帝宇文觉,是西魏宇文泰的儿子,在宇文泰死后为西魏宰相。公元557年,西魏宰相宇文觉也胁迫恭帝拓跋廓以"禅让"之名拱手交出权力,自己登基,建立北周政权,以长安为国都,占据关中及西北广大地区。

　　北齐、北周在北方一东一西,相互对峙,虎视眈眈,长期处于战争状态,大小战事频仍。

　　当时,洛阳及以东地区属于北齐的辖区。公元554年,北齐在洛阳西南构筑伐恶城、新城、严城、河南城等牢固的防御工事。公元563年,北周打算联合北部突厥的力量,共同攻打北齐。为此,派出使者到突厥进行联络,答应娶突厥木杆可汗的女儿为皇后,以取得突厥的欢心。北齐听到这个消息后,非常害怕,也赶紧派出使者带着丰厚的礼物到突厥求婚,并要求突厥与其一起攻打北周。突厥木杆可汗贪图北齐的厚礼,打算将北周的使者抓起来,送给北齐。北周的使者杨荐得知消息后,责备并说服突厥木杆可汗,使其答应与北周携手共同对付北齐,然后联姻成亲。其实,北周的实权人物是晋公宇文护,由于其母失散多年,北齐出于媾和的目的,多方找寻其母并派人送还，因而并不想出兵。但是，北齐也做了防备，派司空斛律光督率2万兵马于轵关（今河南济源北）筑勋掌城，在北部边境修长城200里，沿途设立12处军事要塞，加强了对洛阳周边的战略守备。北周为争夺、控制洛阳这一战略要地，实现问鼎中原的雄心壮志，多次挑起战端，与北齐展开了大规模的、激烈的洛阳争夺战。

在争夺洛阳之前，北周已经在河北对北齐展开了进攻。公元563年，北周派遣大将杨忠率领大军与突厥联合从北道进军，攻打北齐，接着与从南道进攻的北周大将达奚武大军会师晋阳（今山西太原西南）。当年十二月，杨忠接连攻克北齐20多座城池。突厥木杆可汗也带领骑兵10多万人与杨忠会师，然后兵分三路南下。北齐武成帝高洋从国都邺城（今河北临漳）亲临晋阳，指挥大将斛律光率领3万人骑兵进驻平阳（今山西临汾）抵挡北周大军。次年一月，北周发动对晋阳城的进攻。北齐军在并州刺史段韶的指挥下，严阵以待。等待北周军到达晋阳城下时，北齐军战鼓齐鸣，呐喊着冲出城外，与北周军决战。这时突厥兵见状，怪罪北周人说，你们对我们说齐国大乱，请我们来攻伐他们，现在你们看齐军眼中冒着铁光，这怎么得了啊，于是就撤出了战斗。结果，北周军孤立作战，被杀得大败而归。突厥兵向塞外逃窜，一路烧杀抢掠狂奔700多里。当退到陉岭关塞，又遇风雨交加，地冻路滑，人马冻饿而死者大半。等到达长城，马匹几乎死光，残留人员只得折断长矛作为拐杖，狼狈逃跑至塞北。此时，北周达奚武所率领的南路大军到达平阳（今山西临汾），还不知道北路的杨忠军已经大败，北齐大将斛律光就致书达奚武，告诉实际情况并讽刺他愚蠢无知。达奚武羞愧地撤军，斛律光在后面追赶到两国边境，俘获2000多人而返。

公元564年九月，北周再次发动对北齐的攻伐。其时，突厥在塞北集结兵力，决定联合北周攻打北齐。因为北周与突厥订有攻守同盟，宇文护恐怕失约得罪突厥，更生边患，不得已答应了突厥并仓促起兵，征调20万大军，自为统帅，一路浩浩荡荡，向北齐腹地洛阳进军。十月，宇文护到达潼关后，派柱国尉迟迥率10万精兵作为前锋，直捣洛阳。同时，派遣大将军权景宣率荆、襄部队进攻悬瓠（今河南汝南），少师杨檦兵出轵关（今河南济源西北），从南北两翼协同中路作战。十一月，宇文护大军进驻弘农（今河南灵宝北）。同月，尉迟迥率领大军包围了洛阳。雍州牧、齐公宇文宪，同州刺史达奚武，泾州总管王雄等率部在洛阳北部的邙山摆下阵势，准备与北齐一决雌雄。12月，宇文护派兵切断河阳（今河南孟县）道路，以阻断齐国援兵。洛阳的北齐军被包围，其形势十分危急。

但是，北周军认为齐国兵力甚微，必不敢出兵迎战，于是放松警惕而戒备不严。北齐派兰陵王高长恭、大将军斛律光救援洛阳，但他们畏惧周军兵力强盛，不敢前进。高洋于是决定与并州刺史段韶一起自晋阳南下，亲督诸军解救洛阳。很快，各路大军兵临洛阳城下。

从北侧进军的北周主将杨㯹由于骄傲轻敌，盲目乐观。他在任邵州（今山西垣曲南）刺史期间，曾镇守北周东部边境20年之久，多次与北齐军队作战，富有经验，是常胜将军，所以这次领兵作战，缺乏警惕性，出轵关（今河南济源西北）后孤军深入。当他渡过黄河抵达洛阳以北时，遇到北齐太尉娄睿出其不意的突袭，部队被打得溃不成军，他也只得兵败而降。但北周军也取得了一些胜利。权景宣部按照既定部署包围悬瓠（今河南汝南）后，迫使北齐豫州道（今河南汝南）行台、豫州刺史、太原王高士良，以及永州（今河南信阳北）刺史萧世怡不战而降，轻松取得豫州、永州。

在正面战场，北周部队对洛阳城实施强攻。他们在洛阳城墙外堆起高高的土山，以观察城内动向，还深挖地道，以图从地下进入洛阳城内，但在北齐守军的顽强抵抗下，连攻30天都没有攻克。宇文护看到一时难以攻克洛阳城，便下令各军切断洛阳与外界的所有通道，阻止城内与北齐援军的一切联系。但北周各将领认为洛阳已在包围之中，北齐军只是龟缩在城内不敢出来作战，所以只是派出一些哨兵监视而已，丧失了攻克洛阳的有利时机。

北齐援军赶赴洛阳后，在邙山迅速集结，以段韶部为左军，高长恭部为中军，斛律光部为右军。段韶部与北周攻城部队遭遇后，发进攻击，北周军以步兵为前锋登山迎战，而段韶部则且战且退，诱敌深入。北周军以为占据了优势，奋力穷追。等到把北周部队拖得精疲力尽之时，段韶下令骑兵下马拼杀，反戈一击，致使北周军顿时吓得目瞪口呆，乱作一团，部队随即土崩瓦解，投河掉崖者无数，死者狼藉。

北齐兰陵王高长恭带领中路军率先突击，来到洛阳西北角的金墉城，与

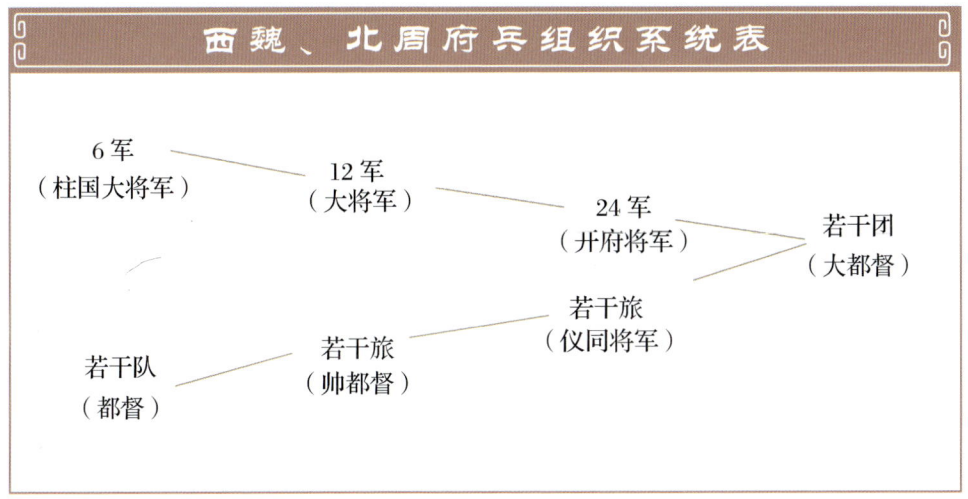

城中守卫的北齐军在城上城下进行联系，然后城上北齐军一齐出动弓弩手放箭，城外则猛烈进击，内外夹击，打得围城的北周军丢盔卸甲，纷纷放弃营盘慌忙逃窜，丢弃的物资、器械满山遍野。只有齐公宇文宪、大将达奚武以及庸忠公王雄在后领兵抵挡。

北周军在局势稍稍稳定之后，组织反扑。王雄带领部分骑兵冲击北齐斛律光部的兵营，北齐军支持不住，只好撤军。王雄领兵追击，北齐军四散逃命。王雄认为胜利在握，便想活捉斛律光，纵马急追。不料待两人只有一丈之远时，斛律光从背上抽出弓箭，一箭射中王雄面部。王雄受伤，顿时惊慌痛苦不已，伏身抱住坐骑逃回军营，跌下马便当即命绝。北周军见主帅死亡，个个惊惶失措，一时拿不定主意。幸亏齐公宇文觉镇静，极力安抚和鼓励大家，才稍稍稳定了人心。当夜，他收集余部，打算天亮后向北齐军进攻。但达奚武则不同意，对宇文觉说，现在洛阳外围的部队已经逃散，人心已乱，我们如果不趁夜逃走，等到天亮可能就跑不掉了，你怎么可以把这儿的士兵送到虎口中呢？于是，北周的部队就连夜撤出对洛阳的包围，向西逃命而去。自邙山至谷水30里内，沿途到处都是北周部队丢弃的军资器械。由此，北周进攻洛阳的战事以失败而告终。

这是一次关乎北齐生死存亡的战役，又称邙山之战。

北周、北齐再战洛阳

北周于公元565年第一次大举进攻洛阳失败后,并不想就此罢手。10年后,于公元575年,北周第二次大举进攻洛阳。

其实,在此之前,双方围绕洛阳的局部战争一直没有停止过。公元569年秋天,北周孔城(今河南伊川境)守将被强盗杀死,北齐乘机占领了孔城。当年九月,北周派兵东进,齐王宇文宪与柱国李穆领兵赶往宜阳(今河南宜阳)附近,修筑了崇德等5座城池,以与北齐争战。十二月,北周发动了围攻北齐宜阳城的战斗。宇文宪派兵切断了北齐宜阳军的粮道。为了打开粮道,救援宜阳,北齐于公元570年一月组织步骑兵3万人大军,在太傅斛律光的率领下,发动对北周军的猛烈进攻,屡次击败北周军,打破了北周的军事防线,并修筑了统关、丰化两座城池,从而打通了宜阳的粮道,也形成对北周军的包围之势,然后班师回朝。北周军乘机追击,斛律光随即回师反击,打得北周军损兵折将,仓皇而逃,北周大将宇文英、梁景兴被俘,损失惨重。

北周与北齐在宜阳的长期相持,双方谁也不能稳定占据宜阳,因此就开始思考破局之策。北周勋州(治所在今山西河津南)刺史韦孝宽看到这种情况后说:"宜阳不过一城之地,得与失都不会增加或者减少疆域。两国现在那里争来夺去,疲惫了军队,消磨了时间。北齐难道没有智士谋臣?如果他们放弃崤山(今河南陕州灵宝一带)以东地区,来攻取汾水以北,那么我们将失掉这些地方。现在应该火速在华谷(今山西稷山西)和长秋(今山西新绛西北泉掌)等地修筑新城来杜绝敌人的这种企图。不然的话,如果让他们占据了这些地方,我们再想要这些地方,就困难了。"他还根据自己的设想,画成地图并加上文字说明,一并送到朝廷。但当时宇文护以人力不足为由，没有采纳他的建议。此后不久，果然如韦孝宽所料，北齐斛律光率领兵马挺进晋州（治所在今山西临汾），在汾水以北修筑了华谷、龙门（今山西稷山西）两座城池。接着又发兵围攻定阳城。北周为了解汾水以北之危，被迫无奈地调集围攻宜阳的军队来支援。如此，北周对宜阳的围困解除了，但双方的对峙并没有停止，而是转移到了北方。

公元571年春天，北齐在汾水以北加强了攻势，迅速开拓疆土500里，并修筑城池13座。为了扼制北齐的攻势，北周于当年三月派出齐公宇文宪率领诸将领从龙门（今山西稷山西）渡过黄河进攻汾北。为了牵制北周军，北齐太宰段韶、兰陵王高长恭采取"围魏救赵"的办法，派兵进攻柏谷城（今洛阳东）。四月，北周增兵进攻宜阳，在大将宇文纯的带领下，从北齐手中又夺回了宜阳等9座城池。北齐则急忙派出斛光律率领步骑兵5万人大军赶来救援。五月，北齐在取得汾北战役的决定性胜利之后，即集中兵力重新开展对宜阳的激烈争夺。经过反复激战，北齐夺取了北周建安等4处城防，俘虏北周1000多人，大获全胜，尔后收兵返回邺城。之后几年，双方没有发生大的战事。但更大的战事在4年之后的公元575年由于北周大举进攻洛阳而展开了。

当年，北周武帝宇文邕乘北齐淮南兵败、主昏政乱之际，采纳骠骑大将军韦孝宽建议，下诏伐齐，征调全国18万大军，浩浩荡荡，有备而来，志在必得。任命柱国大将军宇文纯、荥阳公司马消难、郑国公达奚震分别为前三军总管，同时任命越王宇文盛、同昌公侯莫陈琼、赵王宇文招分别为后三军总管。兵分三路，向洛阳发起全面攻势。其中，南路由常山公于翼率荆楚两万骠悍劲旅，从南阳、叶县出击，进军陈州、汝州；北路，由梁国公侯莫陈芮率众2万扼守太行道，申国公李穆率兵3万大军把守河阳道，围城打援，以堵截各地北齐军队对洛阳的支援；中路，由齐王宇文宪率步兵2万直趋黎阳（河南浚县），隋国公杨坚、广宁公薛迥率舟师3万沿水路由渭河入黄河，万舰齐发，直下洛阳。周武帝宇文邕自率大军6万，直指河阴重镇（今河南孟津东）。北周军进入北齐境内，纪律严明，秋毫无犯，"禁伐树践稼，犯者皆斩"，颇得民心。18万大军水陆并进，日夜兼程，其势锐不可当。

中路，宇文宪部攻克武济城（今河南孟津东）后，继续东进，围攻洛口（河南巩义北伊洛河入黄河口处），连占洛口东、西两座城池。南路，于翼大军攻占军事重镇襄城，接着又连下北齐19座城池。北路，李穆大军向轵关（今河南济源）及黄河以北诸县展开进攻，也连破北齐多座县城。

周武帝率部一举攻下河阴城（今洛阳孟津白鹤村）及河阳南城，接着进攻河阳中城，并分兵南下围攻洛阳金墉城。

当时，河阳（今河南孟州西南）有南城、北城和中城3座城池，是北齐扼守黄河天险的咽喉和保卫洛阳的屏障。永桥（今河南武陟）地近河阳三城，是北齐守将、永桥大都督傅伏的驻地。由于傅伏有先见之明，在北周军队进攻前，就率部乘夜色由永桥潜入中城固守。因此，北周军队在进攻中城时遇到了北齐守军的顽强抵抗，相持20多天，久攻不下，被孤军阻于黄河南岸，不能及时横渡黄河与北路大军会师，失去了一次良好的战机。

金墉城是洛阳城西北角上的一个子城，城小而固，易守难攻，为戍守要地。当时驻守洛阳城的是北齐临川王、河阳道行台仆射、洛州刺史独孤永业，他也是北齐一员能征善战的虎将，深得军心、民心。尽管北齐守军兵力单薄，但是面对北周数万大军压境，独孤永业沉着应战，指挥若定，身先士卒，亲临城头督战。为了迷惑北周部队，独孤永业于夜间悄然添置马槽2000个，造成北齐援军将至的假象。北周军队果然上当，攻城部队士气低落。恰好当时北齐右丞相高阿那肱从晋阳率大军驰援河阳，北周武帝也因连日作战不利，身体疲劳过度而病倒，于是主动撤军。北周的南、北两路大军也因洛阳主战场的失利而相继退出战斗。北齐趁机反戈一击，又陆续收复了失地。

决定生死存亡的大决战发生在公元576年。这年十月，北周武帝鉴于两次进攻洛阳都以失败而告终的教训，改变了以往的战略部署，不再直接进攻洛阳，而是集结14.5万人的重兵，亲自督率大军直取北齐的发祥地晋州（治平阳，今山西临汾）。

十月下旬，北周主力部队兵临平阳城下，北齐晋州刺史崔景等不战而降。平阳为晋阳（今山西太原）门户，在军事上具有重大战略意义。周武帝接受了上次伐齐失败的教训，派上开府仪同大将军梁士彦为晋州刺史，留精兵1万保卫平阳城，自己率部返回。北齐后主高纬亲自从晋阳（山西太原）南下救援。但是高纬把美人看得重于江山，就在晋州告急之时，他竟然还与宠妃冯小怜一路悠哉游哉地四处打猎，为北周平阳守军厉兵秣马、进一步加固

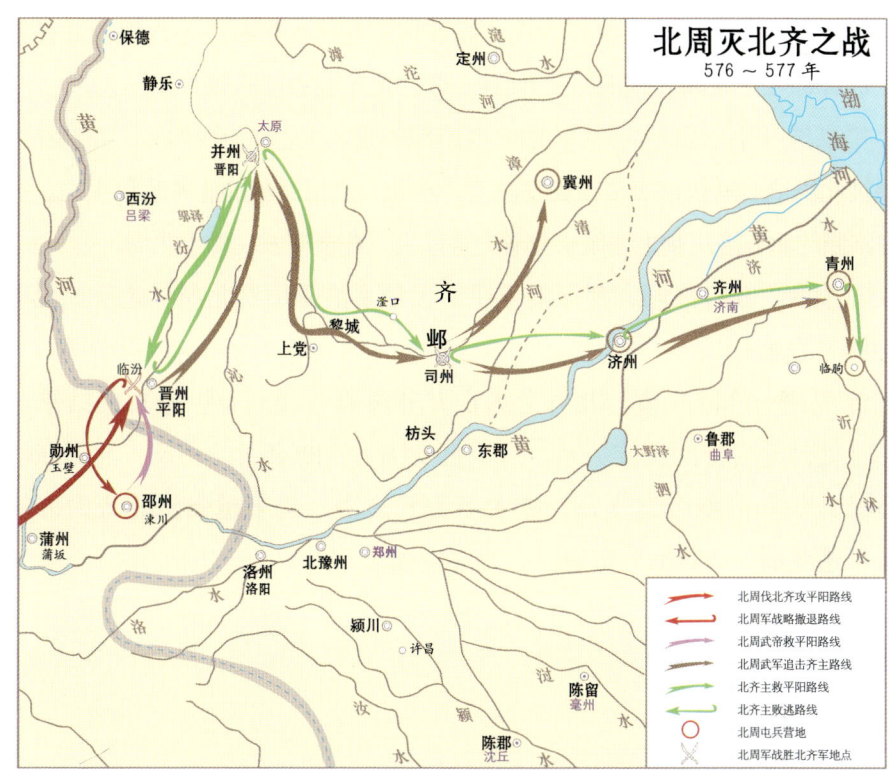

北周灭北齐之战（源自《中国战争史地图集》）

防御工事赢得了宝贵的时间。

十一月初，北齐后主高纬率齐军主力10万抵达平阳，将平阳城团团包围，昼夜不停地轮番攻打。眼看城池将被攻破，但是高纬为了等冯小怜前来观阵，却在紧要关头突然下令暂停攻城。等到冯小怜涂脂抹粉姗姗而来，北周守军早已堵塞缺口，使高纬失去了破城的有利时机。

十二月，为了解除平阳之围，北周武帝宇文邕也从长安赶赴平阳，与其他各路援军会师。北周8万兵力临城而阵，东西长达20余里，对北齐军队形成反包围之势。因为此前北齐军恐北周援军突至，便于城南挖掘沟堑，经乔山至汾水。如今，北周军至，便与北齐军对峙于沟堑南北两侧。北周军渡沟堑进攻，齐军抵御，战斗一天未决胜负。齐后主高纬听从部将意见，命令齐军填沟堑而进攻北周军。不料想此举正合周武帝之意，遂率军迎战，战斗十分激烈。高纬携冯小怜和幸臣穆提婆观战，见齐军东翼稍退，便认为齐军已经战败，不听劝阻，赶紧后退，致北齐军阵脚大乱，连战皆溃，"军资甲仗，数百里间，委弃山积"，死伤者万余人。高纬惊慌失措，带着冯小怜惶惶如丧家之犬，逃奔邺城（今河北临漳）。平阳一役，北齐主力部队丧失殆尽。

第二年一月，周武帝率军攻陷北齐国都邺城（河北临漳西南），高纬在逃亡途中被北周追兵擒获，次年在长安被杀。至此，立国28年的北齐政权灭亡。一直坚守洛阳的北齐洛州刺史独孤永业看大势已去，在金墉城投降于北周。

北周两次攻打洛阳，都没能得手，但最后洛阳仍归北周。此后，北周把洛阳确定为东京。

综观此一阶段战事，北齐之灭亡并非突厥与北周合纵进攻的结果。北齐不能处理好自身的民族关系，造成自身国力不断衰弱。相反，北周在"关中本位政策"的融合之下，民族关系得到解决，越来越强。北齐内部的衰弱，再遭北周与南陈的外部进攻，最终亡国。

隋代时期洛阳战争

隋朝杨玄感兵变攻洛阳

隋朝大业九年（613），隋礼部尚书杨玄感利用隋朝内外交困的局面，乘机起兵反隋，很快包围了京城洛阳，和守城隋军相持40多天，激战数十次，史称"杨玄感之变"。

隋炀帝杨广是历史上罕见的暴君，在他统治的短短14年中，骄奢淫逸，好大喜功，穷奢极欲，挥霍无度，在他的身上，集封建帝王荒淫无耻之大成。为饱一己之私欲，他不惜民力，不顾农时，大兴土木，造宫苑、修长城、开运河、筑驰道，曾三下江南，靡费钱财，肆意扰民。每项工程，大的要征发一二百万劳役，小的也要一二十万人。同时，穷兵黩武，三次劳师远征高丽，劳而无功。老百姓不堪重负，生活处于水深火热之中，出现了"剥树皮以食之，渐及于叶，皮叶皆尽，乃煮土或者捣藁末而食之，其后人乃相食"的悲惨景象。苦于"徭役无时，干戈不戢"的人民群众，朝不保夕，无法生存，便纷纷揭竿起义。不但如此，统治集团内部矛盾也急剧恶化。在这种形势下，杨玄感兵变爆发了。

杨玄感（？—613），是隋末最先起兵反隋炀帝杨广的贵族首领。他是弘农郡（今河南灵宝）华阴（今陕西华阴东）人，隋朝重臣杨素之子，体貌雄伟，可谓一个英俊青年。但在小的时候好像有点开窍晚，人多谓之痴。然而，知子莫如父，其父杨素每每见到家人亲戚都会说："此儿不痴也。"等到杨玄感长大了，十分喜好读书，更练就了一身骑射的本领。其父杨素，因曾协助炀帝夺取皇位与平定汉王谅的叛乱，被封为楚国公，位至司徒。正是因为此种出身，杨玄感以父之功也逐步升为柱国、礼部尚书，他本人也受到隋炀帝的恩宠。朝中大臣多为其父故吏，更显得他家族显贵。如此家族出身和身份地位，可谓显赫一时，但由于他亲眼目睹了朝

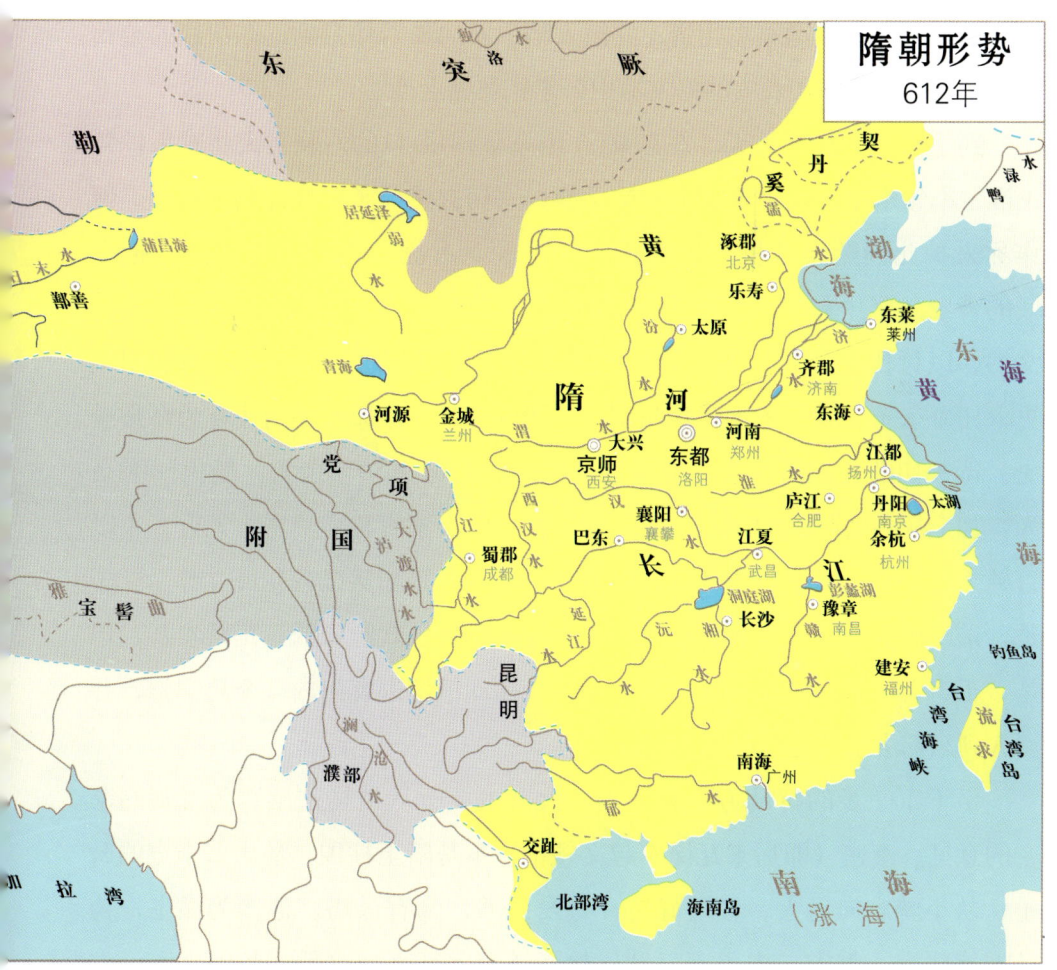

隋朝形势（源自《中国战争史地图集》）

政的乱象和隋炀帝猜忌大臣不断，又担心自已的家族功高震主，于是内心不安。为了改变这种局面，他决心联合诸位兄弟推翻炀帝的统治，另择明主，为此不断在寻找时机。

机会终于来了。隋朝大业九年（613），隋炀帝第二次征高丽（今朝鲜半岛）时，命杨玄感在黎阳（今河南浚县）督运粮草。然而，在黎阳往前线运粮草的途中，运粮民夫饿死者不计其数，纷纷逃亡，致使粮草迟迟不能按时到达前线。炀帝几次派人到黎阳严厉督促，要求粮草必须按时运到。杨玄感见炀帝率隋军主力远在辽东前线，致使后方兵力空虚，有机可乘，便与虎贲郎将王仲伯、汲郡(治所在今汲县)赞治赵怀义等人策划起兵。他们故意迟滞漕运，不按时发运军需物资，并派人暗中召回随隋炀帝到辽东前线的弟弟杨玄纵、杨石，和在长安的好友蒲山公李密秘密会商。

到了六月三日这一天，在东莱(今山东莱州)海口的右骁卫大将军来护儿正准备率领水军进攻平壤（今朝鲜平壤）。杨玄感为了寻找起兵的借口，便诈称来护儿因贻误战机想要谋反，于是领兵占据黎阳，关闭城门，把全城的青壮年集中起来，发给武器，进行战斗训练。同时，向附近各郡发送文书，以讨伐来护儿为名，命各郡发兵会集黎阳。他任命赵怀义为卫州刺史，任命东光县尉元务本为黎州刺史、河内郡（今沁阳）主簿唐祎为怀州刺史。待一切准备就绪之后，他精选身强力壮的运夫5000余人，船夫3000余人，加上从各处赶来的隋军，共计近万人，向大家宣称："主上无道，不以百姓为念，天下骚扰，死辽东者以万计，今与君等起兵以救兆民之弊。"于是，杀三牲誓师，宣布起兵反隋。众人无不支持，欢呼雀跃，踊跃参加。但是，正当大家厉兵秣马积极筹备之时，唐祎却悄悄逃奔河内（今沁阳），并派人到东都洛阳向越王杨侗告密。

至于下一步的行动方针和计划，大家主要听从被杨玄感尊为军师的李密的意见。李密（即后来瓦岗军起义领袖）本是隋上柱国、蒲山公李宽的公子，从小就志向远大，轻财好施，喜爱读书，胸有谋略。他作为谋主，为杨玄感建言，献上、中、下三计：趁隋炀帝远征高丽之际，长驱直入，占领涿郡治所蓟县，扼守临渝关（山海关）要冲，断绝隋军退路，使其两面受敌，粮草不继，不战自溃，此为上计；挥师西进，直取京畿长安，先端掉隋炀帝杨广的老巢，再考虑灭隋大计，此为中计；以精锐部队昼夜兼行，袭取东都洛阳，利用政治上的优势，号令四方，但如果洛阳守军备战固守，则难以攻取，此为下计。

但杨玄感刚愎自用，却决定用下策。他错误地认为，打下东都洛阳，才能大长士气，并可以抓获文武百官的家属作为人质，并为此最终确定了直接攻打东都洛阳的战略方针。于是，杨玄感立即下令，尽焚屯于黎阳的龙舟，留下元务本镇守黎阳，自己率兵向东都洛阳进发。他命其弟杨玄挺率1000人作为先锋，首先进攻河内郡。原来响应杨玄感反隋的唐祎此时已背

隋代五牙战船（模型）。隋攻陈前所造大船，起楼5层，高百余尺，可容800人，是隋朝水军的主力战船

叛杨玄感，凭借河内的坚固城池据守，致杨玄挺军久攻不克，只好放弃攻城，继续南下。

隋朝廷留守东都洛阳的越王杨侗和尚书樊子盖，接到杨玄感起兵反隋的消息，立即加强东都的防御，使洛阳的城防工事更加坚固不可克。在修武县(属河内郡)，杨玄感遇到隋军的顽强抵抗，当地也帮助隋军据守临清关(今河南新乡东北)，使杨玄感军无法过关，不得不绕道而行，从汲郡(今汲县)南渡黄河，继续向东都洛阳前进。过了黄河以后，杨玄感一路上未遇任何抵抗，且民众如潮水一般加入队伍，很快到达了偃师(今洛阳偃师东)。

杨玄感命大军分两路对洛阳进行包抄。命其弟杨积善率兵3000人从偃师以南沿洛水西进，从东面进攻洛阳。命杨玄挺自白司马坂(今洛阳白马寺西，邙山北麓)越过邙山从北面向东都发起进攻。杨玄感率3000余人马紧随其后。如此，两路大军兵锋直指东都洛阳城。

东都洛阳的隋军，面对杨玄感的大军，当即派河南令达奚善率精兵5000余人向东抵挡杨积善，将作监、河南赞治裴弘策率8000人出北门迎战杨玄挺。

达奚善带领部队出城，渡过洛河到南岸的汉王寺安营扎寨，以逸待劳，等待杨积善的到来。第二天，双方在此地相遇，列开阵势厮杀。杨积善军在数量上处于劣势，且士卒多为没受过正规训练的民夫，手执单刀柳盾，也没有弓箭铠甲，但士气高昂，英勇顽强，而隋军虽然数量占据优势，且装备精良，但士气低落，不堪一击。双方刚一交战，达奚善军就不战自溃，丢盔卸甲，四散逃跑，其武器铠甲尽为杨军所得。杨积善乘胜领兵直逼洛阳城下。

在北线，裴弘策迎战杨玄挺，但在杨玄挺军的猛烈攻击下，大败而归。杨玄挺并不追赶，只是命令士兵尽得敌军丢弃在满山遍野的武器和装备，武装自己，整顿队伍，等待裴弘策。裴弘策见杨玄挺并不追赶，在稍作喘息之后便组织兵力再度向杨玄挺军进攻，反被打得狼狈逃窜。如此反复，裴弘策五战五败，最后只带10余骑逃回城中，其余兵马均不愿跟随裴弘策返回城中，尽数投入杨玄挺军。

六月十四日，杨玄挺直抵洛阳城下，杨玄感驻屯上春门(洛阳城东墙北门)外，将东都包围。杨玄感向众人动员，并发誓说："我身为上柱国，家累钜万金，至于富贵，无所求也，今者不顾破家灭族者，但为天下解倒悬之急，救黎民之命耳。"众人无不为之感奋，群情激昂，纷纷要求立即攻城。消息很快传播开来，每天前来投营报效者不下数千人。就这样，杨玄感收编了大量投诚的隋军，加上招募来的百姓，很快达到5万余人，其中不少是投奔他而来的达官贵族子弟。当地的老百姓也纷纷带着酒肉前来犒劳杨军。形势一片大好，于是，杨玄感下令攻城。

在攻城过程中，隋军有许多出城作战的贵族子弟都不愿返回城中而投奔了杨玄感。其中有韩擒虎之子韩世鄂，观王杨雄之子杨恭道，虞世基之

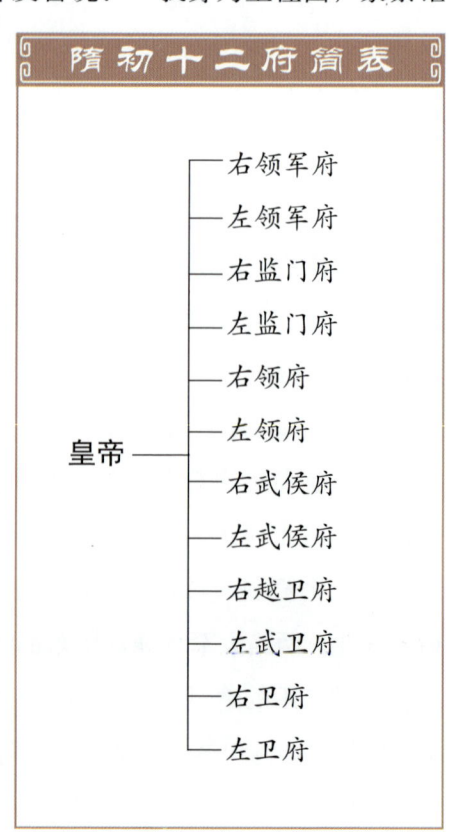

子虞柔,来护儿之子来渊,裴温之子裴爽,大理卿郑善果之子郑俨,周罗㬋之子周仲等,共约40多人,这些人都得到杨玄感的重用。其间,隋朝内史舍人韦福嗣出城作战,结果兵败被俘虏,杨玄感也对其以礼相待,并

隋炀帝陵园

让其掌管处理日常公文信札事务,从而不再专用李密。但是,韦福嗣是个见风使舵之人,办事过程中总是首鼠两端,被李密识破。李密如实向杨玄感报告,奉劝杨玄感不能再用此人,并建议杀了韦福嗣,以绝后患。但杨玄感对此并不相信,认为韦福嗣还不至于如此。李密无奈,回去后对心腹说:"楚公好反而不图强,如何?"果然,韦福嗣后来又逃回了城中。

杨玄感一方面继续组织攻城,另一方面为防止敌援兵到来,便四处派兵把守要道。分兵5000人占据寿安县磁涧道(今属洛阳新安),5000人把守洛阳南大门伊阙道(今洛阳南),并派开国元勋韩擒虎之子韩世鄂率3000人包围荥阳(今河南荥阳东北),派顾觉率5000人攻取虎牢关(今河南荥阳西北汜水西)。顾觉攻下虎牢关后,杨玄感任命顾觉为郑州刺史,镇守虎牢关。杨玄感亲率主力攻打东都,但遇到樊子盖在各城门都设有重兵拒守,致杨玄感攻打多日也未能奏效,一时无法攻破城池。

镇守长安的代王杨侑得到消息后,派刑部尚书卫文升统兵4万火速救援东都。卫文升军经崤山(今洛宁西北陕州一带)、渑池(今河南渑池),一路向东杀来。此前,在经过华阴县时,卫文升挖掘了杨玄感之父杨素的坟墓,当众焚烧骨骸,以表达对杨玄感的憎恨。到了洛阳,卫文升率领军队绕到城

北进攻杨玄感军。卫文升部且战且走，至金谷园处（今孟津境）驻扎，与杨玄感军形成对峙之势。杨玄感领军迎战卫文升。卫文升向杨玄感发动猛烈进攻，杨玄感假装抵挡不住，且战且退，隋军步步紧追不放，结果中了埋伏，先头部队全部被歼灭，实力大损。卫文升决心孤注一掷，投入全部兵力，在邙山以南与杨玄感军展开了大决战，一日之内双方交战10余次，不分胜负。几天之后，双方再次交战，杨玄感让兵士大喊"官军已俘虏了杨玄感"，以松懈敌军意志。果然，隋军在听到喊声后，顿时产生了懈怠情结，不想再力战，而杨玄感则乘机领数千骑兵向敌阵猛烈进攻，大败敌军，杀敌无数，俘虏8000余人。在最后关头，眼看卫文升军已死伤过半，军粮不济，难以支持，杨玄感军胜利在望之时，不料杨玄挺被流箭射死，杨玄感不得不暂时退却。

这时，远在辽东的隋炀帝已率隋军主力回师，即刻命虎贲郎将陈棱进攻据守黎阳的元务本，左翊卫大将军宇文述、右侯卫将军屈突通驰援东都。来护儿也从东莱移师西进，加入反击杨玄感、解围东都的战斗。当屈突通到达河阳，准备南渡黄河进攻杨玄感时，杨玄感制定了派兵阻击屈突通的计划，但这一计划被洛阳城中的樊子盖识破，多次派兵攻击杨玄感的大营，使杨玄感无力分兵，从而保证了屈突通顺利渡过黄河，屯驻在洛阳城东北破陵冢一带，形成了对杨玄感的反包围态势。如此，杨玄感一面西对卫文升，一面东对屈突通，同时城中的樊子盖也不停地出击，使得杨玄感应接不暇，处于四面受敌的困境之中。

七月二十日，杨玄感接受李子雄、李密的建议，解除了对东都的包围，率军西进，准备夺取关中。

不久，杨玄感率领大军到达弘农宫(今河南灵宝)，竟被弘农太守杨智积用计牵制，耽误了宝贵的3天时间。当时，弘农太守杨智积看到杨玄感领兵前来，便登上城楼，大骂杨玄感叛逆无道，杨玄感被激怒，决意要攻下弘农宫城。李密苦劝不听。杨玄感亲自领兵攻城，用大火烧毁城门，但城内守军也以火对火，在城门内堆起大柴堆，点起大火，用火来阻止杨玄感军。如此苦战3天，毫无效果，杨玄感这才又领兵继续西进。

及杨玄感军到达阌乡县（今属河南灵宝），被宇文述、卫文升、来护儿、屈突通等各路隋军追上。杨玄感上了盘豆山，拉开50里的长蛇阵，且战且退，一日内三败。

八月一日，杨玄感在董杜原（今河南灵宝西北）列阵与隋军决战。隋军占据绝对优势，在猛烈进攻下，杨玄感大败，仅率10余骑逃往上洛(今陕西洛南东南)。杨玄感自知大势已去，乃命杨积善将其杀死，杨积善遵命。杨积善自杀未遂，被追兵俘虏。李密被捕，在押解途中乘机逃脱。隋军将杨积善和杨玄感尸体一起送给隋炀帝。隋炀帝后在洛阳车裂杨玄感尸体。至此，杨玄感兵变遂告彻底失败。

平定杨玄感兵变之后，隋炀帝下令屠杀参与兵变者。樊子盖等人得到指令，便肆无忌惮地在东都洛阳展开大规模的杀戮。所杀者达3万余人，且灭其全家，但多半是冤枉而死。流放者6000余人。在杨玄感开仓放粮中领了粮食的民众，也被抓获，并全部活埋于洛阳城南。一时间，洛阳城内外腥风血雨，哭嚎声震天。

在杨玄感起兵反隋的影响下，全国多地发生起义响应。在杨玄感围攻东都洛阳时，梁郡（治所在今河南商丘）人韩相国起兵响应，被杨玄感任命为河南道元帅，仅仅月余时间就集聚10万人之众，攻城略地，杀贪官污吏，开仓放粮。到了襄城（今河南临川）时，听到杨玄感兵败消息，众人溃散，余部也被镇压。在江淮一带，刘元进、朱燮，以及管崇等人也起兵响应杨玄感，"民苦役者赴之如归"，拥兵达10余万人。这两支起义军在杨玄感失败后，仍然坚持战斗了很长时间，最后被隋炀帝派出的王世充镇压下去。

综观此一战事，杨玄感的失败有多方面的原因，而主要原因在于他个人的因素。首先在用人方面，他一厢情愿地仅仅凭自己的主观判断，导致用人上的失误。先是有唐祎的叛逃告密，后有韦福嗣的首鼠两端及最终叛逃，都在一定程度上影响了整个事情的进程。其次在于他过于感情用事，听不得别人的劝告。先是听不进李密之计，不用上、中之计而偏偏采用下策，强攻洛阳，后有在弘农宫忍受不得小辱而无端耽误几天宝贵时间，贻误战机让敌人追击了上来，最终落了个兵败身死名裂。但是，总计58天的杨玄感起兵反隋虽以失败告终，却标志着隋朝统治集团的大分裂，沉重打击和动摇了隋朝的统治，更为隋末农民起义起到了推波助澜的作用，为隋朝的灭亡拉开了序幕。

瓦岗军与隋军六战洛阳

公元613年，在杨玄感起兵反隋的同时，在东郡韦城瓦岗寨（今河南滑县东南），活跃着一支英勇善战的农民起义军。其首领姓翟名让，原是当地一名主管司法的小吏，骁勇有胆略，因犯事被判处死刑，被人营救出狱后，走上叛逆之路。其成员多为善使长枪的渔猎手，为了图存，翟让率众转移到荥阳（今河南荥阳）、梁郡（今河南商丘）一带，拦劫公私船只，势力逐渐壮大，队伍很快发展到万余人。

公元616年，参加过杨玄感起兵反隋被俘逃脱的李密，经过权衡比较，认定瓦岗军最有发展前景，就毅然前来投奔，得到瓦岗军翟让的信任和重用。在李密的谋划下，先后说服附近的王伯当、周文举、李公逸等人领导的小股起义军，归附瓦岗军。李密正确分析形势，劝翟让先攻取荥阳（今河南荥阳）作为根据地，然后伺机争雄天下。瓦岗军在李密的谋划下，首战攻破金堤关要塞（今河南荥阳东北），连下荥阳等县。隋朝大军随即前来镇压。面对隋朝大军的疯狂反扑，李密从容应对，分兵千余人在荥阳大海寺北面的丛林间设伏，趁隋军初战小胜、骄兵轻敌之际，突然袭击，杀得隋军人仰马翻，反败为胜。隋朝大将张须陀兵败丧命，致使隋军"昼夜号哭，数日不止，河南郡县为之丧气"。由于李密有功于瓦岗军，翟让就分给他一支部队，独当一面，号"蒲山公营"。

公元617年，李密利用东都洛阳隋军兵力空虚之机，建议翟让趁机夺取洛阳。但是由于隋军发现了瓦岗军的动向，加强了城防守备，李密不得不改变战略意图，矛头直指隋国家粮仓洛口仓（今河南巩义境）。当年二月，李密与翟让率精兵7000人，一举攻克洛口仓，开仓放粮，赈济百姓，一时男女老幼，肩扛手提，相望于道。瓦岗军的这一胜利，不仅获得了充足的粮食供

瓦岗军作战形势（源自《中国战争史地图集》）

应，而且得到广大民众的拥护和支持，数日之内便使军队迅速扩大，"众至数十万"。

当时，隋炀帝杨广南逃江都（今江苏扬州），由隋越王杨侗留守洛阳。杨侗为了遏止瓦岗军西进洛阳，派遣虎贲郎将刘长恭等将领率步、骑兵2.5万人为前锋，出洛阳，鼓行东进，讨伐李密。洛阳城内的太学生以及贵族子弟以为瓦岗军都是一些由饥民组成的乌合之众，跃跃欲试，争相入伍。同时，杨侗调遣镇守虎牢关的河南讨捕大使裴仁基等将领，率部自汜水关西行，掩杀于后。两军约定会师洛口仓南，从两翼夹击瓦岗军。

面对隋军大兵，李密与翟让把部队分为10队，4队设伏迎击裴仁基部，其余6队在石子河东严阵以待，以逸待劳。隋军裴仁基部因中途受阻，未能按时到达前线，使合歼计划落空。刘长恭等尚未吃早饭，就率部匆匆而来，到达石子河。双方接战，翟让带领小队迎战后随即退却。刘长恭见瓦岗军兵少，就有轻敌之心。同时，由于隋军长途跋涉，饥馁困乏，兵士怨声载道。李密乘机发动猛烈进攻，饥寒交迫的隋军损兵折将，溃不成军。刘长恭措手不及，隋军损失十之五六。刘长恭慌乱之中随手捡起一件士兵衣服于身，混在一群散兵之中，狼狈逃回东都洛阳。裴仁基由于没有按时到达指定位置，闻刘长恭兵败，只好屯兵于汜水关西面的百花谷。

石子河大捷之后，翟让见李密才能出众，主动让贤，推举李密为瓦岗军之主。李密号称魏公，改元永平，对所属论功行赏，各置官署。命翟让为上柱国司徒、东郡公，单雄信、徐世勣等人为大将军，在洛口建立了政权。

至此，瓦岗军声势大振，赵魏以南，江淮以北，各地义军，前来归附者络绎不绝，部队一下子扩充到几十万。李密派遣护军田茂广在洛口仓附近修建洛口城，方圆40里，在此安营扎寨。从此，瓦岗军以此为根据地，四处攻城略地，占领了河南大部分郡县。

当年三月，李密派遣归附的孟让领兵2000多人，轻装夜行至洛阳城下。隋军紧闭城门，不敢出兵作战。义军在城外寻机作战，火烧洛阳西南郊的丰都城，吓得那些王公大臣再也不敢在城外居住，纷纷逃到洛阳宫城，使得宫城内一片混乱。在瓦岗军威力的震慑下，隋军纷纷前来归降。巩县县长柴孝和、监察御史郑颋先后献城投降。屯兵于汜水关百花谷的裴仁基也领兵前来归顺，瓦岗军日益壮大。

当月，李密派遣裴仁基、孟让率2万余人兵临东都洛阳城下，偷袭回洛仓，烧毁了洛水南北通道天津桥，并攻打宣仁门，火烧上东门，吓得隋军胆战心惊。李密在率部进攻偃师（今河南偃师）、金墉城（洛阳西北角的小城）时失利，不得已只好撤军返回洛口城。这时，隋东都洛阳

隋军调兵虎符

守军尚有20余万，杨侗下令守城士兵昼夜衣不解甲，轮番登城巡逻警戒，严防死守。由于城内乏粮，杨侗派兵冒险从回洛仓抢运粮食入城。同时，重新调整防御部署，兵分九营，首尾相应，派遣5000士兵守丰都市，5000士兵守上春门，5000士兵守北邙山。

不久，李密又统兵3万重新占领回洛仓，修营垒，挖沟堑，对洛阳形成合围之势。隋军段达部出兵7万予以反击，两军在回洛仓北展开激战，结果隋军败走。随后，李密公开发布讨隋檄文，列举隋炀帝杨广十大罪过，通告全国，其辞曰："罄南山之竹，书罪无穷；决东海之波，流恶难尽。"

隋代武士俑

面对瓦岗军大兵压境，围困东都，越王杨侗心惊胆战，势竭力穷，无奈只得向远在江都的隋炀帝杨广求援。杨广虽然不想还驾东都，但也不甘心失败，便于公元617年五月在江都遥控指挥，调遣监门将军庞玉、虎贲郎将霍世举，率关内大军驰援东都。其时，瓦岗军兵锋甚锐，柴孝和因此建议此时应该留少量部队驻守洛口城和回洛仓，而举大兵西进以攻取长安（今陕西西安），然后再回师东向河洛，以大定天下。而李密认为，此时洛阳尚未攻克，义军恐怕不肯西进，所以没有接受这个建议，决意在洛阳与隋军一决高下。然而，李密虽然不断取得一些胜利，但在西苑与隋军的一场遭遇战中，不幸中流矢受伤。隋越王杨侗派段达与庞玉等乘夜色出兵，列阵于回洛仓西北。李密与裴仁基率兵迎敌，被段达等隋军打败，死伤大半，不得不放弃回洛仓，向东逃奔洛口城。隋军庞玉、霍世举率部在偃师安营扎寨。

当年六月，李密重整旗鼓，率部杀回东都洛阳，与隋军鏖战于洛阳城郊区的平乐园。李密左翼为骑兵，右翼为步兵，中间是弓箭手，千鼓齐鸣，以雷霆万钧之势，横扫隋军，大获全胜，又一次收复了回洛仓城。

七月，隋炀帝调遣江都通守王世充率江、淮劲旅，将军王隆纠集少数民族邛黄蛮，河北大使、太常少卿韦霁，河南大使、虎贲郎将王辩等共率精锐部队10万人，同时开赴东都洛阳，镇压李密瓦岗军。同时，命令河北涿郡留守薛世雄统兵3万南下增援东都洛阳，但这支援军尚未抵洛，就在中途被窦建德军消灭。王隆部队也没有按期到达。隋炀帝授权王世充统一协调指挥。

面对强敌压境的形势，李密采取了西联李渊、东取黎阳的策略。他一方面与在山西起兵的李渊结盟，达成互不侵犯的协约；另一方面，趁河南、山东发生水灾、饿殍遍野的机会，招降武阳（今河南安阳）郡丞元宝藏，同时派遣大将徐世勣率麾下5000人自荥阳渡黄河，在黄河北岸与元宝藏等会合，挥师黎阳（今河南浚县），一举占领黎阳仓，开仓放粮。饥民蜂拥而至，纷纷要求加入瓦岗军，瓦岗军迅速补充兵员20余万人。

这时，瓦岗军发生了内讧，李密杀害了瓦岗军的建立者翟让。李密本人也被胜利冲昏了头脑，骄傲自满，独断专行，听不进不同意见，对战士也不再体恤、爱护，有功不赏，却厚待隋朝的降兵降将，厚此薄彼，众人怨声载道。由此，埋下了瓦岗军失败的祸根。

九月，隋军为了作垂死挣扎，隋炀帝调集王世充、韦霁、王辩，以及河内通守孟善谊、河阳郡尉独孤武都，会兵于东都洛阳。同时，又命刘长恭率领洛阳的留守兵，庞玉率领偃师兵加入。这样，7路大军共10万人之众，在王世充的统一指挥下，从洛阳出发，抵达洛口，攻打瓦岗军。

十月，王世充东渡洛水，在北岸的黑石一带安营扎寨。第二天，李密出兵迎战，初战失利。为了避开敌锋，李密领兵3万人渡过洛水向南迂回，余部退守月城。王世充追击至月城，严加围困，幻想义军不战而降。谁知义军坚守，突然又见黑石方向泛起滚滚狼烟，原来是李密又渡过洛水返回，杀进隋军黑石营地。王世充无奈，只得从月城退兵自救，结果又被义军的伏兵打败，丢盔卸甲，被杀3000余人后逃跑。接着，在石子河岸边，王世充又遇到李密连续攻击，兵败西走，退还东都洛阳。

公元618年一月，王世充完成了在东都洛阳的部署，引兵东进，在巩县屯营，在洛河以北对瓦岗军发起了进攻。王世充命令诸军在洛河上各造浮桥，谁先造成谁先进攻，不作统一行动。结果步调不一致，虎贲郎将王辩捷足先登，攻破了李密部队的外围营寨，眼看就要胜利在望了，不料王世充却由于不明底细，就下令鸣金收兵，功败垂成。李密乘机反戈一击，亲率敢死队追击。王世充部队面对瓦岗军的迅猛追击，慌作一团，争渡浮桥，1万多人掉入河中溺毙，王辩战死，隋军进攻部队全线崩溃。王世充由于战败而不敢回东都洛阳，率部败退河阳，当夜又遇疾风寒雨，又有1万多人被冻馁而死，只剩下数千人。后来，王世充被杨侗召回东都，收集失散的残余部队1万多人，蜷缩在洛阳含嘉仓城，再也不敢出来肆意妄为了。

同月，李密率30万大军乘胜占领金墉城，加紧修复城门、城墙和其他防御设施，作为大本营与隋军分庭抗礼，并屯兵北邙山，直逼隋东都洛阳东城墙北门上春门，洛阳城岌岌可危，旦夕可破。杨侗顿时慌了手脚，急忙派出隋金紫光禄大夫段达、民部尚书韦津领兵出城拒战瓦岗军。但是段达一见瓦岗军军威严整，锐不可当，尚未交锋，就吓得掉头逃窜。瓦岗军纵兵追击，隋军大败，韦津兵败丧命。偃师、柏谷及河阳一带的地方官纷纷献地投降瓦岗军。此时，瓦岗军达到极盛时期。

正当李密与杨侗即将在洛阳决战的时刻，唐抚宁大将军李建成、副将李世民，奉命带兵10万人东进救援东都洛阳。但是，此时的唐军哪里还肯为隋朝卖命，名为增援，实为略地，使得东都城内更加惶恐不安。

公元618年三月，隋朝政局发生剧变。隋右屯卫将军、许公宇文化及在江都（今江苏扬州）勒死了隋炀帝杨广，立秦王杨浩为傀儡皇帝。然后，他亲率10万大军北上，扬言要返回关中。当时李密正率部与隋东都洛阳守军处于相持阶段，宇文化及的到来，对在洛阳的杨侗和李密双方都是一种新的威胁。同时，镇守东都洛阳的隋越王杨侗见隋炀帝杨广已死，也即皇帝位，改元皇泰。为了避免两面作战，腹背受敌，李密决定委曲求全，与杨侗达成妥协，建立统一战线，共同对付宇文化及。而杨侗与王世充的如意算盘，也是企图利用李密对抗宇文化及，使其两败俱伤，坐收渔利。双方彼此心照不宣，于公元618年六月达成暂时的和解协议。皇泰主杨侗册封李密为太尉、尚书令、东南道大行台行军元帅、魏国公，令其先剿灭宇文化及，然后再入朝辅政。

李密与杨侗妥协之后，无后顾之忧，便解洛阳之围，领兵东进，集中力量对付宇文化及。当时，瓦岗军占据巩县洛水一带，李密率领步骑兵屯于清淇（今河南浚县西），徐世勣领兵据守黎阳仓城。义军高墙深沟，坚固自守。宇文化及西进受阻，就迂回北上东郡，企图攻占国家粮库黎阳仓，为自存之计。李密率部驰援黎阳仓城。宇文化及在仓城遇到瓦岗军阻击，不得西进，便急于速决，不断挑衅，但李密无论如何不与他正面交锋，而是派出少数兵力，转战到宇文化及军的背后，不断袭扰。宇文化及腹背受敌，疲于来回奔命，锐气日钝。接着，徐世勣从仓城内挖地道通入敌营内，乘其不备之时，冲出猛杀，迫使宇文化及溃败退到永济渠边。

七月，宇文化及渡永济渠，与李密战于童山（汲郡卫县境内）之下，在激战中李密中流矢，坠马昏厥，被手下将领秦叔宝救起，才免于一死。秦叔宝重新集结兵力，拼死抵抗，宇文化及战败，率余众2万北趋魏县，后来被窦建德部消灭。李密尽管胜利归来，但是"劲卒良马多死，士卒疲病"，元气大伤。

正当李密与宇文化及厮杀的时候，王世充乘机在洛阳消灭了异己力量，进一步控制了杨侗小朝廷。由此，李密想利用杨侗夺取洛阳的打算失败了，从而与王世充的矛盾尖锐起来。

公元618年九月，王世充乘李密战后疲惫之机对瓦岗军发起进攻。他亲自率领精锐步兵2万余人、骑兵2000人出击，直逼偃师，在通济渠南岸安营扎寨，并在通济渠上架设3座浮桥，准备与李密决一雌雄。李密留大将王伯当据守金墉城，邴元真保卫洛口仓，自领精兵出兵偃师，在邙山上严阵以待。此时，李密与部将商议对策。大将裴仁基认为，王世充领兵出战，洛阳城必然空虚，应当分兵把守要道，另派出3万人精兵进逼东都，以牵制王世充。魏徵也同意这种意见。但是，"诸将喧然"，都不同意这种意见，而是主张力战。李密此时也放弃了自己历来主张的以逸待劳的战法，主张迎战王世充。多次战胜隋军的李密，此时也产生了麻痹轻敌思想，战前不设营垒，战阵队列不整。

王世充在夜间派200余骑兵潜入邙山谷中埋伏下来，天一亮就发起猛攻，同时派人火烧李密军营，大军随即杀来。李密军猝不及防，尚未整顿好队伍,就被杀得措手不及,军心动摇,一败涂地。李密部将单雄信、张童儿、陈智略战败投降,裴仁基等人被擒。李密率余部万余人逃奔洛口城,但洛口仓守将邴元真叛变,已经投降了王世充。李密自知无力再战,领兵东奔虎牢关。之后,王世充在内奸的配合下,里应外合,又乘胜占领了偃师。王伯当看大势已去,放弃金墉城,退保河阳(今河南孟州)。李密走投无路,只得率众投奔河阳王伯当。李密本打算重整旗鼓,东山再起,无奈人心涣散,难以挽救败局,只好打消这一念头,在王伯当的劝说下西向长安,投奔李渊。其余瓦岗军将领秦叔宝、徐世勣、罗士信、程咬金等人也相继降唐。

至此,叱咤风云、令隋王朝闻风丧胆的瓦岗军覆灭。不久,王世充在东都洛阳僭位称帝,建立郑国,建元开明,开始割据中原。

综观此一战事,瓦岗农民起义军与隋王朝争夺东都洛阳之战,虽然以失败而告终,但却沉重打击了隋王朝的腐朽统治,抗击了江都和洛阳两个方向的进攻,有力地阻击了隋军的西进,震撼了隋朝的统治基础,是摧毁隋朝政权的一支强大力量,并在客观上为李渊父子夺取关中、虎踞中原,建立唐王朝开拓了道路。

唐代时期洛阳战争

李世民与王世充洛阳鏖战

隋朝末年，由于隋炀帝杨广的荒淫暴虐，导致隋王朝分崩离析，人心涣散，政局岌岌可危，一时天下大乱，群雄逐鹿，各路豪杰纷纷拥兵自重，割据称雄。时任隋右骁卫大将军、太原留守的李渊趁机起兵反隋，乘虚入关，直取长安。公元618年，被李渊扶植的傀儡皇帝隋恭帝杨侑在长安宣布禅位，李渊冠冕堂皇地取而代之，以唐为国号，建立新的政权。其子李世民因军功显赫，被封为秦王。

当时，尽管李渊称帝，但是唐王朝偏居关中一隅，周边有势均力敌的强敌虎视眈眈，觊觎皇位，形势非常严峻。为了巩固新生的政权，扫除割据势力的潜在威胁，李渊大胆起用具有雄才大略的秦王李世民，担当统一全国的重任。李世民不辱使命，多谋善断，身先士卒，指挥若定，相继剿灭了割据陇右地区（今甘肃兰州一带）自称秦帝的薛举、薛仁杲父子，盘踞在武威地区的李轨政权，以及盘踞马邑郡（山西朔州）、北连突厥、颇有实力的刘武周部队，占领了山西，收复了太原。唐军在解除了来自侧翼和背后的威胁，巩固了关中根据地，在西北一带牢牢站稳了脚跟之后，又通过李密的关系，把占领黎阳（今河南浚县）的瓦岗农民起义军将领徐世勣争取过来，从而控制了山东的大部分地区。然后，就开始举兵东向，挺进中原。此时，中原一带的割据势力，主要有在洛阳称帝建立郑国的王世充和在河北洺州（今河北永年）建立了夏国的窦建德。

公元620年，唐帝李渊命令李世民领兵东征。其时，洛阳一带是郑王王世充的势力范围。王世充原为隋江都郡丞，由于镇压瓦岗军

唐高祖李渊

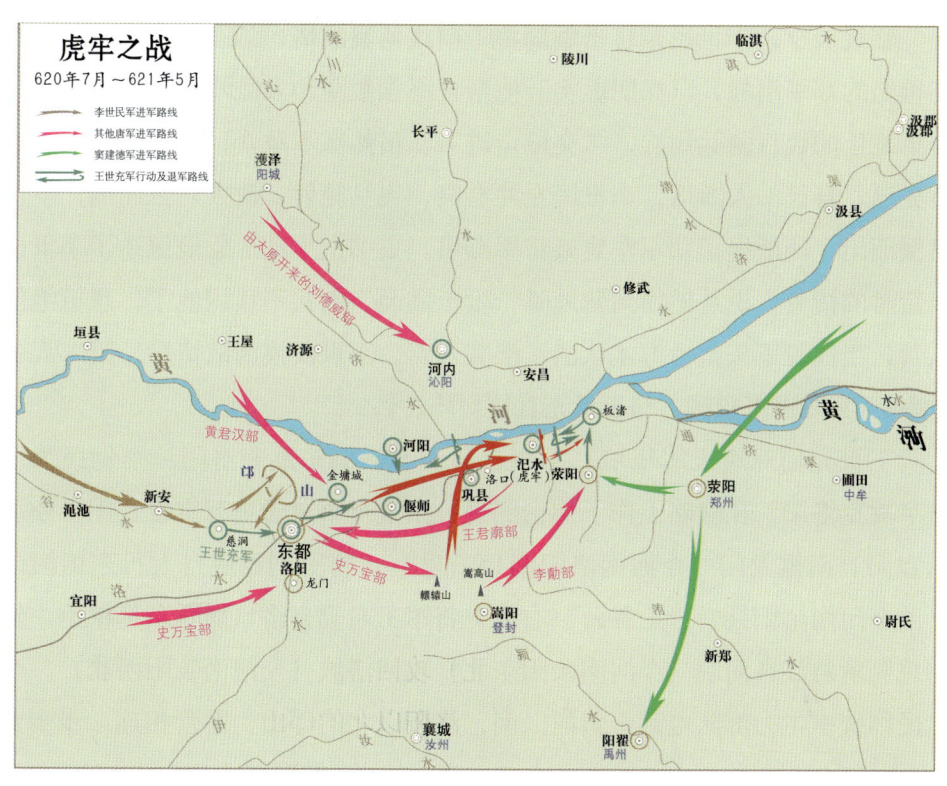

虎牢之战（源自《中国战争史地图集》）

有功，进封郑王，不久，又在洛阳僭位称帝，建元开明，国号郑。王世充政权虽然名曰开明，但是腐败无能，众叛亲离。表面上看来，王世充刚刚打败了瓦岗农民起义军，控制的地盘扩大了，军队数量增加了，但实际上他的统治是非常脆弱的，内部隐藏着诸多的矛盾和危机。他所俘获的瓦岗军将士，"皆不附世充"。他承袭了隋炀帝那一套黑暗统治办法，深为广大军民所厌恶。为了对付叛将降卒，他严刑苛法，大开杀戒，谁若叛变投敌，就满门灭族。他消极自保，坐吃山空，粮食储备日渐短缺，内外离心。秦王李世民洞烛其弊，首先把消灭王世充作为经营中原的战略突破口。

公元620年七月，李世民率大军长驱直入，势如破竹，过潼关、函谷关，攻克新安（今河南新安），兵临洛阳城下。王世充为了自保，一方面加强周边地区的外围防御，另一方面调兵遣将，严密部署洛阳的防备。他亲自统率3万兵力，屯兵于洛阳西线的战略据点磁涧，欲与东来的唐军决一死战。秦王李世民从容布阵，命骁将罗士信率先头部队围攻磁涧。

临战前夕，李世民亲自带领部将上前线侦察敌情，"以轻骑挑之"，引王世充的郑军出战，以探明虚实。他亲自率领数骑冲入敌阵，与王世充的骁将单雄信的数百骑兵周旋，"交枪竞进"。虽然寡不敌众，但李世民则让左右先退，自己一人断后。李世民左冲右突，飞马驰射，敌人应弦而倒，不仅溃围而出，还活捉了郑军左建威将军燕琪。史书上生动形象地记述了李世民回营时的情景，说是他回到营地时，尘土满面，哨兵不认识他了，想拒绝他入营，当他脱下头盔后方才认清，准其入营。李世民摸清敌情后，第二天就自率5万兵马进军磁涧，与王世充直接对阵。

王世充面对唐大军压境，不战自溃，弃磁涧东逃归洛阳。李世民为了一举攻克洛阳，在战略上作了周密部署：派遣行军总管史万宝自宜阳（今河南宜阳）南据龙门（今河南洛阳南15公里），将军刘德威自太行东围河内（治今河南沁阳县），上谷公、右武卫将军王君廓自洛口切断东都粮道，怀州总管黄君汉自河阴（今河南荥阳东北）攻回洛城（今河南荥阳西北）。李世民则统率主力部队屯兵于黄河以南、洛阳以北的邙山，军营相连，步步紧逼。这样，就形成了对洛阳的南、北、东三面包围，主力从西向东进攻的四面合围之势。

战端一开，李世民捷报频传。怀州总管黄君汉派出舟师部队渡过黄河，偷袭回洛城成功，活捉其守将达奚善定，连破20余处战略要塞，拆毁河阳南桥，胜利归来。其他各路大军也按照既定方针，实现了各自的战略意图。将军刘德威袭占河内。王君廓迂回占领了偃师（今河南偃师）东南的战略要地辗辕关，一路向东攻城略地，至荥阳郡管城县（今河南郑州）而归。至此，李世民已经切断了洛阳王世充的军需补给线和对外联络通

唐太宗李世民

道。王世充手下将领看大势已去，纷纷倒戈，河南一些郡县相继来降。

八月，王世充自率精锐部队，陈兵于洛阳城西北的禁苑宫殿青城宫，李世民也在谷水对岸安营扎寨，与王世充遥遥相对。王世充自知势单力孤，为争取喘息时间，便隔水向李世民喊话，希望双方停战媾和，但是李世民一口回绝，义正词严地说："我奉命攻占东都洛阳，决不与敌人握手言和。"两军相峙，至日暮才各自罢兵回营。

九月，李世民带领500骑兵在邙山察看地形。王世充率1万步骑兵狂扑过来，在魏宣武陵附近把李世民围困，以图以绝对优势兵力，一举而歼灭李世民。敌将单雄信引槊直趋李世民。正在危急时刻，唐军突至，大将尉迟敬德横刀立马，断喝一声，横刺单雄信落马。唐军突然而至，吓得郑军目瞪口呆，不知所措，尉迟敬德乘机保护李世民突围而出。待喘息稍定，李世民与尉迟敬德杀了一个回马枪，出入王世充阵营，往来反复，犹入无人之境。不久，唐行台仆射屈突通率大军继至，唐军大获全胜，斩敌千人，俘获6000余人，活捉郑军冠军大将军陈智略。王世充损兵折将，大败而归。当时，镇守虎牢关的是王世充的儿子王玄应，面临众叛亲离的窘境，也吓得惊慌失措，逃奔洛阳。

邙山胜利后，唐军向洛阳步步紧逼。当年十月，唐行军总管罗士信又一举拔掉了王世充在洛阳城西的外围军事据点硖石堡，接着又用计智取在河南县城东15里的千金堡。王世充进退失据，困守东都城4个月之久。

次年公元621年一月，李世民为了消灭王世充的有生力量，挑选铁骑1000余名，一律身着黑色盔甲，分为左队、右队，由秦叔宝、程咬金、尉迟敬德、翟长孙等大将统领，寻找战机，果断出击。每次战斗，李世民都亲自披挂上阵，一马当先，因此士气高涨，所向披靡，敌军闻风丧胆。有一次，屈突通、窦轨在前沿阵地视察时，猝遇王世充骑兵，在危急时刻，李世民亲率援军赶到。在唐军强大的攻势下，王世充兵败如山倒，损兵折将6000余人，大将葛彦璋被俘，王世充落荒而逃。

二月，王世充为解决洛阳粮荒问题，派儿子王玄应带兵数千人从虎牢抢运粮食。李世民命将军李君羡中途拦截，一举击溃这支武装运粮队，王玄应只身逃走。

这时，李世民认为对东都洛阳发起总攻的时机已经成熟，经请示唐高祖李渊，就下令移师青城宫，威逼洛阳城。王世充也率领大军2万人，出方诸门（洛阳城西连禁门），在谷水之东与李世民对峙。时李世民军"壁垒未立"，将领畏惧，但李世民神态自若，从容布阵。他又一次引兵于北邙山，再次登上魏宣武陵观察敌营。他胸有成竹地说，王世充军已经窘迫之至，只要我们悉众出击战之，今日破敌，其就再也不敢出来了。于是，派出大将屈突通领兵5000人，东渡谷水破敌阵，而他自己则引骑兵南下，与屈突通南北配合。事前约定，开始交战以放烟火为号，双方两面夹击。当看到烟起，李世民身先士卒，跃马突入敌阵，所向披靡，杀敌无数。接着，李世民又引骑兵数十名，迂回到敌后猛攻，以诱王世充出战。王世充果然中计，倾全军从四面扑来，围追堵截，殊死拼搏。一场大战在方诸门外打响了。开始唐军被围其中，李世民与众将分散，在谷水与洛水交会处的长堤下面被困，其坐骑被流箭击中，跌扑在地。形势危急如火焚。正在此时，唐骁将丘长恭带兵赶来，杀退敌兵，将战马让于李世民，自己跃于马前，手执长刀，左右砍杀，终于杀出一条血路，掩护李世民回到大营。骠骑将军段志玄由于孤军深入，不幸被俘，敌人两名骑兵一左一右押解着他还营，他趁敌骑不备，将敌兵推下马来，自己跃身上马逃跑，几百名敌军眼睁睁地看着他逃走，也无人敢追。这一仗，从早晨一直打到午后，刀枪相复，较量了四五个回合，王世充兵疲马倦，只得退却。李世民乘胜追击，斩俘敌军7000余人，直抵洛阳城下。王世充紧闭城门，再也不敢出来。

王世充在洛阳被困，无以自拔，不得已求救于割据河北、自称夏王的窦建德。窦建德与王世充本来因相互攻伐而交恶，势不两立，但是担心李世民消灭了王世充后，失其屏障，唇亡齿寒，自身难保，权衡再三，答应派兵驰援，以图在共同消灭了李世民之后再消灭王世充。同时，他派出礼部侍郎李大师等人充当说客，请求李世民从洛阳撤军。李世民的回应相当明确：扣留使者，不予理睬。

尽管王世充处于围城之中，但是防御工事仍很牢固，武器装备也很精良。李世民部队在洛阳城外，面对深沟高垒，昼夜轮番攻城，久攻不下，将士疲惫不堪，弥漫着一种厌战情绪。唐高祖李渊也密令李世民回师休整，以利再战。但是李世民认为胜利在望，不能功败垂成，一旦撤军，王世充重新集结兵力，以后就更难以对付，因此，坚持围攻洛阳孤城，伺机再战。

当洛阳局势处于胶着状态、将下未下之时，夏王窦建德于当年三月率领10余万部队，号称30万人，渡黄河南下，攻克周桥（山东菏泽附近）后，率众西向，火速增援王世充。一路上，陷管州（今郑州），占荥阳，水陆并进，泛舟运粮，溯黄河西上，屯兵于成皋，筑宫板城（今河南荥阳汜水东北）。窦建德抵达成皋（河南荥阳汜水）东原后，一面派人潜入洛阳城向王世充通报军情，一面致书李世民，希望李世民撤军至潼关，归还王世充的失地，修复前好，和平相处。面对这一新的形势和动向，李世民的部下众说纷纭，争执不下。一种意见认为，王世充困守洛阳，粮草匮乏，如果窦建德施以援手，把河北的粮食运往东都洛阳，王世充就有了赖以生存的基础，将不利于唐王朝的统一大业，因此主张留下一部分兵力继续围攻洛阳，而由李世民统率精兵东进，抢占成皋附近的战略要地虎牢关，只要消灭了窦建德，东都洛阳也将不攻自破。但另一些将领担心，一方面王世充坚不可摧，固守难下，另一方面窦建德来势凶猛，锋锐气盛，如果分兵东去虎牢关，将有腹背受敌之虞，因此建议退守新安，据险而守，待机而动。李世民经过认真的反复思考，权衡利弊，最后决定不取守势，而要主动出击，牢牢把握战争的主动权。于是，他决定采取"围城打援"的战术，先收拾窦建德，再对付王世充。命令屈突通等人留守，协助其弟齐王李元吉继续围困东都洛阳，自己率领3500余铁骑东进虎牢关，以遏止窦建德的凌厉攻势。李世民出兵之时，正当白昼，大军浩浩荡荡，从邙山北上，经河阳、巩县，向虎牢关开拔。王世充在城楼上看到这一情况，不明底细，也不敢贸然行事。

李世民抵达虎牢关后，首先带领500骁骑东出虎牢关20余里侦察敌情，沿途所经，分别留下伏兵，由大将李世勣（即徐世勣）、程咬金、秦叔宝指挥设伏，自己只带4个随从，继续向东深入窦建德营盘观察地形、诱敌出战。李世民到达距离窦建德营盘约3里左右，被窦建德小股部队发现，还以为他们是唐军的侦察兵，不以为意。李世民故意暴露身份，大声喊道："我，秦王李世民是也。"同时拉弓射箭，一敌兵应弦而倒。夏王窦建德得报，心中大惊，立即率领五六千骑兵闻风而出，紧追不舍。李世民的随

从吓得面如土色，李世民让士兵先行，而他与尉迟敬德殿后，镇定自若，按辔徐行，敌骑迫近，则弯弓射

虎牢关

击，追兵恐惧，进而复退，退而复前。李世民前后射杀追兵数人，尉迟敬德以槊刺死敌兵10多人，迫使追兵不敢近身，但敌兵也不肯放弃追击。李世民按照预先的安排部署，逐步把追兵引入伏击圈。李世勣、程咬金、秦叔宝等人率领伏兵一跃而出，奋勇冲杀，窦建德军猝不及防，留下300余具尸体，丢盔卸甲，大败而逃，其骁将殷秋、石瓒等人被俘。李世民这才给窦建德回信，晓以利害，劝其认清形势，立即退兵。但窦建德拒绝。

四月，李世民乘窦建德孤军远征之敝，派将军王君廓率千余轻骑断绝了他的后勤补给线，并在一次战斗中擒获其大将张青特。窦建德战守不利，滞留数月，军心动摇，将士思归。谋士凌敬建议窦建德改变战略方针，北渡黄河攻取怀州（治沁阳）、河阳，再跨越太行山，乘虚入上党，趋蒲津，如此，既可以乘虚占领河东之地，拓土得众，又可以威慑关中，逼迫李世民撤军，解除东都之围。但是窦建德听信王世充派来贿赂他的部将谗言，以此行的目的在于救郑，如果退兵就是"畏敌而弃信"为借口，一意孤行，拒谏不纳，执意与李世民决战。

五月，李世民佯装撤兵，北渡黄河侦察敌情，并故意留下千余匹战马在河边放牧，制造粮草不继的假象，以迷惑、引诱窦建德，并于当夜又偷渡黄河南下。窦建德果然中计，悉众出击，北拒黄河，陈兵汜水，绵延20里，鼓行而进。李世民在高丘上观看到敌军如此情况，笑着对部下说，我按兵不动，敌人勇气自然慢慢就越来越弱，时间一长，敌兵就会因饥困而后退，我乘机追击，无不取胜。不出李世民所料，窦建德果然轻举妄动，仅仅派出300骑兵涉过汜水，在距离唐军1里的地方扎下营来，不断出来挑战，意欲引李

世民大军出战速决。李世民故意避敌锋芒，仅派出步兵200名牵制敌军，时进时退，使敌军疲于奔命。及至中午，窦建德大军饥困交加，席地而坐，互争饮水食物，了无斗志。李世民看准战机，下令全线攻击。命令宇文士领300骑兵，穿插到敌军南面背后，李世民率轻骑东涉汜水正面冲击敌大营。李世民冲在前面，主力部队紧跟其后，直冲敌阵，一时"尘埃涨天"，窦建德部队溃不成军。李世民大军追亡逐北30里，斩首3000余级。窦建德身受重伤，逃至黄河岸边的牛口渚，被唐车骑将军白士让、杨武威追上，引弓射于马下，束手就擒。这一仗，唐军以少胜多，俘虏敌兵5万余人，夏军全军覆没，使洛阳的王世充坐待窦建德救援的美梦彻底破灭。

窦建德兵败，王世充失去了最后一根救命稻草。王世充部将王德仁闻风丧胆，丢弃洛阳（汉魏故城）仓皇逃跑，副将赵季卿举城投降，唐军乘胜兵临东都城下。为了瓦解敌军，劝王世充投降，李世民命令将窦建德、王琬、长孙安世、郭士衡等一帮囚犯，拉到城下示众，并派长孙安世等降将进城，向王世充陈述虎牢战败夏军情况。面对粮尽乏食、大军压境、败局已定的局势，王世充无可奈何，临时召开紧急军事会议，打算突围后南下襄阳，企图东山再起。但将领们坚决反对，认为原来想依靠夏军救援，但现在夏军已经失败覆灭，窦建德也已经被俘虏，失去了救兵，即便突围出去也无济于事，成不了什么气候，表示不愿再作无谓的牺牲。王世充众叛亲离，走投无路，只得率领其太子和群臣2000余人，打开城门投降。李世民收复东都城，先派出部分军队入城，安定民心，维持秩序。接着，李世民亲自率领大军步入宫城，收图籍、封府库、赈灾

唐代武官俑

六骏图

民，惩处王世充党羽首恶者于洛水之上，并释放那些无辜被囚禁的士民将吏。唐军秋毫无犯，东都百姓相迎于大道两旁。

七月，李世民率部凯旋归朝，浩浩荡荡进入长安。李世民身披黄甲，25位将领紧随其后，"铁骑万匹，前后部鼓吹"，举国欢腾。

至此，李世民与王世充鏖战洛阳10个多月，结果消灭了郑、夏两个割据政权，在洛阳粉墨登场仅3年的所谓郑王朝土崩瓦解。接着，河北各郡县也相继归降，唐王朝基本上控制了黄河流域，为统一全国创造了有利条件。

唐平"安史之乱"东京之战（上）

唐朝从贞观到开元100多年间，由于励精图治，社会安定，封建经济得到空前发展。但是，到了唐玄宗后期，政治日趋腐败，自杨太真纳为贵妃，玄宗更是以声色自娱，过着"春宵苦短日高起，从此君王不早朝"的淫逸生活。奸相李林甫和杨贵妃的哥哥杨国忠，把持朝政，飞扬跋扈，干尽了罪恶勾当。随着腐朽力量的膨胀，各种社会矛盾迅速激化。

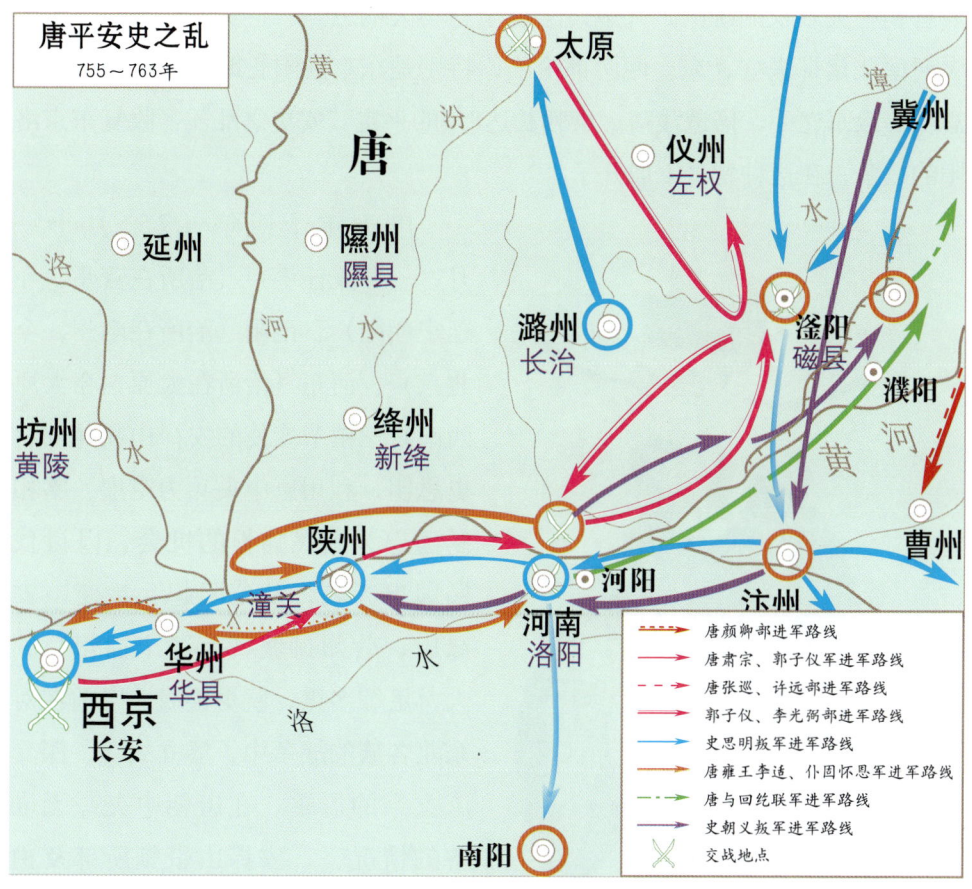

唐平安史之乱（源自《中国战争史地图集》）

唐玄宗

唐玄宗后期，府兵制度瓦解，朝廷重用边镇的守将节度使，使唐朝的军事形势，由原来的"内重外轻"逐渐变成"外重内轻"。当时全国的兵力约为57万人，而边镇的兵员达到49万人，中央和内地控制的兵力仅仅为8万人，仅为边镇力量的六分之一。各地的节度使不仅掌握着兵权，而且还把当地的民政、财政权力掌握手中。他们是和宰相地位相当的重臣。宰相往往出任节度使，节度使有功之人也往往入朝做宰相，这就是所谓的"出将入相"。由此，边镇很快发展成为强大的地区割据力量，严重威胁着唐朝中央政权的统治，并最终酿成了一场大祸患——"安史之乱"，致使大河南北诸郡失守，东、西两都沦陷，特别是东京洛阳长期落入安禄山、史思明等叛军之手，倍遭践踏。唐朝长达8年的平定"安史之乱"、收复东京洛阳的战争，在这种背景下展开了。

唐天宝十四年（755）十一月，一身兼任平卢（治所在营州，今辽宁朝阳）、范阳（治所在幽州，今北京）、河东（治所在太原，今太原西南）三镇节度使的安禄山和其部将史思明，利用唐中央兵力空虚、宰相杨国忠为国民痛恨的机会，以讨伐杨国忠为名，从范阳起兵叛变。安禄山，营州柳城（今辽宁锦州）胡人，足智多谋，骁勇善战，以前在对东北各族的战争中，屡立战功，深受唐玄宗的器重。在唐朝中央毫无准备的情况下，安禄山带领所部及由罗、奚、契丹和室韦人组成的军队共

李林甫

15万人，一路南下，企图推翻唐朝的统治，夺取全国政权。安禄山兵变的消息一传到京都，朝野震惊。叛军长驱南下，势如破竹，河北州县望风瓦解，很快就渡过黄河，兵临洛阳附近。

当叛乱的战鼓惊破了唐玄宗的《霓裳羽衣曲》

安禄山谋反图

后，他才慌了手脚，匆忙布置防御，急派封常清为范阳、平卢节度使"募兵东讨"。临危受命的封常清亲往东京洛阳，旬日征得募兵6万，派轻骑500人火速赶到河阳，砍断河阳木桥，加强兵防，以阻叛军渡河。同时，他又急令大将高仙芝在京城长安招募市井子弟及边兵在城内的散勇5万余人，带领东下，屯驻陕郡（今河南三门峡），待援东都。与此同时，接到朝廷军令的

安史之乱图

安禄山

史思明

朔方（今宁夏境内）节度使、九原（今内蒙古包头西河套一带）太守郭子仪，也迅速集结所部，亲率大将李光弼等，由山西向东袭击安禄山的后方州县。由于唐朝国内多年没有战争，很多州县无兵可用。从长安、洛阳临时招募的一些市井子弟和白徒兵，没有经过训练就火速开往前线，根本不会作战。甚至，连收藏在武库里的盔甲和兵器也因为长期没有人看管，大多都腐烂生锈，取出来时已无法使用了。无奈，一部分兵士只好用木棒当作武器打仗。面对仓猝应战、军容不整、装备不良的唐军，安禄山指挥若定，剑锋所指，无往而不胜，很快从灵昌（今河南滑县西南）渡过黄河，一路陷陈留（开封），太守郭纳举城投降，斩守将张介然，攻荥阳，杀太守崔元波，直逼武牢（虎牢），声势日振。封常清组织白徒兵顽守武牢，但终因力量不济，被叛军铁骑突破。封常清收集余部，与叛军战于葵园，失利，只得在数日后又败退洛阳上东门（即洛阳上春门，洛阳城东面有三门，北曰上东）。十二月，叛军攻陷东京，"纵兵杀掠"。封常清所部战于都亭驿，又败。退守宣仁门再战，再败。几经抵抗，伤亡惨重，屡战屡败，只得从西苑的破墙处逃走，退守陕郡（今河南三门峡）。

安禄山攻陷东京后，坐镇洛阳，一面派军西进，一面急不可待地于公元756年一月，在洛阳称大燕皇帝，建立起封建割据政权。

叛军南下以来，虽然一路攻城略地，战事顺利，但是由于沿途到处烧杀抢掠，民怨沸腾，人民纷纷结成队伍，对抗叛军，所以大军过后后方很不稳固。安禄山刚过河北，常山（今河北正定）太守颜杲卿、平原（今山东德

杨国忠

州）太守颜真卿等17郡的地方官吏，就自发起来讨伐，合兵27万余人，致使安禄山在河北所控制的地盘只剩下了6个郡。史思明率叛军又攻破常山和许多郡县。不久，唐朝方节度使郭子仪和大将李光弼，先后率军由河北井陉出发，又攻破叛军史思明多处防地，河北10余郡地方官又杀贼将归唐，断绝了安史叛军返回范阳老巢的道路。

面对风起云涌的唐地方武装的抵抗，刚刚登基不久的大燕皇帝安禄山，开始有了惧怕心理。一日，他在洛阳召集朝臣议事，大声责骂心腹主谋高尚、严庄：你们让我举事反唐，都说肯定成功。如今四面受阻，成功的希望在哪里？你们难道不是成心害我吗？一气之下，他将高、严两位大臣逐出门外。之后数日，安禄山惧怕之心日增，不知所为，向西进军长安的计划也只得暂时搁置下来。由此，唐军和安禄山叛军之间暂时处于分庭抗礼、相互对峙阶段。

叛军攻陷东京后，由于前后左右受到唐军的牵制，战争形势对叛军极为不利。但是，身为东讨大将军的封常清错误判断形势，特别是被前期屡次战败的阴影困扰，军无斗志，士气低落。他由洛阳逃奔陕郡后，陕郡军心动摇，扼守那里的唐将高仙芝，也自动撤退"西趋潼关"，弃陕地数百里。唐玄宗对封、高两人丧师失地的行为大为恼怒，毅然将其治罪杀

李光弼

封常清

死。同时，派河西、陇右节度使哥舒翰为兵马副元帅，以讨安禄山，并"敕天下四面进兵，会攻洛阳"。哥舒翰集兵20万，屯营潼关，城高沟深，森严壁垒，固若金汤，叛军几次进攻，均损兵折将，无功而返。

由于哥舒翰之兵是临时凑合起来的，也没有什么作战经验，能够守住潼关，实在可贵。但是，战争双方在潼关相持将近半年以后，杨国忠不顾敌我双方的实力，不断煽动唐玄宗，责备哥舒翰"逗留失机"，并接连不断派官员催促哥舒翰引兵出击，收复失地。哥舒翰无奈，只得服从皇命，领兵东出进击，结果在灵宝（今河南灵宝）一带被叛军打得落花流水，哥舒翰全军覆没，其本人也做了俘虏。

公元756年六月，安史叛军直入潼关，接着攻陷唐国都长安。唐玄宗在叛军攻陷长安的前一天，携太子李亨、杨贵妃、杨国忠等人仓皇"逃亡入蜀"，行至马嵬驿（今陕西兴平西），随行的将士发生哗变，杀死奸相杨国忠，又迫使玄宗缢死杨贵妃。唐玄宗最后逃到了成都（今四川成都）。太子李亨在广大将士的要求下，从马嵬驿回军北上，是年七月到达灵武（今宁夏灵武西北），即帝位，是为唐肃宗，尊唐玄宗为太上皇。至此，唐军总结经验，开始认真组织平定叛乱和收复失地的军事行动。

安史叛乱，虽然取得了一系列的军事胜利，但也遇到惨遭涂炭的各地人民群众奋起抗击。河北地区的人民"所至屯结，多至2万，少者万人，各为营以拒贼"。陕西关中一带的人民也到处杀死安禄山委派的官吏，"遥应官军，诛而复起，相继不绝"，使叛军不敢远离长安。河南方面，唐朝地方官张巡、许远等也在人民的支持下，坚强把守雍丘

哥舒翰

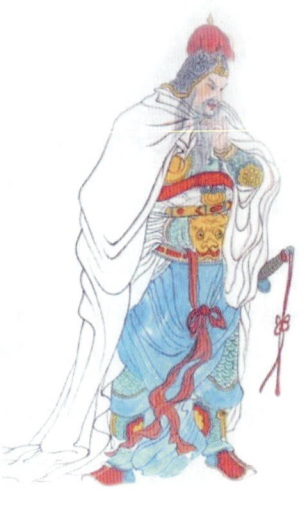

郭子仪

仆固怀恩

（今河南杞县）、宁陵、睢阳（今商丘南）一线，遏阻了叛军南下的道路。在人民的抗击下，叛军遭受到了挫折，内部矛盾加深。安禄山自窃据洛阳后，更是恣行暴虐，整日纵情酒色，搞得两目昏花失明，不能视事。身染病疽，背上生疮，因此烦躁异常，性情暴虐，尽拿部下发泄。公元757年一月，安禄山的儿子安庆绪杀死安禄山，自立为帝。史思明拥兵范阳，不听调遣。安史集团的分裂使唐朝统治者终于有了一个喘息的机会。

公元757年春，唐肃宗从陇右、河西、安西、西域等地，陆续调集10万大军，又向回纥借来精兵4000人，以太子广平王李俶为天下兵马元帅，郭子仪为副元帅，统兵东征。九月收复长安。接着，在河南境内，与叛军展开激烈的争夺。唐军出潼关，破弘农（今河南灵宝），一路进发。叛军将领张通儒败逃陕郡。十月，郭子仪率军长驱直入，一路扫荡，捷报频传，进逼陕郡。洛阳的安庆绪派遣严庄率领其所有部队10万人赶赴陕郡，与张通儒部会合，共同对抗官军。郭子仪统率所部抵达陕郡西部的新店，与叛军相遇。叛军依山列营，气势汹汹，大有死战的架势。郭子仪亲自率领中军，从正面进攻叛军，命令回纥叶护劲旅迂回到山后，从背面袭击敌军。战斗开始，叛军凭借锐势和有利地形，居高临下，猛扑过来。官军多有伤亡，被逼后退，情势危急。突然听到号角齐鸣，回纥叶护领兵从山后杀来，攻入敌营，吓得敌兵心惊胆战，大呼："回纥兵到了！"郭子仪与回纥叶护领兵前后夹击，杀得叛军死伤无数，落荒而逃。严庄、张通儒兵败东逃。郭子仪遂请太子广平王乘胜进入陕城，同时命仆固怀恩等，分道追击，一路上如入无人之境。叛将严庄奔入洛阳，安庆绪聚集党羽，连夜弃洛阳出后苑门，向北渡过黄河，退保相州（今河南安阳）。捷报传到陕郡，郭子仪即奉广平王之命，率大军驰入东京,陈兵于天津桥南。东京洛阳沦陷近2年后,再次为唐王朝收复,一时间百姓奔走相告,欣喜若狂,男女老幼相迎于道路两旁。

唐平"安史之乱"东京之战（下）

公元755年十一月，安禄山、史思明发动叛乱。当年十二月，安禄山叛军攻克唐朝东都洛阳。公元756年一月，安禄山在洛阳自称大燕皇帝。当年六月，叛军攻克唐朝国都长安。公元757年一月，安庆绪杀死其父安禄山，自立为帝。九月，唐军收复长安。十月，收复洛阳。

洛阳被收复后，由于战争仍在继续，局势并不稳定。安庆绪逃到邺城（今河北临漳）后，收集残部还有6万余人。史思明也从太原败退，还守范阳（今北京）。安庆绪封史思明为妫川王兼范阳节度使。史思明早有野心，哪里还肯接受安庆绪的节制，乘势收集溃卒与安庆绪抗衡，安史内部矛盾进一步加深。安庆绪以征兵为名遣将赴范阳，以密图思明。史思明先下手杀死来将，并向唐朝廷奉表归降。这时，河东、河西、河南被叛军占领的大部分郡县，也都相继收复。唐肃宗大喜，加封归降的史思明为归义王，兼范阳节度使。

公元758年十月，唐朝会集李光弼、郭子仪等9个节度使的兵力，围攻邺城（今河北临漳），进讨安庆绪。由于军令不一，各节度使又互不为谋，以致围攻数月而不能下。

公元759年一月，范阳的降将史思明乘机再次叛唐，在魏州（今河北大名东北）筑坛自立，即帝位，号大圣燕王。三月，史思明率兵5万，解邺城官军之围，进入城内，杀安庆绪，自称大燕皇帝。

唐军自邺城溃败后，郭子仪率朔方军退保东京洛阳。时郭子仪"战马万匹，唯存三千"。洛阳民众见他兵败逃回，害怕叛军追来，也纷纷逃出城外，躲避于山谷之间。河南尹苏震、留守崔园等官吏也逃奔襄阳、邓州，"诸节度使各溃本镇"。郭子仪首先截断河阳浮桥以阻叛军南渡，后又退奔阙门（今河南新安铁门），与诸将商议屯于蒲、陕。不久，他因寡不敌

唐代骑兵甲胄形制和装备蜡像

众而战败,被撤去了统帅职务。唐肃宗又命李光弼为朔方节度使、兵马副元帅,镇守东都洛阳。

九月,史思明亲率四路兵马,浩浩荡荡,渡河南下,先后占领滑、汴、郑各州之地,乘胜西进,逼近东都洛阳。面对叛军咄咄逼人的攻势,李光弼与留守韦陟商议说,叛军乘胜而来,利在按兵,不利速战,而洛阳又不可防守,你认为应当如何?韦陟建议暂时放弃洛阳,留兵于陕郡(今三门峡),退守潼关,"据险以挫其锐"。李光弼分析说,两敌相当,贵进忌退,若此时退兵,会使叛军声势大涨,不如移军河阳,利则进,不利则退,也使叛军不敢西进。于是,李光弼令东都留守韦陟率东都官属西行入关,命河南尹李若幽率吏民出城,至陕郡避贼,而李光弼自领军士前往河阳。当大军向东行至故汉魏城上东门石桥时,已是黄昏时分,隐约发现前面有敌骑兵游动,便令官军整列前进,步步为营,并持火把慢慢步行。敌骑兵看见官军严整,十分畏惧,便即退去。李光弼于夜半时分安全进入河阳城,立即安排布防,至天亮时已布置就绪。如此,史思明率叛军兵不血刃,再度占据洛阳。

费尽心思南下的史思明,抵达东都洛阳城的时候,怎么也想不到面前竟是一座空城。他望着饱受战争创伤、一片破败景象的东都城,顿觉寒栗,不敢屯驻城内，只好退军列营于郊外白马寺（今洛阳白马寺）以南的地方。而后，又引兵进抵河阳城南，筑月城与李光弼对垒。

十月，史思明命刘龙仙进犯河阳，李光弼遣白孝德迎战，选精骑50名为后应。白孝德抢步下城，跃马突击，大声呼喊着前冲，手中双矛并刺，直向刘龙仙。刘龙仙躲闪不及，肋下被刺受伤，忍痛勒马返奔，白孝德纵马急追，将刘龙仙刺坠于马下。白孝德下马，轻取其首级，复腾身上马，胜利返回城中。

史思明失了刘龙仙，不敢再行攻击李光弼，便聚集良马千匹，每日放于河边洗澡，以示威风，恐吓官军。李光弼将计就计，命人在军中挑选有马驹的母马500匹，留马驹于城内，而驱母马至河边，距离史思明河边洗澡马的对岸不远处。然后鞭打城中的马驹，使其嘶叫不已。河边母马闻听，在河岸上嘶鸣狂奔，尽引史思明军马渡河而来，官军乘机尽驱其入城内。如此，李光弼不费一兵一卒，轻取史思明良马千匹。

史思明无端失掉战马千匹，真是怒火中烧！他立即又心生一计，命令部下列战船数百艘，在其上堆柴、浇油，点燃后放其顺水而下，欲以烧毁浮桥。李光弼则命人以长竿，毡裹铁叉以拒之，使火船不能接近浮桥。又用砲石在桥上击之，使其沉于河底。火攻失败后，史思明见无计可施，便移师河清县（今河南济源西），以断李光弼粮道。李光弼进军至野水渡，抑制史思明。双方相持一日，李光弼率领部下退回河阳，同时留下千人，又引得史思明部将李日越、高日晖率众来降。李光弼声威大振。

史思明接连损兵折将，心中闷怒，又调集重兵进攻河阳。李光弼命李抱玉守南城，自己领兵屯于中渲。叛军周挚进攻南城，被李抱玉用诱敌之计击退。周挚改攻中渲，李光弼命荔非元礼出羊马城拒战。敌兵攻势甚盛，填平壕堑冲开栅栏猛扑过来，官军稍微退却以懈敌军，然后荔非元礼率领敢死队鼓噪出击，杀敌无数。周挚见不敌，便又移兵进攻北城。史思明又派兵增援周挚，自己率领兵马进攻南城，以遥相呼应。李光弼登城相望，见敌军虽多但战阵不整，以为可破，当即命令诸将出战。李光弼亲自指挥，令一路杀向西北，一路突奔西南。官军将士决死拼杀，所向披靡，打得周挚慌不择路，拼命逃窜，史思明无力支撑，也败军逃跑。由此，李光弼在河阳克敌，给叛军以沉重打击，有力地扭转了局势。史思明洛阳外围之战，损兵折将，元气大伤，不得已边战边退。

公元760年二月，李光弼进攻怀州（今河南沁阳），史思明出战，结果李光弼杀敌3000余人，史思明败逃，转而袭击河阳城，又为李光弼截杀，斩敌首1500余级。史思明狼狈逃回洛阳。为彻底拔掉怀州叛军据点，李光弼与敌相持了3个月，相互无懈可击。后来，李光弼命郝廷玉采取从城外潜挖地道战术，领兵穿入城中，里应外合，攻破怀州，生擒敌守将安太清。怀州大捷的消息传至京城长安，举城欢呼雀跃，朝廷贺喜文书飞抵前线，将士们群情振奋。不久，唐肃宗又犒奖李光弼，实封1500户，并改乾元二年为上元元年，祭于太庙，大赦天下，以示庆贺。

上元二年（761），史思明据洛阳。唐观军容使鱼朝恩因为嫉妒李光弼之功，便联络朝中贪婪之人多次上书朝廷，并纵容仆固怀恩蛊惑唐肃宗，催促李光弼迅速收复东都。李光弼上表实陈"贼锋甚锐，不可轻进"，但唐肃宗不听，一再催促。无奈，李光弼只得会集鱼朝恩等部众，进军屯于北邙山下。接着命令诸将择险列阵，攻取东都。在收复洛阳之战中，大将仆固怀恩自恃功高，不听指挥，擅自陈兵于平原之地。李光弼劝告他说，依险列阵，可进可退，若列阵平原，一旦失败则立即全军覆没，万万不可轻敌呀。但仆固怀恩不听。

史思明审时度势，获悉准确军情后，倾全城之兵，扑杀出来。久败不胜的史思明，亲自策马出城，一路冲锋在前，手舞兵刃，斩杀无数唐兵唐将。其部下人马喊声震天，所过之处尘土飞扬，遮天蔽日。平时桀骜不驯的仆固怀恩，看到叛军队伍浩荡，一时惊慌失措，将士们虽奋力迎敌，但由于无险可守，立足不住，慌忙后退，从而牵涉后军，一阵混乱。面对此局面，李光弼也支持不住。唐军死伤数千人，军资器械丢弃得满山遍野。这一仗，大挫了唐军锐气，大长了叛军威风。大仗过后，史思明并不率大军追击，除派出小股部队游击外，迅即将大军布防在洛阳城内外，待机进取。李光弼无奈，只好北渡黄河，退保闻喜（今山西闻喜西南）。鱼朝恩等退守陕城、河阳、怀州。不久，史思明所部陆续攻陷河阳、怀州。朝廷闻失败消息，上下震惊，急忙派出兵力增援陕城，以拒叛军西进。神策节度使卫伯玉自洛阳败退至陕城（今三门峡），收集余部溃卒，与新军合力固守。胜利之后的叛军，重新部署兵力，四处寻机作战。

金秋时节，史思明命其长子史朝义率兵3万余人为前锋，自北道袭陕城。同时，他自率大军由南道出击。连日败退的唐军，在陕郡据城固守，尽管史朝义士兵在阵前喊杀声震天，但唐军仍固守不动，城池稳如泰山。待时机成熟后，卫伯玉引军出击，痛击叛军，三战三捷，力挫叛军锐气。久攻不下陕城的史思明，不得已退保永宁（今河南洛宁北）。

陕城之战，史思明不仅劳而无功，损兵折将，而且也加剧了史思明与史朝义父子之间的矛盾。史思明欲以军法斩史朝义与诸败将，便下令让史朝义筑三角城，限一日内完成。当天傍晚，史思明前往察看，见城已筑成，但还没有抹泥，不由得勃然大怒，即令立刻加泥，且转身边走边说："待攻克陕州，定斩此贼。"史朝义听后忧惧，不知所措，但他把陕战兵败的责任推卸给父亲，引起内讧。次日，史思明命史朝义进攻陕城，并勒令如不按期攻下，定要斩首。史思明领兵屯于鹿桥驿（今洛宁境），听候消息。史朝义处境岌岌可危，在其部将的策动下，于当夜发动兵变，派出心腹潜回鹿桥驿擒拿史思明，送到柳泉驿（今河南宜阳西北），囚禁起来。史朝义领兵至两驿之间的福昌，执杀周挚等人，然后领兵至柳泉驿，当即缢杀了史思明，借毡裹尸，以骆驼载还东京。当下，史朝义在东京洛阳称燕帝，改元显圣，并派心腹前往范阳（今北京），尽杀其弟史朝清及其生母辛氏数十人，以巩固篡夺的帝位。史朝义部下多系安禄山旧将，岂肯听从史朝义的指挥，于是叛军分崩离析，势处孤危。

宝应元年（762）四月，唐宫廷发生政变，宦官李辅国杀张皇后，肃宗受惊暴死。李辅国护立太子李豫即位，是为唐代宗。十月，代宗调集各路兵马，又借回纥兵一部为助，命雍王李适为兵马大元帅、仆固怀恩为副元帅，东讨史朝义。同时，命令各地节度史也派兵并进，攻打史朝义。这次，唐军声势浩大，军容整肃，而叛军则军心不稳，士兵惧战者众。仆固怀恩以回纥兵为前锋，陕州节度使郭英义和鱼朝恩为后殿，统率大军从陕州浩浩荡荡出发，进攻东都。雍王李适留守陕州，以作后援。

史朝义在洛阳得知消息，立即召集部将商议对策。有人建议退兵河阳,但史朝义心慌意乱,犹豫不决。几天后,唐军逼近东京,迅速形成围城打援之势,先分兵拔掉怀州,而后合阵横水(今洛阳北邙山上)。史朝义自领精兵10万出城迎战,列阵于昭觉寺旁。官军连续发动攻击,虽然杀敌不少,但敌阵仍然不动。鱼朝恩组织射手500,射杀敌兵,但敌阵仍然坚固。镇西节度使马璘见此景不禁大怒,说:"战事紧急,不出死力,何以破贼!"当即,他一马当先,单骑出击,突入敌阵。叛军前队多为盾牌,马璘以长槊挑去两盾,骤马冲入。官军也立即追赶而来,大砍大杀。叛军见如此阵势,哪里还顾得东西南北,纷纷各自逃命而去,慌乱中自相践踏,死伤无数,尸陈横野,填满山谷。官军英勇杀敌6万余人,俘虏贼众2万余人。横水战事的迅速胜利,使史思明父子长期盘踞洛阳城的梦想彻底破灭。史朝义匆忙率数百轻骑狼狈东逃,奔走郑州。

仆固怀恩率唐军乘胜进克洛城,收复东京,接着又夺取河阳三镇(北城、中潬、南城),留回纥可汗屯驻河阳,令其儿子古厢兵马使场及朔方兵马使高辅成,率步骑万余追击史朝义。兵至郑州,再战获捷。史朝义东走汴州(今河南开封),伪陈留节度使张献诚闭城门不接纳,不得已又转趋濮州(今山东鄄城北),渡河北逃。河北的叛将见史朝义大势已去,多不听其指挥。滑、卫被仆固怀恩克复,安史旧部将田承嗣、薛嵩、张忠志相继投降唐朝。唐广德元年(763)初,史朝义在唐军的追击下,从贝州(今河北清河西)走下博(今河北深州东),退守莫州(今河北雄县南),奔幽州。唐军穷追不舍,史朝义走投无路,被迫在平州(今河北卢龙)温泉自杀身亡。至此,历时8年的安史之乱被平息。

唐朝平定安史之乱,消灭了安禄山、史思明集团建立的地方割据政权,暂时保住了唐王朝表面上的统一。但战乱也给人民带来了深重灾难,特别是战斗最激烈的河南地区,"人烟断绝,千里萧条"。尤其是东京洛阳,几易其手,叛军践踏,回纥抢掠,死者以万计,大火"累旬不灭",使得百姓"此屋荡尽,家尽人空"。同时,由于战乱期间唐朝设置了许多节度使,这些节度使拥兵自重,各霸一方,并进而发展成与中央政权相对抗的藩镇割据势力。随着藩镇割据势力的逐渐强大,战乱频起,从此唐王朝走向下坡路。所以,安史之乱是唐朝由盛而衰的转折点。

黄巢起义军逼取东京

唐乾符二年（875），王仙芝、黄巢领导的农民大起义，席卷全国，经过几年战斗，先后攻克洛阳、长安，加快了唐王朝覆灭的步伐。

唐朝后期，朝政混乱，赋租繁重，连年灾荒，民不聊生，阶级矛盾激化，全国各地反抗唐朝的农民起义此起彼伏。到唐僖宗（李儇）时，在朝廷内部激烈的派系斗争和外部农民起义的沉重打击下，李唐政权已是摇摇欲坠了。

史载，唐僖宗乾符二年（875），灾情特大，自潼关东至海滨，麦收只有一半，秋收几乎全无。在官府照旧催逼纳税的情况下，农民以蓬实当粮，槐叶为菜，拆屋伐木，卖妻鬻子，无以度日。这一年，濮州（今山东鄄城东北）人王仙芝在长垣（今河南长垣）领导数千人起兵反唐。他以天补平均大将军兼海内诸豪都统的名义传檄四方，痛斥唐朝官吏"贪沓，赋重，赏罚不平"，深得民众拥护。当年六月，起义军势如破竹，一举打下了濮州和曹州（今山东曹县北）。这时，黄巢也聚集数千人，在冤句（今山东菏泽）起义，响应王仙芝。原来分散在青、齐、兖、郓一带的庞勋农民起义军余部，也相继归附在王仙芝、黄巢的旗帜下。淮南和河南一带的农民也随即起义，反抗唐朝的统治，多者上千人，少者数百人，形成遍及全国的农民起义熊熊烈火。在短短的一年多时间里，在山东作战的起义军队伍发展到数万人。消息不断经东京洛阳飞报京城长安，朝廷上下震惊，慌忙调遣淮南、河南、山东等地5个节度使的兵力前往镇压，平卢

黄巢雕像

节度使宋威节制河南诸镇兵马。

乾符三年（876）七月，起义军在沂州（今山东临沂）被宋威打败。于是，起义军采取避实就虚的方针，转变进攻方向于河南，先后攻下阳翟（今河南禹州）、郏城（今河南郏县），没几天就连续攻下8个县城。接着又攻下了汝州（今河南汝州），俘获刺史王镣，兵临东都之南，威逼洛阳。王仙芝攻破汝州的消息传出，"东都大震，百官脱身出奔"，就连身为诸道行营招讨使的宋威，也吓得竟要辞去军职，准备投降。唐朝廷闻讯，急忙调集重兵把守潼关，以防起义军西进威逼长安，同时因惧怕起义军"逼近东京"，急忙命令曾元裕为招讨副使，守卫东都洛阳。

王仙芝和黄巢都贩过私盐，他们熟悉交通路线和各地山川地理情况，还具有与官军斗争的经验。在此情况下，他们决定转而攻打唐朝军事力量相对薄弱的江淮地区。他们在过去"茶盐私贩"最为活跃的淮南和荆襄一带，迂回机动打击唐军，相继攻克郢（今湖北钟祥）、复（今湖北仙桃西）、蕲等15州。但是战争过程中，王仙芝和黄巢在反唐的目的上，一直存在严重的分歧。王仙芝起兵志在反抗唐朝官吏贪暴、赋敛繁苛、赏罚不平，对改革弊政从而维持唐朝统治抱有幻想。黄巢则不然，他早年曾作《菊花诗》曰："待到秋来九月八，我花开后百花杀；冲天香阵透长安，满城尽带黄金甲。"表现了他彻底推翻唐王朝的英雄气概和坚定决心。王仙芝、黄巢之间严重的意见分歧，最终导致了起义军的分裂和受挫。

唐王朝在军事镇压无效的情况下，改变征讨策略，派宦官与王仙芝联系，企图用加官授爵的办法诱他投降。本来反唐意志就不坚决的王仙芝，很快派人到唐军中磋商。黄巢闻知，坚决反对，大骂王仙芝说："我与你共立大誓，横行天下。今天你独自为官而去，使这五千余众怎么办？"随后以杖击伤仙芝，致其头破血流，其众喧哗不已。黄巢无奈之下，带领一部分起义军返回山东。由此而后，起义军分裂为两支，形成两地、两线作战的局面，从前旺盛的反唐义军士气受到了严重的影响。

王仙芝的行为，很快就使起义军吃到了苦果。他派遣的议降使被唐廷杀害。看清骗局后，王仙芝于乾符五年（878）初，转而攻打湖北江陵罗城，接着战事失利，连被唐军所败，最后在黄梅（今湖北黄梅）战死。他的部下一

黄巢夺取两京之战（源自《中国战争史地图集》）

部分北上投依黄巢，一部分南下进到江西、湖南和浙江西部一带活动。

乾符五年（878）二月，王仙芝战死后，起义军共推黄巢为王，号"冲天大将军"，废弃唐乾符年号，改元王霸，设置官署，建立政权。三月，经过休整的起义军，重新恢复了士气。黄巢军进攻汴(治今河南开封)、宋(治今河南商丘)二州，为唐行营招讨使张自勉部所阻。随即，黄巢亲率大军西进，攻打卫南（今滑县东）、叶（今叶县）、阳翟（今禹州）等地，兵锋直指东都洛阳，极大地震动了唐王朝。从黄巢统管起义军之始，就把洛阳作为进攻的主要目标。这是因为，一旦东都失守，战局就会发生巨变，西京长安就危在旦夕了。

看清起义军的意图后，唐僖宗下令调集河阳的1000人兵力到洛阳，与宣武、昭义的2000人兵力共同保卫宫城。任命左神武大将军刘景仁充任东都应援防遏使，统领洛阳各部队，令其在洛阳招募2000多兵丁。还嫌不够，又急令在荆襄地区屯兵的曾元裕迅速还卫东都，共卫洛阳宫阙。诏命义成军数千人把守伊阙（今洛阳龙门）、環辕关（今偃师东南）、河阴（今荥阳北）和武牢（即虎牢）等洛阳外围主要关隘。一时间，东都城内外森严壁垒，构筑起抗击起义军的牢固防线。为了解决东都军需不足的问题，唐僖宗还诏令向商旅富人借钱借粮，并不惜以委任官职为条件。他颁发了殿中侍御史委任状5份、监察御史委任状10份，名字位置都空着，谁肯出钱出粮就填上谁的名字兑现，并专门派出兵部侍郎杨严督办此事。但由于连年旱灾、蝗灾，经济萧条，没人能拿出钱粮，使这一计划最终落空。为了加强东都洛阳的防御，于五月间又将宰相郑畋、卢携迁职为太子宾客，分司东都，负责管理有关事务和军事防御。

善于迂回机动作战的黄巢起义军，针对河南官军集中、北方连年受灾粮食奇缺的新情况，主动避开洛阳战区，于当年春末，引兵渡江南下，然

黄巢起义

后横扫江南，先后攻下虔（今江西赣州）、吉（今吉安）。唐朝廷派出荆南节度使高骈为镇海节度使，前来镇压起义军。黄巢为避免决战，于王霸二年（879）进入岭南，转战于浙江西部，继而转战于浙江东部，并且克服种种困难，修建了700里通向福建的山路，进入福建，攻克福州。当年春天，高骈派部下进击起义军，黄巢转进广州。广州是唐朝最大的对外贸易港口和重要的财赋供应地之一，阿拉伯、波斯等穆斯林商人众多，其众乘唐室衰微，公然聚众造反，赶走唐

云梯

朝当地官员，在城内大肆残杀当地居民，奸淫掳掠无恶不作。黄巢大军在当地居民的配合下，一举收复广州，先后成功歼灭20余万阿拉伯、波斯等穆斯林商人组成的叛乱军。是年九月，起义军在岭南遇到瘟疫，死伤惨重，经在广州休整，重振军威，决定北伐。黄巢向全国发出檄文，声讨唐王朝的种种罪行，深得百姓拥护。十月，黄巢大军到达广西桂林，编织木筏，乘湘江暴涨而沿水而下，攻克唐行营副都统李系占据的潭州（今湖南长沙），歼灭敌军10万人，李系逃跑。接着乘胜攻克唐宰相王铎占据的江陵（今湖北江陵），王铎闻风逃奔襄阳。起义军紧追，准备渡过汉水北上，但在荆门遇到唐山南东道节度使刘巨容的伏击，损失惨重，便掉头东走，转战于江西、浙江等地，队伍迅速扩大至20多万人。唐朝廷连忙调集大批兵力于长江布防，高骈坐镇扬州，与起义军对峙。

王霸三年（880）五月，起义军采用机动灵活的战术，在信州（今江西上饶）歼灭了高骈的精锐部队，乘胜连续攻克睦州（今浙江建德）、婺州（今浙江金华）、宣州（今安徽宣城），如入无人之境，人民踊跃加入起义军，队伍迅速扩大至60万人。同年七月，黄巢军队乘胜突破唐军长江防线，转而渡江北上，以迅雷不及掩耳之势，攻占和州（今安徽和县）、天

长（今属安徽）及淮河以北一些州县，准备进攻东都洛阳。为阻止黄巢北伐，守住东都，唐僖宗听从宰相卢携的主张，任命曹全为天平节度使兼东面副都统，防守泗州（今江苏盱眙北），泰宁节度使齐克让为汝郑把截制置使，屯兵汝州（今河南汝州），又调徐州兵3000进驻激水（今河南商水）。

九月，黄巢以15万大军，进逼淮河，曹全战败，退守泗州。十月，黄巢乘唐军徐州兵与忠武兵矛盾冲突互相攻杀之机，率领大军渡过淮河，所经之处，秋毫无犯，深受广大民众拥护和爱戴，纷纷加入起义军。黄巢乘着士气正旺，发动新的攻势，攻取申州（今信阳），进入颍州（今安徽阜阳）、宋州（今商丘）、徐州（今属江苏）、兖州（今属山东）等境，所到之处官吏望风而逃。

十一月，唐僖宗为解除东都外围的起义军压力，诏河东节度使郑从谠，让其把本道兵交给诸葛爽及代州刺使朱玫，南下征讨黄巢。此时唐朝廷内部听说起义军要进攻东都洛阳，人心惶惶，一片慌乱，人人都在寻找出路以求自保身家性命。在如何对付起义军的问题上，意见纷纷不一。宰相豆卢瑑向唐僖宗建议，采取假招降的办法，以授予黄巢"天平节度使"的名义，诱使黄巢投降，等他来到长安的时候，再将其捉拿杀掉。而宰相卢携则主张用兵阻击，逼迫他们到淮河、浙江一带，然后把他们赶下海上小岛苟且偷生。不过，这些都是唐朝官僚的痴心妄想罢了。

兵锋正锐的黄巢率数十万大军迎击唐军，以迅雷不及掩耳之势，雷霆万钧之力，挺进中原，向着东都洛阳杀来。在攻打汝州时，他向各地官军发出通牒，叫他们各守本境，不要听从朝廷调遣，声明将入东都、长安，亲自问罪朝廷，与众人无干，将矛头直指唐王朝。黄巢的这一通告，利用敌人内部矛盾，孤立敌人中坚力量，表现了起义军推翻唐朝黑暗统治的坚定决心和

唐节度使统计简表（733年）					
镇西节度使（即安西节度使）	24,000人	河东节度使	55,000人	剑南节度使	30,900人
北庭节度使	20,000人	范阳节度使	91,000人	岭南五府经略使	15,400人
河西节度使	73,000人	平卢节度使	37,500人	长乐郡等三守捉	3,500人
朔方节度使	64,700人	陇右节度使	75,000人	共计	490,000人

分化瓦解敌人、减少前进阻力的策略思想。事后证明，这一策略收到良好效果，起义军沿途进展顺利，唐军望风而逃，关中诸镇纷纷解体溃散。就连唐僖宗闻讯后，也恐惧得流泪。他急忙召集宰相商议，并亲自检阅左神策将士，激励士兵为朝廷效命。又令左军马军将军张承范为兵马先锋使兼把截潼关制置使，右军步军将军王师会为制置关塞粮料使，左军兵马使赵珂为句当塞栅使，田令孜为左右神策军内外八镇及诸道兵马都指挥制置招讨等使，飞龙使杨复恭为副使。唐廷为保卫东都和长安做了周密的军事部署。刹那间，战争乌云笼罩东、西两京，双方剑拔弩张，杀气腾腾。

然而，此时的唐军虽煞费苦心，终属惊弓之鸟，而黄巢军已拥兵60万，士气高昂。起义军进兵东都近郊，唐军节节败退，退守洛阳不久的刘克让很快收军退保潼关。唐僖宗赶紧又召集会议，商讨对策。然而此时又是意见纷纷，豆卢琢、崔沆主张调集关内诸镇及两神策军（朝廷禁军）防守潼关，而观军使田令孜则主张调集左右两神策军弓箭手防守潼关。于是皇帝命田令孜"调兵守潼关"，自己也来到神策军内，亲自调兵遣将。正在唐朝廷慌乱之时，刘克让又奏报说，黄巢已进入东都境内，东都危急，请求调拨粮草和援军。唐僖宗哪里还有粮草可给，只得从两神策军内选调2800名士兵，命张承范率领前往支援。张承范率部一路胆战心惊，到达华州（今陕西大荔）时，见当地军民皆逃往山中避难，幸亏得到1000多斛米，这才继续前进，于十二月初到了潼关。

在洛阳，留守东都的唐将刘允章见大势已去，在内外无援、山穷水尽的情况下，率文武百官开门投降黄巢。公元880年十一月十七日，黄巢率部入洛阳城。史书记载，当时起义军进城时"整众不剽掠"，纪律严明，"闾里晏然"。黄巢稍作停留，命降将诸葛爽镇守洛阳，然后引军西征。

十二月三日，黄巢率部攻占潼关。五日，唐观军容使田令孜拥僖宗奔逃成都，当天下午黄巢起义军进入长安。十三日，黄巢在大明宫含元殿即皇帝位，国号大齐，改元金统。

黄巢农民起义军摧毁唐朝统治中心长安后，新建立的大齐政权不思进取，迅速腐败。而获得喘息之机的唐军合围长安，镇守洛阳的诸葛爽重新归唐，朱温等大齐将领也纷纷降唐。加之起义军局限于一隅之地，粮饷不足等原因，不得已黄巢于唐中和三年（883）四月初八晚撤出长安，向河南一带退却，屡战屡败。次年六月十七日，陷于绝境的黄巢自刎于泰山（今山东境）狼虎谷，大齐灭亡。

黄巢起义，是唐末民变中历时最久、范围最广、影响最深远的一场农民起义，席卷了现在的山东、河南、两江、福建、浙江、两广、两湖、陕西等12行省，波及大唐半壁江山，沉重地打击了唐朝的统治，导致唐朝国力大衰，加速了唐朝的灭亡。它是这一时期阶级斗争的高潮和顶峰，是中国封建社会发展前期与后期的转折阶段。

唐末秦宗权军攻占洛阳

唐朝末年，经过黄巢起义的打击，唐朝已是分崩离析，日暮途穷。各地势力看到唐朝江河日下，朝不保夕，乘机纷纷拥兵自重，形成一个个割据势力，为争夺地盘，互相攻伐兼并，形成了军阀混战的局面。往日繁盛的洛阳，此时也成为各军阀争夺的对象，深受其害，几乎成为战争废墟。

光启元年（885），蔡州（今河南汝南）军阀秦宗权派遣将领孙儒攻克东都洛阳。唐军守将李罕之兵败逃跑，后又收复洛阳。

李罕之，陈州（沿今河南淮阳）项城人，祖上均为农民。他小时候曾去学文，但没有学成什么名堂。后来，他落发为僧，但因为行为不端，所到之处没有地方能容下他，乞食也没有人给他吃的，他因此毁僧衣、掷盆钵，做起了强盗。公元875年六月，王仙芝、黄巢起义军攻克山东曹州、濮州时，李罕之加入黄巢军，并慢慢成了地方势力首领。公元878年，黄巢军向南发展渡过长江，而李罕之则乘机带兵脱离黄巢归附唐朝廷，唐镇海节度使高骈举荐他为光州（今河南潢川）刺史。一年后，李罕之被蔡州秦宗权攻击，城池失守，于是弃城前往项城，依附河阳唐将诸葛爽。诸葛爽举荐他为怀州刺史。中和四年（884），诸葛爽任命李罕之为河南尹、东都留守，据守洛阳。

秦宗权，蔡州（今河南汝南）上蔡人，早年在许州（今河南许昌）担任牙将。广明元年（880），趁黄巢起义之机占据蔡州。同年，黄巢由江南北上进攻东都洛阳时，秦宗权以蔡州军从唐监军杨复光打击黄巢，以功授蔡州奉国军节度使。中和三年(883)，黄巢长安兵败后退出关中，入河南，秦宗权迎战，为起义军所败，遂降黄巢，仍称蔡州节度使。中和四年（884），黄巢兵败山东而死，秦宗权便乘乱在蔡州称帝，国号大齐，以示继承黄巢之传统。他称帝之后，便四处劫掠。史载"西至关内，东极青齐，南出江淮，北至卫滑，鱼烂鸟散，人烟断绝，荆榛蔽野"。其十分残暴，行军时用兵车载着盐腌尸体充作军粮，并四处掳掠百姓，任意烹食。因此，他被称为历史上最残暴的军阀之一，成为恐怖的代名词。秦宗权的野心显然不止于小小的蔡州，他的重要目标，首先便是夺取中原地区，因为得中原者得天下。他领兵进攻汴州(今河南开封)，而占据这里的军阀，则是跟他一样，是原属黄巢起义军而后叛变的唐宣武军节度使朱全忠。秦宗权意在攻取汴州，进而尽得中原，而朱全忠则意欲稳定汴州，尽占河南，以图发展。为扩大各自的势力，两个军阀集团在河南进行了大规模的兼并作战。同时，秦宗权也派兵向西发展，以图进占广大的豫西地区。

光启元年（885），秦宗权派遣将领孙儒攻打东都洛阳。唐东都留守李罕之与敌军对阵几个月，你来我往，大小数十战，不分胜负。后因兵少军备不足，李罕之弃城而向西逃往渑池自保。孙儒军攻占洛阳，据东都城月余，焚烧宫殿，掠夺屠杀居民，把东都抢劫一空。

唐僖宗命河阳节度使诸葛爽讨伐洛阳的孙儒，双方战于洛水，诸葛爽大败退兵。孙儒乘胜东进，围攻郑州。他率部乘夜登城，郑州刺史李璠不敌逃奔。孙儒攻克河桥，进据河阳。朱全忠驻营于河阴，不敢交战，不断出疑兵袭扰，最终逼退了孙儒大军。

孙儒军离开洛阳后，到处都是焚烧后的灰烬，四周寂寥全无鸡犬之声。李罕之见孙儒军离开，又带兵回来，看到城内已是一片凄凉，几乎无人居住，心生恐惧，便以因城大难守为由，在城西建军营、筑堡垒，恢复了唐军对洛阳的控制。

唐末刘经、李罕之洛阳混战

在秦宗权军攻占洛阳的第二年，即光启二年（886）冬，唐朝河阳（今河南孟县西南）节度使诸葛爽去世，其部将刘经、张全义（张言）拥诸葛爽的儿子诸葛仲方为帅。当时，诸葛仲方年幼，大权全部落入刘经之手，张全义十分不满。刘经害怕据守洛阳的东都留守李罕之的骠悍，日后不好控制，便欲自己引兵镇守洛阳。时李罕之部将李瑭、郭璆二人不和，都想加害对方，李罕之知道后很生气，斩杀了郭璆。李罕之部队因此内生矛盾。刘经乘其内部不和，派兵袭击李罕之。李罕之部队军心不稳，大败，退守渑池西的乾壕。刘经穷追不舍，趁势猛攻，反被李罕之用计击败。李罕之转守为攻，乘胜向东追击，直至洛阳。在洛阳，双方展开激烈巷战。最后，刘经军占据敬爱寺，李罕之军占据苑中飞龙厩，双方形成对峙局面。李罕之激励士卒攻打敬爱寺、活捉刘经。几天后，天起大风，李罕之命令部下乘风放火，大烧敬爱寺。刘经军被火烧，四处奔逃而去。李罕之乘机领兵追击，刘经军死伤无数。李罕之一鼓作气，一直向东追击到巩县一带，并准备从汜水（今河南荥阳汜水镇）北渡黄河，一举攻占河阳。诸葛仲方急忙派出张全义据河而守，防止李罕之渡河。张全义由于对刘经独揽大权不满，便暗中勾结李罕之，准备共同对付刘经。不久，事情败露，被刘经得知。张全义自知不敌刘经，遂带兵南渡黄河投于李罕之。双方合兵一处，再行北渡黄河，攻打河阳。结果被刘经打败，张全义与李罕之退怀州（今河南沁阳）自保。

是年冬，蔡州（今河南汝南）秦宗权军将领孙儒攻陷河阳，诸葛仲方逃跑到汴州（今河南开封），孙儒自称节度使。随后，李罕之据泽州（今山西晋城）为刺史，张全义据怀州为刺史。

光启三年（887）五月，秦宗权在蔡州被朱温（朱全忠）战败，形势危急，孙儒遂弃河阳回救蔡州。李罕之与张全义向唐朝河东（治今山西晋城）

节度使李克用求援，李克用派安金俊率领骑兵帮助他们攻占河阳、洛阳。李罕之从泽州回到河阳，张全义则据洛阳。李克用遂上表，请以李罕之为河阳节度使、同平章事，以张全义为河南尹、东都留守。李罕之与张全义结义，刻臂为盟。

李罕之作战虽然有胆有谋，但在治理地方、安抚百姓上却无谋无略，所部苛刻残暴、贪得无厌、反复无常，不得民心。李罕之得到河阳后，又出兵攻晋、绛两州。当时战乱，四野无农作物，李罕之部下到处抢夺以为军备，以人为食。而张全义治军有方，面对洛阳的残垣断壁、白骨遍野、荆棘丛生，他招徕流民，劝之农耕，并渐次恢复各县旧制。废除一切严刑酷律，减免税赋，奖励善耕者，以致军备充足。张全义资助李罕之军粮，但李罕之索要不停，致张全义很是吃力，无法满足供应。李罕之小不如意，便派人将洛阳的河南府主管物资的官吏拉到河阳鞭打。洛阳将佐对李罕之恨之入骨，张全义也是强忍怒火。

文德元年（888），苦于李罕之索要无度的唐护国节度使王重盈，暗中结交张全义，准备铲除李罕之。当年春，正当李罕之派军出击攻打平阳（今山西临汾）时，张全义乘夜里出兵突击河阳，李罕之毫无防备，仅只身逃脱，余众都被张全义俘虏。李罕之逃往泽州，李克用任命他为泽州刺史，仍为河阳节度使。三月，李克用派康君立、李存孝率军3万协助李罕之攻打河阳。张全义据城坚守，终因城中粮尽，军备枯竭，派其儿子为人质，求救于汴州（今开封）的朱温。朱温派葛从周、牛存节前去救援张全义，两军战于河阳城外的流河店。张全义也领兵出城，前后夹击，击败康君立等人。这样，洛阳、河阳孟州之地均为朱温所有。朱温在河南府设立佑国军，以张全义为节度使，镇守洛阳一带。

乾宁三年（896）九月，朱温与河南尹张全义奏请唐昭宗迁都洛阳，未果。天祐元年（904），朱温逼迫唐昭宗东迁洛阳，并于3年后的天祐四年（907），篡唐称帝，建立大梁国，史称后梁，以开封为东都，洛阳为西都。从此，我国历史进入五代十国时期。

五代时期洛阳战争

后梁洛阳兵变

长达289年的唐王朝灭亡后,自907年至960年,在藩镇割据的基础上,中原地区相继出现了后梁、后唐、后晋、后汉、后周五个时间短暂的朝代,史称五代时期。其中前三个朝代建都洛阳,后两个朝代把洛阳作为陪都。这一时期,洛阳既是全国政治、经济和文化的中心,又是政治斗争和军事斗争的主战场之一,长期被战争的阴霾所笼罩。

五代时期的第一个朝代是后梁,建立者是朱温。朱温,唐朝宋州砀山(今安徽砀山)人,唐大中六年(852)生于砀山午沟里。他25岁时,黄巢起义军打到宋州(今河南商丘),大败唐军,朱温也就在这一年参加了黄巢起义军。此后,朱温追随黄巢南征北战,屡立战功,最终成为黄巢手下的一员大将。中和二年(882)九月初,唐朝河中军30艘粮船路经夏阳(今陕西韩城)时被朱温军队所夺,唐廷遣河中节度使王重荣领兵3万前往救援。朱温凿沉船只,准备与唐军决一死战,同时请求黄巢发兵援救,但求援信几次都被左军使孟楷截住不报黄巢,而朱温军已被唐军包围。唐诸军行营都监杨复光派使向朱温招降,部将谢瞳也极力劝说朱温降唐。朱温见黄巢军队日益衰弱,大势已去,于是杀监军严实,与部将胡真、谢瞳一起在同州(今陕西大荔)降王重荣。唐僖宗在得到朱温归降的消息后,不禁大喜,兴奋地说:"这真是天赐我也!"唐朝授朱温同华节度使,又授右金吾大将军、河中行营招讨副使,赐名"全忠"(故史书也常以朱全忠之名称之),令他讨伐黄巢起义军。自此,朱温成为追剿黄巢的劲旅。唐朝廷任命朱温为汴州(今河南开封)刺史、宣武军节度使,但要等收复京

朱温

城长安后才能去赴任。朱温便与各路唐军合围长安。黄巢无法抵挡，只得退出长安，突围后向南转移，然后又奔向河南。朱温乘胜追击黄巢军，一直打到汴州。以后，朱温又为解陈州(今河南淮阳)之围，和黄巢军作战大小40余次，取得全胜。因为追剿黄巢有功，朱温被加封为检校司徒、同中书门下平章事为使相，封沛郡侯，后又进封吴兴郡王，诸道兵马副元帅、梁王，地位显赫，权倾朝野。其间，唐僖宗在公元888年三月六日病逝于长安，其弟弟李晔继位，是为唐昭宗。

朱友贞

唐朝消灭黄巢起义后，朱温势力迅速膨胀，几年内控制了黄河以南、淮河以北的中原大地。天祐元年(904)一月，朱温挟持唐昭宗从长安东迁洛阳。此时的唐昭宗，完全是一个傀儡皇帝，形同虚设，完全失去了驾驭国家的能力，而大权独揽的朱温则一步步进行篡位活动。

在洛阳，朱温仍担心38岁的昭宗有朝一日利用李茂贞、李克用等东山再起，就令朱友恭、氏叔琮等杀昭宗，借皇后之命立13岁的李柷为帝，是为昭宣帝。为了推卸罪责，他在事前带兵离开洛阳到河中前线作战，事后回到洛阳演了一出戏，"阳惊号哭，自投于地"，说是"奴辈负我，令我受恶名于万代"！又到昭宗棺椁前"恸哭流涕"，而且还在昭宣帝面前"自陈非己志"。随后，他杀朱友恭和氏叔琮等人以灭口。天祐二年(905)二月，朱温又杀李裕等昭宗9子于九曲池。六月，杀裴枢、独孤损等朝臣30余人，投尸于滑州(今滑县东)白马驿附近的黄河，说是要让这些自诩为"清流"的官员成为"浊流"。朱温迫不及待地要废唐称帝，令唐宰相柳璨、枢密使蒋玄晖等加紧筹划。柳、蒋建议朱温按部就班依例而行。十一月，昭宣帝任命朱温为相国，总百揆，并进封魏王，以宣武等21道为魏国，兼备九锡之命。这本是柳璨等为朱温正式称帝铺设的一块跳板，可是朱温认为是柳璨等人有意拖延时日以待变，怒而不受此命，先后杀蒋玄晖、柳璨等人，进一步加快了夺权的步伐。

天祐四年(907)四月，朱温废掉年仅16岁的唐末帝昭宣帝为济阴王，迁往曹州济阴囚禁。接着，在唐宰相张文蔚率百官"劝进"声中，朱温稍作"谦让"便迫不及待地称帝（史称梁太祖），更名为朱晃，取如日之光的意思，定国号为大梁，改年号为开平，建都开封，以洛阳为西都，史称后梁。次年二月，又将李柷杀害，以绝后患。

后梁建立后，纷扰离乱的局势愈益严重。在朝中，昔日的一些所谓功臣，骄横跋扈。左金吾大将军寇彦卿入朝行至洛阳天津桥时，仅仅因为一些百姓避礼不及时，便令手下将其投河杀死。为稳定政局，朱温忍痛将寇彦卿贬职，并让其用私财给死者家属以赎罪。在朝外，过去战场上的对手，如晋王李克用、岐王李茂贞、蜀王王建，纷纷以朱温为敌，打出讨贼复唐旗号，联合起来反抗朱梁王朝的统治。一时间，大梁朝廷内外交困。称帝后不久，朱温派兵与晋军李克用在潞州（今山西长治）作战中，损兵折将，大败而归。开国不稳的朱温，在不得已的情况下，于开平三年（909）迁都洛阳。

迁都洛阳后，朱温本想依托洛阳山川之利，扭转战局，但接下来的战事很不乐观。从次年即公元910年十二月到公元911年一月，后梁军队在柏乡（今河北柏乡）与晋军的大战中再遭惨败。气急败坏的朱温，为解决北方晋军对京城洛阳的压力，于公元912年亲率部队渡过黄河与晋军作战。由于求战心切、动员不力，竟被晋军区区几百名骑兵骚扰袭击得仓皇逃窜，终致全局失利，他本人也忧急成疾。

朱温称帝后在军事上无所建树，但在内却过着荒淫无度的生活。此前，朱温为黄巢同州（今陕西大荔）刺史时，娶家乡砀山富室女张氏为妻。张氏"贤明有礼"，朱温"深加礼异"。每当有军国大事要决定，朱温总要先征求张氏的意见，而张氏的分析意见也总让朱温口服心服，言听计从。每当他领兵出战，中途若有变故，张氏一旦让他回来，他就会"如期而至，其信重如此"。天祐元年(904)，张氏病死后，朱温开始"纵意声色"。朱温的荒淫，行同禽兽，即使在封建帝王中也罕有其匹。晋城战败回洛阳后，他住到大臣张全义家的会节园里避暑，前后十几日，张家妻妾都被他召去侍寝。张全义之子愤怒之极，要手刃朱温，被张全义苦苦劝止。

尤其让人不齿的是，朱温在他儿子外出征战时，竟让儿媳侍寝交欢。而他的那些儿子们对朱温的乱伦，不仅毫无羞耻之心，反而利用妻子争宠，博取欢心，争夺储位，真是旷古奇闻！朱友文是朱温的养子，其妻王氏姿色出众，朱温尤为喜欢。他答应王氏将来传位给朱友文，这引起了他亲生的第三子朱友珪的不满。后来，朱温病情加重，让王氏通知朱友文进京以托后事。朱友珪从"亦朝夕侍帝侧"妻子处得到消息后，立刻利用他掌握的宫廷卫队及其他亲信所率的部队发动政变，连夜杀入宫中。朱温得知消息，惊骇不已，大呼："我怀疑此贼很久了，恨没有早早杀了他。如令，这逆贼竟要杀其父亲了！"朱友珪随从冯廷谔抽出宝剑刺向朱温，朱温慌忙起身以房柱躲避，冯廷谔以剑击中房柱三次。朱温疲惫扑倒在床，冯廷谔刺入朱温腹中，刀尖透出后背，肠胃皆流出，朱温"驾崩"。这一年是乾化二年（912）六月，朱温终年61岁，被葬于宣陵（位于伊川县白沙乡朱岭村，原有陵冢石刻，今已无存）。

史载，朱友珪比他父亲朱温更加荒淫腐败，内外愤怒。朱友珪弑父即位后的第二年二月，又被其弟朱友贞起兵推翻。当朱友贞率军数千人入宫时，朱友珪知其死不可免，便命冯廷谔先杀己妻，后杀己，冯廷谔也自杀，百官逃散。此时，失去控制的十几万驻军无所顾忌，在洛阳城内进行了疯狂的抢掠。

朱友贞称帝，是为梁末帝，他将都城从洛阳迁到开封，以洛阳为西都。梁末帝龙德三年（923），后唐军攻占开封，朱友贞自杀，立国15年的后梁灭亡。

后唐洛阳兵变

五代时期,继后梁之后兴起的王朝是后唐,建立者是李存勖。李存勖,唐时沙陀部人,其父李克用在唐末镇压黄巢农民大起义有功被唐廷封为晋王。朱温建立后梁时,李克用、李存勖父子割据黄河以北,以讨贼(朱温)复唐为口号,拥有很强的军事实力。后梁开平二年(908),李克用病死,长子李存勖承袭晋王于晋阳(今山西太原),年仅24岁。

李存勖

年轻有为的李存勖继承父亲遗志,力图开拓大业。他首先平灭了欲取而代之的政敌、其叔父李克宁等人,后又联合诸道和契丹之兵,与后梁大战于潞州(今山西长治),大败梁军,使朱温大惊失色。开平五年(911)正月,李存勖又联合镇定节度使王镕、义武节度使王处直于高邑(今河北高邑),打败朱温(晃)率领的50万大军,斩首2万,大破梁军,京师洛阳震惊。朱温慌忙以镇国节度使杨师厚为北面都招讨使,率兵屯于河阳(今河南孟州南),朱温亲自领兵屯于白司马阪(今洛阳北),以防备晋军。

梁太祖朱温于公元912年死后,后梁内部大乱不止,实力大大削弱。李存勖于乾化三年(913)十一月率领大军下幽州(今北京),灭燕国。于贞明二年(916)八月进攻邢州(今河北邢台),收之。当年九月又攻占了沧州(今河北沧州)、贝州(今河北渭河),从而河北广大土地尽为晋有。贞明七年(921)十月,梁军袭击晋德胜北城(今河南濮阳),李存勖率领铁骑大败梁军,梁兵失亡2万人。龙德二年(922)正月,契丹大举南侵,李存勖亲自率领5000兵马救援定州（今河北定州），大破契丹，俘获契丹主。

同光元年（923）四月，李存勖在魏州牙城（今河北大名）登基称帝，是为唐庄宗，国号大唐，史称后唐。当年十月，唐庄宗李存勖带兵袭占大梁（今河南开封），梁末帝朱友贞命人杀己，后梁灭亡。李存勖赦免后梁百官，不予追究，受到拥戴。

后梁西都洛阳留守河南尹张宗奭前来晋见唐庄宗，唐庄宗恢复了他的原名张全义。张全义极力劝说唐庄宗迁都洛阳，唐庄宗同意，并率领文武百官到达洛阳。同光三年（925）三月，唐庄宗诏令，改洛阳为东都，兴唐府为邺都（今河北大名）。

李存勖建都洛阳后，迅速对外用兵，统治了今河南、山东、山西、四川等广大地区，享有123州，达到了后唐全盛时期，也为五代时期地域最广。

军事上的接连胜利、朝廷政权的逐渐稳固，使得立国不久的唐庄宗李存勖忘乎所以。然而好景不长，李存勖变得贪图享乐、骄奢淫逸。史载，庄宗曾下诏在洛阳兴建清暑楼，"日役万人，计费巨万"。大将郭崇韬鉴于天灾大旱，民无食，军粮不足，劝他等到丰年之时再建，但庄宗不听，仍然继续役民。他由于从小就喜欢音乐戏曲，喜欢看戏演戏，所以对优伶（对古代以乐舞戏谑为业的艺人的统称）尤为偏爱。他宠信优伶，故优伶皆为官吏，导致吏治腐败、官场黑暗。这些优伶有恃无恐，常对百官侮辱愚弄，群臣敢怒不敢言。有的人为升官发财，不惜以重金贿赂伶人，以图攀龙附凤，导致四方藩镇也争相效仿，以货物珍宝贿赂巴结。伶人景进，甚得庄宗宠爱，常守在庄宗身边。此人善进谗言，喜欢干预朝政，所以将相大臣人人惧之。后来，庄宗又大规模扩大伶人宦官队伍，多达千人。他们待遇优厚，并被委以重任，成为庄宗心腹，广泛参与朝廷政事。不久，庄宗又设置诸道监军，也由伶人充任，从而使伶人进入军队。他们在军中争权夺利，甚至敢于欺凌主帅，导致藩镇愤怒，与中央离心离德。

平蜀主帅郭崇韬位兼将相，李嗣源为藩汉内外马步副总管，他们都害怕树大招风，招致伶官陷害，纷纷要求离职避祸。同时，也由于庄宗性情刚烈，不愿看到大权落入大臣手中，所以进入洛阳之后，轻信伶官谗言，对宿将大臣屡起怀疑之心。终于，郭崇韬被谋杀诛族，在洛阳的郭崇韬余部又惨遭清剿。河中节度使朱友谦，其两个儿子武信节度使李令德、忠武节度使李令锡也被杀全家，其老部下史武等7位刺史也被株连而灭族。这使得文臣武将惊恐不安，国势大乱，人人自危，导致叛乱迭起。先是李绍琛叛变于蜀地，接着是河北魏博（今河北大名东北）士卒叛乱，焚掠贝州，占领邺都（今河北大名），河北各州县相继叛乱。庄宗派兵前往讨伐士卒叛乱，无果，便欲领兵亲征，但被群臣劝住，不得已派李嗣源为大将，前往镇压。

同光四年（926）三月六日，唐庄宗派李克用养子、名将李嗣源，从洛阳出发，抵达邺都，屯兵于邺都西南，准备下令攻城。但其所率部队军心不稳，从马直军（庄宗建立的亲兵组织）军士张破败乘机鼓动士兵发动兵变，杀都将，焚军营，然后直逼中军李嗣源处。李嗣源率领部下拒战，未能平定局势。部属威逼李嗣源称帝，李嗣源不从，仅带听从指挥的少数兵马退至相州（今河南安阳）。

李嗣源急忙派人到洛阳向唐庄宗求援，要求增派部队及粮草。但洛阳粮草不足，庄宗遂诏令河南尹向民众预借夏秋赋税，加重民众负担，致使民不聊生。负责供应粮草的官吏借口仓储不够，肆意克扣军饷，导致士兵食不果腹，军心不稳。宰相上表请求打开国库救急，庄宗同意，但却遇到皇后坚决反对，只好作罢。

就在此时，归德（今山东长清归德）节度使李绍荣上奏朝廷，说李嗣源反叛，并与原来的叛军会合一处。庄宗虽然相信李嗣源的为人，但也有所怀疑，便派李嗣源之子李从审为特使前往安抚。李嗣源也上表说明当前情况，表明自己的清白。但李从审从洛阳行至卫州（今河南

五代简表

朝代名称	创建者	起止年代	都城	灭于何朝
后梁	朱温	907－923	开封	后唐
后唐	李存勖	923－937	洛阳	后晋
后晋	石敬瑭	936－947	开封	契丹
后汉	刘知远	947－951	开封	后周
后周	郭威	951－960	开封	北宋

十国简表

国名	创建者	起止年代	都城	灭于何朝
吴	杨行密	902－937	江都（今江苏扬州）	南唐
前蜀	王建	907－925	成都	后唐
吴越	钱镠	907－978	杭州	北宋
闽	王审知	909－945	长乐（今福建福州）	南唐
南汉	刘隐	917－971	兴王府（今广东广州）	北宋
南平（荆南）	高季兴	924－963	江陵（今湖北荆州）	北宋
楚	马殷	927－951	长沙	南唐
后蜀	孟知祥	934－965	成都	北宋
南唐	李昪	937－976	江宁（今江苏南京）	北宋
北汉	刘崇	951－979	太原（今山西太原南）	北宋

卫辉），被李绍荣扣留。此后，李嗣源向朝廷发出的所有奏章全部被李绍荣截扣，李嗣源与朝廷的联络中断，导致双方互相猜疑。李嗣源深感不安，终于在其部将石敬瑭、康义诚等人的怂恿下，起兵反抗，并派人到各处召集其亲信旧部。齐州（今山东济南）防御使李绍虔、泰宁（今兖州）节度使李绍钦、贝州节度使李绍英、李嗣源养子突骑指挥使李从珂等人，纷纷带兵前来会师。接着，李嗣源组织兵力准备南下进攻洛阳。

三月十七日，庄宗为防备李嗣源回兵洛阳，遂命令怀远指挥使白从晖率领骑兵扼守河阳桥（位于今河南孟津与孟州之间的黄河上），并发放金银玉帛赏赐将士，但将士们仍对此前的克扣军饷不满，怨言不断。

三月十八日，李绍荣从卫州撤退回到洛阳，庄宗亲自出城到鹳店（今洛阳东北孟津耀店）相迎接，并犒赏军队。李绍荣建议庄宗应该亲自前往招抚叛乱部队。于是庄宗第二天便出发东巡，二十一日到达汜水（今河南荥阳汜水），二十二日派李绍荣率领骑兵沿黄河布防。当听到李嗣源至黎阳（今河南浚县）时，庄宗又派出李嗣源之子李继璟为使臣，让他向李嗣源说明其中的误会。但是，李继璟在途中又恰遇李绍荣，被杀。这样，就彻底断绝了李嗣源与皇帝的联系，使双方的矛盾不可调和。

二十五日，李嗣源军南渡黄河，派出大将石敬瑭攻占汴州（今开封）。庄宗命令龙骧指挥使姚彦温率领3000骑兵为前锋，准备继续东行，与李嗣源争夺汴州。但姚彦温出发后，便领兵叛变，投降了李嗣源。接着，叛逃者益众。庄宗看到自己从洛阳出发时带领的2.5万人，如今已叛逃万人以上，神情沮丧，便命令返回洛阳。途中，在汜水狭窄处遇到手持兵器的士兵，许诺赏"金银五十万"，回京后就给，但士兵们不热不冷地回答说，赏赐得太晚了，谁也不会感激皇上的恩德。二十八日晚上，庄宗率领部众回到洛阳城。

李嗣源军攻占汴州后，便以石敬瑭为先锋，率领大军一路西向，直扑洛阳杀来。

四月一日，庄宗为拒叛军，收复汴州，组织兵马出动，骑兵列阵于宣仁门（东门）外，步兵列于凤门（宫城南门）外。突然，从马直指挥使郭从谦带兵反叛，率领所部兵马攻打兴教门（宫城南面三门的东门）。时庄宗正在吃饭，闻听消息，急忙带领骑兵平叛，并将叛军赶出宫城。当时，番汉马步使朱守殷正在城外驻扎，庄宗派人令他进城勤王平叛，但他不听命令，坐观其变。最终，叛军势众，焚兴教门而攻入宫城。庄宗身边之人见大势已去，纷纷逃跑，只余10多人在拼死保护庄宗。庄宗虽然奋力拼杀，无奈势孤力单，在拼杀中身中流箭，流血过多死亡，时年42岁。他身边之人用乐器等物盖住尸体，然后点火焚烧。李嗣源进入洛阳后，在灰烬中挑拣一些庄宗尸骨，葬于雍陵（今新安县西沃乡下阪峪村）。

城破前日，刘皇后气急败坏，囊括宫中金银珍宝，纵火焚烧嘉庆殿，然后引700骑兵由狮子门北走，其余宫人也都四处逃散。

李嗣源兵取洛阳城后，入居兴唐宫，旋即夺取帝位改元天成，是为唐明宗李亶。史载，唐明宗即位8年，他下令遣散宫中优伶、宫女和宦官，仅留宫女100人、宦官30人；废除孔谦新立的苛刻法令，禁止诸臣进献珍玩之物；恢复科举制度；废除税赋的省耗制度。中原人民休养生息，安居乐业，物产丰饶，是五代时期少有的太平盛世，时人谓之"小康"。

综观后唐洛阳兵变，皆因唐庄宗李存勖而起。他在灭后梁、平南蜀、击北燕、开创后唐帝业的过程中，励精图治，任用贤能，雄才大略，终成大业。然而，当他坐上皇帝宝座之后，便认为自己无比神圣，无所不能，可以任意号令天下，逐渐不务正业，重用优伶，冷落、打击甚至杀害功臣，以致失去军心民心，最终导致众叛亲离，国破身亡，空留笑柄于后世。

后唐潞王夺嗣攻占洛阳

后唐应顺元年（934），潞王李从珂起兵，攻占洛阳，夺取了皇帝之位。

李存勖消灭后梁，建立后唐。然而他称帝后，用人不当，尤其是庞爱优伶，导致朝政腐败，人人自危，军心不稳，几年后就众叛亲离，叛乱四起，最终兵变身死。

明宗李亶（嗣源）于公元926年即位后，决心革除庄宗时的弊端，废除苛法，减轻农民负担，注意百姓疾苦。诛杀担任监军的宦官，宦官大震，有的逃匿山中，有的出家为僧。下令精减庄宗时的千余宫女，只留宫女百人，教坊百人，鹰坊百人，御厨50人，宦官30人，其余各自回乡。接着又下令，刺史以下官吏不得向朝廷进贡，不得向百姓额外加征。七月，又下令遣散所有优伶。十月，下令免去赋税200万缗（计量单位，每缗10串铜钱，每串100枚）。明宗在位的8年间，勤于政事，社会稳定，经济有了发展，民众得以休养生息。长兴四年（933）十一月十六日，明宗病重，遂命人召第五子李从厚急回京继位。二十日，长子李从荣入宫探视，明宗已不能抬头、说话。李从荣出来，听到宫中哭声，认为明宗去世，准备带兵入宫夺位。二十一日一早，李从荣带领亲兵攻打宫城，禁军突然出现，打败李从荣，杀之，并将其儿子、妃子斩首送到朝廷。已经病入膏肓

李嗣源画图

的明宗得知情况，惊恐而死。

李从厚继位，是为唐闵帝，改元应顺。李从厚自从结束守丧之日起，就召学士为他讲解《贞观政要》《太宗实录》，以增加为政知识。但他虽然怀有谋治天下之志，却因年纪较小，宽容软弱，缺乏决断，难以驾驭朝廷中人。应顺元年（934）正月，朱弘昭与石敬瑭都兼任中书令，冯赟为侍中。时任凤翔（今陕西凤翔）节度使的明宗养子、潞王李从珂，与河东节度使石敬瑭两人，长期跟随明宗南征北战，屡立战功，在朝中有很高的地位和威望。朱、冯二人原来的地位与李从珂、石敬瑭相差甚远，因此忌恨李、石二人，意欲除之。朱弘昭和冯赟便利用唐闵帝的软弱，使用阴谋手段加害于李、石二人，并首先从李从珂的身上开刀。李从珂的长子李重吉时任控鹤都指挥使，掌握着禁军大权，被朱、冯二人赶出京师洛阳，到亳州任团练使。在洛阳寺院为尼的潞王之女李惠明，也被召入禁中，严加看管，以防她在京城为潞王通风报信。潞王为此产生疑惧之心。

为了控制兵权，朱、冯二人于应顺元年（934）二月，对节度使进行大调整。令成德节度使范延光代替天雄节度使孟汉琼，迁凤翔节度使、潞王李从珂为河东节度使，迁河东节度使石敬瑭为成德节度使。这样做的目的在于，把李从珂和石敬瑭从自己长期控制的地盘上调开，以便寻找机会除掉他们。

三月，接到命令的潞王心中十分不安。其亲信谋臣也认为，潞王与朝廷互相猜疑，如果离开凤翔，可能连性命也难保全。潞王也担心在赴任途中被人谋害。在抗命不遵与遵命危险的两难之中，潞王遂决定抗命，并传檄文于各地，说朱弘昭等人乘先帝病危，杀长立少（指杀明宗长子李长荣，立明宗第五子李从厚），专制朝政，离间骨肉。所以，我准备率领兵马入朝，以清君侧，希望大家同心协力，伸张正义。结果，没有人响应，反而招来朝廷派出大军镇压。朝廷命西都留守王思同为西面行营马步都，部署、指挥各路官兵西征潞王。官兵很快聚集在凤翔城下，包围并攻克东西关城，城中守军也死伤甚多。此时的潞王，堪称优秀的演说家，他看见形势危急，便亲自登城演说，大意是说檄文的内容和自己的正义和决心。一番慷慨激昂的演讲下来，动摇了城外官兵，军心大乱，进而纷纷投降潞王。王思同见局势完全出乎意料之外，一时不知如何是好，更丧失了对军队的控制和指挥，只得带领少数兵将向东逃跑。潞王尽收城中吏民家财，赏赐降兵降将，无奈人多钱物又少，甚至连百姓家中的锅碗也都估价拿去封赏。

如此一来，潞王兵力大增，声威大振，便树起反抗大旗，率领大军一路东进，向京师洛阳方向进击。西都长安（今陕西西安）留守刘道雍，见风使舵，先是看见王思同前来投奔，便紧闭城门拒绝其入内。后来，当他看到潞王领兵前来，便大开城门，迎接潞王入内，投降了潞王。如此，潞王东进一路顺利，于三月二十八日到达陕城（今河南三门峡），逼近洛阳。

关中局势剧变，潞王兵叛反抗朝廷，京师洛阳大震，直吓得闵帝要让出帝位，被大臣们劝止，但也不知所措。无奈，朝廷派人杀了潞王的儿子李重吉和女儿李惠明，以此泄愤。然而，此时朝中，人心所向，皆为潞王。河阳节度使兼任侍卫都指挥使康义诚，当时判六军诸卫事，也想乘机带领禁军投奔潞王以请功，便假意向朝廷请求领兵迎战潞王。朝廷此时无兵可调，无计可施，只得批准这一请求，以皇家的贴身卫队去挽救处于风雨飘摇之中的王朝。为了作最后一搏，闵帝亲自抚慰即将出征的将士，倾府库之所有，犒赏兵士，并许诺平定潞王凯旋之时，再行重赏。军士得赏，沾沾自喜，无所畏惧，更加骄纵，有人竟然手拿赏物扬言"至凤翔更请一分"，意思是到了潞王那儿时，还会再得到一份赏赐。朝廷用此等之兵去御敌，结果可想而知。

马军都指挥朱洪宝，不同意朝廷这种安排，提出禁军应该固守京师洛阳，然后传诏各地，聚兵勤王。他的这种意见自然与康义诚意见不同，两人便发生争执。巧合的是，此事恰被闵帝碰见。闵帝因为已经做好了安排部署，只能支持康义诚，便糊里糊涂地将朱洪宝降职了事。但是，朱洪宝的意见倒也提醒了朝廷，又调派数路人马去镇压潞王，但他们一遇到潞王便立即投降，竟然无一人作战。

康义诚奉闵帝之命，率领禁军从洛阳出发西去，闵帝命令侍卫马军指挥安从进负责

李从珂

京城防务，岂不知，此人已经受潞王招降，并暗中布置，准备迎接潞王进入京师洛阳。

康义诚领兵西进到达新安时，所部将士纷纷解甲，争先恐后到陕城（今河南三门峡）向潞王投降，以至康义诚到达乾壕（今河南渑池乾壕）时，所部仅仅剩下几十人。此时恰好遇到潞王军的侦察兵，康义诚便让他们向潞王转交投降信。

潞王得知情况后，便向京师洛阳传谕，只杀朱弘昭、冯赟两人，其他人一律赦无罪，并进兵至乾壕。消息传到洛阳，朱弘昭自杀，安从进也杀了冯赟，传二人首级于潞王。闵帝一看大势已去，遂带领50名骑兵出逃魏州（今河北大名东北）。太后下令官员到乾壕迎接潞王。

四月一日，闵帝在卫州（今河南卫辉）见到了石敬瑭，很是高兴，但石敬瑭经过与卫州刺史王弘贽商议，不愿接纳闵帝。闵帝卫士大怒，石敬瑭卫兵杀死了闵帝的全部卫士，将闵帝一人留在了驿站。

四月三日，潞王李从珂领兵进入洛阳，入宫拜见太后、王太妃，又到西宫伏明宗棺柩痛哭。五日，李从珂受太后之命，在明帝灵柩前即帝位，改元清泰。接着，遍赏众将士，并贬闵帝李从厚为鄂王。

四月九日，李从珂派人到卫州毒死李从厚。王弘贽与王峦父子多次请李从厚饮酒，但李从厚害怕酒中有毒不肯端杯。于是，王峦便用布带将李从厚勒死，时年21岁。直到清泰二年（935）十二月十九日，才将李从厚安葬于徽陵南边（今洛阳东北孟津护驾庄村），封土只有几尺高。毕竟一代帝王，死后如此遭到冷遇，路人看见无不悲伤。

李从珂虽夺取帝位，但藩镇强横，财政拮据，国力锐减，勉强维持了两年半。他在凤翔起兵时，曾经许诺到洛阳后兵士每人赏钱百缗。登基后，李从珂为筹措这笔赏钱，真可谓伤透了脑筋。当时，国库内只有3万两金银，而赏钱却需要50万两。李从珂大怒，掌管府库的三司使王玫献策，请求以京师民财来充顶。但数日之后仅仅得到几万缗，远远不够。李从珂认为不可不赏，遂又有人提出征收房租，于是又预收5个月的房租。虽然挖空了心思来搜刮民财，但也仅得6万缗，还是不够。李从珂于是下令，谁不按规定交钱，即可治罪下狱，并令军士日夜督促问责，监狱为此人满为患。贫困者被逼无奈，只得以自杀解脱。而士卒则在大街上大摇大摆，骄横之气溢于言表，让洛阳百姓忍无可忍，却又无可奈何。兵士没有得到足够赏钱，也怨言四起。李从珂的内外交困，由此可见一斑。

清泰三年（936）十一月，从晋阳（今山西太原）起兵的石敬瑭攻入洛阳，后唐末帝李从珂及曹太后、刘皇后等，携带传国之宝，登上玄武门楼自焚。李从珂死后，没有谥号与庙号，葬于徽陵南边（今洛阳东北孟津护驾庄村），后人称之为后唐末帝或废帝。后唐至此灭亡。

综观此战事，李从厚仅仅在帝位上呆了4个月，便因兵变而死于非命。李从珂被人加害，起兵反抗，引得众人所向，纷纷领兵投降于他，使他仅仅在1个多月间就顺利进入京师洛阳，取得帝位。以此说明，即便在战火纷飞的乱世之秋，人心所向也决定成败。

后晋石敬瑭倚契丹攻占洛阳

五代时期，继后梁、后唐之后登上中原政治舞台的王朝是后晋，开国皇帝是石敬瑭。

石敬瑭，唐景福元年（892）生于晋阳（今太原），排行老二，从小就沉默寡言，喜欢读兵书，而且非常崇拜战国时期赵将李牧和汉朝名将周亚夫。长大后，他成为李嗣源的部下。李嗣源对他很器重，而且还将自己的女儿嫁给了他，并让他统领自己的亲军精锐骑兵左射军，将他视为心腹之将。此后，石敬瑭跟随李嗣源转战各地，成为后唐庄宗李存勖的一员骁将。在和后梁刘䲭对阵交战时，刘䲭袭击还没有列好阵势的李存勖，军情危急，石敬瑭立即率领十几名亲军驰入敌阵，东挡西杀，左冲右突，遏止住了敌人的攻势，掩护李存勖后撤。事后李存勖对他大加赞赏，石敬瑭由此而声名远扬。除了救李存勖之外，石敬瑭还多次救过他的岳父李嗣源。在李嗣源晋军和后梁军队激烈争夺黄河沿岸时，晋军先攻下了杨柳镇（今山东东阿东北），却中了梁军的埋伏，危急时刻又是他这个爱婿率军拼死掩护，才得以领兵突出重围。

石敬瑭不仅在战场上救过岳父李嗣源，在遇到政治难题时还为李嗣源分析局势，指点迷津。这方面最突出的就是劝李嗣源顺应时势，在兵乱时追求帝位。

后唐同光四年（926）三月，在河北魏博（今河北大名东北）兵变时，李嗣源被朝廷派去镇压，但到了魏州（今河北大名北）时，自己的军队也发生了兵变。李嗣源对唐庄宗李存勖没有二心，这时就想只身回去向李存勖言明真情。石敬瑭极力反对他这种不明智的做法，说："岂有在外领兵，军队发生兵变后，其主将却没事的道理？况且犹豫不决是兵家大忌，不如趁势迅速南下。我愿领300骑兵先去攻下汴州（今河南开封），这是得天下的要害之处，得之则大事可成。"李嗣源这才醒悟过来，立即派他领兵先行，自己随后跟进。最后终于像石敬瑭预料的那样，李嗣源登上帝位，是为唐明宗。石敬瑭也因功被授陕州（今河南三门峡）保义军节度使，还赐号"竭忠建策兴复功臣"，兼任六军诸卫副使。这后面一个职务是亲军的最高副长官，可见李嗣源对他非常宠信。但石敬瑭却认为不好，因为正职是李嗣源的长子李从荣，李从荣骄横跋扈，自认为是父亲的继承人，看不起旧的功臣们。石敬瑭预料他日后必然出事，所以就极力推辞这个副职。后来，李从荣果然因为急于继位而被杀。石敬瑭任河东（黄河河套以东地区）节度使，并兼云州（今山西大同）大同军等地蕃汉马步军总管，掌握了河东这块后唐起源地区的军政大权。

时任凤翔（今陕西凤翔）节度使的明宗养子、潞王李从珂，与河东节度使石敬瑭两人，都是长期跟随明宗李嗣源南征北战，屡立战功，在朝中有很高的地位和威望，但两人平时不和。长兴四年（933），唐明宗李嗣源去世，其子李从厚继位，是为唐闵帝。唐闵帝年轻、软弱，朱弘昭与石敬瑭都兼任中书令，冯赟为侍中。朱弘昭与冯赟为了削弱李从珂和石敬瑭这两个最大的藩镇势力，控制兵权，欲加害于李从珂和石敬瑭，结果导致李从珂兵变，从陕西凤翔一直攻入洛阳，夺取了皇帝之位，是为后唐末帝。

李从珂称帝，石敬瑭当然要前往京都朝拜。在参加完岳父李嗣源的葬礼之后，也不敢提出要回去，害怕李从珂起疑心，所以整天愁眉不展，再加上他当时有病，最后竟瘦得皮包骨头，不像个人样。他妻子晋国长公主赶忙向母亲曹太后求情，让李从珂放石敬瑭回去。李从珂虽然不是曹太后的亲生儿子，但曹太后从小就对他这个养子如同亲生一样，他见曹太后发话，又见石敬瑭病成这样，于是就顺水推舟做个人情，说："石郎不但是内亲，关系密切，自幼与我同难。今天我为天子，不依靠石郎依靠谁呢？"仍然任石敬瑭为河东节度使。没想到这次竟是纵虎归山，后唐亡于他手。

后唐末帝李从珂继位以后，虽然石敬瑭帮他除掉了闵帝李从厚这个后患，但并没有信任他，反而将石敬瑭当成最大的威胁来对待，想尽办法要将他调离河东这块根据地。而石敬瑭从洛阳回去之后，更是小心防范。他妻子有次到洛阳参加李从珂的生日宴会，想早点回来，李从珂却醉醺醺地对她说:"这么着急回去,是不是要和石郎造反呀?"妻子回来后告诉了石敬瑭,这使石敬瑭更加相信李从珂对他疑心很重,因为酒后人常说些平时不想说的话。从此,石敬瑭就开始为以后做充分的准备。一方面,他在国都的来客面前装出一副病态,说自己没有精力治理地方政务,以此来麻痹李从珂;另一方面,他几次以北部契丹侵扰边境为名,向李从珂要大批军粮,明面上说是屯积以防敌入侵,实际是为以后打算。李从珂被他蒙在鼓里,屡次上当,但石敬瑭的部下却看了出来,在朝廷派人慰劳将士时,有的人就高呼万岁,想拥立石敬瑭做皇帝以功邀赏。石敬瑭害怕事情泄露,就将领头的将士共36人杀死。

为防止以后有变,弄得措手不及,石敬瑭决定试探李从珂。他上书朝廷假装辞去马步兵总管的职务,让他到别的地方任节度使,如果李从珂同意就证明怀疑自己,如果安抚让他留任说明李从珂对他没有加害之心。但李从珂却听从了大臣薛文通的主意。薛文通说:"河东调动也要反,不调动也会反,时间不会太长,不如先下手为强。"于是,李从珂于清泰三年

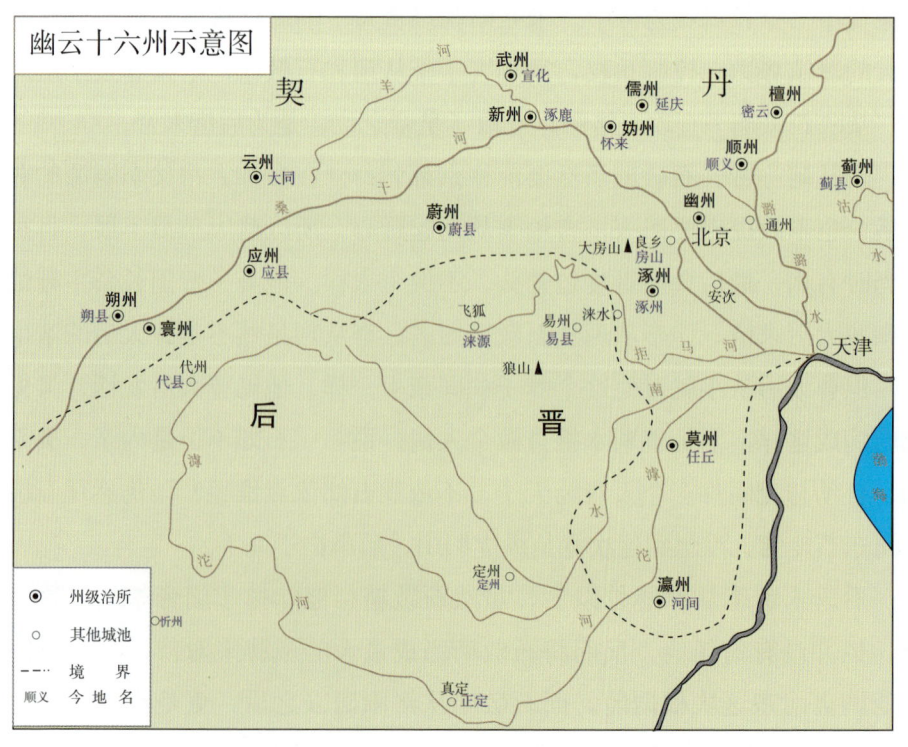

幽云十六州示意图

（936），下令调石敬瑭任天平（今山东东平）节度使。石敬瑭认为这是李从珂的调虎离山之计，于是拒不受命，先装病不走，然后又要求李从珂让位给李嗣源的亲生儿子李从益，说李从珂是养子，不应该继承皇位。李从珂认为石敬瑭反叛，下令罢免石敬瑭的所有官职，然后派兵讨伐，命张敬达领兵攻打晋阳（今山西太原）。

石敬瑭起兵反唐，但兵力不足，为此他采纳了部下桑维翰的建议，打算向北部的契丹主耶律德光求援，遣使奉表称臣，尊耶律德光为父皇帝，还以割让幽云十六州，每年输帛30万匹为条件。刘知远（即后来的后汉高祖）认为条件太屈辱，没有必要许诺这么多，但石敬瑭在桑维瀚的支持下一意孤行。正愁没机会南下的耶律德光收到石敬瑭的奉表，喜出望外，立即领5万骑兵来救石敬瑭，大败围攻晋阳的唐军。接着，石敬瑭亲自出城迎接耶律德光，极尽奉承之事。时年34岁的石敬瑭认为，明宗在世时，曾与契丹主耶律德光称为兄弟之邦，所以认比他小11岁的耶律德光为父亲。清泰三年（936）十一月，契丹封石敬瑭为晋王，又在晋阳柳林（今太原小店区刘家堡乡西柳林村，俗称柳林庄）立石敬瑭为大晋皇帝，建元天福，是为晋高祖。接着，石敬瑭兑现承诺，将十六州即如今的河北和山西北部的大片领土割让给了契丹。这十六州是：幽（今北京）、蓟（今天津蓟）、瀛（今河北河间）、莫（今河北任丘）、涿（今河北涿州）、檀（今北京密云）、顺（今北京顺义）、新（今河北涿鹿）、妫（音guī，原属北京怀柔，今已被官厅水库所淹）、儒（今北京延庆）、武（今河北宣化）、蔚（今山西灵丘）、云（今山西大同）、应（今山西应县）、寰（今山西朔城东马邑镇）、朔（今山西朔城）。另外再每年进奉帛30万匹。幽云十六州乃中原王朝的北部天然屏障，而此举则使中原完全暴露在契丹威胁之下。

石敬瑭刚当上皇帝，卢龙（今河北卢龙）节度使北平王赵德钧，便以金帛贿赂契丹主，也想倚仗契丹以取中原，并许愿石敬瑭仍然镇守河东。契丹主因贪图巨额贿赂，欲许赵德钧之请。石敬瑭闻讯大为惊惧，急令掌书记官桑维翰见契丹主。桑维翰从早上到傍晚，一直跪于契丹主帐前，涕泣不立，苦苦哀求契丹主放弃赵德钧之请。契丹主从之，并说桑维翰对石敬瑭忠心不二，应该做宰相。石敬瑭遂以桑维翰为中书侍郎，同平章事。

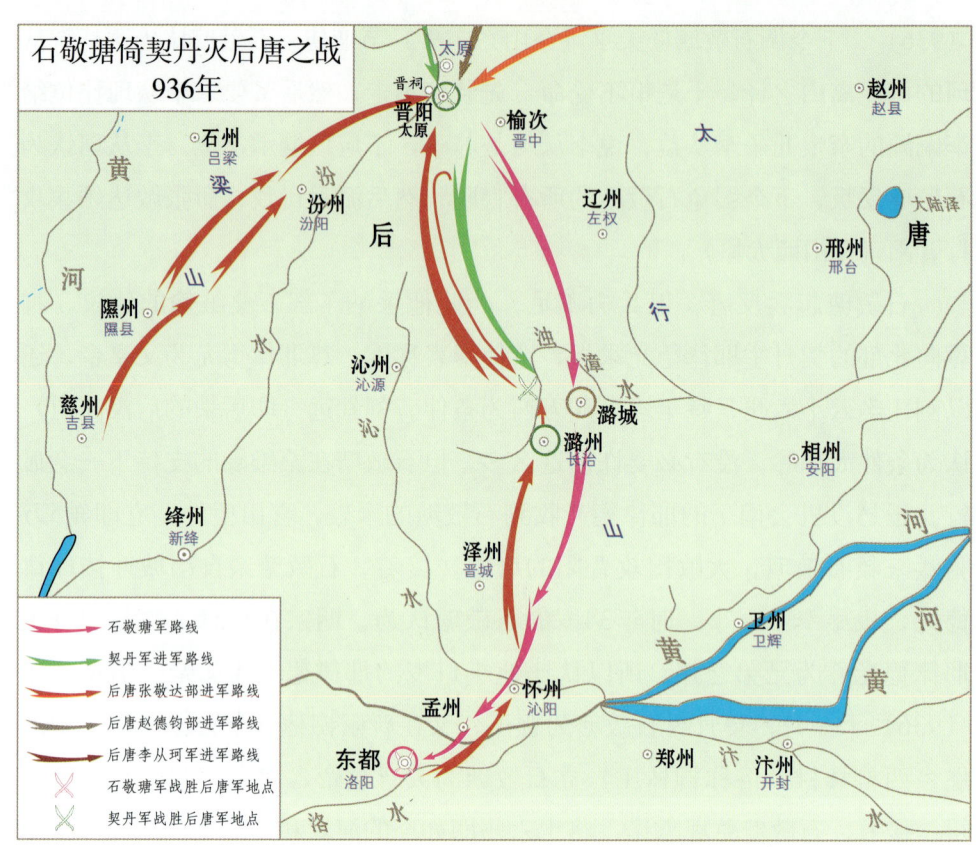

石敬瑭倚契丹灭后唐之战（源自《中国战争史地图集》）

　　不久，为扩充势力，契丹主命军护送石敬瑭南下进攻洛阳，十一月二十四日攻至洛阳城北部的河阳城（今河南孟州南）。后唐河阳节度使苌从简面对大军压境，毫无斗志，不战而降，并备下舟船引晋军顺利渡河。后唐末帝李从珂见北方屏障既失、晋军渡河、洛阳不保，一时失魂落魄。二十五日，晋军围逼洛阳城，李从珂派兵抵抗，但其军士已经给石敬瑭送去了投降书。二十六日，李从珂在外无援军、内部军心涣散的情势下，率太后、皇后及部将朱审虔等，登上玄武楼纵火自焚身亡。宰相冯道看到大势已去，便率文武百官打开城门出降。石敬瑭这天晚上率领大军进入洛阳，他住在自己的旧府。汉军都各回自己的营地，契丹军住在天宫寺。当天晚上，城中平静，无人敢违令。二十七日，百官朝见石敬瑭。二十九日，石敬瑭车驾入宫，在文明殿接受朝贺，大赦天下，诏令定都洛阳，史称后晋。为避战火而逃出城的士民，在几天后也都回来恢复了旧业。十二月一日，石敬瑭在河阳设宴为契丹军饯行,送他们回国。

石敬瑭都居洛阳后,政权极不稳固。在称帝之前,石敬瑭不管是自己还是治理地方政务,都很节俭,但做了皇帝后就开始奢侈起来,他的宫殿都用黄金、美玉、珠宝等物装饰得富丽堂皇。为了镇压百姓的反抗,他又下令制定了许多残酷的法律,施加的刑罚也多是一些惨不忍睹的方式,如割舌头,将人肢解,灌鼻子,放在锅里蒸煮,等等。此外,他对于士人也不信任,觉得他们不为国家着想,只知道为自己的

石敬瑭像

子孙谋利,所以石敬瑭又像后唐那样重用宦官,使宦官势力重新抬头。同时,石敬瑭这个皇帝也当得非常窝囊,常常得接待来宣诏的骄横无比的辽国(此时契丹改辽国)使者,而且要跪地拜受契丹主耶律德光的诏敕。在整个石敬瑭天福年间,后晋朝廷为了免起兵端,上上下下对契丹人在表面上表现得尊敬无比,对契丹人使者的无礼骄横、横加斥责也不得不卑躬屈膝地应酬。然而更重要的是,一方面绝大部分文武官员在内心对石敬瑭向契丹人称臣称儿大为不满,一方面每年向辽国敬献大批珍宝、物资,加重了国家的经济负担,割让幽云十六州又使中原地区失去了重要屏障。于是,许多有识之士纷纷起来反对石敬瑭。

天福二年(937)四月,石敬瑭以洛阳缺粮为由东巡汴州(今河南开封),以防不测。接着,在洛阳建立祖庙。六月,天雄节度使范延光患病多日,其部下孙锐暗中召唤澶州刺史冯晖,合谋逼迫范延光谋反。范延光同意,杀死了河阳节度使皇子石重信。石敬瑭派东都巡检使张从宾、侍卫都军使杨光远征讨。结果,前往讨伐的张从宾倒戈,与范延光合兵一处,旋即带兵攻入洛阳,杀代东都留守皇子石重义,取内库钱帛以赏兵士。接着,张从宾又引兵进据扼守汜水关(今河南荥阳汜水),威逼汴州。七月,石敬瑭调兵回师,剿杀范、张叛军,张从宾战败而死。天福三年(938)九月,范延

光又投降了后晋石敬瑭,石敬瑭赦免了他,任命他为天平节度使。十月,石敬瑭听从朝臣桑维翰等奏议,诏东都洛阳百官迁都汴州(今河南开封),以汴州为东京,以洛阳为西京,并任命杨光远为西京留守兼河阳(今河南孟州南)三城节度使。西都长安归晋昌军节度。洛阳的百官遂迁东京,石敬瑭的王淑妃和儿子李从益仍然居住洛阳,后晋的宗庙神位也留在洛阳。后晋都洛阳仅一年十一个月,自此后洛阳不复为国都。

迁都之举并没有巩固后晋王朝的统治。天福四年(939),西京洛阳留守杨光远擅杀范廷光,石敬瑭因畏惧杨光远,以致不敢问罪。天福六年(941)六月,成德节度使安重荣耻于向辽称臣,在接见辽国使者时,态度傲慢且谩骂不断,并暗中派人杀了返回的辽国使者,出兵抢掠幽州。然后,安重荣上表朝廷数千言,指斥石敬瑭父事契丹,困耗中原,并写信给大臣,传送于各藩镇,表示决心将与契丹决一死战。石敬瑭发兵斩安重荣,并将其头送与契丹。接着,山南东道节度使安从进起兵反晋,河东节度使刘知远与辽国为敌。为此,辽国多次派出使者责难石敬瑭,石敬瑭左右为难,终于成疾。天福七年(942)六月,石敬瑭在恐惧与忧郁中死去,十一月葬于显陵(今宜阳县城北石陵村西,今存有陵冢)。

石敬瑭死后,其侄石重贵即位,是为出帝。出帝耻于向辽国称臣,导致了双方战争。开运四年(947)初,辽兵攻入东京,后晋灭亡。

综观后唐及后晋两个朝代战事,皆因朝廷内部矛盾所致。后唐开国之君庄宗李存勖,是李克用的亲生儿子,而起兵夺得皇帝之位的后唐明宗李嗣源,则是李克用的养子。李嗣源死后,继承帝位的是其亲生儿子闵帝李从厚,而起兵夺得皇帝之位的末帝李从珂,则是李嗣源的养子。接着,依靠契丹人夺得皇帝之位建立后晋王朝的石敬瑭,则是李嗣源女儿的丈夫。而石敬瑭之初靠骁勇善战发迹,继而因战功和廉政而扬名。在战乱频繁之际,他借契丹

石重贵

人的援助问鼎中原，建立了后晋王朝。他甘心情愿地对契丹人百依百顺，将幽云十六州割让给了外族，并且每年给辽国贡送布帛30万，以换取契丹人对自己皇位的支持。从此，中国有了"儿皇帝"这一可耻的称呼。从更长的历史发展来看，石敬瑭割让幽云十六州给契丹的做法，对后世带来的影响也极为深远，直接导致黄河以北、以东的北方地区几乎无险可守，完全袒露于外族的威胁之下，为后来300余年间契丹、女真、蒙古族南下入侵中原创造了极为有利的条件。

契丹鸣镝

后汉刘知远攻取洛阳

后晋开运四年（947）二月，刘知远称帝于晋阳（今山西太原），当年六月攻占洛阳，下诏建立汉国，史称后汉。

刘知远(895-948)，其祖先本为沙陀部人，世居太原。他长期跟随石敬瑭，以其军政才能得到石敬瑭信任和重用，历任检校司空、侍卫马步都指挥使、点检随驾六军诸卫事、许州节度使、朱州节度使、检校太傅、北京（今太原）留守、河东节度使等职，日趋显贵。石敬瑭当了7年"儿皇帝"后，于后晋天福七年（942）死去。石敬瑭侄石重贵即位，是为出帝，刘知远也迁检校太师，进位中书令。出帝石重贵深知文武大臣和军民之心，耻于向辽国称臣，导致了双方战争。后晋开运元年（944），辽国契丹主耶律德光率军南下攻伐，刘知远作为幽州道行营招讨使，在忻口（位于太原北100公里，是五台山、云中山东西两山峡谷中的一个隘口）大破契丹军，累迁太原王、北平王。之后，刘知远又在朔州（今山西朔州）阳武谷再破契丹。

刘知远在这段时期的主要意图是称霸河东，为成就王业做准备，因此对朝廷的诏命半推半就，一方面不服调遣，作战中逗留不进，另一方面也主动出击一下，好让朝廷与契丹不致小看自己。刘知远认为，契丹乃游牧部族，贪残且失人心，加上中原人民的不断反抗，不会久居不退，而石敬瑭对他有知遇之恩，马上就与朝廷反目，又显不仁不义，还需要等待时机。因此，他事先与契丹勾结，奉表称臣，同时广募士卒，养精蓄锐，加紧称帝的准备。

开运四年（947），契丹攻入东京开封，出帝石重贵投降，后晋灭亡。刘知远派出部将王峻，表面以祝贺契丹人胜利为名，实际则是为了察看形势。当年二月十五日，时任太原节度使的刘知远乘机在太原称帝，建立了政权。为了掩饰其政治企图，他不改国号仍为晋国，也不用石重贵的开运年号，而是延用石敬瑭的年号，称天福十二年（947）。接着，刘知远立即下令，清除境内的契丹势力："凡各地为契丹搜刮钱财的事一律禁止，后晋时被迫做出使契丹使者的人，不再追究罪责，在各地的契丹人一律处死。"这些措施意在振奋人心，争取后晋旧臣的投诚归附。刘知远的称帝和对契丹宣战，对中原反契丹的行动起了推进作用。

时中原各地的军民已经开始反抗契丹，起义不断。当时，契丹主任命前燕京留守刘晞为西京留守，领兵驻守洛阳。契丹主又派遣武定节度使方太至洛阳巡检，当他到达郑州的时候，巡察城防，当地兵士逼迫他为郑王，起兵反抗契丹，方太不从。嵩山（洛阳与郑州两地之间的山脉）起义军领袖张遇率众起义，得知后梁朱温的后代密王朱乙为避祸已为嵩山僧人，便察访并立他为天子，取下嵩岳庙神像的衣服披在他身上，然后率领义军万余人进攻郑州，被方太打败。方太认为，现在契丹还很强大，起义反抗无济于事，便说服士兵向西进军，以图发展，并取出府库财物以赏军士，作为引诱，但是众士兵不从，方太只好只身从西门逃奔洛阳。然后，他派自己的儿子师朗回去向契丹人说明实际情况，但被契丹将领麻杀死，致使方太"无以自明"，不知道是怎么一回事。当方太明白过来之后，便率领起义军会攻洛阳守军，契丹留守刘晞闻讯，弃城逃窜。方太进入洛阳，行使西京留守的职事，与巡检使潘环一起击退了向洛阳进攻的农民军，张遇也杀了朱乙前来投降。洛阳当地的起义军万余人在城南设立祭坛，誓师进军洛阳，方太领兵击退了这支起义军（一说这支起义军的首领是朱乙，"自称天子"）。

面对风起云涌的中原军民反辽起义，契丹主耶律德光担心无法回到老家，便借口天气太热自己受不了，留下他的舅舅萧翰守开封后，就匆忙北上返回。接着，萧翰也由于害怕起义军而北逃。

契丹主用几十艘大船装载着后晋国中的武器铠甲向北运走，计划从汴水沿着黄河而上返回辽国，命令宁国都虞侯榆次人武行德率领士卒1000多人护送船只。到达河阴（洛阳东北）时，武行德和将士们商议："现在我们被胡虏胁制，即将远离家乡。人活着都会有死，但怎能去作异国他乡的野鬼呢！胡虏势力必然不能久留中原，不如一起赶走他们，坚守河阳城，等到有天命所归的天子出现而做他的臣民，这难道不是长远之计吗？"大家都觉得他说得对。武行德就把船中的武器发给大家,一起杀死了契丹的监军使。这时,正赶上契丹的河阳(今河南孟州南)节度使崔廷勋派兵送耿崇美到潞州(今山西长治),武行德趁城中空虚占领了河阳。将士们推举武行德为河阳都部署。武行德立即派弟弟武行友将表章封在腊丸里抄小路送往晋阳(太原)的刘知远。武行德派出使者到洛阳,请方太到河阳,诈称要推举他为帅。当方太到达河阳,被武行德杀死。契丹派出崔廷勋、耿崇美、奚王拽刺联兵逼近河阳城。洛阳的张遇率领几千人马前往支援武行德,在南阪与敌人展开战斗,兵败。武行德从河阳城中出来助战,也战败了,退回城中闭门自守。拽刺想要攻城,崔廷勋说:"现在契丹的军队已向北撤退了,得到这座城池有什么用!而且杀死一个人还觉得可惜,更何况毁灭一个城呢!"崔廷勋等人率领众军向北逃走,路过卫州,大肆抢掠而离去。契丹在河南的军队相继逃往北方。

当年五月十二日,刘知远诏令从北京(今山西太原)发兵,并通知各道。刘知远以其弟刘崇为太原留守,自率大军从阴地关(今河北灵石)出发。20日,到达晋州(今山西临汾),绛州(今山西新绛)刺史李从朗抗拒,刘知远乃围城不攻,晓之利害,李从朗投降。然后,一路向南进击,渡过黄河,兵锋直指洛阳。二十七日,刘知远领兵进至陕州(今河南三门峡),兵不血刃。二十八日抵达石壕,当地百姓前来欢迎。接着到达新安(今河南新安),西京洛阳的留任百官前来迎接。六月三日,刘知远进入洛阳,居住宫中,汴州(开封)的文武百官也奉表前来迎接。接着,刘知远下诏书,让那些接受契丹任命安排的人不要自己疑虑,将任命文告状牒收集起来统统烧掉,并派郑州防御使郭从义先行进入汴州清宫。

在洛阳,刘知远下诏,定国号为汉,史称后汉。这种先称帝后改

刘知远

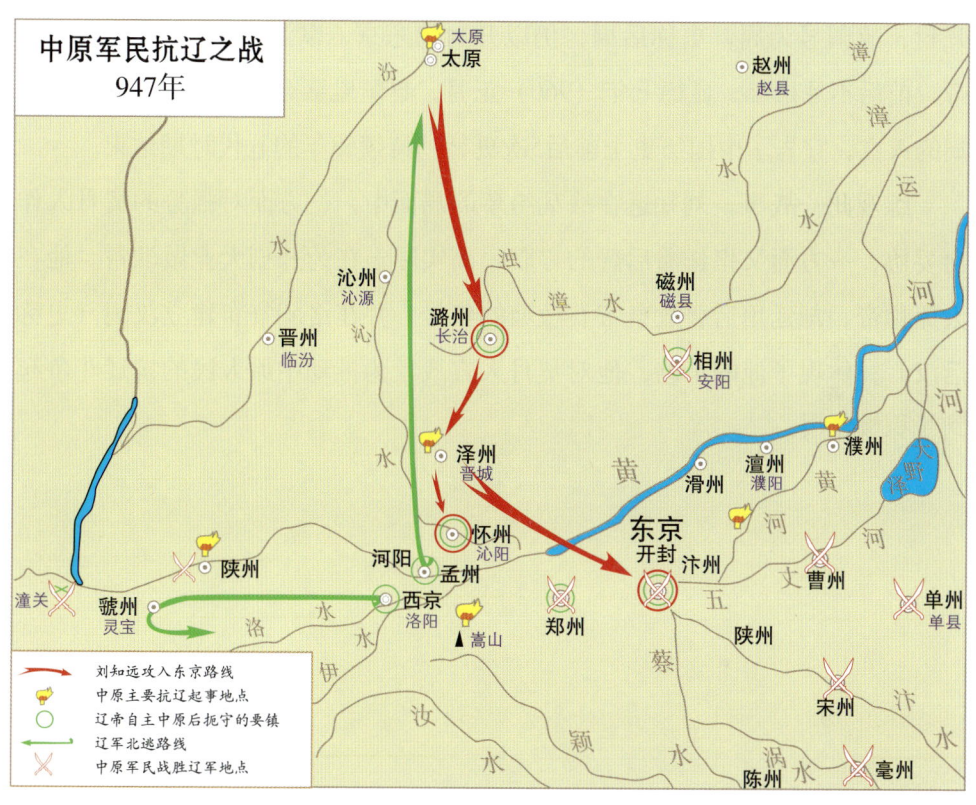

中原军民抗辽之战（源自《中国战争史地图集》）

国号的做法，在历史上是罕见的。之所以如此，是因为他觉得自己姓刘，是汉朝刘姓王族的后代，是中原正统王朝的继承人，而不顾忌他本人出身于沙陀部族的事实。不过，他这种做法，也体现了他的聪明和政治智慧，因为要在中原建立一个名副其实的少数民族政权是一件不可思议的事情。8天后的十一日，刘知远率众进驻开封，以开封为东京，洛阳为西京。后晋之各藩镇相继来降。刘知远于次年正月卒，为帝仅10个月。其子刘承继位，即后汉隐帝，年号乾，在位3年。后汉前后不足5年，是五代史上最短命的王朝。

继后汉之后，取代后汉而统治中原的是后周。乾祐元年（948），后汉派郭威率大军讨伐河中、长安、凤翔三镇联合反叛的割据势力。平叛后，汉隐帝为防不测，又派人谋杀郭威，激起郭威起兵反叛。不久郭威攻开封、杀隐帝。乾祐三年（950），郭威在率大军渡黄河北上抗击辽兵时，行至澶州（今河南清丰西），被将士数千人黄旗披身，拥立为帝。次年，郭威率众返回开封，改国号为周，史称后周，仍以开封为东京，以洛阳为西京。后周历3帝，前后不足10年。显德七年（960）正月，赵匡胤篡夺政权建立了宋朝。后周的灭亡，宣告了中国历史上前后5次更替、持续53年的五代时期结束。

综观此一战事，刘知远在战乱纷争的局面中，一方面对强势的契丹人作出妥协，一方面又担任着后晋的官职，而实际上在为开创大业做准备。他在太原称帝，却延用后晋故皇帝石敬瑭的年号，并在洛阳宣布建立汉国（史称后汉），体现了他的策略。他对契丹人宣战，为推动中原人民的抗辽斗争起到了积极作用。

两宋时期洛阳战争

北宋抗金洛阳之战

960年，出生于洛阳的后周大将赵匡胤在陈桥驿（今天开封东北陈桥镇）发动兵变，建立宋朝，仍然以开封为东京，以洛阳为西京，史称北宋。北宋初期，开展了统一中国的大规模战争，并实现了一定范围的全国统一。北宋晚期，各地相继爆发农民起义，沉重打击了宋朝廷的统治。这时，北方金国兴起，一举消灭辽国，并乘机南伐，仅仅用两年时间就攻灭了北宋。

1127年，金国攻占开封，俘虏宋徽宗、宋钦宗，立国167年的北宋灭亡。继而南宋建都临安（今天浙江杭州），与金国隔淮水南北对峙。宋朝前后存在319年，其中北宋太祖赵匡胤、仁宗赵祯时，都有意迁都西京洛阳。徽宗政和元年（1111）至六年，对洛阳城郭、宫室、漕渠等进行了大规模的修葺重建。因此，北宋时的洛阳，作为西京仍然具有相当大的规模。金国作为北宋末年兴起的王朝，存续达129年，虽然灭北宋后以洛阳为中京（陪都）16年，但实际上已将洛阳降到一般府城，城市规模大为缩小，经济文化远远落后于北京、南京、杭州、开封等发达城市。宋金对峙时期，尽管洛阳的政治、经济地位在日益衰落，但由于军事地位的重要，频遭战火的情况却未曾改变，仍是军事斗争的主战场之一。从1125年至1161年的36年间，在宋金双方旷久、拉锯式的争夺战中，洛阳先后7次易手，兴于隋唐、迄于北宋的洛阳城，惨遭蹂躏，宫室尽焚，最后荡然无存了。

史载，金国是由我国东北女真族（古称肃慎，后为满族主要组成部分）建立的国家。其建国首领完颜部首领完颜旻（阿骨打）于1113年担任女真族部落联盟酋长。1114年秋天，女真族举起反辽的旗帜，大败辽兵，声威大振。阿骨打于北宋徽宗政和五年（1115）正月初一，在会宁（今天黑龙江阿城白城）称帝（金太祖），国号大金。阿骨打称帝以后，整顿和扩充军队，推行军政合一的制度，并得到汉化很深的渤海人杨朴的辅佐，国力很快得到增强。接着，乘辽国内部社会矛盾不断激化、统治集团内讧之机，多次打败辽兵，攻占了辽国东京辽阳府（今辽宁辽阳）及其附近地区。这时，北宋看到辽国的实力日渐衰落，大有被金国灭亡之势，于是便幻想借用金国的力量收复被辽国割去的燕云十六州失地，洗雪"澶渊之盟"（即北宋与辽国于1005年一月，在澶渊郡也就是今河南濮阳西订立和约，规定宋每年送给辽国岁币银10万两、绢20万匹）的国耻。所以，从政和七年（1117）开始，多次派出使者绕过北方的辽国，从登州（今山东蓬莱）乘船过渤海到金国，相约南北两面夹攻辽国。双方在1120年结盟，约定以长城为界，金兵攻击辽国的中京大定府（今内蒙古宁城西南），宋兵进攻辽国的南京析津府（今北京），消灭辽国之后，燕云诸州归宋朝，宋原来每年供奉给辽国的银两和绢如数转给金国。这说是所谓的"海上之盟"。

当年五月，正当北宋王朝的使臣在金国商议夹攻辽国之计时，金军以迅雷不及掩耳之势，迅速攻占了辽国的上京临潢府（今内蒙巴林左旗东南波罗城）。而此时，北宋国内爆发了方腊起义，无力派兵北伐。金兵乘胜继续南下，于1122年一月攻下了辽国的中京大定府（今内蒙宁城西南大明城），三月又攻下了辽国的西京大同府（今山西大同市）。直到五月，北宋朝廷才在镇压了浙江东部各地起义后，腾出手来派兵北伐。但是，北宋的北伐却是连连失败，直到十月才攻入辽国的南京析津府（即燕京，今北京），可又被辽兵大军压迫驱逐，迫不得已"烧营而奔，自相践踏"，"捐弃一切军需之计，相继百余里"，死伤无数，使北宋的腐朽空虚之状暴露无遗。而金兵则节节胜利，所向披靡，于十二月过居庸关南下，不战而取辽国的南京析津府（即燕京）。如此，金国在立国不到8年的时间里，就攻占了辽国的5京。1123年，金太祖阿

金太宗完颜晟塑像

宋钦宗

骨打死,其弟弟金太宗继立,继续对辽国进行军事进攻。1125年,辽国天祚帝在逃亡西夏途中被金兵俘获,辽国宣告灭亡。

辽国灭亡后,金兵立即将进攻的矛头对准了北宋。因为在对辽的战争中,金兵一路凯歌,而北宋则一败涂地,从而加深了金国对北宋虚弱无能的认识。在金兵占领燕京之后,金国就推翻了"海上之盟"所约定的条件。经过双方反复交涉,金国才答应将燕京及其附近地区的蓟、景、檀、顺四州交还给北宋,但北宋则必须将原来每年交给辽国的10万两"岁币"如数交给金国。除此而外,北宋还须另外交给金国"燕京代税钱"100万贯。双方谈妥,金兵这才退出了燕京,但在撤退时将燕京的粮食、金银、女子席卷一空。北宋以沉重的代价得到一座空城。然而,以徽宗为代表的北宋统治集团不以此为耻,反而认为金兵撤退以后就可以相安无事了,陶醉在"复燕云"的胜利喜悦之中。更为严重的是,此时的北宋朝廷可能是被所谓的"胜利"冲昏了头脑,竟然愚蠢地下令撤除了边境的军事防御,使北方国土防卫洞开,为金兵大举兴兵南伐创造了千载难逢的大好时机和有利条件。

当年十月,兵锋正锐的金军,兵分两路,挥师南下,发动了对北宋的全面进攻。西路军在太原一带遭到当地军民的顽强抵抗,无法前进。然其东路军则一路所向披靡,旋即逼近北宋都城东京开封。面临大兵压境,宋徽宗这才感到形势大为不妙,在大难临头之际逃之夭夭,他立即将帝位传给儿子赵恒(宋钦宗),而自己则逃跑到南方去了。可是,在民族矛盾如此尖锐的紧急情况下,北宋朝廷内部则是一片混乱,纷纷嚷嚷,意见不一,在战与和的问题上分成了抗战派和求和派,并展开了激烈的斗争。以宋钦宗和宰相李邦彦、张邦昌为代表的求和派,为保全自己的统治地位,企图苟安求和,主张割地赔款,以换取金兵解除开封之围。抗战派以李纲为首,主张坚决抵抗,并派兵守城,亲自督战,士气高昂。面对敌人入侵,朝廷软弱,而各地军民奋勇抵抗，河北、山东的民众纷纷行动起来，组织义军打击金兵，各地的勤王之师也从四面八方赶到开封城下助战。次年，即靖康元年（1126）正月，宋朝廷置广大军民努力抗战的热情和行动于不顾，对金屈膝议和，割去太原、中山、河间三镇给金，并对金称臣。金军得到如此战果，实在高兴，但也看到形势十分不利，因为他们是孤军南下，长途跋涉，深入千里，如果继续坚持下去有可能全军覆没，于是被迫撤退。

北宋的屈辱求和，并未能争取到真正的和平，但求和派以为是自己通过谈判手段退金兵得胜，因而在朝廷中得势，便将抗战派李纲排挤出京师开封，取消首都防务，遣散各地勤王之师。

北宋朝廷自知无力战胜金兵，可也并不甘心，于是费尽心机，想利用西辽对金人的灭国之恨，联合攻打金国。北宋派出使者致书西辽，约定以兴复辽室为条件，让其作为内应。不料事不机密，被金太宗获悉，于是大怒，决定再次南伐。时西京洛阳是北宋首都开封之外的又一个政治、经济、文化和军事中心，战略要地，故成为金兵南伐过程中的重要军事目标，数次进抵洛阳，也遭到坚决抵抗。

金军于退兵开封的当年八月，以宗翰为左副元帅，宗望为右副元帅，兵分两路，再次南下进攻北宋。此时的宋朝上下震惊，军心涣散，战无斗志，议和派更是把持朝政、动摇军心。而金兵士气高昂、斗志正盛。十月底，金军以宗翰为左副元帅的西路军，攻克太原之后旋即南下，攻陷河阳（今河南孟州南）三城，渡过黄河。宋西京留守兼西道都总管王襄闻河阳陷敌，失魂落魄，以领兵勤王为名，带领3万军马弃洛阳城南逃，致使金兵几乎兵不血刃即占领了洛阳。洛阳第一次陷落。

宋代守城时用以堵塞缺口的塞门刀车

金兵进入洛阳，任命高世由为西京洛阳留守，并发兵东进，配合东路宗望为右副元帅的金兵完成对开封的包围。同年闰十一月二十五日（1127年1月9日），开封城被金兵攻克。宋钦宗被迫下令各地军民放下武器，向金军投降。但各地军民同仇敌忾，纷纷组织起义军，英勇抗击金军侵略。

宋代攻城时用以破坏城防设施的撞车

金兵渡河进攻洛阳时，伊阳（治所位于今天嵩县境内）人翟兴、翟进兄弟为宋下级军官，他们组织"豫西忠义军"以助王师。金军进犯东京开封时，朝廷密召西道总管王襄合兵3万人前往开封增援。王襄有了离开洛阳的借口，但并不打算增援开封，而是以勤王为名带领军队南下逃跑。到叶县时，翟进进谏阻止他，因而分军派翟进拿着书信向西进发。当时宋朝经略使范致虚已经集合5路军马驻扎在潼关，命翟进统领河南民兵，收复西京洛阳。翟进到达福昌县（今天宜阳西），派兵袭击金军营垒。当时金军游骑在郊区来来往往，翟进设置埋伏擒获金兵多人。金军进逼灵山寨（今河

抛石机

襄阳炮

南宜阳境内），翟进和金军展开战斗，突破包围到达高都县（今河南嵩县老城），与翟兴会师，集合乡兵700人。他们以机动灵活的战术，昼伏夜行，秘密向洛阳逼近，5日后到达洛阳附近，并乘金人不备，夜半更深之时偷袭入城。金兵仓促应战，还没弄清情况就被捉拿杀掉。金西京留守高世由被俘虏，拉出来斩首示众。义军追杀金兵数百人，收复西京洛阳。接着，乘胜扩大战果，挥师横扫周围金兵营地，在伊阳（治所位于今天嵩县境内）白马坞与金军激战，大败金兵，解除了洛阳城外围的军事压力。洛阳第一次为宋军收复。

西京争夺战的初次胜利，并没有扭转宋金双方的战争格局。金兵攻克开封后，并没有同宋军在城中展开争夺，而是将大军立即撤退出城，驻扎在城南郊的青城，城内仍然由宋朝廷管理，其目的是为了掳获宋朝皇帝作为人质，进而要挟宋朝，想得到从战争中得不到的利益。

1127年三月，金人立一向主和的张邦昌为皇帝，建立了傀儡政权，国号为"大楚"。四月，金人掳宋徽宗、宋钦宗二帝及皇室3000多人北还，北宋王朝宣告灭亡。

综观此一阶段战事，北宋王朝在面临敌军入侵之时，国家软弱不堪，在战争中屡屡败北，甚至连皇帝和皇室也被俘虏而去。各地军民虽然纷纷起兵反抗外敌，但因势单力薄，没有国家的力量作为后盾而难以改变大局。洛阳之战的胜利，虽然不能也没有改变两国战争的格局，但也彰显了洛阳人民抵抗外敌侵略的凛然大义。

南宋抗金七战洛阳

1125年,金兵发动了对北宋的大规模入侵,围攻北宋国都开封,得到北宋割地称臣之后而返。1126年,金兵再次大举入侵北宋,攻破北宋国都开封。其间,洛阳被金兵攻占,接着被宋军收复。1127年三月,金立张邦昌为皇帝,国号"大楚"。四月,金俘虏宋徽宗、宋钦宗及皇室3000多人北返,北宋灭亡。

金兵北去后,伪皇帝张邦昌失去了靠山,无人支持和拥护。五月,无奈之中他只得跑到北宋陪都南京应天府(今河南商丘),向北宋徽宗第九子、康王赵构痛哭认罪,交出政权。赵构匆匆在南京(今河南商丘)即皇帝位,是为宋高宗,建立南宋政权,改元建炎。从此之后,以靖康耻、收复北方为内容和口号的宋金战争打响,洛阳争夺战也由此转入新的阶段。

宋高宗赵构即位后,即命西京留守翟进组织义兵保护祖宗陵寝。建炎元年(1127)六月,高宗任命孙昭远为河南尹、西京留守、西道部总管,率领所部蜀兵数百人进驻洛阳。孙昭远到洛阳后,调动陕西、河北的义兵合约万人进驻洛阳,召集民众力量,加强洛阳的防御。并命翟进固守渑池(今河南渑池),翟兴扼守伊阳(治所位于今河南嵩县境内),姚庆把守偃师(今河南偃师),形成互为犄角之势,拱卫西京。当年七月,南宋朝廷又改授孙昭远为京西北路制置使,撤销西道部总管的建制,洛阳的兵力为之减弱。孙昭远明知自己无力改变大局,认为"今日捍御,甚难为功",但仍然意志不减,表示要决心誓死保卫国家,"为忠义死耳"。

当年十二月,金国以伪皇帝张邦昌被废为由,第三次发兵南下,进攻目标直指洛阳。金将宗翰率领金兵渡过黄河,直向洛阳扑杀过来。宋军将领姚庆领兵与金兵战于偃师,英勇顽强,但终因众寡悬殊,被金兵击败。孙昭远自知洛阳难以坚守,就命令部下王仔将保存在洛阳的宋朝神御护送至嵩

金军全面进攻南宋之战（源自《中国战争史地图集》）

县，以防受到金兵侵害。不久，金兵来到洛阳城下，孙昭远积极组织防御并带兵抵抗，但由于兵力单薄且无援军，多次战败，只得领兵南下。洛阳城第二次陷落。

当孙昭远到达今淮阳、上蔡时，恰遇南逃宋兵。面对满山遍野的南逃宋兵，孙昭远心中难过，便想收容这些溃兵，以训练后再行抗击金兵。但是，这些溃兵如同惊弓之鸟，哪里还肯听从他的指挥。作为败兵之将，他兵少无力，反被溃兵包围，劫持南逃。他挣扎不从，而且厉声呵斥这些溃兵："不以此时报国，南去何为！"可是，乱军之中，他的正义呼声反倒激怒了这些溃兵，被杀。

洛阳沦陷后，金帅宗翰任命李嗣本为河南知府，接着派遣尼楚赫领兵东进出汜水关（今河南荥阳汜水），以策应东路金兵作战。

翟进带领部分宋军与义兵坚守白浪隘（今河南渑池北），与金军展开

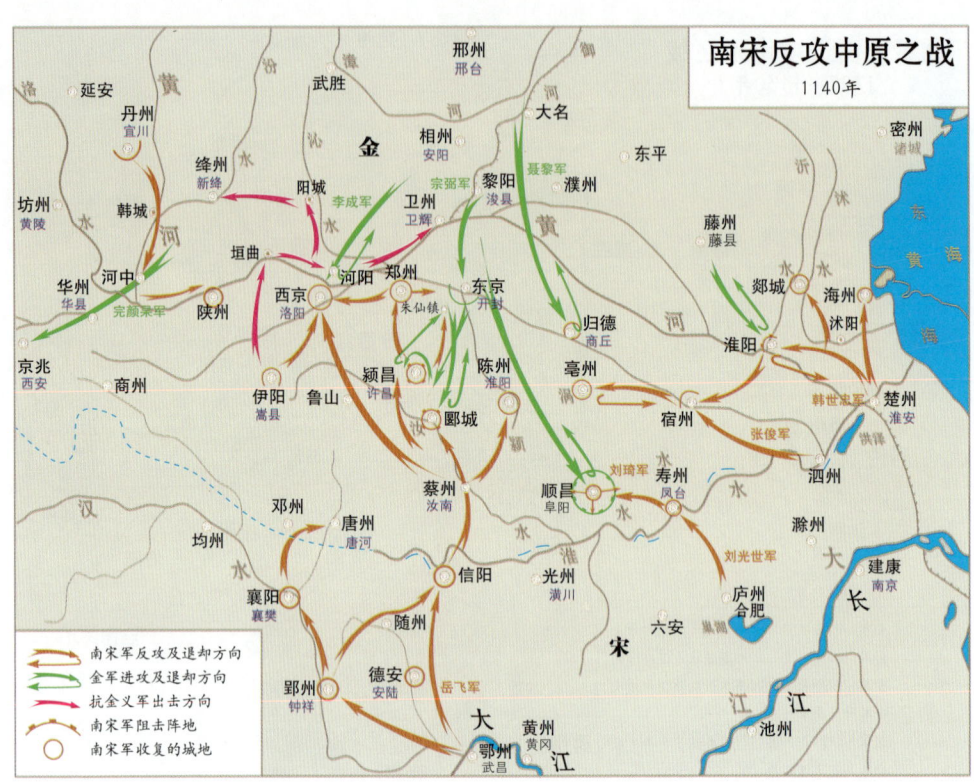

南宋反攻中原之战（源自《中国战争史地图集》）

游击战，小胜后于1128年一月退往伊阳（治所位于今天嵩县境内）山区。他收集散兵，周围民众也纷纷来归，迅速集中义兵千人，又形成一支抗击金兵的力量。翟进从中挑选300精锐组成敢死队，四处打击敌人。这支宋军，乘夜色突袭，焚烧敌人登封营地，烧死敌兵无数。随后与金兵战于驴道堰，生擒金军将领翟海，追击敌兵于梅花谷。继而又进至龙门（今洛阳龙门），与敌人夹洛伊河谷而战，使得洛阳守敌不得安宁。金军洛阳守将宗翰，在翟进义军的打击下，始终处于恐慌之中，加之天气逐渐变暖，喜凉怕热的金兵耐受不住，于无奈之中，宗翰只得逃离洛阳。临走时，金兵大肆抢掠百姓及各种财物，使洛阳变成了一座空城，然后又一把大火，将西京洛阳变成一片火海，最后成为一片灰烬废墟。宗翰引兵退入陕西，留左监军完颜希尹、右都监耶律伊都屯兵白马寺（今洛阳白马寺），让阿骨打第四子完颜宗弼（金兀术）屯兵河间府。此时，洛阳外围战接连奏捷，鼓舞了宋军士气。为一举夺回洛阳，宋高宗抓住战机，任命翟进为河南尹、京西北路安抚制置使，同时命御营左翼军统制韩世忠率部火速支援西京。翟进在击退金兵后，率领宋军进入西京。宋军第二次收复洛阳。

当年四月，韩世忠抵达洛阳后，招抚民众，加强洛阳的防务，会同翟进所部，以及大名府路都总管司统领官孟世宇、京城都巡检使丁进等几路人马，统一指挥，分兵把守，与金军隔河对峙，顿时军威大振，士气旺盛。但从总体的实力对比来说，宋军仍然处于劣势。尽管如此，宋军也伺机而动，不断打击敌军。翟进率领所部主动出击，夜袭完颜希尹在白马寺的营地，反遭金军伏击，失败而归。翟进又与韩世忠的大军合兵，与金兵战于文家寺，士气高昂，战斗十分激烈，但由于宋将丁进贻误战机，未能有效配合，加上陈思恭临阵畏缩，不战而逃，导致宋军三战三败，再次受挫。金军乘机反扑，追至永安后涧（今河南巩义与偃师之间），韩世忠被多支流箭击中，幸得部将力救，方免一难。之后，韩世忠收拾余部南走，翟进据守洛阳。面对如此形势，有人说："金军的营寨还很坚固，（洛阳）城不可守。"翟进不同意。金军聚集怀、卫、蒲、孟等数州的军队逼近洛阳城下，用斧头砍开诸门入城，翟进率领士兵与敌展开巷战，他的次子翟亮在这场战斗中阵亡。翟进无奈退出洛阳。金兵完颜希尹部乘机又攻占洛阳。洛阳第三次陷落。

洛阳陷落后，翟进仍然留在洛阳一带坚持抗击金兵的斗争。他把部队和

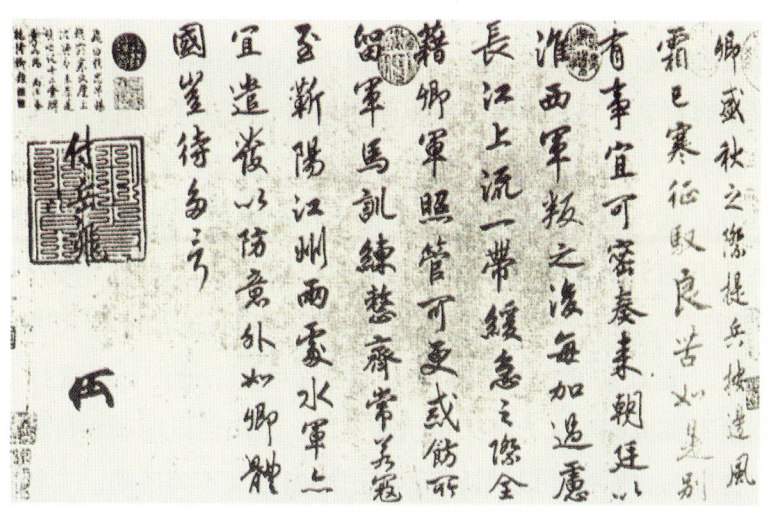

宋高宗赵构赐岳飞手敕

组织起来的民众编为多支机动灵活的战斗小队，深入洛阳大街小巷，与敌人进行巷战，神出鬼没地打击敌人。数日后，义军终因寡不敌众败走。但金兵占领洛阳后，外无援兵，内无粮草，无法立足，不久亦弃城而逃。旋即，翟进率部占据洛阳。宋军第三次收复洛阳。

翟进率军占领洛阳之时，江淮大部分地区已为金军控制，洛阳城处在金军四面包围之中，因此战争形势对宋军极为不利。并且，恰逢东南留守杜充所招纳的号称"没角牛"的大盗杨进，于建炎二年（1128）十月，在洛阳南部汝州一带武装叛乱，拥兵几万，在汝州、洛阳之间残害百姓，欲与金人会合，攻占西京洛阳。杨进带领几百骑兵进犯翟进山中营寨，翟进乘其在半路途中发起攻击，追逐杨进几十里，毁掉杨进4个营寨，但因战马受惊坠落堑壕，被杨进杀害。翟进死后，朝廷追赠他为左武大夫、忠州刺史，以他的后代5人为官。宋朝任命翟兴继任河南尹、京西北路安抚制置使兼京西北路招讨使。翟兴于建炎三年（1129）正月在鸣皋山北（今伊川城南）大破杨进。次年，宋任命翟兴为河南府、孟、汝、唐州（今河南洛阳、孟津、汝州、唐河）镇抚使。

这一年，宋济南知府刘豫降于金国。次年，即建炎四年（1130）七月，金国为了以汉治汉，立刘豫为傀儡皇帝，国号大齐，都大名府（今河北大名）。金兵得到伪齐支持后，多次派兵进攻翟兴，但连为宋军所败。1131年初，洛阳城内粮草匮乏，翟兴为解决燃眉之急，将部队分散到周边就食，洛阳仅仅留数千人防守。金兵乘机以万人骑兵进击河南府临时治所西碧潭。翟兴从容自若，巧妙布阵，派出骁将领精兵埋伏于井谷，出奇制胜，大败金兵，使其占领洛阳的图谋落空。接着，金国为了鼓励伪齐，于当年十月将陕西地区赐给刘豫。同时，为了便于控制中原，欲将伪齐国都迁移汴京（今河南开封），但是又惧怕洛阳的翟兴向其发动进攻。伪齐刘豫决心除掉翟兴所部，于绍兴二年（1132）发兵进攻翟兴的治所，兵进宜阳（今河南宜阳）。翟兴和部将李恭利用山区的有利复杂地形，沉重打击了伪齐军队。刘豫军事围剿不成，便采用诱降之计，派出使臣蒋颐手持他的亲笔信件前往，许以高官厚禄，以图诱降翟兴。然而翟兴不为所动，"斩蒋颐，焚书信"。刘豫无奈，便使出阴毒手段，收买翟兴手下杨伟，于三月杀害了翟兴，并乘机派兵攻占了洛阳，任命孟邦雄为西京留守。此时，河南诸州县先后为伪齐所占。洛阳第四次陷落。

翟兴牺牲后，其儿子翟琮接过抗击金兵的旗帜，继续在洛阳周边地区坚持抗击敌人。1132年七月，南宋朝廷起用翟琮暂时代理河南知府。次年，翟琮率领精兵攻占洛阳，擒获伪齐西京留守孟邦雄，沉重打击了伪齐和金兵的嚣张气焰。洛阳第四次被宋军收复。

鉴于洛阳周边地区均为敌兵占据，翟琮孤军力单，便率领部队退出洛阳，依托山寨固守。伪齐任命梁进为西京留守，领兵进入洛阳。洛阳第五次陷落。

伪齐命令梁进进剿山寨的抗金宋军。梁进领兵袭击翟琮于伊阳的凤牛山寨（今河南汝阳境），翟琮派遣统制李吉埋伏于山间，等梁进所部到来，一举而全部歼灭之。是时，中原已全部陷入金人和伪齐之手，奋力作战的翟琮在多次游击金军后，因困于山寨狭小，内无粮草，外无援兵，势力孤单，便利用夜深人静之时，冲出山寨，且战且退，南下转入湖北襄阳作战。

绍兴七年（1137），金国的几支南侵主力部队都受到中原军民的英勇抗击，损失惨重，造成统帅金兀术与挞赖等人的矛盾重重。十一月，掌权的挞赖为了迫使宋朝归顺于金国，废弃了刘豫的伪齐傀儡政权，并以原来伪齐的地盘和释放徽、钦二帝及韦太后为诱饵，要宋朝向金国称臣，从而达到通过战争手段实现不了的政治目的。由此，又一次引发了宋朝廷内部关于战与和的激烈争论。宋高宗为了维护自身地位和一己私利，置国家和人民利益于不顾，一方面下令主战派"不要轻动"，一方面秘密与金国联系，并于1138年与金国使臣萧招达成和议。接着，萧招到达南宋国都临安（今浙江杭州），要对宋高宗赵构进行册封，也就是要把南宋变为臣服于金国的附属国，成为傀儡政权。这一举动，引起宋朝军民的极大愤慨，纷纷要求整军北伐，收复中原失地。但是，赵构决心与金国议和，并把议和之事全权交给秦桧处理。绍兴九年（1139）初，秦桧与金国达成"宋金和议"，金归还宋河南地。宋任命李利用为西京留守。宋军第五次收复洛阳。

正当秦桧一伙投降派洋洋自得，夸耀金国归还河南地是"不求自得，可谓大恩"时，是年七月，金国内部发生了一场夺权斗争，金兀术推翻了挞赖，掌握了大权，并推翻了挞赖与南宋签署的和议条款。金兀术于绍兴十年（1140）四月，发动了金国对宋朝的第四次南侵战争。金兵分4路大举南下，扬言索要河南、陕西之地。

金军占领了河南、陕西等中原广大地区后，南宋军民在抗战派将领的领导下，依然对金兵奋起抗击，给金兵以沉重打击。五月，宋叛将李成奉金兀术之命，率领叛军进犯西京。宋西京留守李利用闻听金军来犯，闻风丧胆，置洛阳军民抗战声音于不顾，丝毫不作抵抗，弃城落荒而逃。此前，翟兴的部将李兴在翟琮南撤后，被迫投降伪齐，金国归还河南地后，他重新任宋朝河南府兵马钤辖。如今，面对李成叛军来犯，西京留守李利用逃跑，李兴招募义兵组织抵抗。宋承信郎李靓率兵英勇抵抗，战败牺牲。李兴只带7名骑兵，从天津桥作战直到定鼎门，额颅受伤，昏倒于地，众人都以为他死了。他在半夜苏醒后爬起来逃走，又先后跑到伊阳、福昌、永宁3县，招集民众，组织抗金武装，虽经浴血拼杀，终因力量太小而兵败，退出战斗后南下，进入山区积蓄力量，等待时机。李成攻占洛阳。洛阳第六次陷落。

当年，名将岳飞奉宋朝廷之命发动第四次北伐，其中军副统制郝晸统领军马，直指西京，在离洛阳城60里外扎营。当时，金河南知府李成手下有7000多"番人"，3000多"食粮军"，5000多匹战马。七月一日，李成发几千骑兵前往挑战岳家军。郝晸命部将张应和韩清指挥马军迎头痛击，并急速追杀到洛阳城下，郝晸也率领全军为后继。李成见势不妙，便领兵弃城逃跑，北渡黄河退居孟州（今河南孟州）。岳家军在第二天光复了西京洛阳。

此前，岳飞命中军统领苏坚前往联络南下的李兴，李兴率领所部北上，与岳飞部将王贵、赫晸、张应、韩清部会师。双方密切协作，并肩作战。在主力部队攻占洛阳的同时，李兴和苏坚率领部队攻占西京所属5个县，又在河清县（今河南孟津东北）打败金军，然后收复汝州城。光复西京后，岳飞命李兴和苏坚共守洛阳。接着，王贵部收复郑州，张应部收复了巩县永安军。李兴和苏坚在永安军稍作休整后进入洛阳。宋军第六次收复洛阳。

与此同时，岳飞北伐主力大军取得郾城（今河南漯河郾城）大捷，全歼金兀术的铁浮图和拐子马，金兀术本人也几乎成了俘虏。此时，宋军在陕西、安徽等地也都取得了重大胜利。接着，金兀术大败于朱仙镇（今河南开封南），焦头烂额，打算放弃汴京（今河南开封）北逃。然而，正当战争形势一片大好，收复全部失地、光复大宋江山即将到来之际，宋投降派首领秦桧却急于放弃淮河以北国土，欲与金国划淮河而治，授意谏臣上书皇帝高宗，要岳飞班师回朝。岳飞为此悲愤欲绝，仰天大恸说："十年之功，废于一旦！"然而，皇命难违，只得下令宋军全线撤退，洛阳的岳家军也随之南下。

是年八月，宋叛将李成看到洛阳防卫薄弱，便从河阳率骑兵5000渡过黄河，强攻西京洛阳。宋河南知府李兴率领义军英勇抵抗，打开城门与之激战，打败了李成叛军，使西京岿然不动。叛军李成急忙向金兀术求救，金兀术当即派遣蕃汉兵数万支援李成。李兴闻讯，知道寡不敌众，不敢蛮战，只好放弃西京，退守到永宁（今河南洛宁）白马山一带，西京即为金兵占据。洛阳第七次陷落。

绍兴十一年（1141），南宋在卖国贼秦桧的主持下，与金国签订了屈辱的"绍兴和议"。条约规定，宋金两国以淮河为界，宋每年向金交"岁贡"银25万两，绢25万匹。此后，南宋被限制于淮河、秦岭以南地区，成为偏安一隅的王朝，且被投降派秦桧把持朝政，"满朝无忠义气"。民族英雄岳飞也遭到残酷迫害，以"莫须有"的罪名被杀害，"出师未捷身先死，常使英雄泪满襟"，千古一冤！

此后20年，金兵占据洛阳，洛阳战事暂时停止下来。

绍兴三十一年（1161），金主完颜亮举兵，发动了金国的第五次南伐宋朝的战争。时宋朝均州（今河南禹州）乡兵总辖杜隐领兵在河南一带，从金

南宋中兴四将图。画中人物为岳飞（左二）、张俊（左四）、韩世忠（右四）、刘光世（右二），其余为侍从

兵后翼攻入河南府，收复西京。宋军第七次收复洛阳。

当时，宋朝的著名诗人陆游虽然没有直接参加抗金斗争，但一直在幕后紧张活动，并热切关注着战争。当他听到西京洛阳被宋军收复后，极为高兴，以兴奋高昂的笔调欢呼这一胜利："白发将军亦壮哉！西京昨夜捷书来。胡儿敢作千年计，天意宁知一日回。"表达了他强烈的爱国主义精神。

杜隐攻占洛阳之后，不久撤离，金人又占洛阳。至此，经过30多年的反复争夺和较量，洛阳第八次最终落入金人之手。

此后，洛阳一直由金兵占据，为金国管辖。公元1277年，金国改洛阳为中京，设立金昌府（今洛阳老城），成为金国的五京之一。

综观此一阶段战事，南宋王朝面对金兵大举进攻，投降派在朝廷内占领上风，致使洛阳在7次争夺之后，仍然为金兵占领。尽管各地军民以强烈的爱国精神坚决抵抗，洛阳军民在敌强我弱的形势下仍然顽强作战，不怕牺牲，反复攻占洛阳，尤其是岳家军英勇作战，大破金兵，恢复中原指日可待，无奈国家软弱，杀害忠良，民奈以何？铭记国耻，教训后人。

南宋收复三京之战

南宋王朝是北宋徽宗第九子、康王赵构建立的政权。最初,赵构在南京应天府(今河南商丘)即皇帝位,是为高宗,改年号为建炎。后来,迫于金兵进攻压力,丧师失地,被逼迁都于临安(今浙江杭州),史称南宋。然而,迁都并没有给南宋带来和平,反而助长了金国的气焰,兵伐不断,要挟不停。软弱的南宋王朝为取得一时苟安,一方面对全国各地军民风起云涌的抵抗行动无力支持,另一方面又对英勇作战的军队将领进行打击迫害,杀害了战功卓著的抗金英雄岳飞。同时,南宋还屈辱地与金国先后签订了一系列不平等条约,如"宋金和议""绍兴和议""隆兴和约""嘉定和约"等,规定了两国以淮河为界,金与宋为世代伯侄之国,每年由宋国向金国缴纳大量金银绢帛,等等。如此,南宋王朝在屈辱中勉强支撑着度日,金国同时也逐步看清无力征灭南宋。然而,此时的北方正在兴起一股新的势力,这就是蒙古力量的迅速崛起。

成吉思汗于1229年八月病死后,其子窝阔台即蒙古大汗位,继承父亲遗愿,进一步向南扩张。

窝阔台于1230年发动向金国的进攻行动,并于次年二月攻占了军事要地凤翔(今陕西凤翔)。1231年五月,窝阔台在官山(今内蒙古卓资北)召开诸王百官大会,决定借道南宋进攻金国,于是积极与南宋联系,双方制定共同消灭金国的军事计划。

当年秋天,蒙古军兵分3路向金国南京(今河南开封)进攻。金国末帝金哀宗闻讯,急调黄河沿岸守军20万人,南下至邓州(今河南邓州)禹山地区阻击西路蒙古军。蒙古将军拖雷避开金军主力,兵分多路北上。金军又匆忙北上,由邓州驰援南京(今河南开封)。拖雷便部署主力于均州(今河南禹州)三峰山附近待机,又派出3000轻骑袭扰金军。1232年一月,拖雷

宋代用以攻城挖地道的军车

宋代用以破坏城防工事的饿鹘车

见金军主力且战且行，又逢连天大雪，将士筋疲力尽，便发起三峰山之战，全歼金军15万人，俘杀金帅完颜合达、移剌蒲阿。接着，由宋军配合中路蒙古军作战，金军潼关守将李平献关投降，河南10余州县随即被蒙古军占领。面对作战顺利，消灭金国指日可待，蒙古遂派出使者王楫前往南宋谈判，双方达成协议，规定双方联合消灭金国以后，以河南淮阳、上蔡一线为准，东南之地属南宋，西北之地属蒙古。这就意味着，如果将来金国一旦被消灭，洛阳、郑州一带也将为蒙古管辖。

当年三月，窝阔台率领大军包围南京（今河南开封），激战16个昼夜未能攻下，双方伤亡惨重。八月，蒙古军在郑州附近击败金军10余万援军，金军主力所剩无几。十二月，金哀宗逃至归德府（今河南商丘）。1233年一月，金南京开封守将崔立献城投降蒙古军。六月，金哀宗又逃至蔡州（今河南汝南），蒙古军追击，围攻蔡州。十一月，南宋京西路兵马钤辖孟珙奉命率领2万兵马，运米30万担，与蒙古军会师蔡州城下。1234年一月，宋、蒙联军攻入蔡州，金哀宗自杀，至此，金国在北方统治119年后灭亡。

蒙古与南宋联合攻灭金国之后，双方遵守盟约。灭金之初宋军即南撤，只在江汉地区布防，以防蒙古人南侵。蒙古灭金后，也从南宋国土撤兵北返。然而此时，南宋朝廷对于金国的灭亡欢欣鼓舞，精神振奋，朝中大臣纷纷要求收复山河，恢复大宋王朝对中原地区的统治，而置先前与蒙古签订的条约于不顾。虽然朝廷中对此争议不断，但宋理宗赵昀决心已定，便于当年六月下诏，收复河南地区的三京，即东京开封、西京洛阳、南京归德（商丘）。宋军兵分三路，第一路兵马由赵范率领，从湖北北上；第二路兵马由赵葵率领，自滁州（今安徽滁州）进军；第三路兵马负责运送粮草，进行策应。由此拉开了蒙宋长期战争的序幕。

东路军赵葵部渡过淮河后，所过州县白骨遍野，多年的战乱，已把炎黄子孙世代居住之地蹂躏得不成样子了。这是因为，在蒙军灭金的过程中，致使中原地区90%的人口消失，有的被杀，有的冻饿而死，有的逃亡。

宋理宗调集庐州的全子才会合淮西的驻军共约万人，出兵攻伐开封。时开封被投降蒙古的金将崔立占据，内部矛盾重重。其部将都尉李伯罕、李贱奴等人秘密与前来的南宋军队联络，表示愿意投降，并签订了条约。然后，李伯罕派人火烧开封的封丘门，并假意请崔立前往观看火情，在返回途中将其杀害。全子才旋即领兵进城，南宋军队占领开封。

这时，南宋将领赵葵率领5万精兵自滁州（今安徽滁州）进军，攻取了泗州（今江苏盱眙境内），然后急忙奔赴开封，与全子才部会师。在开封，赵葵向全子才建议立即向西进攻洛阳、潼关，全子才却认为时机并不成熟。赵葵认为不能贻误战机，遂命令淮西制置司徐敏子为监事，领兵先行西进，又命令杨谊率领庐州的1.5万人强弩军随后向洛阳进发。由于当时军粮不够，每个士兵只带5天粮饷。

七月，徐敏子以张迪为先锋，启程向洛阳进发。几天之后，张迪很快到达洛阳城下。这时，洛阳城守军早已逃之夭夭，城中寂静无声。张迪让士兵喊话，城内无人应答。宋军害怕城中有埋伏之兵，不敢贸然行事。直到晚上，看见有民众登上城楼观察动静，便赶紧派人上前搭话。宋军？用洛阳人的话说，"那是几辈子的事了"！因为，金国管理洛阳已近百年，城内百姓也经过几代人了，多数人生来就是金国的百姓，从没有人见过前来的军队是什么军队，也不知道他们来的目的是什么。他们只知道常年驻扎在洛阳、与洛阳人已经很熟悉的金军刚刚被蒙古军队打败。如今，蒙古军队刚刚撤走，千里之外的宋军怎么就来了？经过沟通、协商，全城300余户民众向宋军张迪"投降"。徐敏子这才带领宋军进入洛阳城。

宋军不与蒙古人商量，便占领了开封、洛阳，国力正盛的蒙古汗

宋代用以在攻城时观察敌情的巢车

国于是发兵，欲与宋军重新争雄中原。

徐敏子进入洛阳城中的第二天，军队所带粮食已经几乎吃光，又没有补给，为了节约粮食多坚持些日子，只好让士兵到城外，去采摘蒿草与面搅拌着做成饼烧烤而食。过了几天，粮食更加紧张，将军杨谊无奈带兵跑到洛阳以东30里的远郊区去就食。当忙了一上午准备好，饥渴难耐的兵士刚刚散坐在地上吃饭，突然看见蒙古兵从茂密的蒿草中树立起红黄相间的凉伞来，数里之外也能看得一清二楚，顿时个个惊慌不已。将军杨谊也因为没有任何准备而不知所措。蒙古军从隐蔽处一跃而起，发起冲击。宋军顿时慌乱，四散逃窜，有的向北逃跑到邙山，有的向南逃跑，过洛河时掉入水中者不计其数。杨谊左突右闯，冲出重围，但全军覆没，只身逃脱。当天晚上，宋军洛阳大营从溃败的士兵那里得知杨谊全军覆没的消息，人人惊慌，士气低落。接着，蒙古军西进，占据洛水北岸，控制周围有利地形，准备与宋军在洛阳展开激战。

八月，蒙古军进抵洛阳城下，安营扎寨，对宋军形成包围之势。徐敏子率领宋军与蒙古军互相攻伐，多次交战，互有胜负，势均力敌。由于城中粮食缺乏，军需供应不上，士兵只好杀军马而食。徐敏子等人认为，洛阳不能久驻，于是带兵突出重围，向东返回。然而，此时东京开封的情况也十分不妙，令人担忧。赵葵和全子才因为军需供应不上，军饷匮乏，粮食困难，物资短缺，而先前收复的州县也大都是些空城，不仅无法补充兵员，而且还要派兵驻守，致兵力分散，加之蒙古军派兵紧紧围困开封，使宋军进退维谷。这时，令人谁也想不到大事发生了，蒙古军竟然掘开了黄河的寸金淀大堤，汹涌的黄河水似脱缰的野马一样，向开封城滚滚而来，刹那间冲进城中，淹没了宋军营地，士兵淹死无数。赵葵、全子才只好带领残兵败将在一片泽国的泥泞中落荒而逃。由此，宋朝收复三京之战以全面失败而告终。

南宋兵败，撤退至淮河以南，仍然维持着残守半壁江山的惨淡局面。当年十二月，蒙古派遣使者前往临安（今浙江杭州），当面指责南宋背盟违约。南宋被迫派遣邹伸之为使者，向蒙古表示歉意，屈膝求安。从此以后，黄淮之间的广大地区，经常受到蒙古兵的侵扰，再也没有安宁的日子。

综观南宋收复三京之战，纯粹属于一厢情愿，是南宋朝廷最后垂死挣扎的表现。经过此一战事，南宋不但没有收复三京，而且也没有占领一寸土地，反而损兵折将，得不偿失。究其原因，军队长距离进军北上，后勤供应线过长且不及时，更不充足，导致前线部队困难重重，难以作战，兵不败也会自垮。长远看，此举更招致蒙古军南下，从而加快了南宋王朝灭亡的步伐。

元代洛阳战争

蒙古汗国五攻中京洛阳之战

1232年二月至1233年六月，蒙古汗国军队5次进攻金国中京洛阳，并最终占据了这一战略要地。

蒙古汗国和金国都是在北宋中后期，分别由我国北方兴起的蒙古族和女真族建立的国家。作为中华民族的成员，他们在为各自政权的建立、发展和巩固进程中，逐鹿中原、激烈争战，而洛阳作为军事要地，也多次成为双方争夺的主战场之一。

金太宗完颜晟于天会四年（1126）挥师南下灭掉北宋后，以开封为南京，隔淮河与南宋朝廷对峙。而此时，在金国统治地区的北方，勃然兴起的蒙古汗国频繁活动，不断威胁金的统治。因此，金国统治期间，始终处于南宋和蒙古汗国两国的夹击之中。

史载，南宋末期，在宋、金南北对峙之时，漠北蒙古族兴起。蒙古族首领铁木真自1179年自称为汗后，历经24年大小数十战，统一了蒙古诸部落，在斡难河流域建立起蒙古大汗国。1206年，铁木真被推举为全蒙古的大汗，即成吉思汗（意为海洋一般的大王）。蒙古汗国建立之后，即把消灭西夏、金、宋作为战略目标。随后50多年中，蒙古汗国不断向外扩张，5次进兵西夏，3次南下伐金。其祖孙三代，相继3次举兵，远征西域，将势力扩展到欧州，建立起横跨欧亚两大洲的强大帝国。其间，成吉思汗从金大安三年（1211）开始，率领蒙古骑兵在黄河以北奔突驰骋，大张攻伐，数年间占领了金国黄河以北的大片国土。金宣宗贞祐四年（1216），成吉思汗将兵锋直指金国统治的黄河以南的中原疆域，一场蒙古汗国与金国争夺中原、争夺京都开封和中京洛阳之战打响了。

金国女真族是我国非常骁勇善战的少数民族，北宋末年立国并入主中原后，在多年与南宋的拉锯战中不断巩固了自己中原霸主的地位。但是，面对同样兴起于北方强悍民族蒙古族和成吉思汗的铁骑雄兵，金军作战却遇到了一系列新的难题，经常处于被动和劣势。

早在金贞祐二年（1214）春，成吉思汗率军围攻金的都城中都（今北京）时，为解京城之围，金宣宗完颜珣曾屈辱求和，贡献人口财物，并将卫绍王永济之女岐国公主送给成吉思汗为第四个妻子，蒙古军方才退兵。五月间，金宣宗慌忙率领皇室，载宫中珍宝，迁都南京开封，留尚书右丞相完颜承晖留守中都。但城下之约墨迹未干，成吉思汗派兵卷土重来，于次年五月一举攻占中都，完颜承晖于城破之日饮恨自杀。

攻下金中都的蒙古军，士气高昂。成吉思汗稍作休息后，迅速移师南下。金宣宗贞祐四年（1216），蒙古军由三木合拔都军，绕经西夏，于十一月逼近金南京开封。为此前中都城下之盟所羞辱的金宣宗，这一次看透了蒙古军要消灭金国的真实企图，于是积极迎战。他迅速诏令全城之师保卫南京开封，并调遣京外各路大军火速驰援。在金军顽强抵抗下，蒙古军几次攻城受挫，不久金国各路援军赶到，内外夹击，使遭受沉重打击的蒙古军损兵折将后退去。金军获得南京开封保卫战的胜利。

南京开封保卫战的胜利，鼓舞了金国朝廷。为了加强对中原的统治，于金宣宗兴定元年（1217），金国将洛阳升为中京，改河南府为金昌府。之后15年，两国少有战事，黄河以南有了短暂的休养生息的太平景象。据《元河南志》载，金国中京洛阳城的恢复和重建就是在这个时期进行的。

金国升洛阳为中京前，洛阳由于经过唐末、五代、宋等朝代的长期战乱和兵燹，已是千疮百孔，一片废墟，实际已降至一般府城，与其作为金国河南府的治所名实相符。金升洛阳为中京后，其时金昌府领有9县4镇。9县是：洛阳、沔池（渑池）、登封、孟津、芝田、新安、偃师、宜阳、巩县；4镇为：龙门、长泉、缑氏、洛口。总计人口30余万。

金哀宗正大四年（1227），也就是在洛阳升为中京10年之后，开始在旧洛阳城废墟之上修筑新城。新修的中京城东邻瀍水，南接东城南郭，西压东城西郭，北缩旧城仅1里，城市规模明显减小，大致相当于今天洛阳老城的前身。金国所修新洛阳城虽然没有了昔日古都的雄伟和壮丽，但作为政治和军事重地仍发挥着重要作用。

1227年四月,成吉思汗在消灭了西夏之后,乘大胜而兵锋正锐之时挥师南下,以图一举消灭金国,但不久病死。成吉思汗在临终前向其子窝阔台和托雷交代伐金机宜:"我们如果以精兵于潼关,南面是连绵不绝的大山,北面限于黄河,难以消灭金国。如果假道于宋朝境内,宋与金世代为仇,必然能同意我们要求,我军南下河南的唐河、邓县,然后北上直捣开封。金国着急,必定发兵于潼关。然而其以数万之众跋涉千里,即便能到达也是人疲马乏,不能战斗,我军即可破之。""一代天骄"成吉思汗死后,其子托雷监国。1229年八月,成吉思汗三子窝阔台接受蒙古诸王的推举,接替大汗之位。随即,1230年二月,窝阔台继承父亲的遗志,全力伐金。1231年二月,窝阔台率领大军继续南下,一举攻克军事重镇凤翔(今陕西凤翔),这就为远程迂回大跨度进军全面消灭金国创造了有利条件。

当年,金哀宗正大八年(1231)九月,蒙古军大举进攻金国。兵分三路,中路由蒙古国大汗窝阔台亲自率领攻河中,由白坡渡(今河南孟津东北)强渡黄河;西路由拖雷率领由凤翔过宝鸡,经过南宋境沿汉水而下,再向北进入唐州、邓州,直取金国南京开封;东路由斡陈那颜率领,攻取山东济南,然后三军会师南京开封。其中,中京洛阳也成为攻击的重点军事目标。

中路蒙古军势如破竹,十二月初攻陷河中。河中乃"河东之根本,河南之藩篱",河中失守,洛阳便岌岌可危。蒙古军沿黄河北岸东进,于次年即1232年一月到达河清(今河南孟津北)之白坡镇,此处为黄河渡口。此处的黄河底为石质,冬季或者天旱时河水很浅,人可徒步过河。金兵攻灭北宋时,其3000骑兵就是从这里渡过黄河东向开封。金宣宗迁都开封后,上下千里河防,常以此处为忧,每年冬季水浅之时,就命令洛阳守军专门派出部队严加防守。河中城破后,有识之士也曾上书要求加强此处防守,但未能引起朝廷重视,疏于防备。所以,蒙古军将领塔察尔部顺利渡过黄河,立即在南岸夺取金国的官船,以渡后续大军。已渡过黄河的蒙古军采取隐蔽战术,神出鬼没地在洛阳周边活动了40多天,以等待战机。

在洛阳,因为金兵主力全部调往南部阻击蒙古西路军,防守薄弱,负责守卫偃师的金将乌林答胡土更是一个贪生怕死之人。当他听说蒙古军渡过白坡渡后，就立即于当夜率领部下向南逃跑至嵩山少林寺，第二天又慌忙逃跑到少室山的山顶寨子里躲藏起来。

西路蒙古军也按照预定方案南下东进北上，攻势凌厉，在钧州（今河南禹州）三峰山、卢氏（今河南卢氏）铁岭两次与金军会战，大败金军。金军溃败后，少数士兵于慌乱中退守中京洛阳。二月，追杀至城下的蒙古军，与塔察尔部会合，由塔察尔率领强攻洛阳城。

此时，金国在洛阳除了少数兵力外，其余都是从南边退回来的败兵，而且多是由畏兀尔（维吾尔）、乃蛮、羌、吐谷浑、汉等民族人组成的杂牌部队"忠勇军"，合计共约4000人和百余骑兵。金国中京留守兼枢密院使撒合辇当时有病，朝廷便命温迪罕斡朵罗亲自奔赴前线指挥作战，率军抵抗蒙古军进攻。可是事出意外，"忠勇军"百余人于三月的一天闯入撒合辇的住处，劫持他与其他官属等人一起出逃。刚出南里城门，被城楼上的卫兵发现，守城指挥下令关闭瓮城大门，将逃兵困于瓮城之中，快箭滚石一齐从天而降，使得逃兵人马多有死伤。撒合辇仰头大喊救命，军士知道他是被挟持而为，便放下绳子将其拉上城墙，送还其宅。其余逃兵未死者均被活捉，从中拉出3名带头闹事者斩首示众，这才稳定了军心。

尽管兵力薄弱，但由于洛阳城墙非常坚固，蒙古军不断炮轰，仍无法攻下。攻守相持之际，守城总指挥温迪罕斡朵罗面对蒙古军的强力攻势，胆怯怕死，以巡城犒军为名，携带搜罗来的大批绸缎和财宝出北门向西逃跑而去。守卫城门的士兵发现后惊呼上当，大声喊叫："同知讲和去了！"于是，有将士三四百人蜂拥而上，随之出城门而去。撒合辇得报，立即出帐下令："再有下城者斩！"并截获几名随同知叛逃之人杀之，这才又稳定了军心。接着，蒙古军全面攻城，撒合辇全力组织抵抗，但无济于事。是夜，蒙古军攻破城墙东北角，杀入城内。撒合辇领兵从南门突围受阻，不得去，所带之兵所剩无几，便投入壕水中自尽。蒙古军于1232年三月攻入洛阳城，残酷地进行"屠城"，以报复洛阳人的"拒命"，洛阳人死伤无数，城毁不堪。旋即，蒙古军也不敢在洛阳久留，弃城而走。此战役是蒙古军第一次攻克洛阳。

中京城破，撼动金哀宗。他迅速诏令任守真为中京留守、元帅左监

蒙金战争（源自《中国战争史地图集》）

军，带兵2000余人，重建中京金昌府。金兵收复洛阳。受命于危难之际的任守真，立即加强洛阳防御，而且知人善任，破格提拔士兵强伸为警巡使。

当时，在洛阳南面的嵩山一带，还有从南方战线败退下来的南宋部队武仙和思烈余部屯驻，另外还有躲避于嵩山山寨中的乌林答胡土所部。思烈派遣使者约乌林答胡土与他一起东进，支援京师开封，而乌林答胡土并不情愿，只拨出4000人与思烈部一起东进。同时，中京留守任守真也奉命随同前往开封。八月三日,部队行至京水(今郑州西)时,遭到蒙古军突袭,因筋疲力尽而不战溃败,任守真也死于乱军之中。金哀宗闻讯,急令思烈转守中京洛阳。

八月,蒙古军卷土重来,从东、西、北三面攻城。时中京留守任守真已死,思烈还未到洛阳,群龙无首,大家共同推举强伸为金昌府签事。当时城内守军只有2500人,且多为老弱病残之士,物资匮乏,兵械不足,形势危急,但众志成城。强伸刚刚统军3天,蒙古军便开始攻城。两次列炮轰击,洛阳城岿然不动。当蒙古军第三次列炮攻城时,强伸号令三军指挥若定,收集衣服布帛代为旗帜,立于城上,迎风招展,鼓舞士气。他还亲率士卒突入敌阵,赤身与敌搏杀。当时,郊县民众为避战乱纷纷逃入城中,强伸便从民众中挑选壮士5000人,号"憨子军",往来救应,军民一心,斗志旺盛。又创造一种"遏炮",几个人才能抬动,发射大石于百步之外,所击皆中目标。蒙古军虽强,但一时也对洛阳无可奈何,便于九月退至百里之外休整。如此,蒙古军第二次攻打洛阳以失败而告一段落。

十月,蒙古军第三次来攻,又是未克而退。

十一月,蒙古军加强兵力,军队人数成倍增加,第四次来攻,而中京仍不能克。金哀宗闻之大喜,降诏嘉奖,并提升强伸为中京留守、元帅左监军、行元帅府事。同时,命思烈领乌林答胡士自嵩山进入洛阳。但是,乌林答胡士仍然想留在嵩山躲避,拖延时日不出。思烈警告他说,你如果再像从前那样逗留,我就要按照典章办事,不再容忍!乌林答胡士无奈与思烈一起进入洛阳,但他只带领了一半军队,另一半则继续留在山寨中。这样,思烈从南部山区共收集溃兵和民众10万人,增强了洛阳防守力量。

金代铁棍头、铜鞭穗

金代马镫

天兴二年（1233），蒙古军围攻开封后，金哀宗命使者诏告强伸，可便宜行事。蒙古大军在围困开封的同时，分兵一路向西，接着兵临洛阳城下，第五次进攻洛阳。他们押思烈之子于中京洛阳东门下，引诱思烈投降，思烈从大义出发，置儿子安全于不顾，命左右射之，以此表明抗击蒙古军的坚定决心。蒙古军见此情景，无可奈何。接着，中京军民得悉南京开封陷落，金哀宗下落不明，思烈闻之，大惊而死，死前遗言让强伸行总帅府事。

五月，塔察儿率蒙古军复至，陈兵于洛水之南，加紧备战。强伸陈兵于洛水以北与蒙古军对阵。蒙古军韩帅向强伸喊话，欲招降强伸，强伸义正严辞："我本一军卒，天子命我为留守，誓以死报国耳。"说完便策马扬鞭向韩帅冲击，举箭射之。韩帅见势不妙，勒马逃返回营，然后率领数百名士卒向天津桥冲来，企图占桥以渡大军过河。强伸手下一旗手见状，立即上前迎击，斩杀数敌。强伸更是激昂愤慨，解下自己的都统银符给这个战士戴上，率众挥刀使枪，冲击敌群，杀得敌兵纷纷后退。

强伸还在城外四隅修筑战垒，与各个城门相连，并设有屏障，谓之"迷魂阵"，生人进得出不得，蒙古军望而却步，不敢贸然进入。强伸带领军民一直坚持到六月，并多次取得了保卫战的胜利。然而正当关键时刻，身负代行省事重任的金将乌林答胡土贪生怕死，率众弃城而逃向蔡州（今河南汝南）。后因蔡州被南宋与蒙古联军攻破，乌林答胡土自感末日来临，投汝河而死，落了个可耻的下场。接着，洛阳的鹰扬都尉打开西门投降。孤立无援的强伸知城难守，不得已率部下数十人从东门突围，之后转战偃师，力尽被俘，宁死不屈。蒙古兵将他载于马上，欲送往都帅察塔尔处。强伸怒骂抗争，不肯前行。蒙古兵将其强夹于腋下西行。到了

蒙古军攻击图

城西七里河时，强伸怒骂更凶，蒙古兵无可奈何，认为即使将他送交大帅察塔尔，他也不会投降，便就地杀了强伸。如此，蒙古军终于1233年六月占领中京洛阳。

综观此一战事，金国在洛阳已稳定统治70多年（这是从1161年南宋军最后一次攻占又被金兵收复后算起，如果加上此前的20多年，金国实际统治洛阳近百年），其间升洛阳为中京，恢复和重建洛阳城市，设立金昌府，已经牢固站稳脚跟，但面对强大蒙古军的进攻，尽管金军拼尽全力抵抗，无奈整个金国面临灭顶之灾，一座城池为蒙古军所陷，也是大势所趋。

元朝与红巾军洛阳之战

元朝是由蒙古族建立起来的庞大王朝,是中国历史上第一个在全国范围内建立起来的以少数民族统治者为主的政权。蒙古族以其强大的武力,不仅征服了中原及长江以南地区,还将其控制范围扩张至整个西亚地区和东欧,成为中国有史以来疆域最大的王朝。

蒙古族是一个古老的民族,他们一直过着以游牧为主的生活。在12世纪时,蒙古族出现了一位杰出的领袖——铁木真。他作为部落首领,于1206年被蒙古各部推为大汗,称为成吉思汗。在铁木真的领导下,蒙古族逐渐强大起来,成为中国北方一支不可小觑的力量。于1227年消灭西夏、1234年消灭金朝,为统一全中国做好了准备。此时,成吉思汗已死,窝阔台、蒙哥、忽必烈先后继任大汗。公元1271年,成吉思汗之孙忽必烈在大都(今北京)改国号为元,自称皇帝,是为元世祖。从此,北京逐渐成为中国此后近700年的政治、经济、文化中心。元朝立国97年,先后历11帝(自世祖忽必烈始),为我国划定了以后的大致范围,自元末直到清朝中后期,中国的疆土在此基础上一直未发生太大变化。

元军头盔

成吉思汗病死后,窝阔台继任蒙古大汗,继承了成吉思汗南下进攻中原的战略,于1234年与宋军联合攻克金朝末帝金哀宗所在的蔡州(今河南汝南),消灭了金朝。战后,南宋违反事先的约定,派兵收复三京(东京开封、西京洛阳、南京商丘),被蒙古军打败而归。接着,窝阔台以南宋背盟违约为借口,乘势以兵南下,揭开了蒙、宋战争的序幕,但被宋军成功阻止。1258年,蒙哥大汗第二次南下进攻南宋,历时两年之久,遭受严重挫折,但并未全线撤退,继续在黄河与淮河之间与宋军争战。1271年忽必烈建元称帝后,继续蒙哥大汗向南宋的攻势,历6年之久终于1274年二月攻克了南宋的军事重镇襄阳城,取得了元朝消灭南宋的关键之战的胜利。当年十一月,元军统帅伯颜率领大军兵向南宋京都临安(今浙江杭州),一路大败宋军,追近临安时又拒绝了南宋朝廷的议和请求。1276年一月,元三路大军抵近临安城下,南宋谢太后派遣使者奉国玺及降表向元军投降,南宋灭亡。

由此,元朝统一了中国全境。

忽必烈在统一中国之后,并没有停止对外的军事行动。此后,元朝曾两征日本,两征安南(今越南北部),两征缅甸,先后使高丽、缅甸、台城、安南等地成为元的属国。在国内,为了统治汉族人民,元朝统治者将国民分为4等,即蒙古人、色目人(西夏、回回、西域等地人口)、北方汉人、南方汉人。在这种制度下,汉人的地位极底,成为蒙古人与色目人驱使的对象。故而,在元朝统治初年,曾发生过多次汉族与南方各少数民族反抗蒙古暴政的起义,但都未能成功。

元朝期间的中国由于幅员辽阔,经济得到了进一步发展。蒙古族以前的生活方式大多以游牧为主,生产力较低。为了改变这种状况,自忽必烈以

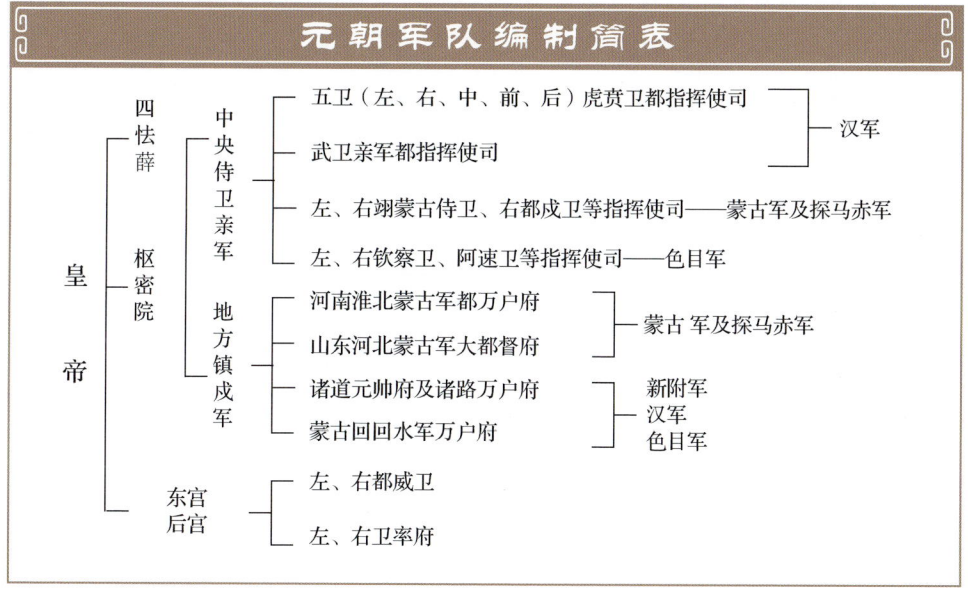

后，历代元朝统治者都以农业生产代替了畜牧生产，所以元朝的农业有了极大的发展。由于元朝的疆域扩展到了西亚地区，使得欧洲与中国的交往更加频繁，技术交流更加迅速。经济的起步带动了手工业与商业的发展。在元朝年间，中国南方的棉花种植已非常普遍，所以纺织业也随之发展起来，出现了以黄道婆为首的一批手工业者，使当时的棉纺织技术达到相当高的水平。此外，因漕运、海运的畅通及纸币的流行，商业在元朝也极度繁荣起来，使其成为当时世界上最富庶的国家之一。元世祖年间，威尼斯商人马可·波罗曾到过中国，在他之后撰写的《马可·波罗游记》中详细记载了当时元朝大都的繁荣景象。物质的丰富使元朝的统治者生活逐渐奢华起来，同时也使蒙古统治者内部争权夺利的斗争更加激化。在公元1311年至1333年的

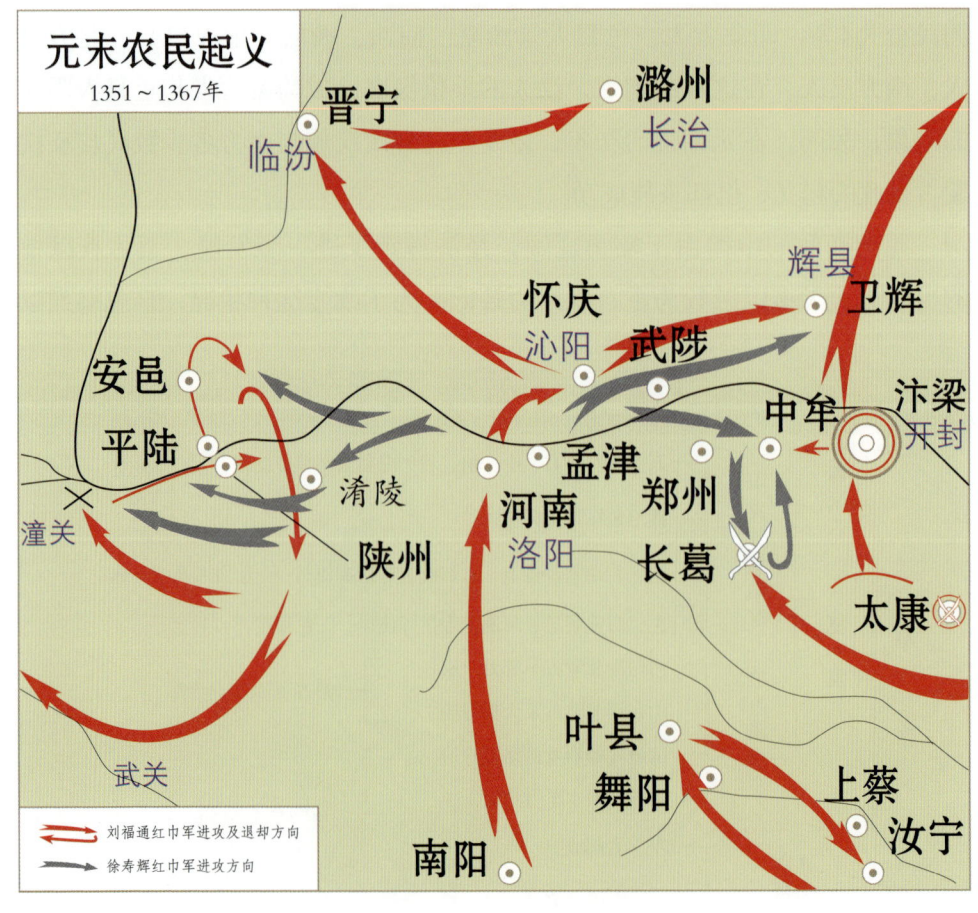

元末农民起义（源自《中国战争史地图集》）

24年中，元朝先后历8代皇帝，由此可见当时元朝内部的斗争之激烈。元朝后期，各皇帝都过起豪华的生活，为了满足他们的物质需求，统治者不断向人民收取各种赋税，尤其是汉族人民被压迫尤为严重。于是，汉族人民以各种形式起来反抗元朝暴虐的统治。早在泰定二年（1325）六月，息州（今河南息县）人赵丑厮、郭菩萨以"弥勒佛当有天下"为掩护，号召民众发动起义，揭开了元朝灭亡的序幕。元泰定皇帝得到地方官上报后，极为惊恐，命宗正府、刑部、枢密院、御史台及河南行省等部门联合镇压。十一月，郭菩萨被杀，其余人被杖责后流放。

顺帝至正十一年（1351），阶级矛盾和民族矛盾日趋尖锐，江淮一带严重的旱蝗灾害和瘟疫流行，直接导致了农民起义的爆发。白莲教首领刘福通领导的红巾军起义，席卷了整个中国。至正十五年（1355）二月，刘福通起义进入高潮，他们立韩林儿为皇帝，建都亳州（今安徽亳州），国号宋，改元龙凤，汴梁（今河南开封）以及邓、许、嵩、洛诸府州皆为红巾军所有。元朝名将察罕帖木儿以洛阳为中心，展开了征讨红巾军的战争。

察罕帖木儿，字廷瑞，畏兀儿族（维吾尔族）人。元朝统一中国后，他同曾祖父阔阔台随蒙古军入颍州，以探马赤军户留居沈丘（今安徽临泉），遂为颍州沈丘人，改姓李氏。察罕帖木儿自幼攻读儒书，曾应进士举，名闻乡里。刘福通红巾军起义爆发后，察罕帖木儿作为统治阶级的一员，深感自身利益受到威胁，便纠集武装，号称义兵，对抗起义军。至正十五年（1355），察罕帖木儿率军数万人，与罗山（今河南罗山）地主武装李思齐联手攻入罗山城，大败刘福通军，取得出战之后的首次大捷。因其治军有方，作战勇敢，力量迅速壮大，成为当时元朝统治的柱石，被元朝廷改编为官军。元朝廷授予他中顺大夫、汝宁府（今河南汝南）达鲁花赤（府最高长官）。

至正十六年（1356）九月，刘福通遣李武、崔德等为西路军，进克陕州（今河南三门峡）、虢州（今河南灵宝），扼崤函，破潼关。察罕帖木儿与李思齐领兵前往攻之。察罕帖木儿率军西行，乘夜攻取崤陵（今河南渑池西）。再攻陕州，城坚不可拔，转攻虢州（灵宝城），克之。李武、崔德北渡黄河入山西，克平陆，掠安邑，察罕帖木儿紧追不舍。李武、崔德回师下阳津，与元军相峙数月，终因不敌退走。

至正十七年（1357）初，李武、崔德占领商州（今陕西商洛），攻武关。二月，夺七盘，进据蓝田，前锋直抵灞上，进逼陕西行省首府奉元路（今陕西西安），分兵攻同州（今陕西大荔）、华州（今陕西华州）。陕西省台连连告急。元廷急令察罕帖木儿、李思齐、刘哈剌不花等由陕州、潼关增援。察罕帖木儿率领大军一路所向披靡，红巾军再次遭到沉重打击，转攻兴元（今陕西汉中）。朝廷对察罕帖木儿大加嘉奖，授资善大夫、陕西行省左丞。

闰九月，刘福通增派白不信、大刀敖、李喜喜等由四川北上，克秦州（今甘肃天水）、陇州（今陕西陇县），进据巩昌（今甘肃陇西），攻凤翔（今陕西凤翔）。察罕帖木儿先分兵入守凤翔城，然后诱红巾军围攻凤翔。红巾军不知是计，发重兵来围城，察罕帖木儿自率铁骑，昼夜急驰200里赴凤翔城外，分左右两翼包抄，城中元军开门而出，形成内外合击，红巾军大溃，自相践踏，被杀者数以万计，伏尸百余里。元顺帝龙颜大悦，旋即下诏晋升察罕帖木儿为陕西行省平章政事（行省最高长官）兼同知枢密院事（元以枢密院执掌全国军事，设知枢密院事、同知枢密院事等职）。

至正十八年（1358）二月，山东红巾军首领毛贵开始挥师北伐，进逼元朝京师大都（今北京）。元廷惶恐不安，急征四方兵入卫，命察罕帖木儿屯兵涿州（今属河北）。察罕帖木儿留兵戍清湫（今陕西眉县东南）、义谷（今陕西蓝田西南），屯潼关、塞南山口，以防陕西起义军再起，然后自率精骑急赴河北。

时关先生、破头潘等所率中路红巾军逾太行山，破上党，攻掠晋宁（今临汾）、冀宁（今太原），陷云中（今大同）、代州（今代县），又遣军南下。为遏制红巾军南下之势，察罕帖木儿遣兵埋伏于太行山南山关隘，而自勒重兵屯闻喜、绛阳。红巾军果然南下走南山，遭伏击，损失惨重。察罕帖木儿分兵杜塞太行山各通道，致使中路红巾军在山西无法活动，遂离开山西北上，转攻河北，进军上都。

同年五月，刘福通起义军攻破汴梁（今河南开封），宋政权迁都于此。此时，北方红巾军虽未攻克大都，但东自山东，西至甘肃，北达辽阳，南据江淮、荆楚、巴蜀，所在兵起，势相联结，红巾军势力出现鼎盛局面。察罕帖木儿不得不收缩兵力，于晋、豫交界一带，北塞太行，南守巩、洛，自己带领中军驻守渑池（今河南渑池）。

察罕帖木儿派兵驻戍虎牢（今河南荥阳西北），以遏制红巾军。当此之时，全国各地的农民起义也是风起云涌之势。除刘福通所部外，徐寿辉、倪文俊部作战于荆襄之地，张士诚部活跃于苏松地区，3支起义军互为犄角之势，遥相呼应，吸引和牵制着元军的主力。元朝的统治陷入了分崩离析、孤立自守的境地。面对大好局面，刘福通遣大将周会义主攻洛阳，另遣一支精锐骑兵攻击宜阳，而自己亲率骑兵数千人从新安来援。面对红巾军3路围攻，察罕帖木儿集中优势兵力重拳出击，双方在洛阳外围的新安、宜阳展开激战，数日后红巾军无所作为被迫退兵。察罕帖木儿乘胜追击至虎牢、成皋后收兵返回，之后牢牢控制了洛阳地区。当年十一月，红巾军从孟津北渡黄河，攻破怀庆（今河南沁阳），察罕帖木儿率军进击，红巾军败退。时驻荥阳的苗军背叛元朝，察罕帖木儿派兵乘夜袭之，尽虏其众，然后移师驻扎于中牟。接着，淮西红巾军30万来攻中牟大营，察罕帖木儿率众奋力抵抗，红巾军不能支，兵败退走，察罕帖木儿追杀10余里，无数红巾军惨遭杀戮。

至正十九年（1359），察罕帖木儿率军转往东面作战，围攻刘福通红巾军于汴梁（今开封）数月，逼迫红巾军败走山东。

元军在战场上取得暂时胜利，各军阀之间的矛盾也随之萌生。当时在中原屡与刘福通部红巾军争战的河南行省左丞相答失八都鲁，出身于蒙古珊竹带氏功臣世家，地位在察罕帖木儿之上，但战绩远在察罕帖木儿之下，察罕帖木儿自恃有功，颇为不满。这为此后的察罕帖木儿之死埋下了伏笔。

至正二十一年（1361）正月，察罕帖木儿在洛阳召集各路将领，进一步商定了大举进攻山东的战略。之后，并州军出井陉，辽、沁军出邯郸，泽、潞军出磁州，怀、卫军出白马，与汴、洛军水陆分道并进，而察罕帖木儿自率精锐铁骑，过孟津、经怀庆（今沁阳），直逼山东济南。山东作战前期，察罕帖木儿所部沉重打击了红巾军，使其一度遭受重创。但不久，红巾军冲破包围，转入反攻，节节胜利。至正二十二年（1362），元军围攻益都（今山东青州）数月，屡攻不下。元军将领田丰对察罕帖木儿极为不满，设计将察罕帖木儿骗入营中刺死，后葬于洛阳。

察罕帖木儿被杀的消息传至朝廷，朝野为之震动。元顺帝诏赠察罕帖木儿为推诚定远宣忠亮节功臣、开府仪同三司、上柱国、河南行省左承相，追封为忠襄王，谥"献武"。后改赠为宣忠兴运弘仁效节功臣，追封为颍川王，改谥"忠襄"，食邑沈丘县，又封其父阿鲁温为汝阳王，后又加封梁王。命其养子扩廓帖木儿承袭父职，平定山东，驻兵于汴洛，加封为河南王，以汝州为食邑，与弟弟脱因帖木儿同居河南府洛阳。

1983年，洛阳文物考古人员于洛阳老城西北苗沟村东南的邙山脚下，在察罕帖木儿墓冢前出土有石翁仲一件，高约2.9米。如今所存察罕帖木儿墓冢，上圆下方，高约15米。触景生情，定会使人们对600多年前元末名将与红巾军作战的场景产生无限遐想。

明代洛阳战争

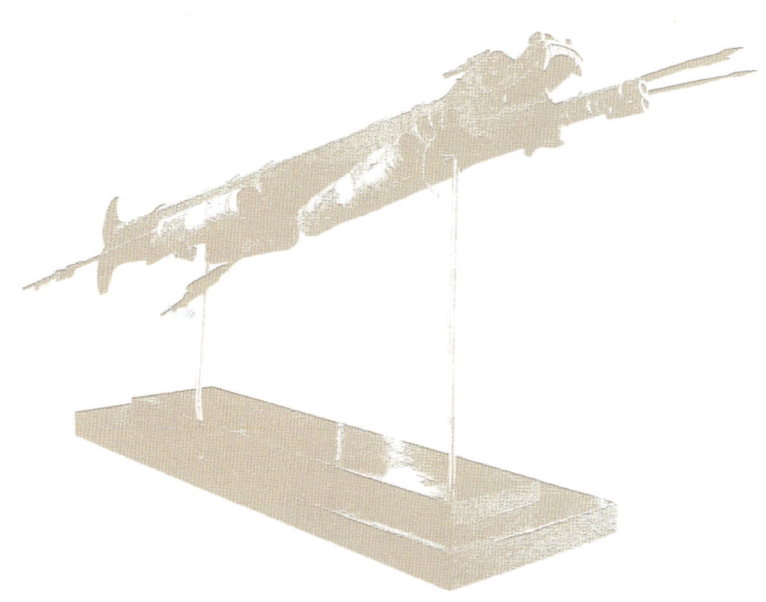

明初徐达、常遇春攻取洛阳

继元朝之后，统治中国的封建政权是明朝，开国皇帝是领导农民起义起家的朱元璋（1328—1398）。在朱元璋南征北战统一中国的诸多战争中，徐达、常遇春于1368年四月攻取洛阳之战，直接加速了元朝灭亡的步伐。

元朝统治中国后，中央集权的封建国家进一步得到巩固和发展。在中央，元代设中书省以执掌全国政务（长官为中书令），并直辖河北、山西、山东。而在中央以外，分置河南、陕西、四川、甘肃、云南、江浙、江

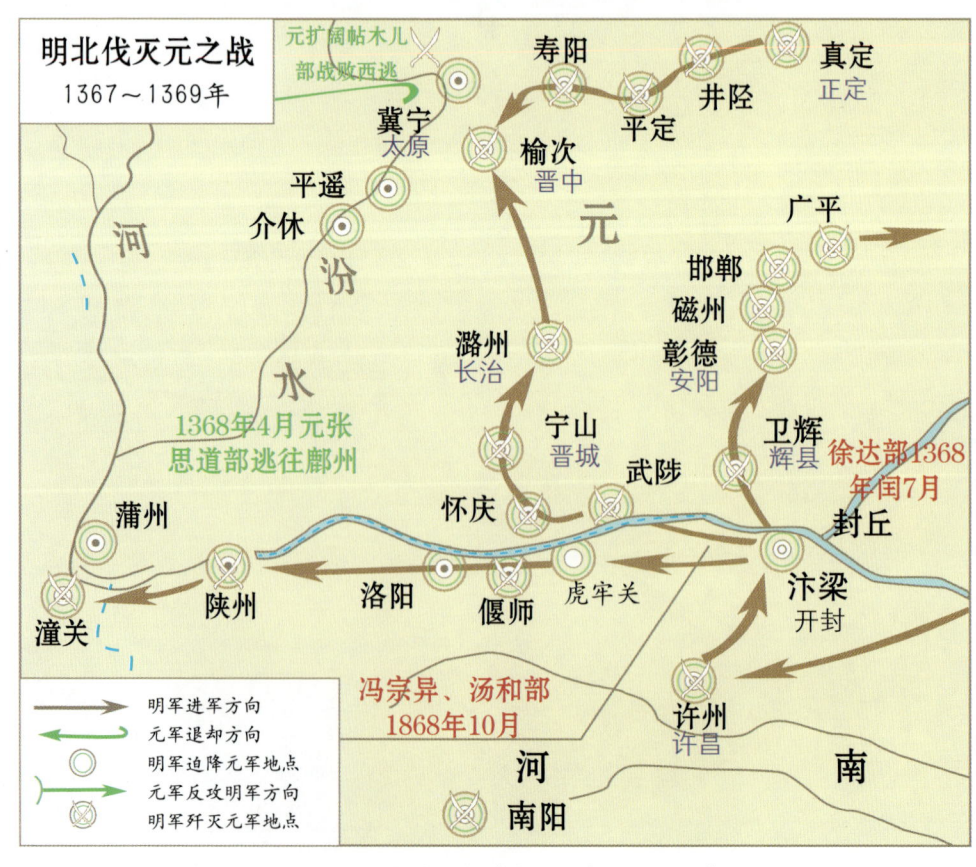

明北伐灭元之战（源自《中国战争史地图集》）

西、湖广、辽阳、岭北等10个行中书省,代表中书省在各地行使权力,简称行省,长官一般是平章政事。元代行省设置的出现,影响及明、清,之后由行省演变为省,迄今沿用。

元代,经宋、辽、金、元之间旷日持久的战争,洛阳城已破败不堪,人口锐减,范围也大大缩小。据《元河南志》记载,元代沿用的洛阳城,隶属河南省(治开封),为河南府路治所之所在,规模布局略同金代。元代管辖洛阳的是元室宗亲。从元顺帝开始,先后有察罕帖木儿、扩廓帖木儿、脱因帖木儿等元朝将领在洛阳驻扎重兵。元朝给予了他们世袭王位的特权,父死子继,兄死弟因。追谥为忠襄王和颍川王的察罕帖木儿,长期在洛阳驻扎,并统领兵马以洛阳为中心四处出击,镇压红巾军起义,取得诸多战役的胜利,因战功卓著而得到元朝廷的信任和重用,职务也随之快速提升。汝阳王和梁王阿鲁温为察罕帖木儿之父亲,颍川王和河南王扩廓帖木儿、河南王脱因帖木儿为兄弟俩,都是察罕帖木儿的儿子。他们实为一个宗亲家族,一直在洛阳为王、为军。从军事实力上看,这些世袭王爵的将帅家族,在洛阳和开封两地的驻军,已成为元朝保卫黄河以南地区的一支举足轻重的力量。

元朝统治中国期间,在加强中央集权的同时,从一开始就推行民族歧视政策,加上各级政权的日趋腐朽,所以建国不久,就连续不断地爆发了各族人民的抗元斗争,而且愈演愈烈,到元顺帝至正十一年(1351),最终发展成为席卷全国的农民大起义。和尚出身的朱元璋,在参加领导元末农民大起义的斗争中不断发展壮大了自己的实力。经过数年征战,他迅速崛起。1367年十二月,朱元璋正式即皇帝位,第二年即1368年一月改元建武,定国号为明,以应天府(今南京)为京师。明朝建立后,便开始了统一全国的战争行动。1368年一月,朱元璋派遣汤和攻克延平(今福建南平)。接着,占据广东的地方武装何真向朱元璋投降。1372年,西南的方玉珍政权在明军的威逼下归降。1382年,明军30万人进攻云南,攻克大理,基本统一了南方。

明代陶蒺藜

朱元璋在统一南方之前，也进行着大规模的北伐。为了侦察元军部署，朱元璋在派遣大军之前就派遣千户长王时，从海上到达元朝京师即今天的北京，掌握了元军的大量情况。当时，正值元军统帅察罕帖木儿攻克开封，平定山西、甘肃、陕西等地红巾军，并重兵镇守太行、黄河、洛阳等地，且部队士气高昂，计划攻取山东。为此，朱元璋便采取了与察罕帖木儿和好的策略，以便等待时机再向元军发动进攻。察罕帖木儿在进攻山东过程中死后，其儿子扩廓帖木儿接替了他的职务，成为中原地区新的元军统帅。朱元璋派出汪河为使者向扩廓帖木儿示好，扩廓铁木儿也派出尹焕章为使者护送汪河回到明朝，以示和好。朱元璋又派遣汪河为使者向扩廓帖木儿进行回访，结果在河南被扩廓帖木儿以挽留为名软禁在陕州（今河南三门峡）。1367年，朱元璋看到北伐的时机已经成熟，便派遣使者到扩廓帖木儿处，谴责其背信弃义的行为，并劝其放回汪河，放弃与明军的对抗，但遭到扩廓帖木儿的拒绝。当年十月，朱元璋下达了北伐中原的命令，并发表北伐檄文，提出了"驱逐胡虏，恢复中华，立纲陈纪，救济斯民"口号。同时，因为元朝为了统治汉族民众，将国民分为4等，即蒙古人、色目人（西夏、回回、西域等地人口）、北方汉人、南方汉人。在这种制度下，汉人的地位极底，成为蒙古人与色目人压迫的对象。所以，朱元璋在此时向蒙古人、色目人保证，如果愿为明朝臣民者，"与中夏之人抚养无异"，表明了化解民族矛盾的态度。这一策略，对于号召群众、分化瓦解敌人阵营，起到了巨大作用。

接着，明军开始大举北伐，战略方针是先取山东、次攻河南的汴京、洛阳。

当时，在山东、河南一带，唯一能与朱元璋起义军相抗衡的元朝力量，是统帅山东、晋冀、兰陕诸道军队的河南王扩廓帖木儿，总兵力也有数十万之众。但是此前，扩廓帖木儿

明代三眼铁火铳

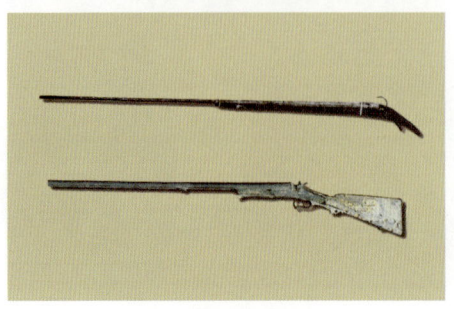

明、清时期的火枪

的父亲、因战功受到朝廷倚重的察罕帖木儿,与部下诸多大将素有不和,相互之间离心离德,内讧严重,明争暗斗不断,从而导致在山东作战时被人设计杀害。扩廓帖木儿对此怀恨在心。此时,面对朱元璋起义军大兵到来,扩廓帖木儿非但不去调兵遣将,积极抗击,反而为了剪除异己、扩大实力,统率大军进攻陕西。元顺帝对此大为恼怒,情急之下,免去了扩廓帖木儿的官职,并命中央军从北路攻击他。遭到中央军打击的扩廓帖木儿接连败北,退居太原,并在迫不得已之下,命其弟脱因帖木儿率军镇守洛阳,与朱元璋义军周旋。

面对势不可挡的朱元璋北伐大军,元朝廷内在如何保卫洛阳城的问题上争斗不休,莫衷一是。元朝太常礼仪院使陈祖任认为,大敌当前,要以国事为重,恳请元顺帝捐弃前嫌,顾全大局,重新启用先前罢职的名将扩廓帖木儿镇守河南省,但遭到顺帝的严辞拒绝。得知情况后的扩廓帖木儿,恼羞成怒,出兵杀尽辖区太原的朝廷命官。太原兵变后,顺帝非但不痛定思痛,反而推波助澜、火上加油,不依不饶,毅然下诏削去了扩廓帖木儿的世袭爵位河南王,并命朝廷军队开赴太原,全力剿灭扩廓帖木儿。元朝内讧由此加剧,极大地削弱了元军的作战能力,也为朱元璋提供了绝好的战略良机。

善于攻城伐谋的朱元璋,得知元朝军队内讧的消息后,采纳刘基、宋濂等幕僚的主张,立即遣使潜入太原,极尽招降之能事。当年十月,朱元璋任命中书左承相徐达为征虏大将军、中书平章政事常遇春为副将军,率军数十万人进逼山东。十一月攻克沂州(今山东临沂),十二月攻克东平、济南等地。接着,徐达、常遇春领兵西向,围攻汴梁(今河南开封),元朝汴梁守将左君弼于1368年三月不战而降。明军占领汴梁后,朱元璋也随即进驻,在中原地区亲自指挥。

当年四月,徐达、常遇春带领大军从汴梁继续西向,攻克虎牢关,进攻洛阳。同时,明征西将军邓愈也在当月攻克南阳,挥师北进,与徐达所部集中20余万人从东、南两个方向合围洛阳。一时间,洛阳城上空战云密布。

当时,驻守洛阳城的元军统帅是扩廓帖木儿之弟脱因帖木儿,拥有兵力10余万人。四月八日,明将徐达率步、骑军到达洛阳,陈兵塔湾儿(今洛阳东郊)。脱因帖木儿见明军突至,不敢懈怠,急忙以兵5万布阵于洛河北岸迎战。几日内，双方处于对峙局面。明将副统帅常遇春抓住时机，一马当先，率百余精锐骑兵强渡洛河，元军发锐卒20余骑迎战。常遇春临危不惧，一身虎胆，扬鞭催马，张弓搭箭，射杀元军前锋，并大呼驶入敌阵，吓得元兵不知所措。紧跟其后的百余精兵随之而上，喊声震天，冲向元军，元军阵营一时大乱。坐镇洛河南岸的统帅徐达乘势指挥大军渡河，突击敌阵，斩杀元军无数。元军大败，四处逃亡，死者相枕。元军向西逃窜，徐达率领兵马一直追击到河南城（今洛阳王城公园一带）。眼看洛阳城破在即，守将脱因帖木儿引兵数万败退50余里安营扎寨，待机反扑。不久，反攻失利，脱因帖木儿收集散卒向西败退，过磁涧，越新安，一直狂逃至陕州（今三门峡）。脱因帖木儿败退后，明军对洛阳城进一步缩小包围圈，但却围而不打，静观其变。

不久，朱元璋统兵赶来，他再次听取臣僚意见，主动出面做策反元军的工作。他亲自统率百官前往祭祀扩廓帖木儿的养父察罕帖木儿亡灵。朱元璋又令附近百姓为其守墓，同时封扩廓帖木儿之妹为爱子秦王之妃，以示友好态度，瓦解元军力量。朱元璋的策反工作很快收到成效，坐镇洛阳的扩廓帖木儿之祖父、梁王阿鲁温看到朱元璋的表态后，重新认识和分析了形势：明朝大军兵临城下，势不可挡，孙子脱因帖木儿兵败别离，黄河北的元军隔岸观火，见死不救。因此他认为空守孤城徒劳无益，于是便率全城官兵出降。

徐达、常遇春率师进入洛阳城后，历数元朝民族歧视政策的弊端，并打开官仓救济全城百姓，一时间洛阳城附近百姓从军者甚众。同时，明军迅速遣将乘胜追击脱因帖木儿残部。常遇春带领明军向南，穿过伊阙过伊川，攻克汝州（今河南临汝），留兵镇守后又攻克郏县（今河南郏县）。由于明军攻克洛阳而声威大振，所以周边各种元朝势力纷纷前来投降。巩县参政李成率军前来投降。福昌（今宜阳西北）知院张兴、钧州（今河南禹县）守将哈剌鲁、许州（今河南许昌）丞相谢李、陈州知院杨崇等，也派出使者来到洛阳军营，向明军表示投降。明军都督同知冯宗异率兵向西进攻陕州（今河南三门峡）的脱因帖木儿，脱因帖木儿已成惊弓之鸟，闻风而弃城逃走。明军都督冯国胜攻打潼关，元潼关守军望风而逃，明军追至华山脚下得胜而返。洛阳战局平定之后，明军留下少部驻守洛阳，大军则挥师进驻汴京开封。

明代火箭

洛阳之战胜利后,明军在徐达的指挥下,继续挥师北上。当年七月,徐达会诸将于临清,沿运河北上,进占直沽(今天津),元军从海口逃跑。七月二十八日,元顺帝弃大都(今北京)北逃上都。八月二日,明军进占元朝大都(今北京),从而,元世祖忽必烈于1271年建立的元朝在立国98年之后灭亡。

九月,徐达、常遇春进攻山西,扩廓帖木儿的10万大军向北逃跑,明军占领太原。李思齐的元军在陕西被明军包围,交械投降。接着,明军在扫清中原和秦陕各地元军残余之后,又回师北上,进攻元上都,元顺帝继续北逃,于1370年四月死于应昌(今内蒙古达里诺尔湖西南)。

到1371年,朱元璋完成了对全国的重新统一。

综观洛阳此战,是明军完成整个统一大业过程中的关键一战。经过此战,元朝精锐之师被消灭,从而使黄河以南基本上处于明军控制之下,决定了元朝政权的统治即将走向尽头。同时,洛阳一战也创造了元末战争史上不战而屈人之兵的光辉范例。之所以有如此战果,首先是因为朱元璋提出了"驱逐胡虏,恢复中华"的鼓舞人心的战争动员口号,同时也由于朱元璋采取了分化瓦解元军的巧妙策略,尤其是他在洛阳祭祀元军首领之父亲的亡灵,更是难能可贵,也是他的高明之处。当然,徐达、常遇春作为将领,有勇有谋、能征善战,是此战取胜的关键。

明末高迎祥、李自成三战洛阳

明末,全国各地的农民大起义风起云涌,直接动摇着明王朝统治的大厦。高迎祥、李自成领导的农民起义军3次进攻洛阳,特别是李自成统领起义军于1641年攻克洛阳之战,是农民战争中的一个重要转折点,加速了明朝覆灭的步伐。农民战争拯救了处于水深火热之中的劳苦大众,但由于战争的残酷性,使得洛阳这座历经沧桑的古城再次遭受了血与火的洗礼。

洛阳在朱元璋建立明朝后,仍置河南府,并且为明皇室伊王、福王藩封之地,先后建有伊王府和福王府,是当时全国政治、军事和经济的重地。在明廷看来,洛阳、郑州和开封是河南的三大重镇,是京师的屏障。三镇的安危,关系着京师的命运。

朱元璋立国之初,实行"封建诸王之制",意在把军事大权交付诸王之手,让他们率领精兵分驻全国要地,巩固朱姓王朝的统治、传之万世。史载,朱元璋共有26个儿子,除长子朱标早死及幼子朱楠无封地外,其他24子均封有王爵,赐有国号。但是,朱元璋死后,封藩制的种种弊端显现出来。靠发动"靖难之变"夺得皇位的明成祖朱棣,虽然采取了强硬的削藩、禁藩之策,但终不能根除藩国之制。实际上藩国制度的存在,既危害着中央皇权的统治,也加大了对广大人民的压榨。

位于中原腹地的洛阳为伊藩王封地。伊藩开基第一王是朱彝,系朱元璋与葛丽妃所生,于明洪武二十四年(1391)被封为伊王,明永乐六年(1408)就藩洛阳。自这年开始,洛阳作为明朝藩王的封地,长达250年之久。

在明代众多藩系中,伊王一支排行第二十五,是最小的一房(朱元璋第二十六子朱楠早夭,不算一房),明成祖对他这个最小的弟弟不屑一顾。本来,太祖朱元璋规定亲王岁禄为1万石(古代粮食计量单位。10斗为一石,每斗25市斤;10升为一斗,每斗2.5市斤),而明成祖赐给伊王的岁禄只有2000

石。可能是心中存有怨气，或系天生的劣根性，朱彝到洛阳后，便在洛阳胡作非为，残害百姓。他为人好武厌文，喜欢砍杀，经常携弹带箭到市郊游猎，遇到躲避不及的人，动辄斩劈，弄得血溅一身，而他竟喜欢溅血的衣服。他还下令在大庭广众之下让人剃光男子的头发、扒光女子的衣服，以为笑乐。永乐十二年（1414），朱彝病死，时年27岁。明朝掌礼之臣奏请削去他的爵号，明成祖虽未答应，但谥其号为"厉"，史称伊厉王。

伊厉王死后，承袭王位的伊简王朱颙，和乃父一样，"纵中官扰民，洛阳人苦之"。河南知府李骥依法治之，他竟诬奏李骥并将李骥逮捕入狱。敬王淳世子典模嗣位后，性贪而刚愎自用，各级官吏不从者，多被设计陷害。对过往洛阳的使臣，朱典模经常强行索取贡品，稍不如愿，便凌辱鞭笞，致一些缙绅士人往往绕境而过。为扩修王府院墙，竟然强夺民舍3000余间。郎中陈大壮与其相邻，因不舍宅院，与数十个家人被打入牢狱活活饿死。经扩建后的伊王宫，崇台连城，大如皇宫。为了充实后宫，朱典模曾下令关闭洛阳城，强选民间女子700余人，留下姝丽者90人，其余令其家人用钱赎身。

河南按察佥事林滕蛟，以及都御史张永明、林润等相继奏闻朱典模罪，明世宗令朱典模毁掉所造宫城，他不奉诏。嘉靖四十三年（1564），在朝廷上下和洛阳百姓的同声谴责下，朱典模被明世宗削去伊王爵位，废为庶人，终身囚禁在开封，明代的伊藩王国终结。万历十五年（1587）十一月，神宗皇帝朱翊钧的生母李太后，颁布赐少林寺大藏经文637函。为贮存藏经，第二年李太后令拆移伊王府殿材，建千佛殿，伊王府被毁。伊王府故址，位于今老城西大街北侧，人称"旧府门"的门址，是伊王府的南大门。

伊藩王国终结37年后，明神宗朱翊钧于万历二十九年（1601）把伊王世孙迁封汝州，又把他的第三子福恭王朱常洵封藩洛阳，以加强对这里的统治。

根据历史记载和近年来考古发掘资料，明代福王府位于今老城青年宫一带，营建福王府费银30万两，规模宏大，占地面积约3.6万平方米，共建有东华门、西华门、望京门（北门）、正华门（南门）4个大门，布局严谨，气势雄伟，装饰富丽堂皇，处处凸显着王室的奢侈与尊贵。

朱常洵性情极其贪婪，生活荒淫无度。他一到洛阳，就派出大批爪

明末农民起义（源自《中国战争史地图集》）

牙，手拿量尺，在城乡各地疯狂掠夺农民土地，看中那一块地，就插上界标，据为己有。河南的好地占完了，就跑到山东、两湖、两广去占地。其他如周王、郑王、崇王、唐王、潞王等都封在河南，他们的田庄遍及各地。当时，仅仅15家贵族就占有河南一半以上的土地。严重的土地兼并使广大农民纷纷破产、流亡。为了解决财政危机，明朝廷便采取了加征税收的办法，名目之多，课税之重，前所未有。仅仅"三饷"（辽饷、剿饷、练饷）一项，每年就派给河南280万两，比原来每年的正税多出近4倍。人民无以生计，出现了"村落丘墟，人烟断绝"的悲惨景象。

特别是到了崇祯十三年（1640），"河南旱蝗，人相食"，洛阳一带一片荒凉，十室九空，穷人把草根树皮吃光了就吃早已干燥了的牛羊皮、猪屎。死人相弃于道，无人埋葬，官府派人在城西门外两侧各挖大坑一个扔进死人，一两天就填满了。就在这万民无以生计之时，朱常洵反倒伙同洛阳官府，趁机哄抬粮价，牟取暴利，致使"王府金钱百万"。百姓愤怒至极，都说皇帝"耗天下以肥王，洛阳富于大内（皇宫）"。如此，福王朱常洵在洛阳统治的30多年中，吸尽了人民的血汗，使劳动人民受尽了苦难。

正当穷苦人民处在水深火热之中，再也不能忍受明朝黑暗统治的时候，农民革命的烈火，在九州大地熊熊燃烧起来。1629年，陕西米脂人李自成在陕西参加高迎祥领导的起义军。崇祯四年（1631），高迎祥、李自成率领农民军攻入山西。1632年黄河在孟津（今河南孟津）决口，河南之地成为一片泽国，饥民大增。次年，高迎祥的农民军攻破渑池、宜阳，到达洛阳外围。在农民军看来，洛阳不仅是明朝在中原统治的堡垒，而且是一座金库宝藏，攻克洛阳，既能鼓舞起义军的斗志，同时也能为起义军补充军需。但由于城池坚固和明朝援军及时赶到，双方仅在城外进行了短暂的遭遇战，不久起义军避其锋芒，绕洛阳城而东去。

崇祯九年（1636），高迎祥、李自成率农民起义军经由洛阳西南部山区，攻占伊阳（今汝阳）、嵩县、永宁（今洛宁），消灭明将汤九州部。不久，高迎祥、李自成和另一支农民起义军将领张献忠在灵宝会师，率军东进，占领陕州（今三门峡）、渑池、新安，第二次将进军的矛头直指洛阳。这一次，仍然因为明将左良玉等勤王之师疾驰救援，逼迫农民军退去。

转入陕西作战的高迎祥，不久受到明将孙传庭大兵围攻，被俘后旋即杀于北京。此时，李自成继承高迎祥的"闯王"号，崇祯帝也调整作战策略，任命杨嗣昌为统帅，全权处理剿寇事宜。杨嗣昌秉承朝廷旨意，制订了"四正、六隅、十面网"的围剿计划，从四面八方向农民军展开了合进围剿。崇祯十一年（1638），李自成突出重围，与刘宗敏等进入豫陕交界的商洛山中。

从崇祯十一年开始，连续4年发生全国性大饥荒，被逼无奈的饥民纷纷加入起义军。此时，以李自成为领袖的农民军已经成为一支强大的军事力量。为迅速扩大战果，经过休整后的农民军第三次将战争的主要目标指向洛阳。

崇祯十三年（1640）秋，当中原饥荒正烈之时，李自成率50铁骑经由四川鱼腹山突围进入河南西部山区，"河南饥民相率归之，复大振"，起义队伍迅速扩大。面对明王朝各级官吏如狼似虎的残暴行为，李自成适应当时人民的迫切要求和强烈愿望，提出了"除暴恤民"的响亮口号，庄严地宣告，要除掉骑在人民头上无恶不作的王公贵族、官僚地主，推翻明王朝的反动统治；要解民于倒悬之中，让人民过安居乐业的生活。李自成还宣布，起义攻城后，"不得私入民宅，不得私藏民女，不得私藏金银"。李自成特别强调军纪，不得乱杀无辜。他说"杀一人如杀我父，淫一人如淫我母"，真是爱护百姓，因而深受广大人民群众拥护。在当地人民的支持下，李自成披荆斩棘，穿嵩岳，跨伏牛，由南向北推进，克服了崇山峻岭、密林沟壑的艰难险阻，一路击溃了追击的明朝武装，并于当年十二月中旬兵临宜阳城下，与当地农民军首领一斗谷合兵一处。宜阳驻有明军重兵，李自成亲自登上城外的锦屏山，仔细观察守敌的部署情况。然后数万大军围困宜阳，于二十日一举攻克宜阳城，并活捉了作恶多端的知县唐启恭。在广大人民群众的强烈要求下，处死了这条丧家之犬。然后，李自成率领起义军乘胜西进，围困永宁（今洛宁）。永宁是明万安王朱采的封地。面对李自成军大兵到来，南京吏部验封司郎中张鼎延不敢有丝毫懈怠，急忙退居永宁城中固守，但城中无官军可用，情急之下，张鼎延组织家兵和地方武装坚守城池。李自成攻城三昼夜，最终从东南攻破城池，处决了知县武大烈及明万安王等100多名罪大恶极的官僚豪绅。接着，起义军继续西进，一路势如破竹，连拔48寨，迅速占领了卢氏、陕州、灵宝、渑池、新安、偃师等县。李自成攻克这些县城和寨堡后，就扫除了进军洛阳的障碍，把看似固若金汤的洛阳城变成了一座孤城。同时，农民军打下这些县城后，军资方面也得到了

张献忠的"西王之宝"玉玺

张献忠铸造的钱币"西王赏功"

李自成铸造的铜印

李自成铸造的钱币"永昌通宝"

一定的补充，为攻打洛阳做了准备。

洛阳外围县城接连失守后，福王朱常洵及前兵部尚书吕维祺急奏京师火速增援，但是朝廷调兵遣将已来不及。为避免洛阳陷落，崇祯帝于十四年（1641）正月命参政王胤昌，总兵王绍禹，副将刘见义、罗泰等，各自引兵进入洛阳加强守备。同时，纠集地主武装分兵把守4个城门，设游兵流动策应，还强迫百姓加固城垒，深挖壕沟，企图负隅顽抗。

当月，李自成率领数十万农民军，把洛阳城围得水泄不通，城内守兵闻风丧胆。开始，明军洛阳城防守比较严密。知府冯一俊守南门，参政王胤昌守西门，知县张正学守东门，总兵王绍禹和推官卫靖忠往来巡视，兼护西北隅。福王朱常洵也急忙"召三将入，赐宴加礼，出醪犒军"。但福王又不相信守防明军，先是拒绝三将所部入城，后来不得已只将王绍禹所部放入城内，仍将刘见义、罗泰所部拒之洛阳城东关之外。刘见义、罗泰等平日对福王恨之入骨，入城遭到歧视，心中更加愤恨。所部兵士看到农民军到来，集体在城头欢呼。刘、罗得知军心已变，也暗中和农民军取得联系，引导农民军攻城。

一月十七日，李自成率农民军开始攻城，双方战斗非常激烈，义军一度受挫。明守军也是缺衣少食，而福王朱常洵虽已处在生死存亡的关键时刻，但仍只关心自己的私有财产，命令他的亲信把守金库，全不过问城头上的战事。明军一再要求拨出王府银粮助战，他不得已也只出3000两白银，却被总兵王绍禹吞没。再拨1000两，又不敷分配，兵士大哗。十七日拂晓，把守东关的刘、罗军队自知无力抵抗，决定发动兵变，假称出战，走到城西的七里河，向义军投诚。

十九日，李自成乘有利时机，命刘、罗降将率部反击明军，回攻洛阳城，自己指挥数十万大军兵分4路，从东、西、南、北4门同时发动总攻。将士们挥舞战旗，杀声震天，锐不可当，还动用了一种叫投石机的战车轮番向城墙上发射石弹。激战一昼夜，农民军虽未能攻进城里，但摸清了城内明军兵力部署情况，掌握了其守备薄弱所在。于是，李自成立即改变四面围攻的战术，下令收缩战线，集中精锐兵力，进攻北门。守卫这里的是明军总兵王绍禹的亲军，他们对王绍禹克扣军饷、贪婪暴戾的行为，愤恨已极，因而对农民军的到来暗自欣喜。二十日夜，农民军攻城正紧时，守城明军中有数百名士兵突然在阵前起义，挥刀杀死守城明将，生缚参政王胤昌，火烧城楼，打开城门，放义军入城。农民军以迅雷不及掩耳之势，潮水般涌入城内，并一举攻占了福王府。

入城之时，李自成下令，首先收缴明军武装和马匹，逮捕反抗的文武官员，不准妄杀一人。义军逮捕了明前兵部尚书吕维祺、知府冯一俊、知县张正学、推官卫清忠。进入福王府，珠玉金银货物堆积如山，皆派人前来点收登记。福王朱常洵和世子朱由崧，随藩王府典膳张守贤、典乐刘文魁等化装潜逃。朱常洵体重300多斤，身肥体胖寸步难行，隐藏在城东的迎恩寺，在百姓的协助下，农民军很快将其抓获。王绍禹、朱由崧等跳城逃走。

一月二十二日，李自成在西关外周公庙广场召开群众大会，当众揭露、清算福王朱常洵及洛阳官僚地主的种种罪行。据乾隆《洛阳县志》记载：这个"富甲天下"显赫一时的皇亲福王，此刻悚怖颤栗，泥首乞命，苦苦向农民军求饶。农民军对他恨之入骨，一举将其处决。

李自成审问吕维祺时，吕维祺甚为不服，闹腾不已。李自成问："吕尚书，往日你请兵、请饷以杀我辈，今日该当如何？"吕答："我为兵部尚书，恨无兵杀你，今日唯有一死！" 李自成坦然地说："作为兵部尚书，国之大臣，应当死。"随后，吕维祺被处死。同日被处死的还有河南知府亢孟松和一些潜逃的大地主，如孟津的孙挺生、新安的王朝山、嵩县的王翼明等。其他如知府冯一俊等，皆分别判罪下狱。

与此同时，李自成公布了3件大事：第一，王侯贵人，欺压穷人，故杀之，为百姓除害；第二，公布新编的《九问》《九劝》，供人民阅读；第三，制定了参军条件，凡年龄在20岁以上的男子，志愿参军，每月支饷银4两。李自成还决定，彻底清查朱常洵的金库、仓库和大官僚的囤积，拨出白银15万两、米粮数万石和大量衣物赈济城乡贫民。闻讯赶来观看审判大会和得到赈济的广大穷苦百姓，万众欢腾，奔走相告，歌声遍野。李自成采取的这些措施，深得民心，受到了洛阳城以及数十里，甚至百里以外军民的热烈拥护，形成了"远近饥民，荷旗而往应之者如流水，日夜不绝"的宏大热烈场面。在短短的几天中，李自成率领的农民军，很快发展成为拥有百万大军的队伍。

起义军出于对明朝统治者的极其愤恨，还纵火焚毁了福王府。《明史·福王列传》载："贼火王宫，三日不绝。"处决福王的消息飞报北京，崇祯皇帝"震悼，辍朝三日，令河南有司改殡"。史载，李自成退兵后，崇祯帝派员到洛阳为福王朱常洵举行了葬礼，立庙树碑，葬朱常洵于北邙山。

李自成攻下洛阳后，经过短时间的休整，主力部队从洛阳出发东进，三围开封，很快占领了河南大部。接着，1644年李自成建国大顺，三月北伐攻陷大同、宣府、居庸关，最后攻克北京。崇祯帝在煤山自缢，明朝作为统一国家宣告结束。

综观此一战事，李自成起义军攻克洛阳的胜利，是明末农民战争的一个转折点，具有重要的战略意义。正如史书所讲，"洛阳所破，所有震惊"，"中原一块土地，朝不保夕"，"自此而后，（起义军）所过无坚城，所遇无劲敌，明诸将皆望风而逃"。农民起义军从此开始变被动为主动，从分散的小规模流动作战变为大规模的有组织有计划的作战，进入了以彻底推翻明朝反动统治为目标的新阶段。当然，由于战争的残酷性，李自成起义军焚毁福王府，在充分表达广大穷苦人民对明代统治者的无限仇恨的同时，也给如今渴望了解、见证洛阳的王府辉煌建筑的人们留下了永久的遗憾。

李自成汝州之战灭明军于孟津

明末，李自成率领农民起义军于1641年一月攻克洛阳后，随即乘胜向东、向南扩展，一路攻城略地，进展迅速，在两年多的时间里便占领了今湖北、河南大部，号称拥兵百万。接着，于1643年九月又在汝州（今河南汝州，1954年至1986年归洛阳专区管辖）大败明军，并全歼明军于孟津，史称汝州之战。

明崇祯十六年（1643）五月，李自成于襄阳（今属湖北）召集军事会议，商议推翻明王朝的作战计划，决定先取关中，再攻山西，然后直逼京师（今北京）。与此同时，明朝廷为阻击农民军攻势，命陕西总督孙传庭为兵部尚书，调集陕西、河南、湖广、四川等7省明军10余万人进入河南。明军计划从关中东出潼关，具体部署如下：（一）孙传庭自率主力，以总兵牛成虎为前锋，高洁为中军，王定、官抚民为后继。白广恩统"火车"（一种装有大炮的车辆）营，出潼关，趋洛阳，会合河南明军陈永福、卜从善部，转攻汝宁（今河南汝南）。（二）命左良玉率兵自九江（今江西九江）趋汝宁，夹击农民

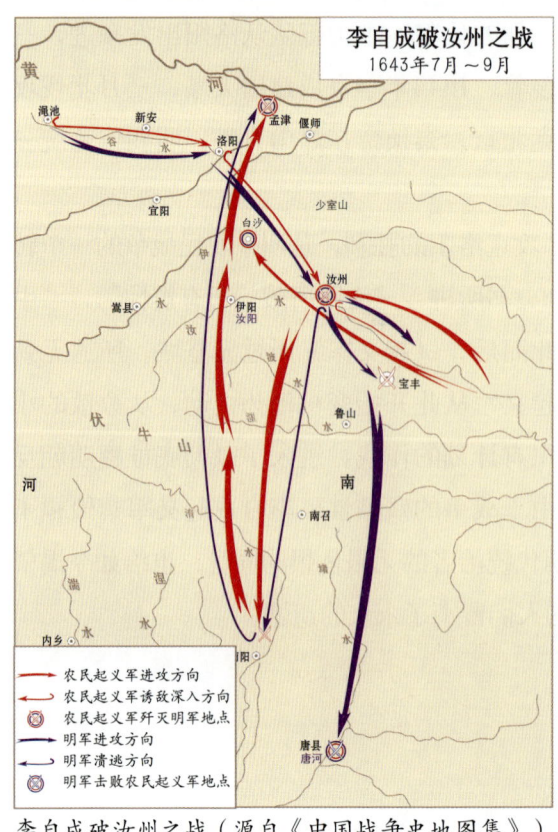

李自成破汝州之战（源自《中国战争史地图集》）

军。（三）命四川总兵秦翼明率兵出商洛进行策应。企图三路合击，会攻汝、襄，歼灭农民军主力。这一宏大的作战计划，可谓倾全国之主要兵力，部署周密，与李自成的战略部署正好兵锋相对。

李自成闻讯，立即改变原来确定的作战方针。他认为，孙传庭"九边精锐悉隶麾下，又据潼关之险"，若在潼关与敌决战，将冒极大风险，因此决定采取诱敌远离关中，陷敌于孤立无援境地，然后聚而歼之的作战方针。于是，他派兵一部赴阌乡(今潼关东部的河南灵宝西)诱明军主力至河南中部决战，自率主力屯于宝丰（今河南宝丰）、襄城待机。并在襄城、郏县间修筑土城20余座，城门暗伏大炮，等待时机。守城步兵各执长矛、弓矢和小炮，城前挖掘堑壕以阻敌，骑兵则列阵城后以为机动。

八月六日，孙传庭在朝野催促下率师出潼关，八月十日抵阌乡。双方接战，农民军假装兵弱失败，一路向东且战且退，先走陕州(今河南三门峡)、渑池(今河南渑池)，继而经过洛阳，不作任何停留便继续南下，向郏县、襄城一带转移。由于这一线路与孙传庭原先确定的进军路线正好一致，孙传庭便自以为得计，紧追不舍，于九月八日进抵汝州（今河南汝州）。此时，农民军都尉四天王李养纯叛变投降，向明军供出农民军主力及后方屯驻地点。十日，明军集中全力进攻宝丰，数日不克。孙传庭唯恐贻误战机放走农民军，便亲临前线督促诸军破城，击杀农民军州牧陈可新等人。旋即，明军又突袭攻陷唐县(今河南唐河)，将农民军随从眷属全部杀死。

面对明军的大举进攻和惨无人道屠杀，李自成指挥若定。为创造歼敌条件，李自成于襄城依托深沟高垒组织坚守，暂不出战，以疲惫明军。同时，以轻骑兵一部绕道敌后，袭取汝州西北之白沙（今河南伊川白沙镇），切断明军粮道，致使明军断粮。十四日，明军攻下郏县，仅仅获得

1641年铸造的"神机营四营散司头队二号"铁炮

骡羊200多匹(只)，众多将士分而食之，何言饱腹。接着连下7天大雨，明军饥肠辘辘，疲惫不堪。二十一日，因为断粮，明后军于汝州哗变。孙传庭为解决粮饷问题，便分军为三，分别由白广恩、高杰、陈永福率领，分头行动。李自成乘明军离开营地转移之机，于二十三日发起反击。前锋骑兵组成3队，每队720人，向屯于郏县东南的明军发起轮番冲击。明将白广恩见势不妙，率所部8000余人逃窜，一路狼狈不堪，直至慌忙逃往潼关。高杰部迎战农民军失利，损失了三四千人。孙传庭仍不甘心失败，企图移师南阳筹粮，寻机再战。到了南阳，孙传庭留总兵陈永福守城，自己亲自率领大军离开，寻找机会与农民军作战。哪里想到，孙传庭前脚刚一走，陈永福部也因害怕农民军而急忙从南阳撤走。李自成乘机亲率主力追杀，及至南阳。孙传庭会同攻占唐河的明军掉头北上，回军还击起义军。双方展开激战，明军全线溃退，"火车"、步兵四散奔逃。骑兵向北逃跑，农民军骑兵乘胜猛追，驰驱400里追至孟津（今河南孟津），共歼明军4万余人。孙传庭仅率少数随从狼狈逃窜，回守潼关。明总兵陈永福兵败被俘，投降义军。

  综观此战，左良玉、秦翼明惧于农民军的威势，按兵不动。孙传庭本欲固守潼关，因在皇帝朱由检和关中官员的催逼下冒险东进，中了李自成诱敌出关之计，远离关中，后勤补给线过长且又被切断，使明军丧失了作战能力。农民军以"诱敌出关，然后聚而歼之"的正确作战方针为指导，隐真示假，佯退诱敌，深沟高垒，坚守疲敌，暗出奇兵，断粮困敌，纵骑出击，大量歼敌，最终赢得了决定双方生死存亡的汝州之战的彻底胜利。此战还表明，农民起义军来自人民，深得民心，既可取给于民，同时因指挥得当，还可取给于敌；明军则失去了民心士气，全赖官方后勤补给，一旦后勤补给线被切断，大军即不战而溃。

清代洛阳战争

清初豫亲王多铎攻占洛阳

清朝是由我国北方少数民族满族建立的封建国家,从顺治帝福临入关到辛亥革命灭亡为止,共经历了268年。清初在统一全国的过程中,逐鹿中原,洛阳再次成为兵家争夺之地。这次争夺的主角有三方,一方是大顺政权李自成,一方是已经灭亡了的明朝的军队将领,另一方是清朝豫亲王、定国大将军多铎。

早在1626年,努尔哈赤第八子皇太极继后金汗位。10年后,即明崇祯九年(1636),皇太极改国号为大清。至崇祯十六年(1643),皇太极第九子福临继位,是为清世祖,年号顺治,由叔父多尔衮摄政,统治中心在东北盛京(今沈阳)。

清灭大顺政权之战(源自《中国战争史地图集》)

当时，中国大地仍然处在明末崇祯王朝的统治之下，但是在李自成农民起义军的沉重打击下，明朝已处在江河日下、摇摇欲坠之中了。早就蓄意进据中原的清朝统治者，抓住时机，因势利导，加快了进入山海关争夺霸业的步伐。

清代腰刀

崇祯十四年（1641）李自成攻克洛阳后，历二年攻占河南大部和湖广北部。为挽回战局，阻击农民军攻势，崇祯十六年（1643）夏，明廷命陕西总督孙传庭为兵部尚书，调集陕西、河南、湖广、四川等7省官军10余万人分进河南。此时，逃亡怀庆府（今沁阳）

清代铁炮

的朱常洵之子朱由崧也袭爵福王，就藩洛阳。九月八日，明军占领汝州（今河南汝州）。二十一日，饥寒交迫的官军因缺粮引起哗变。李自成乘明军转移之机发起攻击，大败明军，并乘胜一夜疾驰400里追敌至孟津，歼灭明军4万余人。然后，李自成克潼关、西安，进占秦陇全境及晋西山区。崇祯十七年（1644）正月，李自成在西安建国，国号大顺。

1644年，是中国大地极其混乱的一年，也是政局突变的一年。当时，有3个政权并存。一是明朝，虽然已经遭受李自成起义军的沉重打击，摇摇欲坠，但仍然统治着全国；二是东北的满清政权雄心满满，随时准备南下，争夺中原，进而统治全国；三是西部的李自成大顺政权，兵锋正盛，四处攻城略地，随时有可能消灭大明政权。如此，哪一方能够顺应形势的发展，能够采取正确的战略和策略方针，就可能获得战场和政治上的主动，并争取最后的胜利，统一全国。

李自成建立大顺政权之后，满清政权摄政王多尔衮欲采取联合大顺共同对付明朝的策略。他改变以前的消极态度，主动与李自成大顺政权联系，提出双方应该"协调同力，并取中原，倘混一区宇，富贵共之"。但是，兵锋正盛的李自成断然拒绝了这一要求，因为他认为仅凭自己一方之力就完全可以消灭大明政权，进而统一全国。如此，满清政权也立即转变策略，将李自成作为主要敌人。

李自成在建立大顺政权的次月,即开始向明朝的统治中心北京方向进军,一路顺利。三月十九日,李自成攻破北京皇城,明崇祯皇帝自缢于煤山(今北京景山公园内景山),明王朝统治被推翻。获悉此噩耗,继藩洛阳不到1年的福王朱由崧和潞王朱常淓慌乱中南奔,后在江南明朝官僚拥立下建立南明政权,都于南京。

四月六日,明朝灭亡的消息传入沈阳,满清政权认为夺取中原的时机成熟,皇太极便令其弟多尔衮亲率10万大军离开盛京(沈阳),准备绕过山海关南下,夺取李自成农民军的胜利果实。

李自成进京后,面临的军事形势是如何消灭明朝残余势力,其中力量最强的是盘踞在山海关的明朝宁远总兵吴三桂。吴三桂一贯心怀两端,待价而沽,看到李自成攻占北京并派人前来犒师招降,便打算归顺大顺政权。四月初,他率部赴京拜见李自成,但行至滦州(今河北滦县)时,忽闻大顺军在北京逮捕明勋戚大臣,严刑追赃助饷,特别是当他听说其父吴襄被拘、爱妾陈圆圆被李自成的大将刘宗敏占为己有后,愤怒不已,决心要报君父之仇,于是旋即带部返回。四月十二日,李自成亲率大军数万攻打吴三桂,在山海关激战,吴三桂不敌,缩在关城中不敢出来。被困城中的吴三桂便决定投降满清,剃发称臣,以借助清军之力再作图谋。清摄政王多尔衮接到吴三桂"泣血求助"投降书后,大喜过望,亲率满清铁骑与吴三桂共同迎战李自成。在优势的满明军队联合进攻下,李自成经几番苦战,伤亡惨重,终于全面崩溃,败退北京。二十九日,李自成在北京匆忙称帝,次日退出北京,分两路向山西方向转移。清军随即入关,派出大军追击李自成军,企图一举而灭之。五月二日,清军进入北京城。九月,清顺治帝由盛京迁至北京。十月一日,清朝正式定都北京。为了缓和满汉之间的民族

清代火炮

矛盾，团结更多的力量，多尔衮采取一系列措施拉拢汉族地主豪强势力，对南明政权采取不战不和的态度，使南明政权产生了复辟的幻想。

这时，清朝控制的兵力共20余万，控制的地区仅为辽东和京畿附近。而与清军并存的尚有三方势力，即南京的朱由崧建立的南明弘光政权、豫陕的李自成大顺政权和四川的张献忠的农民军，其兵力均超过清军。清摄政王多尔衮审时度势，为清军制定了稳固京畿、勘定中原、先收西北、后定东南的战略方针。

为了保卫北京，清军首先向山西进军，众多汉将纷纷投降，数月之内便顺利占领山西大部。接着，准备兵分两路，一路从山西进攻陕西消灭大顺政权，一路经山东进攻江苏，占南京，消灭南明政权。

在清廷调兵遣将之时，大顺军2万人于十月十二日由山西垣曲东向河南怀庆（治今河南沁阳），连续攻克济源、孟县，进攻怀庆府城沁阳。多尔衮得知李自成派兵向河南怀庆府反攻，便临时改变作战方针。十月十九日，清廷命阿济格为靖远大将军，同吴三桂等降清汉将，率3万兵力由北路入陕，合兵力达8万人，准备攻占陕北，南下西安，灭掉大顺政权。于二十五日命豫亲王多铎为定国大将军，同汉降将孔有德等率兵2万人先行向河南进攻，打算若取胜消灭了河南的李自成军便南下江南，进攻南京，若李自成军兵败逃跑陕西，便追击至陕西，与北路清军南北夹击进攻西安。

多铎部清军在怀庆府与大顺军激战，大顺军不敌，主动撤退，多铎部追击。十二月十六日，多铎部由孟津渡过黄河，进攻孟津时遇农民军黄士欣率部抵抗，双方激战，黄士欣作战失利，向西撤退。多铎部乘胜进攻

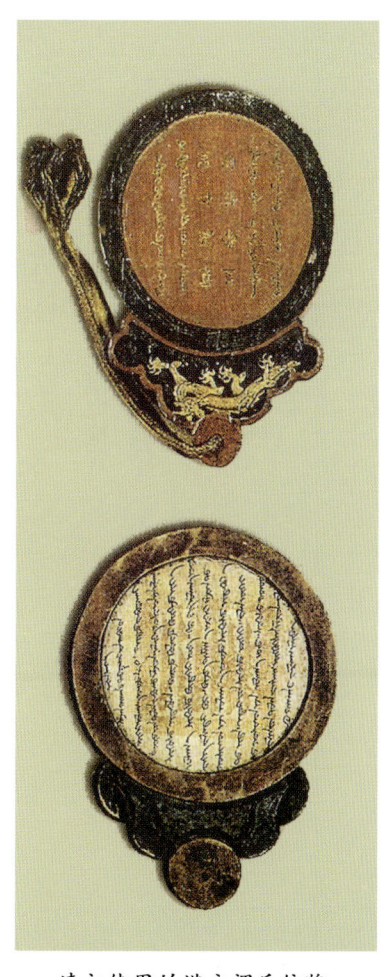

清初使用的满文调兵信牌

洛阳，明军守将李际云不战而降，清军占领洛阳。多铎不作停留，次日即向西进攻，至陕州（今河南三门峡），又向西进军击败农民军张有会部于灵宝（今河南灵宝）。二十二日，多铎部进抵潼关外20里立营。李自成立即亲自率军增援潼关。二十九日，双方战斗打响，至次年一月十二日，清护军统领尼堪等领兵攻占潼关，大顺潼关守将马世尧率所部7000人投降。潼关失守，大顺军便进行战略转移，次日，李自成退出西安，败走湖北。

洛阳、潼关接连陷落后，击败大顺军之大局已定。二月，多尔衮令多铎南进，阿格济继续进讨李自成军。多铎于二十四日率领部众返回洛阳。三月

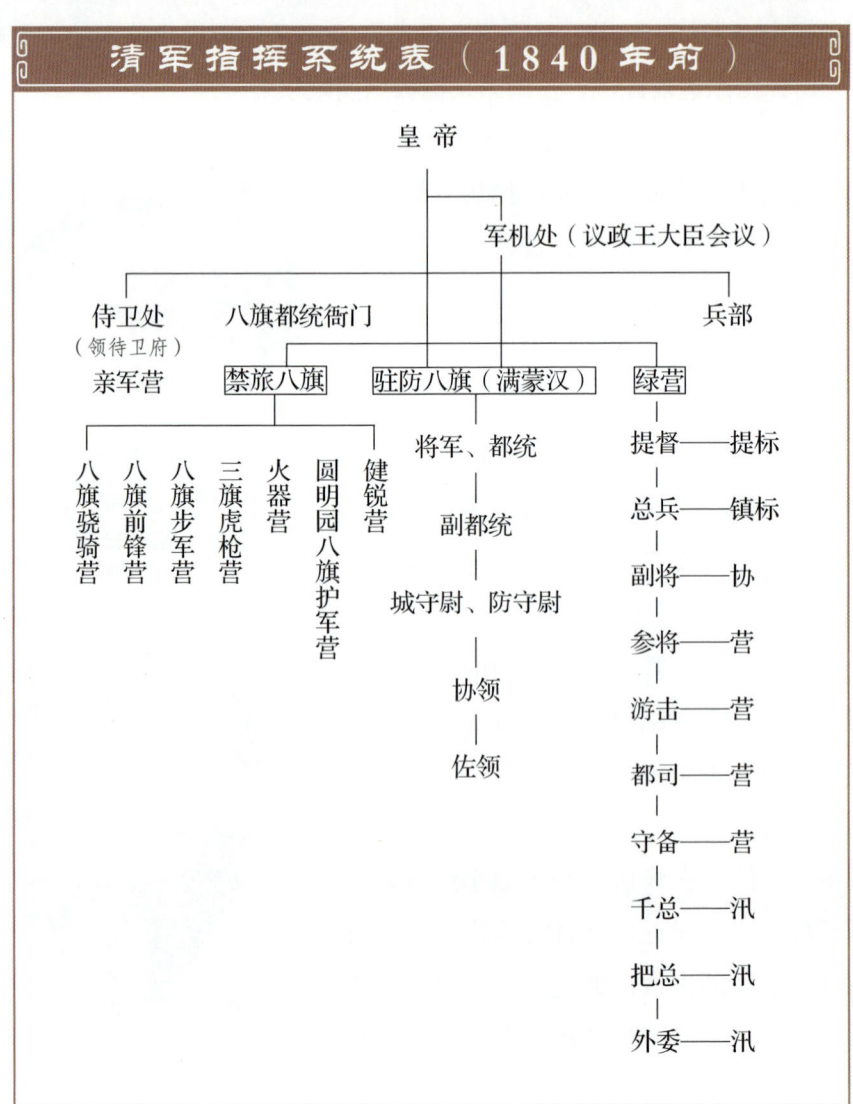

七日，清军兵分三路；一路由多铎率领，东出虎牢关（今河南荥阳汜水）；一路由固山额真拜伊图率领，南出龙门关（今洛阳南龙门）；一路由兵部尚书韩岱率领，走南阳。三路清军于二十二日会师于归德（今河南商丘）。四月五日，清军分两路继续南下，攻占徐州、泗州（今安徽泗县），然后渡过淮河向江南进军。南明睢州（今河南睢县）总兵许定国、河南总兵李际遇不战而降，清军迅速占领河南全境，实现了勘定中原的战略目标。

综观此阶段战事，清军从北向南进军，势如破竹，仅仅1年的时间便攻占了辽阔的中原大地，这与清王朝采取的缓和民族矛盾政策、灵活机动的战略战术密不可分。

捻军三战洛阳城

1840年鸦片战争后,中国人民反帝反封建斗争一浪高过一浪。清道光三十年十二月十日(1851年1月11日),以洪秀全为领袖的太平天国起义,把这一斗争推向了一个新阶段。几乎和太平天国起义的同时,有一支强大的农民起义军——捻军转战于黄淮数省,沉重地打击了腐朽的清王朝。而洛阳作为河南府治地,3次成为捻军和清军斗争的战场。

捻军源于"捻子"。旧时,每当迎接神灵或者庙会,农村都要搓纸为捻而燃油点灯,所谓"捻"即由此得名。捻军每一股为"一捻子",小捻子数人至数十人,大捻子一二百人不等,人们认为捻军是起义失败了的

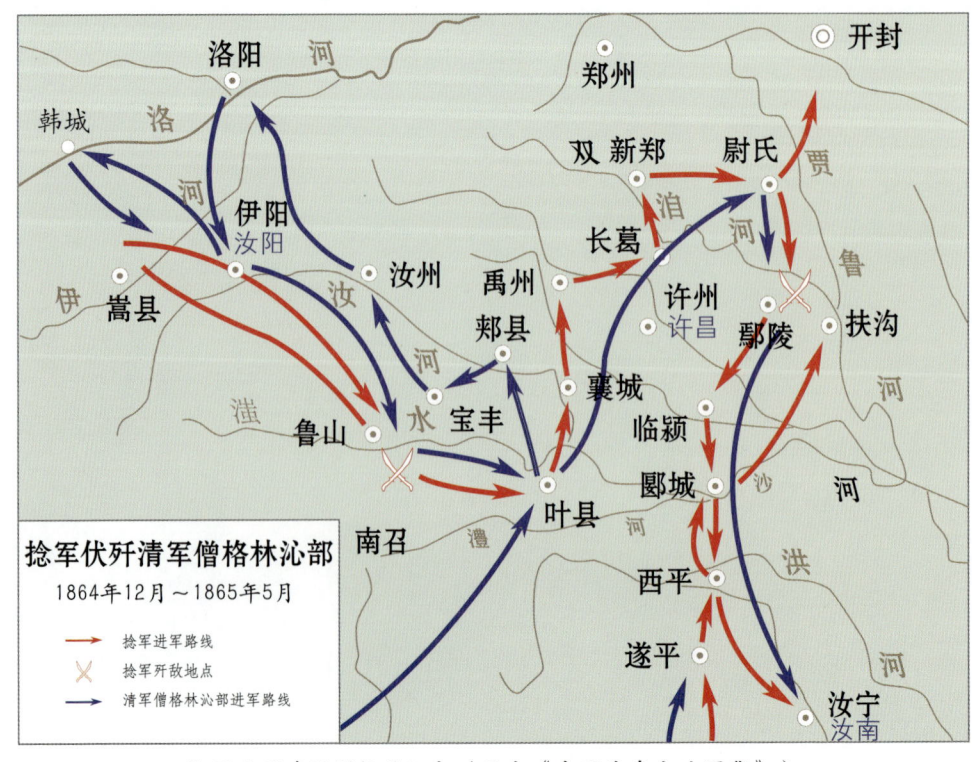

捻军伏歼清军僧格林沁部(源自《中国战争史地图集》)

白莲教的遗党。最早，捻子军与清政府发生武装对抗，是出于护送"私盐"的需要，活动的范围在安徽、江苏、山东、河南一带，"不过是饥穷乌合之徒""过城寨不攻，遇大军则走"，可见是贫苦群众为求生存而挣扎斗争的组织。太平天国起义失败后，活动在鄂豫皖边界的太平军遵王赖文光，联合了这一带的捻军，把反清的斗争在山东、陕西重新开展进来。虽然可以把他们视作太平军的继承者，但由于他们不再打着太平军的旗号，也抛弃了太平军的宗教面貌，所以称他们为捻军。

咸丰三年（1853），太平军北伐经过安徽、河南时，捻军各部首领纷纷聚众起义，由小股合并为大股，声援北伐军。咸丰五年（1855），捻军首领张乐行在皖北雉河集（今安徽涡阳境内）召集各地捻军首领会盟，建国号"大汉"，建立黄、红、蓝、白、黑五旗军制，声势大振。此后，捻军力量迅速扩大，活跃于安徽北部地区，进而向河南、山东等地扩展，多次打败清军，成为北方反清斗争的主力。但由于捻军各自为政，互不统属，所以没有统一的组织领导，尽管张乐行为名义上的盟主，也不能统领捻军各部。同时，捻军着重发展骑兵，流动性极大，避免和敌人打硬仗，使清军很难捕捉到它的踪影。

咸丰七年（1857），张乐行率捻军南渡淮河，与太平军陈玉成会合，接受太平军领导。之后，张乐行屡败清军，晋升征北将军，又封为沃王。

太平军北伐的最终目标是攻占北京，推翻清朝的统治，而洛阳作为兵家必争之地，历来受到清廷的重视。有清以来，洛阳知府多由满清八旗充任，加上历任知府、知县对城郭不断修缮，城坚池

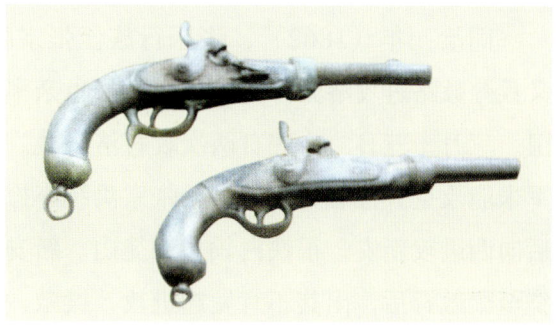

捻军使用过的手枪

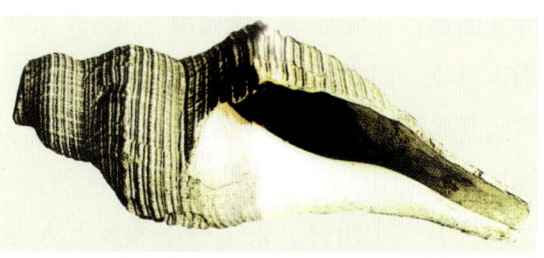

捻军使用过的螺号

固，具有重要的军事地位。因此，捻军与太平军会合后，旋即把攻打洛阳作为重要军事目标。

1857年，张乐行所率捻军加快了在洛阳附近的军事活动。在一举攻下内乡、镇平后，进入嵩县、伊阳（今汝阳）境内，迅速扩大队伍，时而转战于嵩县，时而转战于南召等地。与此同时，张乐行调集捻军1万人攻打汝州、登封（均在河南境），旗开得胜。其间，六月二十五日，风谷山捻军陈太安部在汝州、登封交界处的白沙沟战斗中，于宋岭击毙嵩县县令王万令，并进占了禹州的大红山。捻军在豫西的频繁活动引起了清朝的重视。1858年，当捻军大股部队在扶沟、太康一带活动时，清政府急命豫西各县组织"连庄会"防御捻军。

1861年三月十二日，捻军一部经龙门北入偃师，吓得"乡绅富户，一日数逃"。八月中旬，捻军进逼洛阳，清军于巩县、偃师（均在河南境）交界的黑石关进行阻击，恰遇洛河涨水，平地数尺，双方连战3日，死伤惨重。受挫后，捻军掉头向东，攻占巩县县城，开仓济贫。消息传至洛阳，城内上至知府下至富绅，人人自危。为防不测，洛阳知府按照清廷诏令四处张贴"坚壁清垒法"，广修村寨，以御捻军。

同治元年（1862），张乐行族侄张宗禹等率捻军一部，在进攻汝州后又兵分数路进攻洛阳。三月，张乐行也亲率所部经由嵩县、伊阳进入洛阳外围。三月十三日、十四日两次攻打洛阳城。由于河南知府安奎据城力战，捻军未能攻克。接着，张乐行、张宗禹统率捻军攻占了平乐（今属孟津），然后向西进攻新安，很快占领了八徒山。新安知县梁敞率兵抵御，捻军从东北绕至梁敞背后，出其不意发起进攻，梁敞、杨登魁均受伤落马，残兵败将逃跑回到县城。当夜，捻军占领城北高地，向城内投掷火弹，烧毁县衙，梁敞弃城而逃，守城官兵、民团溃不成军，捻军占领县城。第二天，捻军向县城周边进攻，围攻逃跑到陈家沟的知县梁敞，梁敞再次逃脱。捻军一部与韦庄民团激战于老王庄，战死300多人后东撤。次日，捻军再与知县梁敞激战，受挫后退入宜阳。

三月二十四日，张乐行率领数万人进入永宁（今洛宁），对县城形成包围之势。第二天分路进攻县城，用火炮轰击城门，首先攻破西门，数万捻军如潮水一般涌入县城。知县宋绍宗等人从东门逃跑。捻军开仓放粮，受到百姓欢迎，纷纷要求加入捻军，队伍再次扩大。二十九日，清将杨飞雄与李续涛部会合，向县城反扑，捻军据城坚守，杀清军无数。不久，清军再次攻城，捻军战不利，向西南撤退，尔后进入陕西，与太平军陈得才部会合。他们一直打到西安附近，然后又折返东走，出潼关。

四月，捻军一部包围嵩县县城，守城县令如惊弓之鸟，在城内收缴银两，送与捻军议和，捻军稍作安抚后主动离去。

五月，太平军陈得才部再次进入新安境内，与清军杨飞雄部在铁门激战。捻军一部转战于新安，与太平军配合作战，击杀清军无数。杨飞雄兵败逃跑至伊川白杨镇（今属宜阳），捻军紧追不舍，双方再次激战，清军大败。

八月，捻军于十三日到达新安县石寺，知县韩经畬会集民团前往阻击，捻军撤退至渑池，然后回兵攻破新安县城，韩经畬弃城逃跑。继而，捻军再次集中兵力进攻洛阳城。早有防备的洛阳城内河南知府集结四方团练，招募乡勇，凭借洛阳坚固城池与捻军对峙。十九日，双方激战于城东的马坡村，捻军英勇作战，清军大败，抛弃无数尸体，仓皇逃回城内。双方攻防10余日，不见胜负。捻军再攻洛阳未克后，东移屯驻偃师、孟津、巩县、登封20余天，养精蓄锐，同时开仓赈济穷人。十月，捻军姜太林部进入永宁县（今洛宁），进攻王范，数日不克，又转攻县城，轰毁南门进入县城，开仓济贫，杀贪官污吏，3日后北上陕州（今河南三门峡）。

同治二年（1863），经受了天京内乱和石达开出走事件后，太平天国起

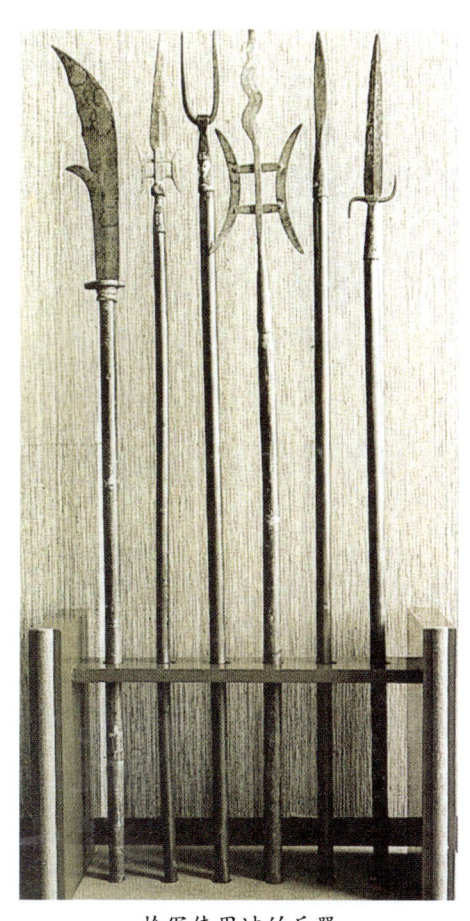

捻军使用过的兵器

义军遭受重创。为配合皖北战场作战，张乐行率捻军赴安徽助战，不久，张乐行在蒙城西阳集一战中被俘牺牲。同治三年（1864）二月，捻军一部由张宗禹率领经南召进入嵩县，再进入卢氏、栾川，后在清军攻击下向东南突围退入内乡县。这一年，太平天国都城天京（今南京）陷落，捻军张宗禹部加入太平军遵王赖文光部，编整后的捻军变步兵为骑兵，有众10余万，称为新捻军，是太平天国后期抗击清军的一支重要力量。

同治五年（1866）九月，捻军与太平军余部协同作战，张宗禹率部西征，由许昌出发，很快抵达洛阳城下，清军多路随后赶来。在前后夹击下，张宗禹绕城向西，经陕州退入陕西。清军宋庆部、僧格林沁部到洛阳后，以"清乡搜匪"为名，大肆抢劫民财，奸淫烧杀。知县徐光弟强迫民众杀猪宰羊慰劳官兵。当时流传歌谣说："不怕红胡子（指捻军），只怕皇辫子（指清兵）。"就连清官员也承认"官兵骚扰异常"。同治七年（1868），赖文光的东捻军在扬州作战失利，赖文光牺牲。为援救东捻军，张宗禹率西捻军进抵山东北部作战，不久在山东茌平被清军歼灭，张宗禹战死。至此，长达15年、转战黄淮数省的捻军起义失败。

综观此阶段战事，从1857年至1866年的约10年间，捻军在洛阳一带活动不断，3次兵临洛阳，虽然均未能攻克洛阳城池，但也调动和打击了清军的有生力量。捻军时而独立作战，时而与太平军联合作战，攻县城，杀贪官，出没于城乡之间，沉重打击了腐朽的清朝统治。但是，由于捻军主要是流动作战，没有前线和后方之分，没有建立稳固的根据地，兵力分散，被清军各个击破。

辛亥革命义军两攻洛阳（上）

清末，在帝国主义列强的不断侵略和国内农民起义的频繁打击下，清王朝的统治摇摇欲坠。此时，孙中山领导的资产阶级民主革命声势浩大，在豫西也活跃着几支反清的革命军，他们两次兵向洛阳，续写了洛阳战争的光辉一页。

自光绪三年（1877）始，豫西大旱18个月，为300年来所罕见，伊洛断流，物贱如粪，米贵如珠，鸡犬牛马食尽，甚至人相食，死者十之八九。面对晚清地方政府不顾民众死活，横征暴敛，走投无路的洛阳人民，在出身菜农兼营染坊手工业的东关下园人南大定的领导下，成立了"在园"民间组织，从事反清斗争。

南大定，洛阳东关下园街人，生于清同治十年（1871），自幼家境贫寒，以种地为生。他身材魁梧，为人正直，面对清朝末年的腐败统治，义愤填膺，说："人不自由平等，还不如死了。我早晚有一天要和他们（指官府）拼了！"他尽管有一腔热血，但苦于没有人指导，作为一个农民，一筹莫展。但机遇很快到来。南大定因家住新成立的河南府中学附近，非常喜欢与读书人接近，因而深受同盟会员、河南府中学监督（即校长）杨勉斋和教员刘纯仁思想的影响。时任洛阳县第一高等小学堂堂长（即校长）的同盟会会员邢沧渔，经常到河南府中学与杨勉斋商议同盟会的事宜，也与南大定熟悉。南大定在杨、刘、邢的启发和支持下，决定团结和组织农民一起反抗清府统治。他为了联系更多的人，便在自家院子里开了一个染坊，同时组织了一个16人的"龙杠"（旧时洛阳人对送葬抬棺材队伍的称呼），以经营染坊和给人送葬为掩护，四处联系，组织了农民自己的组织"在园"（普通百姓也称之为大刀会或者小刀会）。"在园"两字，仅仅为对外名义，而在其内部及预定成功后的正式名义为"复汉军"，其目的在于推翻清王朝统治，恢复汉人政权。当地农民一呼百应，参加者众多。由于官府赋税过重，"在园"组织农民万人以上，以停耕罢农的形式向官府示威。他们携带农具在洛河南岸集结，准备进城，向官府"缴犁耙绳索"，声称"不再种地了"，以此反抗清王朝暴政。河南府、洛阳县衙门惊惶失措，派出镇台谢老道（名芝兰）以欺骗手段出面调停。农民因为没有斗争经验，草草收兵。事后，不少农民被官府捕获，杀于龙门。

但是，农民并没有被官府的屠杀所吓倒，"在园"在群众中的威信越来越高，下园街农民参加组织者达70%以上，洛阳的知识分子与商人也有不少人参加。当时流传着一句谚语："要想吃饱饭，赶快去在园。""在园"初期接受成员，条件较宽，但后来规模扩大，参加条件十分严格。第一步只能参加"火神社"，第二步只能参加"关公社"，第三步才能正式加入"在园"。凡参加"在园"者都要买刀，导致洛阳市场上大刀供不应求。"在园"接受新成员，都要"摆堂"，仪式隆重，饮血宣誓入盟，称为"喝血弟兄"，以表现赴汤蹈火在所不辞、视死如归的精神。"在园"组织极为严密，彼此之间说话都用江湖黑话问答，如问这里有没有"局外人"，就说"清不清"，等等。他们集会通常选择每逢农历三、六、九，或者二、五、八，各个组织错开时间集会。集会时，都要"排刀""排枪"，练习武功。"在园"初在下园活动，很快发展到洛阳城内四关四隅和各行各业之中，遍及洛阳城乡。各处"在园"活动每次参加者都在千人以上，其中，北部庄王山（苗沟村）有八九千人。洛阳所属各县也都成立了分部，活动频繁，声势浩大。河南知府启绥、洛阳知县陶月波伏居衙

清代铁盔铁甲

内，不敢轻易外出，一日数惊，官府为之丧胆。在洛阳同盟会的帮助下，"在园"组织由农民反清武装转变为一个由同盟会直接领导下的革命组织。

光绪三十年（1904），孙中山先生在日本成立了同盟会，同盟会河南支会也在次年于日本东京成立，并决定在河南省会开封举行武装起义。后来，由于清军戒备森严，同盟会将中原革命的中心转移到洛阳。不久，杨勉斋、刘纯仁到南方拜见孙中山先生，孙中山对他们极为器重，指定他们为领导河南武装起义的负责人。从南方回来后，他们联络洛阳进步人士纪廉泉、邢沧渔等，建立了河南府中学堂（即后来民国时期的省立第八中学——洛阳中学）和洛阳县第一高等小学堂（即今洛阳敬事街小学）两个革命据点。这时，河南同盟会骨干成员有杨源懋、张钫、刘纯仁等。杨源樊，字勉斋，偃师人，原任开封私立中州公学监督（即校长），以学校教育为掩护组织革命，来洛阳后任河南府中学堂监督。刘纯仁，字粹轩，号养爱庐，河南新蔡县人，20岁中举后，以教书为业，1906年奔赴开封，加入同盟会，任同盟会河南支部长，来洛阳后任河南府中学堂教员。他们以办教育为掩护，宣传和发动革命。由于这个学校的学生大多是清朝末案（即末榜）秀才，是知识分子中具备新知识者，经杨、刘教育，很多被吸收为同盟会成员，成为豫西革命的核心力量。当时，河南知府满族人启绥得知中学情况后，下令逮捕进步学生，还亲自到学校诱劝学生。学生王广庆说："头可断而志不可夺，决不降服！"结果，有十多名学生被开除学籍，但革命思想得到进一步传播。

这一时期，豫西一带还活跃着绿林好汉（旧时洛阳人称之为"刀客"）王天纵等首领领导的农民反清武装。王天纵，生于清光绪五年（1879），嵩县鸣皋镇藏凹村人，18岁时任本镇保卫团团长，枪法过人，好打抱不平。1899年，他因不满清王朝专制统治而聚百人起义，在嵩县杨山安营扎寨，占山为王，号称"神炮王天纵"，威名大振于豫西绿林界。他们有首领10人结为兄弟，依年龄大小为序排定名次，其中王天纵排行第六，柴云升排行第八，关金钟排行第九，憨玉琨排行第十。他们团结一致，共同对敌，英勇善战，多次击败官兵，尤其是全歼了清军孙店守备衙门，缴获不少"洋枪"（即步枪，当时普通民众也称步枪为火炮）。王天纵因为功高势强，被众兄弟尊为总领导。洛阳同盟会决定收编王天纵义军，便派出同盟会员冉祥征与之联系。冉祥征家住杨山附近，通过熟人引路，到达杨山与王天纵"十大兄弟"见面，讲述了全国目前的形势和革命前途，众兄弟听后欢腾万分，表示愿意接受收编，参加革命战争。按照协议，对义军各按原来所部编制，准备起义。接着，王天纵与嵩县籍同盟会员蒋峨、石言等人秘密往来，保持着与同盟会的联系。王天纵还订阅了上海的《申报》，寄到洛阳后秘密送到山寨阅读，革命思想日益坚定。

1909年春，同盟会会员张钫和杨勉斋、刘纯仁、宫砥堂、阎郁文等密会于河南府中学堂，商议河南革命事宜。张钫是新安县铁门镇人，毕业于保定陆军速成学堂，他在会议上提出河南反清革命的5个要点：一是在中学堂、高等小学堂向学生传播孙中山的"三民主义"（民族、民权、民生）；二是联络地方上的绿林好汉王天纵等；三是在新旧军队中做策反、发动工作，动员其起义；四是在伏牛山地区建立武装基地；五是在郑州、开封不宜起义的情况下，要凭借洛阳、南阳西连川陕的地利，注重在豫陕边区发动革命。会后，张钫准备西去陕西，几位同志相别于周公庙，张钫留言说："西北有事，必有我在，诸公能闻风而来乎？"杨勉斋和刘纯仁同声相应道："定如约。"

清宣统三年（1911），杨勉斋等积极筹备河南义举。他借办林场之名在太行山葫芦寺暗中组织和训练革命武装。10月10日，以孙中山为首领导的武昌(今武汉)起义爆发。因发生在农历辛亥年，史称辛亥革命。10月14日（农历八月二十三日）消息传到洛阳，杨勉斋、刘纯仁等人立即响应。他们会集河南中学堂师生于郊区八里堂村王法岐（县立高等小学堂教员，同盟会员）家开会。会议决定，于10月25日（一说10月13日；一说农历十月二十五日，即公历12月24日，但若与本文后面讲到的东征军活动时间联系起来看，此说可能不准确）午夜举行起义。计划由嵩县王天纵绿林军赶到关林，向洛阳城进攻，与城内的"在园"农民军里应外合，一举光复洛阳。当即，派出石言、蒋峨、邢润斋等人赶赴嵩县与杨山王天纵联系，派出杨源懋（勉斋）到开封与同盟会河南支部联系，派出刘镇华到潼关与张钫联系，其余的人到城乡各地通知"在园"群众。会议还商讨了起义后的去向，准备武装占领洛阳后，起义军向东进发，与开封起义军配合，切断平（京）汉铁路南北交通,以阻止清军援助武昌,进而光复河南全境。同时,还计划由王天纵约驻洛阳的清兵营占领火车站。

河南同盟会派出刘镇华与冉祥征一起,赶赴嵩县,授王天纵"丁部大将军"称号,决定首先攻取嵩县城。起义司令部设在南庄小学,石言为司令,蒋峨、冉祥征、刘镇华同为指挥人。行动仿照武昌起义,每人都以一块白布围在脖子上,以便与敌人区别。也都剃去辫子为光头,以示与清朝决裂(清代男子都要学习满族人的习惯留辫子,否则就有杀头的危险),参加革命。起义军积极性空前高涨,纷纷自告奋勇组成"爬城"义勇队,积极准备云梯和各种生活品。因为早有宣传,人民群众深明大义,除少数官吏和大绅士外,全力支持,纷纷拿起大刀长矛,参加攻城战斗。原来不足千人的部队,数天内便增至2000多人。义军武器是从清军手中夺来的洋枪,不过百支,其余大部分是大刀、长矛、弓箭,刚参加者拿的甚至还有斧头、长竹竿等。县知事朱霞与大绅士急忙商讨对策,他们首先集中附近清兵入城,并迫使城内青壮年守城,城上急忙装上滚木、擂石、大土炮。义军展开进攻,攻到城下,几度乘云梯爬城,均被敌人火力压倒,死伤累累。洛阳清军星夜赶来助战,敌强我弱,遂放弃攻城。接着,义军奉命攻打洛阳。

洛阳起义前夕,王天纵依杨勉斋之命,率部出山,是日占领田湖、鸣皋,次日占领白沙、彭婆,于约定起义当日傍晚到达龙门附近(此处根据亲历者、这支部队称为二哥的军师吴沧洲所记。另有不少史料说到达关林,可能因为关林是事先约定地点而误记。其实,关林距离龙门也不过数公里),随时准备进攻洛阳城。洛阳

清镶蓝旗盔甲

城内，南大定与杨勉斋等，也在暗中积极准备，领导武装起义。他们打通清官府在洛阳的唯一武装巡缉营（有枪40余支）的关系，约定由巡缉营作为起义内应，攻取洛阳。同时，"在园"农民也从洛阳周围纷纷向城内集中。一时间，洛阳城内外群情激昂，紧张兴奋而忙碌，山雨欲来风满楼。

对此，官府也有所察觉，加强了防备。河南知府启绥一方面派人在洛阳城内大街小巷"号"民房，诈称援兵即将到来要作兵营，以此吓唬群众；另一方面又紧急报告开封，请求派兵增援。然后，他又虚张声势，命火车整夜鸣叫不停，借以表明援军源源不断到达洛阳。随即，开封清军派出骑兵100余名首先到达洛阳。接着，清军派遣第六旅旅长周符麟率领步骑炮工混成支队5个营约6000人于起义当天下午到达洛阳。

当晚，南大定领导"在园"群众也在进行起义准备。他们表面上如同往常一样，召集"在园"义士在染坊院"摆堂"，桌上银烛高照，桌旁排枪排刀，演习格斗厮杀。这种场面，比平时更加威武壮观，声震夜空。结果，被崖头上过路的巡缉营士兵发现，报告了官府。

眼看起义时间将要到来，起义的各项准备也已做好，只等时间一到，数万人挥刀舞枪杀向官府，在这关键时刻，洛阳豪绅七里河人韩庐云（清朝乡试副榜，民国成立后任众议员）得知后向官府告密，清军提前两小时行动。清军立即出动，包围了"在园"活动现场，当场逮捕了南大定。随即，清军关闭城门数天，在城内大肆搜捕，株连颇多。"在园"逃亡者达3万人以上。

南大定被捕后，受到非刑拷打，但坚贞不屈，说："我活着不自由，还不如死。现在既然被你们所获，杀就杀了，何必多说！"对方追问革命党人有多少，南大定怒指审问人说："要问在园多少人，多则四万万（此为当时全国人口数），少则你我两人。"始终不肯透露一点革命秘密，表现出强烈的革命英雄主义。南大定被捕后，东

清代镶银护手月牙钩

关群众纷纷进城要求保释，官府不准。次日，官府见南大定没有任何供词，害怕"在园"群众营救，决定杀害南大定，但又害怕在前往刑场的途中被劫持，所以就仓促在河南府（今洛阳老城青年宫）门前的大狮子旁将南大定杀害，将首级悬挂于东关魁星楼上，相传三日双目不瞑。接着，官府又将其首级挂在城东10里的陈村的高杆上，以此威吓群众。随后，其儿子南宝成乘夜晚将首级盗回，与尸体一起埋葬。南大定时年40岁。

时王天纵等人率领义军在龙门附近等待消息。由于起义泄密，革命党人遭到捕杀，得知消息的刘镇华连夜从城内逃出，跑到龙门找到王天纵部队，告知洛阳城内有变，商议进退之策。王天纵得知，起初认为是受到杨勉斋的欺骗，愤怒之极，继而经刘镇华解释，方得真相。经过紧急商议，于次日拂晓作出决定，命全军化整为零，退到宜阳集合。

至此，革命义军第一次攻打洛阳的计划严重受挫，起义宣告失败。

辛亥革命义军两攻洛阳（下）

辛亥革命义军攻打洛阳失败后不久，杨勉斋、刘纯仁、王天纵等人先后率领万余人西退陕西，与秦陇复汉军大都督张钫会师。会师后，张钫任命杨勉斋为秘书长，刘纯仁为总参议，王天纵为先锋官，改组成秦陇豫复汉军，开始东征，称为东征军。东征军于11月10日在华阴城东门外誓师东征，随即向潼关进发，于次日强攻潼关，一举而克，取得东征的第一次胜利。11月25日攻克阌乡县（今河南灵宝西），接着在进攻灵宝时作战失利，退回潼关，第一次东征失败。其间，洛阳的河南巡防（缉）营也派人联系，表示愿意接受改编参加革命。

东征军于12月29日开始第二次东征，智取函谷关，于1912年1月3日攻克灵宝，清军向东退守陕州（今三门峡）。东征军左翼阎飞龙部攻占黄河茅津渡（陕州东15里），王天纵迫近陕州，清军向东退守硖石。张钫6日进驻陕州。7日，张钫与众人共同商议，决定留少部分兵力驻守陕州，以主力向东由正面进攻渑池并向洛阳推进。当日，东征军向硖石进攻，清军不支而溃退至观音堂，东征军追击至观音堂，清军败退，向东退守渑池。9日，东征军命令三标标统赵长荣率领两营兵力，从观音堂出发，向宜阳扫荡驻守该县的一营清军，并向洛阳进攻。同时，王天纵率领张治公、憨玉琨各部，向渑池进攻清军精锐部队毅军（清军将领宋庆所部，宋庆因战功而得勇号"毅勇巴图鲁"，故称毅军）和北洋军第六镇第十二协周符麟部。双方激战3个时辰，东征军占领渑池，清军退守千秋镇。至此，清军从放弃灵宝开始，几天之内一路败退400里，一直退到洛阳才稳住阵脚。这是东征军在豫西取得的重大胜利。

1911年底，各省代表在南京选举孙中山为临时大总统。1912年1月1日，中华民国临时政府在南京成立。是月，东征军准备向洛阳进攻，"在园"乘机再度起事，攻克孟津，兵临洛阳，但被数倍于革命军的清军击败。之后，清兵血洗孟津，数百名革命党人遇难。其中，孟津县竹里村富家子弟于龙光，在洛阳与本县革命党人王北方、杨福恒等人认识后，带领40余人进驻竹里村大王庙（今竹里小学），不到半月工夫便发展到百余人，操练武功，准备起义。起义失败后，孟津县衙和地方豪绅联系新安县、济源县警力，乘黎明时分将义军包围，持枪和铡刀冲进大王庙。革命党人一时大乱，四散逃命，有的被击毙，有的刀伤致命，有的跃死沟壑，有的铡刀破头，几乎全部遇难。于龙光逃亡，但其家的4间瓦房、3间店铺、4孔窑洞全部被放火烧毁。清官府对革命党人镇压的残酷由此可见一斑。竹里义军虽然被镇压，但革命精神影响很大，事后有人将此事编成戏剧《三县拿》，在河南、山东黄河沿岸一带演出，名噪一时。

此时，北京的袁世凯看到南北双方停战已经1个多月，认为江南独立的各省距离北京较远，而陕西、山西、河南各省的革命军却是肘腋之患。特别是豫西的革命军兵锋正盛，击溃清军败退400里，尤为大患，感觉河南局势似有大变。于是，袁世凯命令京汉线上的北洋军和周符麟部集中兵力30余营，携带野炮、山炮30余门，迅速进驻洛阳。又增调精锐毅军10营，加上原先参加战斗的毅军共18个营，委任赵倜为前敌总司令，戴罪立功。此时，清军集结在豫西各地的兵力共80个营，约2万余人，携带武器粮食，西进渑池，向东征军进攻。袁世凯还密令，必须打退东征军，进占潼关后才能和谈。

清代威远将军炮

清军于1月8日以骑兵首先冲到渑池,向东征军发起进攻,大军后继。东征军且战且退,先激战于渑池,继而战于英豪以东地区。至12时,双方继续战斗于英豪与观音堂之间。清军以炮火优势,压迫东征军节节败退,损失惨重,继而西走。11日,东征军退到硖石,打算以山地地形优势,使清军炮兵不能发挥作用,与敌人决战。清军据守观音堂,并未进攻,双方相持。

此时,恰遇英国传教士齐牧师等60余人自西安东来,打算回国,在途中与张钫相遇。齐牧师提出愿意从中调解,使两军媾和,张钫同意,决定以甘壕为议和地点。张钫当即书信一封致清军。12日,东征军派出代表党佑卿、杨勉斋、刘纯仁(粹轩)3人,与齐、苏两牧师前往甘壕和谈,但对方失约,没有派人前来谈判。当晚,清军又派人送来信函,诡称言和,实际上是接到袁世凯的密令,明为言和,暗中集结兵力沿黄河西进,企图迅速进攻潼关。

东征军据守硖石3天,议和不成,援兵未至,粮草接济不上,加之天气大雪寒冷,形势不利。此时,赵长荣、柴云升两部已被分别派往宜阳、嵩县,兵力分散,黄河北的革命军陈树藩部8营兵力在山西运城茅津渡屡催不至。张钫判断,清军经过几天准备,可能要发动大举进攻,便命令部队向西撤退到张茅。王天纵不以为然,双方打赌:张钫若输愿以都督之印交于王,而王若输则愿军法从事。

12日当晚,东征军后撤,王天纵于次日晨3时才后撤。清军佩戴伪造的东征军臂章,紧紧跟踪。王天纵认为是友军在后,满不在意。待天亮后,王天纵退至张茅,刘纯仁出来迎接,王天纵说后面还有友军。刘纯仁领随从7人前往张茅东迎接友军,士兵王友仁发现对面来的并非友军,而是敌人,连发数枪,大喊:"敌人!敌

清代弓囊

人!"王天纵在张茅休息,闻听来的是敌人,立即出店上马西奔,向陕州的张钫报告敌情,沿途传告敌人前来的消息。刘纯仁等人走脱不开,被清兵俘虏,假称是东征军派来和谈的代表,但还是被枪杀,仅一人逃归。张治公部13日与敌人在张茅战斗半天,被三面围困,掩护友军撤退一部,但死伤800多人。当日下午,敌人追击至陕州会兴镇,幸得阎飞龙部当日由北南来助战,王天纵部才摆脱敌人追击。当夜,东征军退至灵宝,14日退至阌乡。15日又退至函谷关,敌骑兵3000人追击,双方激战半日,东征军又退至阌底镇,部分退至潼关。16日,黄河北革命军陈树藩部与敌人战于茅津渡口,激战竟日,迟滞清军攻势。17日,东征军与敌战于阌底镇,退至潼关。18日,清军进攻潼关,将炮兵布置3个阵地,用交叉火力网向关城内轰击,骑兵由两侧西进,取包围形势。东征军弹尽粮绝,伤亡惨重,不能支持,遂于20日撤出潼关,退回陕西。

至此,东征军第二次东征、攻打洛阳的努力宣告失败。

不久,南北议和,清帝退位,双方停战。1911年12月29日,南方17省代表在南京选举孙中山担任中华民国临时大总统。1912年1月1日,孙中山宣誓就职,中华民国宣告成立。1912年2月12日,在清朝内阁总理大臣袁世凯等大臣的劝说和威逼下,清宣统帝和隆裕太后接受《清室优待条件》,宣布宣统皇帝退位,并授权袁世凯组织临时共和政府。至此,大清帝国宣告正式终结,并被中华民国替代。统治了中国268年的清朝灭亡,也宣告了中国2000多年来的帝制退出了历史舞台。2月13日,孙中山向临时参议院提出辞呈,并推荐由袁世凯接任。2月15日,临时参议院选举袁世凯为第二任临时大总统,决定定都南京。袁世凯以北京兵变为由迁都北京。3月10日,袁世凯在北京宣誓就任中华民国大总统。民国成立后,杨勉斋被推举为河南省第一届议会议长,张钫充任陕军第二师师长,唯有洛阳西上的起义武装滞留于陕西华阴附近,安排办法久久不能确定。最后,由杨勉斋等人出面与当局商定,将东征军中的豫西农民武装3000人改编为镇嵩军,由刘镇华任总司令,兼任河南府、陕州、汝州道道台,下编4路,柴云升任第一路司令,张治公任第二路司令,憨玉琨任第三路司令。王天纵则任京师总稽查。其他各县西上人员,如邢沧渔、蒋我山、段松涛、姚北辰等人,分任镇嵩军幕僚和军职。

综观此一阶段战事，腐朽没落的清朝统治已经分崩离析，虽然拼死挣扎，在战场上取得一时胜利，并对民众实行屠杀，但面对广大兵民共同起来反抗，其灭亡则是历史发展的必然。

民国时期洛阳战争

民国胡景翼、憨玉琨洛阳混战

1912年1月1日,中华民国宣告成立。1912年2月12日,清朝末代皇帝宣统(溥仪)宣告自行"逊位",自此延续267年、历10帝的我国历史上最后一个封建王朝——清朝结束。继之而起的是中华民国。民国在建立后很长一个时期内,中国一直处于军阀混战局面,洛阳多次成为兵家必争之地。

民国开始,废除州府制,中央以下设省、道、县三级。最初在洛阳设县署,1913年设道尹公署,地址在故明福王府,即清河南府内(今老城青年宫)。1921年河南省长公署自开封迁移洛阳,1923年先后改为护国军使署及警备司令部。1932年,国民政府迁移洛阳,是民国的行都。

在军事上,民国初期的洛阳有绝好的军事屏障,除了山川形胜之利外,还有袁世凯修建、吴佩孚扩建的西工兵营。史载,1912年3月袁世凯就任中华民国大总统后,为实现篡权称帝的目的,在洛阳东起五门屯、西至灵官庙、南抵下池、北到金谷园的200万平方米范围内,耗资白银170万两,经过2年时间,勘察地形,规划选址,紧张施工,按照北洋军师的建制,兴建了拥有5000余间营房的新式兵营。准备在兵营修建完成后,驻扎重兵于此,即步兵4个团,骑兵、炮兵各1个团,工兵、辎重各1个营。西工兵营以司令部为中心,西半部的北、西、南三面修有壕沟,西北部有电厂,西南壕沟外的七里河涧水东有兵器物资库,北有飞机场和火车站,从司令部地下室暗道可直达这里。与此同时,袁世凯在巩县(今巩义市)兴建了兵工厂。但让袁世凯始料不及的是,整个工程竣工不久,他便在全国一片反复辟声浪中,带着83天皇帝梦倒台身死。所以,第一次进驻西工兵营的不是袁世凯,而是皖系军阀、北洋陆军第七师张敬尧部。

1920年,直系军阀和皖系军阀之间的直皖战争爆发,皖系军阀段祺瑞战败,直系军阀首领吴佩孚以直(直隶省,今河北一部)、鲁、豫巡阅副使的身份，带领他的陆军第三师进驻西工兵营达4年之久。吴佩孚在洛阳直接指挥的部队，共有5个师和1个混战旅，计10万余人。怀着"雄居洛阳，统治四方"野心的吴佩孚驻洛后，大规模扩建了西工兵营，占地1000余亩，营房由原来的5000间增至1.2万间，又在兵营中心修建广寒宫、继光楼，在营区北、铁路南修建飞机场。1922年4月，第一次直奉（奉天，今辽宁）军阀战争爆发，奉系军阀张作霖败退山海关外，吴佩孚被黎元洪大总统授予"孚威上将军"衔。1923年，曹锟贿选总统后，吴佩孚被任命为直鲁豫巡阅使。吴佩孚驻西工的巡阅使署，实际上成了北洋军阀的"太上政府"，洛阳则成为直系军阀的中心营垒。

胡景翼、憨玉琨均为吴佩孚的部将。1924年1月，吴佩孚率军参加第二次直奉战争，因部将冯玉祥、胡景翼、孙岳在北京发动军事政变，遭到惨败，退回洛阳。是月，冯玉祥、胡景翼、孙岳等宣告成立中华民国国民军，冯玉祥任总司令兼第一军军长，胡景翼任副总司令兼第二军军长，孙岳任副总司令兼第三军军长。同年11月，冯玉祥、段祺瑞、张作霖在天津召开会议，决定由胡景翼任河南督办（省长），胡景翼率领其国民军第二军进军河南，驻郑州以东。而此时吴佩孚虽败退洛阳，其部刘镇华、憨玉琨的镇嵩军仍占据洛阳、豫西，并在吴佩孚的授意下，开赴郑州，加强河南防务。刘镇华是豫西地方军阀，镇嵩军统领；憨玉琨是镇嵩军三十五师师长。吴佩孚驻洛期间，刘镇华、憨玉琨对吴佩孚既有私怨，又相互利用。刘、憨出兵郑州之时，看到逼吴佩孚下野时机成熟，于是在1924年12月2日，向吴佩孚下达了立即离开洛阳的最后通牒。吴佩孚被逼无奈，匆忙离洛，南至信阳后宣布下野。刘镇华、憨玉琨占领洛阳后，大肆收编地方绿林武装，1个月内兵员就扩大至10余万人，给养由洛阳和邻县人民负担。憨玉琨还自称豫军总司令，并于1925年2月占领郑州。逼吴下野、占领郑州后，刘镇华、憨玉琨与胡景翼的国民二军处于对抗状态。不久，双方在巩县、洛阳一带发生了一场争夺战，即"胡憨之战"，时人称"憨胡闹"。

1925年2月，驻防禹县（今禹州）的国民军第二军王祥生团与当地的地主红枪会发生武装冲突，军长胡景翼为息事宁人，忍痛处死了团长王祥生。而憨玉琨则借机扩大事态，枪杀了国民军第二军旅长曹世英的家属，导致双方混战。镇嵩军刘镇华亲临洛阳指挥作战,国民军第二军军长胡景翼也赶到郑州督师,胡憨之间的军事冲突进一步升级为两个军之间的战争。

胡憨之战主要是在以巩县、洛阳为中心的陇海铁路两侧展开。憨玉琨投入全部兵力10多万人,包括王振旅、孙殿英旅、梅发奎旅、贾济川旅、李振亚旅、袁英旅、张治公师、柴云升师、马水旺师。胡景翼投入兵力近20万人,包括5个师、3个旅以及国民军第三军的叶荃师、何燧混战旅、樊钟秀的建国军等。胡憨洛阳之战历时1个多月,分两个阶段进行。

第一阶段,从1925年2月25日胡景翼军总攻开始,到3月8日占领洛阳为止,历时12天。总攻伊始,胡景翼指挥国民军第二军分三路进攻,而镇嵩军也以三路兵力迎战。中路,由国民军第二军岳维峻担任主攻,第三军叶荃任助攻,沿陇海线正面向西;镇嵩军方面,中路以憨玉琨的主力梅发奎旅、贾济川旅迎战。南路,国民军第二军的主力是李云龙混成旅和樊钟秀的建国军,在登封、临汝(今汝州)一带部署;镇嵩军的防守兵力是张治公师、王振混成旅、李振亚混成旅。北路在豫西北,国民军第二军一部集中在孟县(今孟州)以南的河阳关,伺机渡过黄河作战。2月25日,国民军第二军岳维峻师迅速西进,双方在巩县和汜水间展开激战。僵持10余天后,憨玉琨师不支,放弃荥阳,退往黑石关。南路建国豫军于3月2日攻占登封,李振亚率部投降。这时,刘镇华率柴云升师、马水旺师,从陕西赶来增援,部署在偃师、巩县一线。3月7日,国民军第二军岳维峻师发起猛攻,夺战黑石关。次日,胡景翼、樊钟秀两部占领洛阳。刘镇华率领镇嵩军主力西退渑池、陕县。憨玉琨败退故里嵩县,自杀身亡。

第二阶段,从3月8日国民军第二军再次进攻,到3月29日占领潼关为止,历时21天。刘镇华西退至渑池、陕县后,在观音堂设立司令部,利用熊耳山、崤山险要地形积极设防,并伺机反击。胡景翼率国民军第二军在洛阳调整军事部署,以精锐兵力沿陇海线西进。同时,以第二军一部配合樊钟秀建国豫军走南路,经宜阳、洛宁,侧击渑池、陕县,威胁镇嵩军后方。17日,镇嵩军张治公师由新安、宜阳向洛阳发动反攻,一度攻陷西工和火车站,但终因后援不济,被胡景翼部击退。18日,国民军第二军左翼从洛宁抵渑池、陕县夹击镇嵩军,激战3日,镇嵩军大败。刘镇华率部渡黄河北逃天津,柴云升残部逃往卢氏,张治公率残部退至黑峪(今栾川境内),后转至白河(今嵩县境内)。3月29日,国民军第二军基本占领豫西全境。至此,胡憨洛阳之战以胡景翼的胜利而告终,民国时期洛阳军阀混战告一段落。

综观此一战事,民国混乱,军阀混战,不为国家和人民,只为各自争夺地盘。

老吴桥,原名天津桥,是洛阳历史上第一座钢筋混凝土桥梁,始建于1922年。1921年,驻扎洛阳的直鲁豫巡阅副使、直系军阀吴佩孚,号召来洛阳的实业家张謇组织上海北方工赈协会等捐资,在其司令部正南的洛河上修建桥梁。因其位于隋唐时期的天津桥附近而得名。洛阳百姓俗称"老吴桥"。1922年建成,6月18日吴佩孚视察,因河水暴涨而南北冲毁,吴一行人困于河中桥上。工兵连彻夜修筑引桥,至第二天才将吴等人救出。吴命复建,但中途因兵败而停止。图为现存残桥遗迹

民国冯玉祥攻占洛阳

民国成立以后，洛阳以其重要的军事地位，多次成为兵家争夺之地。1912年至1914年，袁世凯屯兵洛阳；1920年至1924年，吴佩孚驻军洛阳；1925年2月至3月，胡景翼、憨玉琨洛阳之战后，胡景翼所部中华民国国民军第二军驻守洛阳。不久，冯玉祥攻打洛阳的战争打响了。

冯玉祥，字焕章，后来为国民党一级陆军上将、国民党政府军事委员会副委员长。早在1896年，冯玉祥正式入营当兵，1911年受进步思想影响投身辛亥革命。1924年第二次直奉战争中，身为直系吴佩孚部将的冯玉祥私与奉系张作霖策动北京政变，导致吴佩孚主力对张作霖作战失败。是年1月，冯玉祥与胡景翼、孙岳等宣告成立中华民国国民军，冯玉祥任总司令兼第一军军长。

在直奉战争后败退洛阳的吴佩孚，于次年在国民军第二军军长胡景翼与镇嵩军师长、自称豫军总司令的憨玉琨洛阳之战中被逼下野，离洛赴信阳。取得胡憨之战胜利的胡景翼不久因手上长疔疮而亡，其部下岳维峻成为执掌第二军的新领导人。但岳维峻居洛近一年期间，愚蠢无能，理政无方。素怀"统一天下"之志的吴佩孚东山再起，于1925年10月21日，在武汉就任河南等14省讨贼联军司令。1926年1月25日，吴（佩孚）、岳（维峻）之战爆发。早先被镇嵩军逼下台的吴佩孚，再次指使集结镇嵩军残部，并任命镇嵩军司令刘镇华为豫陕甘剿匪司令。得到吴佩孚支持的镇嵩军和红枪会，声威大振，很快将国民第二军围歼于灵宝函谷关。3月，吴佩孚大军占领洛阳。10月，奉系军阀首领张作霖起兵反吴。与此同时，南方的国民革命军也举兵北伐吴佩孚，但兵败湖北，转入河南。奉系张作霖则乘机派张学良统率10万大军南下，于1927年2月攻入河南，并一举占领开封、郑州、洛阳等战略要地，进一步威胁武汉革命政府。

为了遏制奉系军事力量南下，4月，武汉国民政府决定继续北伐，各路北伐军在河南驻马店集结。此前已脱离北洋军阀、建立国民联军的冯玉祥，被任命为国民革命军第二集团军总司令，5月8日率20万人由潼关东进，进逼洛阳，策应北伐军。吴佩孚自知中原不保，退往四川。已投靠张学良的驻守洛阳的镇嵩军将领张治公，急告张学良，双方联合抵抗冯玉祥东进，双方战于渑池、新安交界，镇嵩军大败，退守洛阳城。5月15日，国民军方振武部由洛阳城西开始进攻。而城内的刘镇华部（已被编入国民革命军第二集团军东路军）也向张治公部展开进攻。遭到腹背打击的张治公镇嵩军，坚守城池10天，渐感不支，遂率5000人出城，东退偃师。不久，张学良任命万福麟为豫西前敌总指挥赴偃师支援张治公，并加派大量兵马会集洛阳一带，以图借洛阳的有利地形，阻止冯玉祥的国民军继续东进。冯玉祥以方振武为前锋指挥，在新安县设指挥部，集结重兵，从南北两路向奉军猛烈进攻。

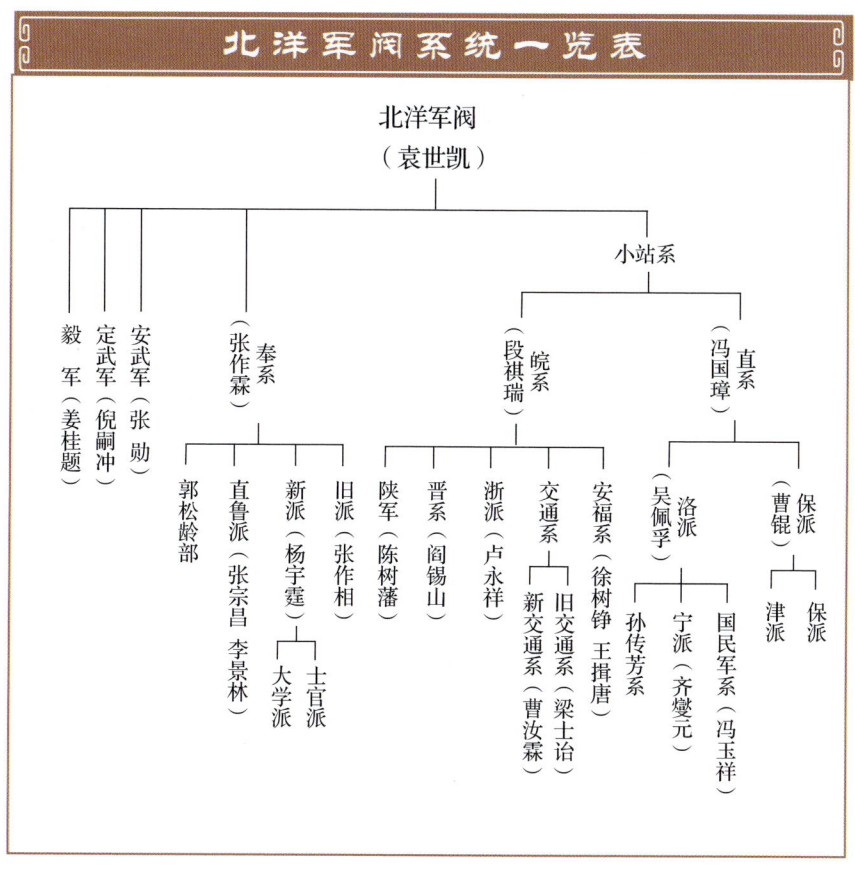

5月25日，经过一天激战，进展缓慢。

26日，冯玉祥又增派第一路、第三路军加强攻势，终于攻破奉军娘娘庙至杨家沟防线，奉军收兵西工一带固守。国民军第一路军第一师从麻屯绕至洛北进攻奉军的侧翼，并派第二师郑大师率所部骑兵袭击偃师一带。经过几番激战，奉军溃败，万福麟乘火车东逃，张治公带所部残兵南走。国民军旋即占领西工、老城，俘虏奉军2万余人，又克孟津、偃师、孝义（今巩义境），歼敌4000余人。

6月1日，冯玉祥第二集团军与国民政府北伐军会师，重新收复包括洛阳在内的全部豫西地区。同年12月，冯玉祥任河南省主席，令全省各地红枪会编入民团军，将豫西各县红枪会编为河南第二民团军，任命程希圣为军长，军部驻洛阳。

为加强洛阳的军事力量，在冯玉祥倡导下，对战火毁坏的西工兵营进行了修缮，并改名为"新柳营"。在西工兵营成立训练总监部，以石敬亭为总督，轮训下级军官。在洛阳"新柳营"第十二营兴办航空学校，由邓建中担任校长，教官大多数是从苏联航空学校毕业的军官。对学员的挑选也十分严格，一次到开封招生应考者万人之多，仅录用50余人。1929年，从上海运来从英国购买的5架飞机，训练学员掌握驾驶技术。

冯玉祥在洛阳施政治军，开一代军事家之风范。冯玉祥进驻洛阳后，实行了一些积极政策。划洛阳、登封、伊阳（今汝阳）、临汝（今汝州）各一部分，于伊河东置自由县，县府置白沙（今伊川境）；又划洛阳、嵩县、伊阳、宜阳各一部分，于伊河西置平等县，县府驻大莘店（今伊川境）。

冯玉祥在洛阳办了几项大事：

一是开展妇女放足、剪发。在中国封建帝王统治下，为了束缚妇女的自由，就让妇女从年轻时就开始缠足，把大脚板缠成像粽子一样的小脚，走起路来摇摇摆摆，弱不禁风，摧残了妇女的身心。冯玉祥到洛阳后，让各地组织放足剪发宣传队，一方面宣传放足剪发的好处，另一方面也有采取强制的。当时偃师有一个放足委员叫王三江，是偃师县国民党党部的委员、"左派"人物，工作认真。有一次他带着一位妇女金老婆，去偃师缑氏南边赶三官庙春节大会，王三江让这位金老婆强制把坐在轿车上的一位年轻妇女的裹脚布去掉，去赶会的群众都拥挤观看，引起这位妇女家长的不满和愤怒，立即派来几个壮汉，把放足小组人员都打得头破血流，手取裹脚布的金老婆被打得回家卧床数天不起，在全县引起了一场风波。因为打人的是有钱有势的人家，此事也就不作处理过去了。在剪发这项工作中，波动不太大，但叫姑娘剪去辫子也不是容易的事。当时在偃师农村传唱着："官庄头，扒头脚，想看大闺女去孙家坡。"意思是说，官庄村因为出了个辛亥革命先驱叫杨源懋（字勉斋），在他进步思想的影响下，大多妇女都自动剪了发，村上看不到留辫子的姑娘。所谓"扒头脚"，是因为放足委员王三江是扒头村人，在他的督促影响下，妇女们大都放了足。而孙家坡村是个较大的山村，文化比较落后，放足剪发的妇女很少，年轻妇女都留着长辫子，缠着足，一进村就能看到这种现象。这也说明，在当时的普通人看来，女孩子一旦放足剪发就不像个大闺女的样子了，足见改变人们旧的思想观念之难。

二是破除迷信。当时洛阳城内庙宇很多，冯玉祥发出"破除迷信、捣毁庙宇和寺院"的命令，一时间军警满街，四处寻找庙宇。河南府城隍庙的大门在老城西大街上，庙宇规模宏大，占地120亩。士兵们将十殿阎君、十县城隍及因果报应故事泥塑等悉数捣毁。当时各县村镇，都轰轰烈烈开展这一工作。特别当时各学校校址，大都是占的旧庙宇，各殿房都塑有神像，学生、村民在上级的号召下，都参加了扒神像活动。学生把粗绳套在神像的脖子上，几十个人拉住绳子一齐大叫一声，神像便立即倒地，摔得破碎。

三是开展禁毒活动和文化活动。当时农村公开种植大烟（学名罂粟），城乡吸大烟者不绝，弄得不少人骨瘦如柴，家贫如洗，沦为乞丐。为了禁毒，城镇成立戒烟所，严禁吸食毒品。洛阳城内成立民教馆，开展各项群众性的文化活动。把河南府城隍庙区域（今洛阳老城第三十中学和第六中学）开辟为中山公园。在老城开辟运动场(即今老城体育场)，还有不少新的设施。冯部的政治工作人员，还常到洛阳师范、各中学进行宣传教育，讲解革命形势。

四是开办新学堂，创办平民学校。提倡讲究卫生，取消私塾学校，培训教师。在西工创办军官学校，学生8000余人，校长张知行，后改任张自忠将军为校长，学校分设步、骑、炮、工、辎各科，还开办了军医、航空、战车等10多种专业科目。

1927年，冯玉祥在洛阳还曾亲书一块施政碑，原铺在东大街地面上，现存关林石刻艺术馆，碑文如下：

> 我们一定要把贪官污吏、土豪劣绅扫除净尽。我们要为人民建立极清廉的政府。我们为人民除水患、兴水利、修道路、种树木及做种种有益的事。我们要使人人均有受教育、读书识字的机会。我们训练军队的标准是为人民谋利益，我们军队是人民的武力。
>
> 民国十六年　冯玉祥

冯玉祥在洛阳还留下了许多趣事，人们至今说起来仍是津津乐道。冯玉祥身材高大，相貌堂堂，伙食简单，衣着朴素。驻军洛阳后，他应邀到西大街四海春饭店吃饭，街上的人想看看他长得什么样，不一会儿就把饭馆围了个水泄不通。他手下人通报这一情况后，同席的人都劝他安心用餐，不要理会，他却放下筷子说："这有啥？出去见见！"他昂首出了饭馆，站在门口说："我就是冯玉祥，看吧！"于是大家都伸长脖子看他，只见一个高大的汉子，没穿军服，着粗布长袍，不像威风凛凛的将军，倒像个推独轮车的壮汉。洛阳百姓见他这样，很是欢喜，不惧他，也不笑他，竟和他粗声大气地聊了几句。随后他吃他的饭，众人也说笑着离去。从此，洛阳人都说冯玉祥不端架子、平易近人、和蔼有趣。但也有些洛阳人认为，冯玉祥把洛阳搞得"鸡飞狗跳"，甚为不满。

洛阳人也看到了冯玉祥严厉的一面，使人敬畏。他驻军洛阳后，在如今的青年宫所在地办公。当时这里屋宇连栋，是豫西行政长官公署。一天，冯玉祥正在办公，有人前来举报，说洛阳县县长郝际华嫖娼。冯玉祥一听，这还了得！于是拍案而起说：把这人带来审问！一调查一审问，果然证据确凿。冯玉祥大怒，下令把他枪毙了。在战争年代，当场定罪问斩，实属平常事，可也足见冯玉祥威严。

在洛阳，还传闻着冯玉祥与吴佩孚的另一件趣事。那是早在1923年4月22日，吴佩孚在洛阳过50岁大寿，于是他在北京、上海两地报纸上刊登了《谢入洛宾客启》一文。这等于发出广告，邀请名人来洛为他祝寿。当时共来了700多位宿将名儒，连"逊帝"溥仪也派其"摄政王"前来贺寿。曾名震朝野的维新派领袖、著名学者康有为赶到洛阳后，送上亲笔书写的寿联："牧野鹰扬，百岁功勋才半纪；洛阳虎视，八方风雨会中州。"老吴看后十分高兴，一时间洛阳冠盖如云，灯红酒绿，好不热闹。

冯玉祥当时是吴佩孚手下的高级将领，但送礼却与众不同。他竟派人送来一坛清水，给老吴办了个大大的难堪。康有为赶紧出面打圆场，劝吴佩孚"不要动怒"，硬将这坛清水跟《庄子》联系起来，说冯玉祥的意思是"君子之交淡如水"，寓意送礼之人、受礼之人都是君子。吴佩孚也只好借机下了台阶，对众人道："好好，还是焕章（冯玉祥字焕章）深知我也！"

其实，这坛清水，是冯玉祥故意报复吴佩孚的。有一次，在西工兵营，两人谈论如何拒绝日本军事顾问之事，冯玉祥趁机说出自己对日外交观点，滔滔不绝。吴佩孚很反感，听后哈哈大笑，说："日本人的问题不必看重。日本人都是中国移民，他们的老祖宗，就是出生在我老家山东蓬莱附近的徐福，所以日本人连说话都带着俺老家的口音。你放心，如果将来中日交战，我只要打个电话给日本天皇，把这层关系告诉他，让他知道一些历史渊源，日本就不会让中国为难了，日本的问题就解决了！"冯玉祥建议赶快建立空军，培养空军人才，免得将来中国落后挨打。吴佩孚听后，又哈哈大笑，说："亏你现在还是河南督军！难道你不知道河南是风筝的故乡吗？哼！飞机有什么了不起！我们的祖先早就懂得放风筝，外国人的飞机，还不是模仿我国风筝造出来的。你放心，如果敌人使用飞机作战，咱们就在天上放满风筝，把飞机挂下来！这个很容易，连小孩子都会放风筝。"冯玉祥又建议："现在洛阳旱象严重，得想办法增加水利设施，抗旱保苗。"吴佩孚却故作神密地说："这个事嘛，你也不用着急，待我起个卦算算。"于是他从桌子上拿过签筒，取出几枚铜钱，嘴里念念有词，一连掷了好几次，很兴奋地说："不用着急，明天下雨！"冯玉祥诧异，问："明天啥时辰下雨？"吴佩孚想了一下，然后斩钉截铁说："下午两点半。"冯玉祥问："洛阳哪个方向？""西北方！"吴佩孚语气肯定。

谁料，第二天天气一直晴好，到了下午3点，并无一滴雨落下，冯玉祥便来到吴佩孚的办公室，当面质问他："玉帅，你说的雨在哪儿呀！"吴佩孚不慌不忙地回答："已经在下啦！雨很大，难道你没有感觉到吗？"冯玉祥很生气，大声问道："雨在哪里呀？"吴佩孚不假思索地答道："洛阳西北方向——莫斯科！"于是，冯玉祥知道吴佩孚是在耍笑他，就故意在老吴庆50岁大寿时送来一坛水，寓意吴佩孚不过是一坛清水而已，根本不值得一提。

不过，冯玉祥在洛阳的一系列举动引起蒋介石的注意和不满。1929年5月，冯玉祥部下韩复榘叛冯投蒋，被新任为河南省主席，冯玉祥被逼离开洛阳向大西北转移，命薛嘉宾为洛阳留守司令。

综观此一战事，军阀之间并无是非之分，各为私利，叛投无常，时而结为同盟，时而结为死敌。唯国家分裂，军阀混战，民众受害。

民国蒋介石军队攻占洛阳

民国以降，继袁世凯、吴佩孚、胡景翼、岳维峻、冯玉祥之后，统治洛阳的是蒋介石。蒋介石统治洛阳是通过1930年4月至11月的蒋、冯、阎军阀混战（又称中原大战）实现的。

1927年国民军北伐后，蒋介石与冯玉祥的第二集团军、阎锡山的第三集团军、李宗仁的第四集团军，各自占有广大地盘，各有各的势力范围。蒋介石为建立对全国的统治，不断对冯玉祥、阎锡山、李宗仁等军事集团实行打压政策。

1928年6月北京张作霖安国军政府垮台后，蒋介石与冯玉祥、阎锡山、李宗仁争权夺利的斗争日趋激烈。到1929年，国民党新军阀混战的炮声不断，神州大地，战云蔽日，硝烟弥漫。其中，打着"护党救国军"旗号的就有李宗仁、张发奎、俞作柏、唐生智、石友三等部，先后发动了反对蒋介石独裁统治的战争。然而这些人却都被蒋介石一个一个击败，只有善于投机的阎锡山的晋绥军没有遭到打击。

1930年的元旦，蒋介石在《中央日报》上发表《以气节廉耻为立国之本》的文章，大骂反对者"以投机取巧为智，以叛乱反复为勇，气节堕地，廉耻道丧"，杀气腾腾地教训反蒋派，使督师河南的阎锡山心有余悸。1月13日，前往郑州参加军事会议并准备履行国民党军副总司令就职仪式的阎锡山，在得知蒋介石命令河南省政府主席韩复榘逮捕自己的密令后，连夜逃回山西太原，并决定倒蒋。阎锡山回太原后不久，蒋介石派人赶到太原，请阎锡山补行国民党军副总司令就职仪式。阎锡山在就职仪式上发表公开演说，提出要建立"整个的党，统一的国"，反对蒋介石的独裁统治和武力政策，并公开指责蒋介石是引发内战的根源。1930年2月，阎锡山通电全国，要求蒋介石下野。原第二、第三、第四集团军50余名将领联合通电讨蒋，推举阎锡山为中华民国陆海空军总司令，冯玉祥、李宗仁和张学良为副总司令，刘骥为总参谋长。阎、冯等共约60万人组成5个方面军，决心推翻蒋介石的独裁统治。

1930年4月1日，阎锡山就任"中华民国陆海空军总司令"，冯玉祥、李宗仁就任副总司令，3人分别在山西太原、陕西潼关、广西桂平宣誓就职。阎锡山在就职通电中称："将统率各军，陈师中原，以救党国。"冯玉祥在就职宣言中指斥蒋介石为国家动乱不安的祸根，历数了蒋介石践踏民主、弄权卖国的种种恶行，并发誓要为国家除此祸害。不久，冯玉祥抵洛阳召开军事会议，鹿钟麟、徐永昌、万选才、孙殿英、孙良诚、宋哲元等均到洛阳与会。

4月23日，冯玉祥向反蒋军队颁布作战令，蒋、冯、阎大战爆发。讨蒋联军的作战方略是：（1）桂军为第一方面军，由李宗仁统率，出兵湖南，进趋武汉；（2）西北军为第二方面军，由冯玉祥统率，担任河南省境内陇海、平汉两路作战任务，并向徐州、武汉进攻；（3）晋军为第三方面军，由阎锡山统率，担任山东省境内津浦、胶济两路作战任务，与第二方面军会攻徐州，然后沿津浦线南进，直捣南京；（4）石友三为第四方面军，以主力进攻济宁、兖州，以一部协同第三方面军会攻济南；（5）内定张学良为陆海空军副总司令（并拟定东北军为第五方面军），积极争取共同讨蒋。同时，内定四川的刘文辉为第六方面军，湖南的何键为第七方面军。为了鼓励非直属部队的将领，任命石友三为山东省政府主席，万选才为河南省政府主席，孙殿英为安徽省政府主席。在这以后，又加派樊钟秀为第八方面军总司令。

蒋介石对这场战争早有准备。他先后调集70万人的军队组成4个军团，分成4路对抗阎、冯大军的进攻。同时，他积极实施攻心战术，利用冯玉祥军队内部将帅之间的矛盾，策动反冯"第二战线"。早在蒋、冯、阎大战前一年，原冯玉祥部下韩复榘被蒋介石收买，通电"叛冯投蒋"，后改任河南省政府主席。大战前夕，原冯玉祥部下张钫转依韩复榘和蒋介石，被任命为河南省政府代理主席，随即在商丘设省政府办事处，又奉蒋介石之命到安徽亳州游说孙殿英反冯归蒋。同年，蒋介石又任命张钫为第二十路军总指挥、河南省民政厅厅长等职。

1930年4月25日，蒋介石下达讨阎令。其实，战争早已打响。

蒋冯阎中原大战（源自《中国战争史地图集》）

大战一开始，阎、冯大军进展顺利。3月，冯玉祥西北军约30万人，出荆紫关（河南淅川西）、潼关向河南进军。河南省主席韩复榘看到冯玉祥发动讨蒋，河南势将首当其冲，他既不愿也不敢对冯军作战，又不愿附冯打蒋，乃向蒋介石请求率部开往山东境内抵御晋军，蒋从其请。韩即于3月下旬率部东撤（东撤时，他的骑兵师张德顺部乘机回到西北军），故西北军得以兵不血刃，顺利地占领了洛阳、郑州等重要城市。万选才率部乘势东进，旋即占领开封、归德，并随即接任河南省政府主席。4月，西北军进至鲁山、临颍、禹县、郑州等地，并向武汉展开攻势。

为解除平（京）汉路冯军的威胁，蒋介石以第三军团13个师的兵力组成3路迎战，双方形成对峙。与此同时，李宗仁指挥的第一方面军共13个师，在湖南战场同蒋军第四路军作战。蒋军第二军团12个师同阎军第六路军以及冯军第四方面军在陇海路战场拼杀。陇海路位置在整个战局的中央，津浦、平汉两线是左右两翼。因此，双方都把主要兵力使用在陇海线方面，因为这一方面的得失胜负，对整个战局将会发生决定性的作用。在整个战争过程中，蒋介石使用在这一方面的部队，如刘峙、顾祝同、陈继承、蒋鼎文、熊式辉、王均、杨胜治、陈诚、卫立煌、叶开鑫、秦庆霖、张砺生、张治中、冯轶裴等部，都是蒋的精锐部队。阎、冯使用在这一方面的部队，有晋军的孙楚、杨效欧、关福安三个军及优势的炮兵部队；有西北军的孙良诚、宋哲元、孙连仲、吉鸿昌等部及郑大章的骑兵集团，也都是战斗力相当强的队伍。所不同的是，蒋介石掌握了铁路和航运的交通线，军运迅速，而西北军所部除少数在陇海线附近外，多数则因距离铁路较远而行军速度缓慢。冯军以近战、夜战、迂回、渗透等战法实施攻击。蒋军顽强抗击，虽伤亡惨重，飞机被毁10余架，但终没让冯军达到预期目的，双方在陇海路沿线也形成了对峙。

5月1日，阎锡山、冯玉祥会面于河南新乡，3日同车到达郑州会谈，一致认为当前形势十分有利：桂系的李、白对讨蒋军事已准备就绪，即将开始行动；东北的张学良，虽然暂时不能出兵，但已允为弹药之助；汪精卫复电表示同意合作，共举大事；各友军均愿戮力同心，反蒋到底。从总的形势看，时机已经成熟，应即积极准备进攻。他们对此次大举讨蒋信心很强。6日，阎锡山返回太原，冯玉祥返回洛阳。

冯玉祥（左）、蒋介石、阎锡山（右）三人合影

李宗仁

张学良

从5月上旬开始,阎冯联军以石友三为左路,以万选才为中路,孙殿英为右路,分别由归德、亳州向砀山、徐州搜索前进。5月11日,双方开始大规模的接触。因蒋军来势甚猛,且有空军配合作战,激战数日,万、孙两军逐渐不支,节节后退。恰在此时,刘茂恩(刘镇华的胞弟)因不满阎、冯而投蒋。这个突然变故,立即造成了阎冯联军的混乱,遭到了极大挫折。随后,阎冯军队调整布置,全线发动攻势,激战10余日,蒋军全线为之动摇。这时,反蒋声浪几乎弥漫全国,而蒋在军事方面又打了败仗,与蒋有密切关系的某人曾担心地问他:"今天消灭甲,明天消灭乙,闹得人人自危,这样发展下去,将来何以善其后呢?"蒋忿然作色而又十分自信地说:"只要人们要官要钱,我就有办法。"

蒋军在陇海、平汉线两度受挫,蒋介石便在幕后策动了一个"和平运动"。以于右任出面致电汪精卫,建议召开国民党临时全国代表大会,以解决纠纷,但汪精卫不同意。张学良于6月12日致电阎、冯,表示本人愿从中调停,自然是毫无结果。

6月25日,阎锡山在津浦线指挥晋军攻占济南。7月上旬,蒋介石由各方面抽调大部兵力,陆续开到津浦线,于7月中旬开始反攻,攻克济南,并向陇海线用兵,占据了主动。这是整个战局的转折点。从这时起,蒋介石便将津浦线方面的大部精锐部队分别调到平汉、陇海两线,并且把进攻重点放在平汉线,以威胁陇海线阎冯联军的后方,并进扰陇海路西段,以截断西北军的退路。蒋军杨虎城部于9月17日攻克洛阳南面附近的龙门。蒋介石于8月24日下令各军,先占领巩县者赏洋20万(银)元,先占领洛阳、郑州者赏洋100万

（银）元。

　　虽然局势的发展在军事上、政治上已经处于极为不利的地步，但是冯玉祥仍在幻想挽回军事上的颓势。他派宋哲元带着葛运隆、赵登禹两师兵力防守于洛阳一带，仍以大部兵力布置在郑州外围，准备在晋军的协力下继续作战。此时，部分冯军将领相继被蒋军拉拢收买，宋哲元在洛阳也收到了从空中投送的蒋介石的委任状，任命他为第二十四路军总指挥，不过宋在看过后就撕掉了。由晋军供应的军需物资也越来越匮乏，士兵也因生活艰苦而士气低落。就在这紧要关头，9月18日，一直屯兵山海关外坐视观望、双方都在极力拉拢的张学良，通电宣布服从国民政府领导、东北军入关助蒋作战，随即出兵占领北平（今北京）、天津和石家庄。而且，在张学良发表通电的前几天，阎锡山即已密令陇海线晋军向黄河以北撤退。冯玉祥派人向阎锡山表明自己的想法，但阎锡山对他的想法并不支持，也不肯派出一兵一卒。如此，致使平汉、陇海路的冯军陷入腹背受敌、孤立作战的局面，战局急转直下。

　　10月5日，蒋军第四十七师徐源泉部沿陇海路从东向西掩杀而来，进攻洛阳。冯军守城将领葛云龙、赵守钰坚守不退，双方激战4天。蒋军增援部队相继到达，冯军守城部队四面被围、孤立无援。经洛阳红十字会和绅民代表何学纯、林东郊出面调停，与双方谈判，冯军葛云龙等投降撤离，蒋军占领洛阳。不久，蒋介石任命原冯玉祥部将领刘镇华为豫西清乡督办，刘镇华部旅长、王庄（今属伊川）人武庭麟任洛阳警备司令。

　　在中原战事接近尾声的时候，蒋介石为了迅速回师江南对共产党的红军作战，将收拾华北残局的事情委托张学良全权处理，对河南方面的军事也摆出一了百了、以政治和平解决的姿态。

　　10月8日，冯玉祥到石家庄与阎锡山会面。他们鉴于大局急转直下，无法挽回，而蒋介石又坚持他两人必须下野，遂商定阎将军政交与徐永昌，冯将西北军交与鹿钟麟，他们两人出国暂避（事实上后来并没有立即出国）。

　　10月底，蒋军先后占领河南省临颍、许昌、开封、郑州，继而占领陕西潼关、西安等地。11月，阎锡山、冯玉祥通电下野，其部队由张学良出面收编。几经磋商，这些部队或投降或改编或解除武装，完全瓦解崩溃，从而使持续近8个月的蒋、冯、阎中原大战以蒋介石国民政府军的胜利而告终。

综观蒋、冯、阎中原大战，是中国近代史上规模最大、耗时最长的一次军阀混战，历时近8个月，双方动员兵力110万人以上，支出军费5亿元，死伤30万人，战火波及20多省。这期间，地方军阀混战也连续不断，如云南的唐（继尧）龙（云）之战，贵州的王（家烈）毛（光翔）之战，四川的二刘（刘湘、刘文辉）之战，山东的韩（复榘）刘（珍年）之战等。频繁的军阀混战，给人民群众造成了巨大痛苦和灾难。蒋介石虽然经此战排除了异己，完成了全国形式上的统一，但劳民伤财的新军阀内战严重损耗了国力，战争结束仅一年后，日本侵略军发动的"九一八事变"爆发。中原大战的结果虽然以代表中央的蒋介石胜出，但是他所采取的各种手法，包括以职位、金钱、美女收买对手部下，拉拢一派打击另一派，虽然一时有效，但其实都无助于增加国民党内派别间的团结。日后的"西安事变"，以及解放战争中国民党军的溃败，都是国民党这种危机的再现。

抗日战争洛阳保卫战

1931年9月18日，盘踞在中国东北的日本关东军精心策划阴谋，由铁道守备队炸毁沈阳柳条湖附近的铁路，并栽赃嫁祸于中国军队，以此为借口炮轰中国东北军驻地沈阳北大营，制造了震惊中外的"九一八事变"。次日，日军攻占沈阳，又陆续进攻东北各地。1932年2月，东北三省全境沦陷。1937年7月7日，驻华日军在北平（京）城西的卢沟桥演习时，借口一名士兵失踪，要求进入宛平县城搜查，遭到中国守军严词拒绝。日军悍然向中国守军开枪射击，炮轰县城，制造了震惊中外的"七七事变"。这是日本帝国主义蓄谋已久的侵略战争。"七七事变"也称"卢沟桥事变"。之后，中国全民族抗日战争爆发。在这场波澜壮阔的反侵略战争中，中华民国"行都"洛阳成为中日双方争夺目标之一，这就是1944年春日军攻打洛阳和洛阳军民抗日保卫战。

此前，1932年1月28日夜间，日军突然出动海军陆战队，进攻长江门户上海，企图占领上海并进攻中华民国首都南京。当夜，国民党中央在南京召开紧急会议，研究对策，决定立即迁都洛阳，积极备战；改组国民政府，由汪精卫接孙科（孙中山的儿子）任行政院院长，罗文干接陈友仁任外交部长，并指定蒋介石为筹备成立的军事委员会常委。

1月29日，国民政府公开宣布迁都洛阳。行政院成立洛阳行政设备委员会，负责洛阳的建设和管理。当日，即增发南京至洛阳的特快列车，中央各部委乘火车向洛阳火速搬迁。国民政府主席林森、行政院院长汪精卫等首脑人物由南京出发，经开封驶往洛阳。除何应钦留守南京维持治安、罗文干主持外交之外，其余1000多名国民党军政要员均一同前往，并于次日抵达洛阳。到洛阳后，国民政府驻河南府衙（今青年宫广场）一带，国民政府主席林森驻西工公馆街原吴佩孚"天"字1号院（今市政府家属院），国民党中央党部驻西工兵营旧址，筹备成立的中央军事委员会及蒋介石驻省立第四师范（今洛阳市第一中学院内），汪精卫和行政院驻河洛图书馆（在东北隅老北营旧址）和洛阳农校（今农校街小学），其他各部委分别驻于西大街的省立第八中学以及西工兵营。同时，将上海的国际电台迁至洛阳，更名为第二国际电台。

3月5日，国民党四届二中全会在洛阳召开，会议通过了成立军事委员会的决议，决定以洛阳为战时首都——行都，以西安为陪都。3月18日，蒋介石在西工就任国民党中央军事委员会委员长，兼任总参谋长，从而形成了"汪主政，蒋主军"的格局。"蒋委员长"之称呼由此开始。

5月5日，中日双方签订了《上海停战协定》，国民政府准备返回南京。5月30日，国民党中央在洛阳召开会议，通过了《中央还都南京之后繁荣行都之计划》，决定成立行都建设委员会。该计划所列，一是筹建洛阳电厂，二是设立中央军校（即黄埔军校）洛阳分校，三是设立中原社会教育馆，四是修建伊洛河大桥。11月20日，国民党中央正式决定返都南京。12月1日，国民政府举行了回京典礼仪式，当即撤离洛阳。

1937年抗日战争全面爆发后，日军飞机频繁空袭洛阳，小规模空袭每月不断，大规模空袭共进行了6次。其中，1938年1月31日上午，日机32架首次空袭洛阳，洛阳城一片混乱，死伤无数。驻洛阳的苏联援华空军12架升空与之决斗，击落日机4架，苏机损失2架，日机逃窜。当年7月3日凌晨，日机11架分两批次空袭洛阳，炸死居民200余人，老集、西关一带被炸成一片火海。1939年3月，日机再次空袭洛阳，重点袭击了洛阳的民用目标，河洛图书馆被炸，死伤上千人。1940年，日机3次大规模空袭洛阳。2月20日，日机108架次轮番轰炸洛阳一天，国民政府礼堂（今青年宫）周围被夷为平地，死者相枕。4月28日凌晨，日机12架对老城进行地毯式轰炸，投放大量毒气弹，死尸满街，家家带孝，文明街一带数十户合家被烧死。5月初，日军派80余架次飞机空袭洛阳，轰炸10个小时，居民死伤无数。据统计，抗战期间，日军共出动飞机469架次，轰炸洛阳19次，投弹635枚，炸毁房屋1600多间，死伤近万人。

1943年秋到1944年春，日军在太平洋战场节节失利。为了挽救其失败的

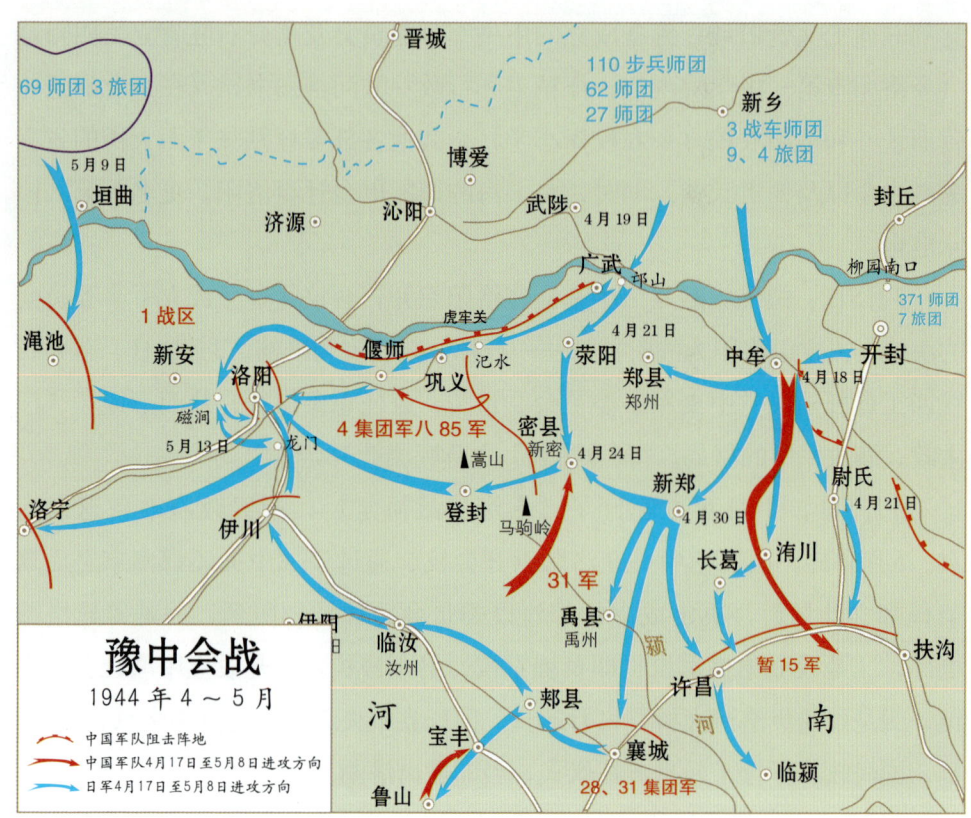

豫中会战（源自《中国战争史地图集》）

命运，1944年3月，日军制订了"一号作战计划"，集中以华北方面军第十二军为主力的约9.7万兵力，发动了旨在打通中国东北到东南亚大陆交通线的豫湘桂战役，其中第一阶段的河南战役，以夺取洛阳为主要军事目标。

1944年4月18日，日军第六十三师团自中牟渡过黄泛区西犯，22日攻陷郑州后分两路进攻，一路从平(京)汉铁路南犯，占领许昌；另一路沿陇海铁路西侵。西路日军渡过汜水后，受阻于虎牢关，遂向南进犯，占领密县、登封。5月1日，日军陷禹县，2日陷郏县，3日陷临汝。接着，这支日军由机动步兵第三联队、坦克第十三联队和机动炮兵第三联队一个大队组成的龙门支队，沿临汝到洛阳的公路向洛阳逼近，5月5日到达洛阳南之龙门。在这里，日军遭到驻守的国民党军刘戡兵团新六师、暂第十四军所属第八十三师、八十五师的坚决抵抗，双方激战两天两夜。5月7日晨，龙门东山最高峰被日军占领，八十三师、八十五师撤到龙门伊河两岸，龙门阵地被敌冲破。

早在河南会战开始前，第一战区司令长官蒋鼎文、副司令长官汤恩伯所部40余万之众，竟不堪一击，全面崩溃，弃洛阳西逃，故河南守军群龙无首。此时，守卫洛阳的是第十五军军长武庭麟领导的第十五军六十四师、六十五师（地方军）和第十四军九十四师（川军），共1.4万人杂牌部队。武庭麟是伊川人，副军长姚北辰是洛阳县人，所领十五军为镇嵩军的残部，多为豫西人。因此，这支军队不愿看到家乡的沦陷，保家卫国的激情高涨，武庭麟号召大家要抱定"杀身成仁"的决心。

5月7日下午2时，十五军接到国民政府第十四集团军命令：一、着十五军军长武庭麟统一指挥九十四师担任洛阳之守备；二、着九十四师死守洛阳城，十五军即占领洛阳外围既设阵地，协同九十四师固守洛阳10日至15日。

武庭麟接受固守洛阳的任务后，立即对洛阳的布防进行研究。洛阳周围原有阵地是按12个团的兵力构筑的，而目前全军只有7个团（十五军4个团，九十四师3个团），兵力严重不足。经过研究，决定把整个阵地划分为西工、邙岭、城厢3个地区加以固守。接受命令的当天，军部即给所属各部队下达命令：一、九十四师担任城厢区之守备，并另派一部占领唐湾、东马坡之前沿阵地；二、六十四师担任西工区之守备，并另派一部占领兴隆寨之前沿阵地；三、六十五师担任邙岭之守备，并另派一部占领陵冢、前后李村、蒋沟之前沿阵地。军直属炮兵营附野炮第三连在岳村、葛家岭、上清宫、庄王山、史家沟地区占领阵地。炮兵的火力配备必须能向十里铺、后海资、北陈庄、石碑凹、三山村、聂湾、安乐窝地区射击，特别强调要把主火力指向聂湾、东陡沟到三山村方面。

各部队接到命令立即行动，8日拂晓已全部到达新的防区，进入阵地，构筑、加固工事，进行战前准备。同日，第一战区司令长官蒋鼎文电令武庭麟为洛阳警备区司令。

5月9日，日寇第八混成旅由垣曲渡过黄河，侵占渑池后兵分两路。一路攻克新安，从西翼向东进逼洛阳，一路西犯陕县、灵宝、卢氏。同时，洛宁、伊川、嵩县、偃师、孟津相继沦陷。至此，洛阳四面被围，成为一座孤城。

5月11日晨，日军坦克第三师团奉华北方面军命令，由南向北对洛阳城实施第一次攻击，遭到驻守西工防区六十四师的顽强阻击，很快败退。等守军主动撤离阵地后，日军又大举进攻，守军先后在下池、七里河、兴隆寨、瞿家屯、小屯等地进行激烈战斗。

在两天的激战中，我守军伤亡过重，兵员严重不足。为了节约兵力继续战斗，12日晚上遂令六十四师放弃西工阵地，占领新的阵地。13日，日军已攻占周公庙。西工阵地放弃后，我守军重新调整了六十四师与六十五师的防地。六十四师主要防守邙山南麓史家屯经苗沟、烧沟到城西北角关帝庙一线，六十五师主要防守邙山望朝岭、营庄、上清宫、庄王山、后洞一线。他们利用邙岭的梯田斜坡、悬崖壕沟及各村民房修成枪眼，用混凝土和砖石修筑隐蔽火力点，以散兵壕和交通沟把各个火力点连接起来。在火力点外面架设铁丝网，挖防坦克壕并在附近埋设地雷。

14日，日军第六十三师团奉命对洛阳北线进攻。我十五军的两个师凭借这些永久性工事迎击敌人，固守邙岭，在安乐、上清宫、李村、冢头等一线与敌逐村逐地进行争夺，多次进行白刃格斗，迫使日军不能前进一步。

22日，日军以六十三师团、坦克第三师团、骑兵旅团及野添兵团等数倍于我守军的兵力猛攻洛阳。当日午后，飞机给十五军投送蒋介石20日手令："着仍固守洛阳，勿轻信谣言，至迟一星期，我必负责督饬陆空军增援洛阳。"根据这一命令，十五军再次变更部署，除东、西火车站各置有力一部保持据点外，该军主力全部撤入城内，与九十四师合力守卫城厢。但是，在洛阳保卫战最关键、最吃紧的危急时刻，第一战区司令长官蒋鼎文、刘峙抗拒执行驰援洛阳的命令，致使洛阳城守军处于孤军奋战的被动局面。

城厢是洛阳的最后支撑点，也是洛阳保卫战敌我双方争夺的焦点。城厢危，则洛阳危。为了便于守城，守军在洛阳城外挖有宽约6米、深7米至8米的城壕，壕内引来流水，形成一条人工护城河。城区各街巷挖有宽、深各2米的壕沟，壕沟边上再以麻袋、沙土或砖石堆积成高1.5米、宽1米的护壁，以在战时作为掩体。22日夜十五军撤入城区后，23日即对城厢的防区重新调整。九十四师守东半城、东车站与南北大街；六十四师守西门、西南隅、集道街、幸福街、古香巷和河洛中学后巷至南城基；六十五师守西车站及西北隅。军部设在义勇街，指挥所在宝城银楼。六十四师师部在西南隅，六十五师师部在复旦中学。

5月23日,争夺城厢的战斗全面展开。敌人炮兵在安乐窝、周公庙、西关、火柴公司、苗家沟、庄王山、上清宫、葛家岭、五里铺、下园街等处,遍向城内及东、西车站轰击。一天之内向城区发射炮弹8000余发。当日夜晚,敌人攻城兵力已增至3.5万余人,战车400余辆,野炮、山炮、机械炮120门,调兵和运送弹药共动用汽车1000余辆。

24日拂晓,敌机多架飞抵洛阳上空轰炸、扫射、散发传单。同时,五六千日军向九十四师守卫的东半城发动进攻,双方展开激战。中午12时,敌120门火炮向城内轰击,炮弹如雨,暴露在地面的工事及房屋均被摧毁。敌军在炮火的掩护下,出动战车300余辆,分6路由西南城角、西门、西北城角、东北城角、东门、东南城角向城内猛攻。敌主力集中在西北城角和西南城角。午后3时,九十四师防守的东北城角和六十五师防守的西北城角同时被攻破。4时,洛阳专署及复旦中学等处均发现敌人。5时,敌战车经北大街进至十字街口,守军各级指挥系统被逐段隔绝。在指挥中断情况下,守城官兵利用民房和敌人进行巷战,逐街逐巷进行争夺,敌人每前进一步都要付出巨大代价。日暮后,全城进入混战状态。经过激烈战斗,共毙伤敌人8000余名,十五军官兵也伤亡3000余人。在无法坚持战斗的情况下,当夜下令,命各部夺路出城,到洛阳城外集结待命。

25日,未来的及退出城的

龙门西山碉堡

龙门东山碉堡遗址

部分官兵在10多处街巷仍与敌人血战。终因人数太少，力量悬殊，在坚守20天后，洛阳沦陷。

在战斗进行中，日军曾打算让白马寺和尚进城劝我军投降，但僧人以尘缘已断、与军界素无来往为由而加以拒绝。

据有关资料，在保卫洛阳的整个战斗中，共毙敌2万余人，我军自师参谋长到士兵，阵亡近万人，受伤被俘3000余人，血染古城。突围后，原有1.4万人的我军仅存官佐316人、士兵1795人。

洛阳沦陷后，日军改洛阳为"福阳"，所到之处，烧杀淫掠，无恶不作，对豫西人民犯下了滔天罪行。日军占领洛阳后，强奸妇女数百人，强迫商店开门，若不从，诛其全家。滥发伪钞，物价飞涨，小麦每斗700元、食盐每市斤650元(沦陷前不足5角)，洛阳民众过了一年多未吃盐的日子，更有大批民众逃亡饿死。在偃师，日军每日强征民夫5000人修铁路，不少民众以"怠工"之名被处死。在宜阳，仅1944年5月一个月内，日军就制造了石陵大屠杀、水沟庙大屠杀、穆册大屠杀、漫流村大屠杀等12次大屠杀，杀死无辜村民1580人，强奸妇女257人。被奸杀的女子最小仅11岁，她在鱼泉被35个日本兵轮奸而死。被强奸的女子最小的是三乡一董姓女孩，她被十几个日本兵轮奸致残！日寇攻打逃亡在栾川潭头的河南大学时，将100多名未来得及逃走的师生集体枪杀，其中包括农学院院长王直青。李某等10多个女生被奸杀。洛宁县在日军东张大屠杀后近千具尸体横陈于山坡。在嵩县，日酋梅津、左子木每日捉拿村民作靶子练刺刀，死于其手下者不计其数；每日强掳妇女轮奸，农民张光之妻等因为容貌姣好被捉去做慰安妇。

作为豫湘桂会战第一阶段的河南战役的最后一役，抗日战争洛阳保卫战，足可感天动地。洛阳城在武庭麟的率领下，以1.4万兵力抗击5万强大日军的包围、轮番轰炸、疯狂进攻乃至白刃搏杀，坚守城防20日，可谓惨烈。这是我军将士和洛阳人民用血肉之躯谱写的一首抗敌御侮的民族正气之歌，是伟大民族精神的赞歌。与此形成鲜明对比的是长沙保卫战，国民党以5万余守军，仅1周即告溃败，可谓痛心。战后，蒋介石对长沙保卫战迅速失利和洛阳保卫战中友军见死不救恼羞成怒，枪毙了长沙守将张德能，撤销了洛阳守将的上司第一战区司令长官蒋鼎文、副司令长官汤恩伯的职务，而对浴血奋战、冲出重围的武庭麟大加褒扬。

洛阳沦陷后，周边各地军民不断开展抵抗日军侵略的斗争，先后有5万余军民为夺取抗战的最后胜利而献出了宝贵的生命。

今年是中国人民抗日战争和世界反法西斯战争胜利70周年，也是洛阳保卫战71周年。沧海桑田，抗日将士们英勇浴血之地早已变成了沃野和闹市。但历史不应该忘记。

林森桥，位于今洛阳桥下游几十米处，于1936年2月15日动工修建，1937年8月建成，以国民政府主席林森的名字命名为"林森桥"，并在桥西侧建亭纪念。1944年日军进攻洛阳，5月7日突破国民党守军龙门阵地。当日，洛阳守军为抵抗日军进攻，所属工兵13团团长方松龄现场监督将桥炸毁。图为至今尚存的残桥遗迹。图右下角为纪念亭，保存完好

中国人民解放军攻克洛阳

1947年7月，中国人民解放战争由战略防御阶段转入战略进攻阶段，中原地区的国民党军队也由进攻转为收缩兵力重点防御。1948年3月，中共中央军委和毛泽东主席根据敌我兵力部署态势，果断决定，以华东野战军陈（士榘）唐（亮）兵团第三、第八纵队和晋冀鲁豫野战军（是年5月改称中原野战军）陈（赓）谢（富治）兵团第四、第九纵队为主力，乘陇海线潼关至洛阳段国民党军守备空虚之机，采取突然奔袭和强攻相结合的方法，以迅雷不及掩耳之势发起解放洛阳的战役，史称洛阳战役。

洛阳战役是我军为配合西北战场和大别山战场作战的一次重要行动。此前，1947年6月30日，刘（伯承）邓（小平）大军南渡黄河，向大别山挺进，拉开了解放战争战略反攻的序幕。8月22日，陈谢兵团横渡黄河，转战豫陕鄂，调动了进攻大别山和西北战场部分之敌回援。9月下旬，转战在鲁西南的陈（毅）粟（裕）大军的主力一部分打回豫皖苏，有力牵制了进攻大别山的敌军。这样在两个多月之内，我3路大军数十万人以"品"字形挺进中原，分割了敌人，使刘邓大军"大举出兵，经略中原"的战略目的得以顺利实现，并直接威胁着国民党统治中心南京。

为进一步打乱敌人"追剿"我中原解放军的战略企图，毛泽东同志指示陈赓：在刘邓指挥部和野战军主力尚未转出大别山以前，陈赓兵团仍然配合华东野战军在平汉路西主动寻机歼敌，以配合刘邓转出大别山进行休整、补充。

1948年2月下旬，我西北野战军发起宜州战役，胡宗南为确保西安，急调原据守潼关至洛阳段的裴昌会兵团全部增援西安。原从郑州南下的孙元良兵团，也龟缩回郑州，准备以两个旅加强汜水、黑石关一线的防御。原位于平（京）汉线上遂平、驻马店的胡琏兵团，正以一部袭扰我集结在沙河、淮河之间休整的刘邓大军。在鲁西南地区监视我在黄河以北休整的华东野战军的邱清泉兵团有回师陇海路郑州以东的征候。胡、邱两兵团，是当时敌人在中原地区可用于机动作战的主要兵团。这样，在洛阳东至郑州、西至潼关370余公里的沿线上，只剩下据守在洛阳的国民党青年军二〇六师，别无其他正规部队。该敌已在事实上陷于孤立，实为我军攻打洛阳的良机。为了掩护刘邓大军和粟裕兵团的休整，配合我西北野战军的行动，消灭敌人的有生力量，中央军委和毛泽东主席不失时机地决定，由陈士榘、唐亮指挥华东野战军第三、第八纵队和晋冀鲁豫野战军陈（赓）谢（富治）兵团第四、第九纵队共10余万兵力立即发动洛阳战役。

2月底3月初，陈赓、陈士榘、唐亮等在襄城召集准备参战的各纵队司令员、政委开会研究，深入分析当时河南的形势和洛阳守敌的兵力部署、工事构筑情况，估计了敌人可能来援时间，以及我军作战的有利条件、攻打方法及所需时间，确定了开进路线。最后决定，兵团指挥部随三纵、四纵行动，由襄城、宝丰地区出发，经临汝进到伊川、龙门附近集结待命，准备负责攻城；八纵由禹县出发，经登封、嵩山进至偃师、黑石关以南地区集结待

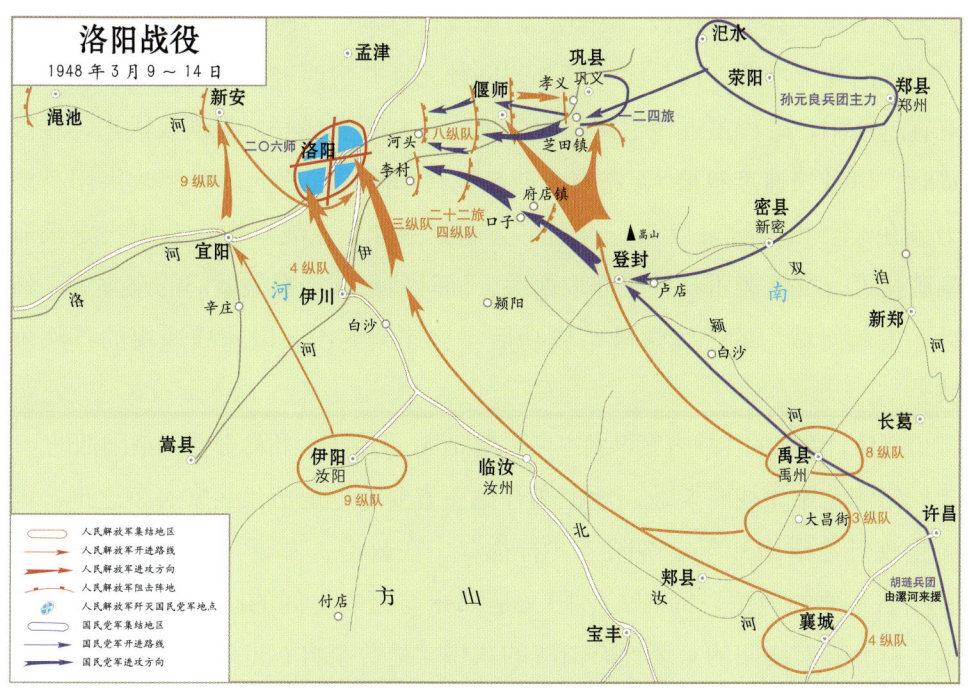

洛阳战役（源自《中国战争史地图集》）

中国人民解放军向洛阳城发起进攻

命；九纵主力和太岳五分区部队袭占新安、渑池地区，阻击可能由潼关东援之敌。分析认为，西去的裴昌会兵团无暇东顾，郑州孙元良兵团并非蒋介石嫡系，西援不会十分积极。因此，洛阳战役打响后，蒋介石必派嫡系胡琏兵团由漯河北上增援。该兵团必经郑州同孙元良并肩西进，如由登封、临汝小道直趋洛阳，路程虽近但道路崎岖，地方狭窄不易展开，易遭我伏击，且很费时，以最快速度也要5天左右才能赶到洛阳附近。因此，我军攻洛阳，要力争在3至5天内结束战斗，否则将会遇到困难。在战术中，我军决定采取隐蔽接近，突然袭击。首先夺取西关，同时侦察部署突破城门的事宜等，然后，发起对城门的连续爆破，成功后实施连续突击，以速战速决的打法攻城。

很快，部队的作战方案得到中央军委批准。3月4日，部队分头向洛阳抵进。

洛阳是中原战略要地，地扼秦晋豫三省要冲，是历代兵家必争之地。国民党政府曾于1932年定洛阳为"行都"，在政治、军事、交通等方面都具有相当重要的地位。同时，洛阳又是郑州与西安之间的联络中心和补给重地。蒋介石对洛阳的重要性有清醒的认识，他曾亲自召见守备洛阳的二〇六师师长兼警备司令邱行湘，明确指示："洛阳的地形很好，易守难攻。洛阳的邙山、龙门、西工都非常重要，必须加强工事，严加防守，教育部队。飞机场也很重要，必须确实控制。"

邱行湘的第二〇六师是蒋介石嫡系部队，下辖5个团。守城之敌除此之外，还有中央炮兵4个连和独立汽车第五营，加上地方保安团等，共约2万人。二〇六师全部是美械装备，火力较强，技术水平较高。该师军官政治上死心塌地随从蒋介石。其士兵多是西北等省失业、失学青年，长期接受法西斯训练和教育，战斗力较强。

敌军的部署是：师部率一团担任城内西北运动场及洛阳中学、城西北关帝庙至城东北段守备；二团除派出1个连驻守美国医院、1个营驻守上清宫为外围据点外，其余为全师预备队；三团担任东北门至城东南潞泽会馆段守备；四团除一部分守备城西门南北段外，其余为师部控制的守备队；六团担任城西周公庙、火柴公司和西工发电厂等处守备；师工兵营驻守东、西火车站；整编三十九师炮营、八团三连、十四团之一部为第一炮队，位于西北运动场及菜市场，担任支援第一线部队及城周围之战斗；师属炮兵营为第二炮队，分散配置于各城角，配合步兵作战，营部位于文峰塔附近。炮兵总观察所设于文峰塔上。敌人计划除特种兵外，其他守备部队均留出三分之一兵力作为预备队。

洛阳城内外的防御工事也十分坚固。城防工事完全是在美国军事顾问团指导下修建的，具有现代化半永久性质。其构筑和组成有几个特点：

第一，阵地选择高地要冲，利用自然地形或孤立建筑物为依托，构成核心阵地，但又各自成为独立支撑点，互相策应，并能独立坚守，从而构成外围据点、城垣主阵地、核心阵地3道防线。

第二，有层叠的地堡。每一阵地都以梅花形的诸多碉堡构成，碉堡之间互相连接，单兵工事与班、排、连工事互相连通。在高大的城墙上，有很多城堡，上设有两三层射孔，从而构成城墙上下、房子内外、沟壕上下公开的、隐蔽的、真的假的射击孔互相结合。

第三，城垣前沿筑有多层次的辅助防御工事，如外壕、拒马、铁丝网、交通壕、地雷群等。外壕一般深5米，宽5至10米。仅仅在东门外就设有5道铁丝网、4道拒马、3层潜伏地壕、两道外壕。在各工事间隙中密布地雷

群，仅周公庙阵地前就布有地雷1500多个。每个阵地都贮备数日食品、饮料和大量弹药，还有炊事所、水

国民党军与人民解放军力量对比（1947年6月）			
城市数	人民解放军 417座 20.7%	人口数	解放区 13,106万人 27.5%
	国民党军 1592座 79.3%		国民党统治区 34,394万人 72.5%
兵力	人民解放军 195万人	地区面积	解放区 约220万平方千米
	国民党军 373万人		国民党统治区 约740万平方千米

井、寝室、厕所等。大的核心阵地还备有地下电线、地下掩蔽部，最大的可容一二百人。这就是敌人号称"铜墙铁壁"的工事。当时洛阳的国民党报纸曾吹嘘洛阳是双层袋形阵地，"易进难出"，"共军如攻此城，无疑自投罗网"。

面对洛阳国民党守军的坚固防御力量，我华东野战军陈唐兵团和晋冀鲁豫野战军陈谢兵团坚决执行中央军委和毛泽东主席攻占洛阳的命令。3月5日，陈赓、谢富治指挥部队从襄城、伊阳（今汝阳）、禹县（今禹州）地区向洛阳开进。3月7日，敌发现我有进攻洛阳的迹象，便令孙元良、胡琏兵团待命增援洛阳。我军经过新式整军运动后，战士觉悟大为提高，战斗情绪空前高涨。于是，迅速部署：陈唐兵团三纵担任对城东、城北面的包围，并由东门、北门攻城；陈谢兵团四纵担任对城西、城南面的包围，并由西门、南门攻城；陈唐兵团八纵抢占黑石关，负责阻击可能由郑州西援的敌军；陈谢兵团九纵袭击并控制新安、渑池等地，阻击可能东援的裴昌会兵团，并于战役发起后，以主力靠近洛阳，为战役总预备队。整个战役统由陈士榘、唐亮指挥。

1948年3月8日，陈谢兵团、陈唐兵团开始向洛阳外围之敌发起攻击。八纵、九纵迅速切断了陇海铁路，攻下洛阳周围十数座城镇，扫清了洛阳外围百里以内之敌，完成了对洛阳的全面包围，然后将主力部署在洛阳东西两线，准备阻援。

三月八日黄昏，负责攻城的三纵、四纵分别强渡伊、洛两河，从东北和西南两面进攻洛阳外围阵地。到11日下午，夺取了除西工发电厂、九龙台和

潞泽会馆外的其余全部外围阵地，切断了城内外敌人的联系。

3纵8师奉命由东门和东北门担任主攻城垣任务。该师选择东门为主要突击方向，东北门为辅助突击方向。二十三团为突破东门第一梯队，二十四团为第二梯队；二十二团为突破东北门第一梯队，二十一团为第二梯队。

二十三团在9日晚上顺利夺取了东关，以此作为攻城依托，并利用火力控制了瀍河大石桥，随即开始构筑攻城阵地，部署兵力、火力。同时广泛开展了军事民主，每个突击队员、爆破队员以及各级干部都做了大量的调查研究工作，在充分了解敌情、地形、任务的基础上，提问题，想办法，拟订战斗计划，具体区分各人、各组、各火器的任务，使发现的问题和困难及时得到了解决。通过这样深入细致的工作，广大指战员进一步领会了上级的意图，理解了自己在战斗中的地位和作用，使指挥员的决心部署和战士的行动有机地结合在一起，主观指导符合客观实际，这就奠定了胜利的可靠基础。

二十三团决心以一营和加强特务连为第一梯队，担任主要突破任务，歼灭东门守敌；以二、三营为两个后续梯队，随一营后跟进。

洛阳东门是敌人整个城防的重点，工事坚固复杂。东门守军依托两道城墙构筑了纵深达300米的3层防御：第一层自大石桥至瓮城外壕，纵深约160米。从东向西望去，从瀍河东桥头到瓮城门设有5道铁丝网，4道鹿寨，3层伏碉，以及若干雷区。过了瀍河接着是一道城壕，其对面又有背靠瓮城的两座大梅花堡。第二层是瓮城区，纵深约60米。瓮城门洞内塞有装满沙土的汽油桶，厚、高各5米。瓮城的后面，是洛阳东门和高耸的城门楼。第三层是东门内外，纵深约100米。主要由城墙和壕沟的明、暗火力点及巷战工事构成。直接担任东门及其附近防御的是敌二〇六师一旅二团团部率一营及三团三营。二团一营位于东门北侧，以一个连控制外围据点福音堂；三团三营位于东门、瓮城区及瓮城外侧。此外，二团三营为旅预备队，配置在鼓楼地区，随时准备向东门实施机动。旅司令部位于东门内明德中学。

为了突破东门，我三纵孙继先司令员和丁秋生政委亲临东关阵地察勘地形，了解敌情，并亲自给八师指战员作战斗动员。根据敌人设防情况，纵队决定：采取以营为单位的突击梯队，实施强攻，连续攻击。

突击营由二十三团一营担任。一营营长张明原打算以一连为突击连、二、三连为第二梯队，但营连干部们在实地仔细观察地形和敌方设防工事等情况后，一致认为原定突击方案难以取胜。在营部召开的研究讨论会上，一连连长建议将全部冲锋地段分成3段，3个连各包打一段，还主动请战说，我们一连包打城门、攻占城楼。二连连长也信心十足，说我们2连包打瓮城，并担任一连攻城楼的掩护任务。三连连长接着说，我们三连把桥头梅花堡、铁丝网、电网等一切障碍物和敌防御工事全部炸掉，以保证一、二连冲锋道路畅通。营长张明完全赞成此方案，并定下了决心：全营编成三个突击队，采取梯次配备、连续爆破、分段突击的战法实施突破。并明确区分了各队任务，确定了各突击队的战斗编组：

第一突击队由三连（欠一排，由副指导员庄建礼指挥）组成，任务是扫除瓮城门外各种障碍物，歼灭城外之敌，并在瓮城外壕上架桥，为第二突击队开辟突击瓮城的通路。其战斗编组，以三排为爆破队破坏障碍物，二排负责架桥。

第二突击队由二连（连长邱继太）组成，任务是突破瓮城门，歼灭或驱逐瓮城门内之敌，控制瓮城区，为第三突击队开辟突击东门的通路。为了增强突击力量，确保这一关键任务的完成，一营以三连一排、团特务连配属二连。其战斗编组，以二连三排担任爆破，炸开用汽油桶堵塞的瓮城门；二排为突击排；一排为二梯队，担任巩固和扩大突破口任务。三连一排及特务连的两个排为预备队；三连一排准备沿瓮城大街向西发展，夺取东门外的地堡，以火力掩护第三突击队对东门的突破；特务连准备以1个排向瓮城大街以北发展，1个排担任机动。

第三突击队由一连（连长许胜望）组成，任务是突破东门，歼灭门内外守敌，控制城门及两侧阵地，掩护团的第二、三梯队进入战斗。其战斗编组，二排爆破东门，三排突击并控制突破口和城门楼，一排为二梯队向城门内两侧扩大突破口。各突击队都组织了火力队，担任直接掩护爆破、突击任务。

这个方案立即报经团部批准并实施。

遂行城市攻坚战，尤其是在突破城垣阶段，火炮的作用至关重要。为了保证一举达成突破，二十三团组织师配属的山炮、战防炮各2门，团属九二步兵炮2门、迫击炮8门，营属六〇炮18门，共32门火炮，编成两个炮兵群，在东关大街以南、以北占领阵地。其中，山炮、战防炮、九二步兵炮主要担任直接瞄准射击，摧毁敌前沿工事；迫击炮、六〇炮主要担任压制射击，掩护步兵冲击并占领和巩固突破口。

10日晚上，一营第一突击队利用守军的麻痹疏忽，连送两包炸药，炸掉了东门外大石桥上的鹿砦、拒马以及桥西头两侧的地堡，为第二天突击创造了条件。

11日19时半，我军开始向洛阳城实施总攻。

总攻开始前火力准备。17时40分，我军直接瞄准火炮在距目标100至300米处开始破坏射击，至19时，将瓮城门外工事、火力点大部摧毁，随即转入掩护步兵爆破突击。

第一突击队的10人爆破队在炮兵火力和轻重机枪火力掩护下进行连续爆破，半小时内连送4包炸药，炸开6道障碍物，开辟了接近瓮城的通路。突击队指挥员命令八班班长带1名战士去侦察外壕的桥是否被破坏，以便明确第二步决心。在侦察前进途中，这名战士产生了畏惧情绪，卧倒在地上不起来。八班长见状大声呵斥，结果暴露了目标，守军以火力封锁通道，致使任务未能完成。鉴于外壕桥梁的情况没有侦察确实，一营一面组织火力加强掩护，一面命令三连迅速再派人去侦察。三连派出一排副排长张成法带一个姓周的副班长再次前出侦察。他们在火力掩护下接近到外壕的地堡附近，恰在这时，守军打出两发照明弹，确实看清了外壕的桥未被破坏，即返回报告。至此，第一突击队经一

人民解放军攻占洛阳西关

个半小时完成了营的第一步任务，无一伤亡。

21时30分，第二突击队的13人爆破队在炮火掩护下对瓮城门进行爆破，连送7包炸药，其中4包奏效，将堵塞城门的汽油桶炸开了一个可以勉强通过步兵的口子。二排长宋昌福随即率队趁爆炸硝烟开始突击，分队陆续进入突破口后，集中力量向北发展，首先夺取了城门内北边30米处的方形碉堡。一排突入后向南发展约100米。三连一排加入战斗协同，肃清了瓮城大街以南守军。特务连二排进入战斗后，协同二连二排打退守军反冲击，巩固了大街以北既得阵地。战至24时，瓮城守军两个连除一部仍坚持瓮城西南角抵抗外，大部被歼灭。第二突击队基本上控制了瓮城大街，为第三突击队突破东门准备了有利的阵地。

获悉东门瓮城失守的消息，邱行湘心急如焚，一方面命令一旅旅长赵云飞想尽一切办法把解放军打出去，把突破口夺回来，一方面亲自指挥重炮向东门猛烈轰击，企图遮断东门道路，掩护步兵进行反冲击。

在我第二突击队肃清瓮城残敌的同时，第三突击队开始经瓮城向东城门前进。二排担任爆破队，五班开辟东门外通路，四班爆破东城门。在运动中部队遭敌纵深炮火拦击，造成一定伤亡。通过瓮城突破口时，又因口子太小，不慎被汽油桶钩响一包炸药，将五班和机枪班大部炸伤，四班也被炸乱，现场一片混乱。在这种情况下，干部战士发扬了高度的积极性和主动性，互相联络，仅5分钟就重新组成了爆破队，继续向东门前进。此时，瓮城街南民房起火，影响部队行动。突击队指挥员果断命令四班打通街北民房，以此迅速接近了东门。至12日零时20分，四班在火力掩护下以4包炸药进行连续爆破，破坏了门外的防御工事和地堡，炸开了城门，可供几路纵队同时通过。城门炸开后，一连副连长率3排于零时30分开始冲击。七、八班进入城门沿城墙向北发展，首先夺取了距城门5米处的1个地堡以及10余米处的1个高台子，九班则迅速控制了城门楼制高点，击退了守军一个连自北向南的几次反冲击。一排长看到城门大开，不待三排全部进入，便率1个班沿大街向西冲击，夺取了距城门20米处一南一北两个地堡。一排副排长率二班夺取了和七班据守的高台子隔街相对的民房，两个班组织交叉火力击退了守军1个连从北面发动的数次反冲击。

12日2时，完成了肃清瓮城残敌任务的三连和特务连，也紧接着突入城内，三连向南发展，特务连向西发展。至此，突破口已经相当巩固。2时30分，团的后梯队二营、三营相继入城。前后梯队密切协同，又连续打退了守军1个连至1个营兵力的数次反扑，最终巩固了突破口。至3时30分，二十三团已经全部进入纵深战斗，胜利完成了突破洛阳东门的任务。

攻打西门的是四纵十旅。在西门外，敌军筑有一道又宽又厚的城墙，且墙外有一条10米宽的护城河，只有一座土木桥，敌人在桥头两侧布满了铁丝网、拒马等障碍物。我军组织两次爆破均未成功，遂决定于12日强攻西门。12日13时，十旅将全部炮火集中，向西门守敌实施猛烈炮击，遂将城墙上主要碉堡和桥头两侧障碍物摧毁，接着步兵破开桥上的铁丝网和拒马，打开了一条通路，工兵立即发起冲击，很快在城墙上炸开一个缺口。步兵在火力掩护下，冲过桥梁，向城墙缺口扑去，很快歼灭瓮城守敌。后继部队相继突入城内，沿西大街向敌核心阵地发动进攻。

攻打南门的是四纵十一旅三十二团和十三旅三十七团。南门守敌顽固抵

解放洛阳的解放军战士

抗，再加南门靠近洛河，无法展开兵力，致使攻击受挫。12日6时，从东门入城的张明突击营直插南门，内外夹击，最终突破南门，并歼灭大部守敌，剩余残敌狼狈地向西南角逃跑。突击营跟踪追击，其他部队向北推进。逃向西南角之敌很快被歼，敌阵地即被我占领。

到12日15时，攻城部队已突破洛阳所有城门，各路大军会师城内，对敌进行分割包围。城内四处溃退下来的敌军，被压缩到了西北隅的核心阵地里，其余城区全部被我军控制。

当夜，我军向敌核心阵地外围发起攻击。

13日夜，我军再次发起攻击，经过4个小时的激烈战斗，歼敌2000余人。邱行湘带着残敌，逃进西北角阵地洛阳中学一所高大建筑物内。这是敌人最后退守的据点，是一个长宽各不到100米的地方。敌军在此构筑了坚固的地面和地下工事，集中着敌二〇六师的主力，共计5000余人。邱行湘幻想着凭借这些坚固工事作垂死挣扎，等待援军的到来。

这时，蒋军分别由登封、偃师赶来的两路援军，均遭到我阻援部队的顽强阻击。城内双方又进行多次交手，由于敌人火力猛烈，使我军两次攻击都未奏效。

14日16时30分，我军为了尽快解决战斗，集中炮火向敌西北核心阵地实施密集轰击。在40分钟时间内，几十门大炮、100多门小口径曲射炮朝敌军阵地发射1万多发炮弹，敌人被炸得死伤相枕。接着，我军向敌阵地发起猛烈攻击，很快肃清残敌，邱行湘及其部下全部成了俘虏。

在我军攻城战斗强大声势震撼和威逼下，13日，据守潞泽会馆的敌1个连投降。14日，西工发电厂敌1个营和九龙台的1个连均向我军缴械。

至此，洛阳战役胜利结束，古城洛阳第一次解放。

此次战役，经过7昼夜激战，一举攻克了被国民党军自诩为"金城汤池"的古都洛阳，共歼灭敌青年军二〇六师及地方武装2万余人，生俘国民党军中将师长邱行湘、少将副参谋长符绍基、副师长赵云飞、洛阳专员兼少将保安司令刘焕东等1.5万余人，毙伤敌4900多人，缴获大量武器弹药及其他物资。

获悉解放军攻克洛阳，3月15日中共中央发出贺电，表彰攻克洛阳的全体指战员。

综观此战，洛阳东门突破战斗，是洛阳战役的关键战斗之一。华东野战军三纵八师二十三团一营，采取连续爆破、分段突击、交替前进的战术，完成了突破国民党军多层、坚固城防的艰巨任务，为攻城主力投入巷战，全歼守敌奠定了坚实的基础。二〇六师师长邱行湘也承认："如果城垣过早地为解放军突破，这个仗就不好打了，这是在洛阳战役中成败所系的一个最重要的关键。"为了表彰一营的突出贡献，1948年7月7日，华东野战军前线委员会授予该营"洛阳营"的荣誉称号。营长张明被第三纵队评为"甲等战斗英雄"。从全国来说，洛阳战役是解放军进入中原后，对敌设防坚固的战略城市的第一次攻坚战。这次战役的胜利，不仅使中原国民党闻风丧胆，而且使全国所有驻守城市的国民党军惊恐万状。通过这次战役，解放军部队进一步受到了攻坚战的锻炼，各级干部取得了组织步、炮、工兵协同作战，夺取敌坚固设防的中等城市的新经验，战斗力有了明显的提高，为尔后参加战略决战作出更大贡献打下了良好的基础。这次战役是解放军在解放战争中第一次攻克的具有现代化半永久性防御配系的中等城市。战斗中，解放军付出了一定的代价。然而，解放军发扬了无坚不摧的革命英雄主义精神，完全彻底地歼灭了蒋家王朝的"御林军"第二〇六师，解放了历史悠久的古都洛阳，把解放全中国的事业向前推进了一步。

中国人民解放军再克洛阳

1948年3月14日,中国人民解放军攻克洛阳。

得知解放军攻克洛阳,国民党大为震惊。为了挽救败局,蒋介石严令驻守郑州的孙元良兵团和驻守平汉线上遂平、驻马店的胡琏兵团,越过登封、黑石关反扑洛阳。

鉴于已达到歼灭敌有生力量之目的,为了摆脱敌援军的合围,解放军在处理完善后工作后,于3月17日主动撤离洛阳,全部转移到洛阳以西、以南地区,休整待机。

3月18日晨,敌援兵整编十一师、三十八师及一二四旅约6个旅的兵力进入空城洛阳。10天后,敌三十八师奉命全部运到西安,十一师也于同日东撤,以加强郑州及平汉路的守备。洛阳城仅留下一二四旅驻守。4月3日,这个旅的主力也开往偃师,只丢下一二四旅的三七一团及一个保安团守备。洛阳城一时防守空虚。

陈赓同志不失时机地决定再歼洛阳守敌,遂于4月4日指挥我军主力再攻洛阳。敌人发觉后,于5日晨弃城东逃,我军迅速追击,将敌包围在东张古洞村,经2小时战斗,将敌4600余名全部歼灭。

欣闻我军再次攻克洛阳,毛泽东主席于4月8日发出《再克洛阳后给洛阳前线指挥部的电报》,全文如下:

再克洛阳后给洛阳前线指挥部的电报

(一九四八年四月八日)

此次再克洛阳,可能巩固。关于城市政策,应注意下列各点。

一、极谨慎地清理国民党统治机构,只逮捕其中主要反动分子,不要牵连太广。

二、对于官僚资本要有明确界限,不要将国民党人经营的工商业都叫作官僚资本而加以没收。对于那些查明确实是由国民党中央政府、省政府、县市政府经营的，即完全官办的工商业，应该确定归民主政府接管营业的原则。但如民主政府一时来不及接管或一时尚无能力接管，则应该暂时委托原管理人负责管理，照常开业，直至民主政府派人接管时为止。对于这些工商业，应该组织工人和技师参加管理，并且信任他们的管理能力。如国民党人已逃跑，企业处于停歇状态，则应该由工人和技师选出代表，组织管理委员会管理，然后由民主政府委任经理和厂长，同工人一起加以管理。对于著名的国民党大官僚所经营的企业，应该按照上述原则和办法处理。

对于小官僚和地主所办的工商业，则不在没收之列。一切民族资产阶级经营的企业，严禁侵犯。

三、禁止农民团体进城捉拿和斗争地主。对于土地在乡村家在城里的地主，由民主市政府依法处理。其罪大恶极者，可根据乡村农民团体的请求送到乡村处理。

四、入城之初，不要轻易提出增加工资减少工时的口号。在战争时期，能够继续生产，能够不减工时，维持原有工资水平，就是好事。将来是否酌量减少工时增加工资，要依据经济情况即企业是否向上发展来决定。

五、不要忙于组织城市人民进行民主改革和生活改善的斗争。要等市政管理有了头绪，人心已经安定，经过周密调查，弄清情况和筹有妥善解决办法的时候，才可以按情况酌量处理。

六、大城市目前的中心问题是粮食和燃料问题，必须有计划地加以处理。城市一经由我们管理，就必须有计划地逐步解决贫民的生活问题。不要提"开仓济贫"的口号。不要使他们养成依赖政府救济的心理。

七、国民党员和三青团员，必须妥善地予以清理和登记。

八、一切作长期打算。严禁破坏任何公私生产资料和浪费生活资料，禁止大吃大喝，注意节约。

九、市委书记和市长必须委派懂政策有能力的人担任。市委书记和市长应该对所属一切工作人员加以训练，讲明各项城市政策和策略。城市已经属于人民，一切应该以城市由人民自己负责管理的精神为出发点。如果应用对待国民党管理的城市的政策和策略，来对待人民自己管理的城市，那就是完全错误的。

这份电报，因为其内容不但适用于洛阳，也基本上适用于一切新解放的城市，所以这个电报同时发给了其他前线和其他地区的领导同志。解放后，在编辑《毛泽东选集》时，这份电报收录于《毛泽东选集》第四卷。

需要说明的是，我军在攻克洛阳之前，已经于1947年11月攻克石门（即现在的石家庄）。但由于石门当时规模很小，算不得是真正意义上的中等城市，所以应该说，洛阳是我军攻克和接管的第一座真正意义上的中等城市。要知道，我国革命采取的是农村包围城市、最终夺取城市的道路。之前，我军也曾攻克过不少城市，但在攻克后便很快撤出，从没有长期占领更没有管理过城市，因此我党我军根本没有任何接收和管理城市的经验，所以攻克石门后，在接管中依然按照我党在农村革命中普遍采取的农民斗争地主的习惯做法，从而出现混乱，造成很大问题。这些问题集中起来，主要是出现了工人斗争厂长、店员斗争店主、妓女斗争老鸨的所谓"三斗"情况。工人斗争厂长的结果，造成工厂无人管理，导致工厂停工，工人失业，没有了生活来源，甚至连居民基本生活必需的水和电也没有了。店员斗争店主的结果，造成市场上所有店面几乎全部关门歇业，商业、服务业陷入瘫痪，日常生活用品无处购买，人民群众的基本生活失去了保障。妓女斗争老鸨的结果，造成妓院关门，妓女在大街上到处乱窜，社会秩序一时没了章法，全乱了。面对如此混乱的局面和严重问题，我党我军包括高级领导干部在内的许多领导干部从来也没有遇到过，谁也不知道应该怎么办，真是让人哭笑不得。

此次我军再克洛阳，毛泽东主席敏锐地感觉到对洛阳的解放"可能巩固"。后来的事实证明，毛泽东的预见是正确的。同时，这也预示着我党所采取的农村包围城市、最终夺取城市的革命道路，已经开始出现阶段性转折，即由过去多年一直进行的农村包围城市阶段，有可能转变为以最终夺取城市为主的阶段，从而不必再像以前那样只重视农村根据地而在夺取城市之后便撤出的做法。因此，接下来的问题便是如何巩固地长期占领城市、接收城市和管理城市。为了及时回答和解决这个问题，为今后的城市接收和管理工作提供指导思想和方针政策，使我党我军在夺取新的城市之后有所遵循，毛泽东同志高瞻远瞩地对解放了的洛阳城市工作制定了九条方针政策。从中我们可以清楚地看出，绝大部分方针政策与我党此前一贯的农村革命方针政策是不同的，是符合城市接收和管理实际工作需要的，有利于城市经济、社会的稳定和发展。特别是明确指示"城市已经属于人民，一切应该以城市由人民自己负责管理的精神为出发点"，为洛阳城市的接收和管理工作指明了方向，也为之后我党我军在解放更多更大城市后的接收和管理工作提供了明确的指导思想和方针政策。正因为如此，在洛阳解放以后的城市接收和管理工作中没有出现过很大的问题。

从此，千年帝都洛阳永远回到了人民手中。

从此，洛阳迈进了辉煌灿烂的新时代。

夺取全国胜利（油画）